EU権限の法構造

中西優美子

EU権限の法構造

学術選書
114
EU法

信山社

はしがき

　一橋大学大学院法学研究科において「EEC条約235条の解釈と法的効果に関する一考察」と題する修士論文を執筆したが，そのときから一貫して，今日まで権限に関する問題に興味を持ち，いくつかの論文や判例研究を発表してきた。リスボン条約が2009年12月1日に発効して，EC条約がEU運営条約に，EU条約が大幅な改正がなされた新EU条約になったことから，これまで執筆し公表してきた論文のアップデート（条文番号の変更のみならず，内容的にも変更）が必要なった。今回，信山社から論文を本にするお話しをいただいたので，この機会を活かしたいと考えた。これまで執筆してきた論文の中で，権限に関するものを中心に集めることにした。本は，全部で12の論文からなるが，1つ1つの論文に想い出がある。

　さまざまな角度からEUの権限を扱ったこれら12の論文から「EU権限の法構造」が見えてくるように3つの部に分けた。第Ⅰ部「権限付与の原則とEUと構成国間の権限配分」，第Ⅱ部「権限の生成と発展」及び第Ⅲ部「権限をめぐる法的な諸相」からなる体系とした。
　第Ⅰ部「権限付与の原則とEUと構成国間の権限配分」では，特にEUは，構成国から権限を付与されてはじめて，行動することが可能であるという，「権限付与の原則」，また，権限付与の原則に基づいた「EUと構成国間の権限配分」を取り扱った，7つの論文を選んだ。
　まず，「第1章　リスボン条約——EUと構成国の権限関係を中心に」は，同名の論文（『海外事情』56巻4号〔2008年〕）にリスボン条約が発効したことを受けて加筆・修正をしたものである。本書のタイトルを『EU権限の法構造』としたが，第1章は，リスボン条約によりEUがどのように変わるかを権限の観点から概観的に示したものである。
　「第2章　権限付与の原則——ドイツ連邦憲法裁判所のEUリスボン条約判決を中心素材にして」は，同名の論文（『聖学院大学総合研究所紀要』48号〔2010

v

はしがき

年〕）に加筆・修正したものである。ドイツ連邦憲法裁判所は，これまでもEU法に関してSolange I 判決やSolange II 判決，マーストリヒト条約判決，最近では，財政援助のための欧州安定メカニズム（ESM）条約に関する判決など数々の重要な判断を行ってきた。リスボン条約判決は，ドイツがリスボン条約の批准を行う前に，リスボン条約とドイツ基本法（憲法）が両立するか否かを審査したものである。この際，鍵概念として用いられたのが「権限付与の原則」であった。第2章は，「権限付与の原則」の意義と位置づけを明らかにしようとしたものである。

「第3章 欧州憲法条約草案及びリスボン条約における権限配分規定——EUと構成国間の権限配分の明確化・体系化を中心に」は，「欧州憲法条約草案における権限配分規定——EUと構成国間の権限配分の明確化・体系化を中心に」（『専修法学論集』89号〔2003年〕）を基にしつつ，2006年のドイツ連邦制改革及び2009年12月1日のリスボン条約発効を受け，大幅に書き改めたものである。基となった論文では，権限に関する欧州憲法条約草案を検討したが，その後，欧州憲法条約は未発効に終わりに，代わりにリスボン条約があらためて調印された。それを踏まえつつ，論文を書きなおした。リスボン条約では，はじめて権限カテゴリーとカタログが導入され，権限の体系化がなされた。第3章では，その体系化に至る経緯と条文の検討を行った。

「第4章 EU法行為と法的根拠」は，「EC立法と法的根拠」（『専修法学論集』82号〔2001年〕）を基礎に大幅に加筆・修正したものである。これは，専修大学に就職して『専修法学論集』に初めて執筆した論文である。法的根拠条文（legal basis）というのは，構成国がEUに行動をとる権限を付与しているということを示す条文である。EUは，法的根拠条文が条約に規定されてはじめてさまざまなEU法行為（規則，指令，決定などの措置。条約締結を含む）を採択することができる。法的根拠条文の選択に当たっては，EU機関の権限配分が深くかかわってくる。第4章は，法的根拠選択争いに関する判例を紹介しながら，EUにおける権限問題の一端を明らかにしようとするものである。

「第5章 個別的分野に付与されたEU権限の範囲——EUにおける環境刑罰権に関する事例を中心に」は，「個別的分野に付与されたEC権限の範囲——

はしがき

EUにおける環境刑罰権に関する事例を中心に」(『専修法学論集』106号〔2009年〕)にリスボン条約発効を受け,加筆・修正したものである。EUは,個別の分野において権限を付与されている。例えば,環境分野には,環境に関する措置を採択する権限(法的根拠条文EU運営条約192条1項)が付与されている。EU運営条約192条1項(当時EC条約175条1項)に基づき,構成国に刑罰立法を義務づけることができるか否かが問題となった。すなわち,ある法的根拠条文の射程が問題となった。第5章は,環境刑罰権にかかわる判例を素材しつつ,実効性確保を理由に拡大される個別的権限の範囲を検討した。

「第6章 欧州司法裁判所による適合解釈の義務づけの発展」は,同名の論文(『専修法学論集』85号〔2002年〕)を基礎に加筆・修正を加えたものである。欧州司法裁判所は,EUの「裁判所」でもある国内裁判所に指令の文言や目的に合った形で国内法を解釈するように義務づけた。これは,EU立法,特に国内法化・実施を必要とする指令の実効性を確保するための手段である。第6章では,直接効果を有さない指令及び国際条約の適合解釈のEU法秩序における位置づけを行った。

「第7章 EUと構成国間の協力義務の展開——マーストリヒト条約以後の黙示的条約締結権限法理の制限解釈」は,「欧州共同体と構成国間の協力義務の展開——マーストリヒト条約以後の黙示的条約締結権限の制限解釈」(『一橋論叢』122巻1号〔1999年〕)を基礎にその後の判例の発展及びリスボン条約の発効を受け,大幅に加筆・修正したものである。基になった論文は,日本語で公表した初めての論文である。第7章は,マーストリヒト条約以後,黙示的条約締結権限の法理の適用が認められにくくなったという認識の下,それに代わってEUと構成国間の協力義務が発展してきたことを示そうとするものである。

第II部には,「権限の生成と発展」と題して,2つの論文を割り当てた。1つは,「第8章 EUにおける権限の生成——民事司法協力分野における権限を素材として」である。これは,国際法学会で報告した原稿を基に執筆した,同名の論文(『国際法外交雑誌』108巻3号〔2009年〕)に加筆・修正したものである。この論文は,構成国の権限であった民事司法協力分野の権限が,リ

vii

はしがき

スボン条約によりEU運営条約81条に個別的な権限と規定されるまでの発展を，条約改正を検討しながら追ったものである。

もう1つは，「第9章 リスボン条約と対外権限――CFSP分野を中心に」である。これは，日本EU学会で報告したものを基礎に執筆した同名の論文（『日本EU学会年報』31号〔2011年〕）に加筆・修正したものである。主にEU条約に定められた共通外交安全保障政策分野の権限は，*sui generis*な権限であり，他の政策分野に付与された権限とは異なっている。第9章では，共通外交安全保障政策分野の権限がどのように位置づけられるのかを検討した。

第Ⅲ部では，「権限をめぐる法的諸相」として，3つの論文を集めた。「第10章『連合既得事項』概念とその機能」は，「『共同体既得事項』概念とその機能――欧州統合における『後退禁止原則の確立』」（『一橋論叢』124巻1号〔2000年〕）を基礎に大幅に加筆・修正したものである。リスボン条約により，EC（共同体）が消滅し，またEU条約48条が従来の改正手続を大幅に変更した。これにより「共同体既得事項」は，「連合既得事項」と名称が変更されただけでなく，その位置づけ及びその意義も大きく変更された。本章は，このような変更を考慮し，現在の「連合既得事項」の位置づけと意義を明確にすることを目的としている。

「第11章 先行統合」は，日本EU学会での報告に際して執筆した原稿「EU条約及びEC条約におけるより緊密な協力制度――ニース条約によるより緊密な協力制度の改正を中心に」（『日本EU学会年報』22号〔2002年〕）を基礎に，リスボン条約の発効を踏まえ，大幅に加筆・修正したものである。本章は，ニース条約時点における先行統合を検討対象としているため，今回最初から全面的に書き改めた。リスボン条約の発効により，先行統合制度が修正され，また適用範囲自体も変更された。さらに，リスボン条約発効後，初めて先行統合が用いられ始めた。本章は，そのような変更や事例を踏まえながら，先行統合制度を明らかにすることを目的としている。

「第12章 欧州憲法条約及びリスボン条約における脱退条項」は，「欧州憲法条約における脱退条項」（『国際法外交雑誌』103巻4号〔2005〕）を基礎にリスボン条約の発効を受け，加筆修正をしたものである。脱退条項は，リスボン条約により初めてEU条約の中に規定された。第12章は，脱退をめぐ

はしがき

る国際法的な学説を整理したうえで，脱退条項が欧州憲法条約の中に規定されるに至るまでの過程を追い，脱退条項の意義を明らかにしようとするものである。

　これまでひたすら「権限」はおもしろいと思い，研究対象としてきた。EU法は常に変化しているので，今後もさらにEUの権限をめぐる研究を続けていきたいと考える。

　　2013年4月

中西優美子

目　次

はしがき

◆第Ⅰ部◆　権限付与の原則と EU と構成国間の権限配分

第1章　リスボン条約
　　　　——EU と構成国の権限関係を中心に……………………5
はじめに……………………………………………………………………5
1　権限に関する諸原則……………………………………………………7
　(1) EU と構成国の基本的な権限関係 (7) ／(2) 権限の三原則 (9)
2　権限の種類……………………………………………………………12
　(1) 排他的権限 (13) ／(2) 共有権限 (15) ／(3) 特別な共有権限 (17)
　／(4) 支援，調整又は補足的措置のための権限 (18)
3　リスボン条約による EU の権限の拡大と縮小………………………19
　(1) リスボン条約による EU の権限拡大 (19) ／(2) 権限の拡大・縮
　小に関する規定 (20)
4　評　価…………………………………………………………………24

第2章　権限付与の原則
　　　　——ドイツ連邦憲法裁判所の EU リスボン条約判決を中心素材にして……27
はじめに……………………………………………………………………27
1　前　提…………………………………………………………………29
　(1) 個別的授権の意味 (29) ／(2) 権限付与の原則の骨抜き (32)
2　マーストリヒト条約と権限付与の原則………………………………35
　(1) マーストリヒト条約による新たな個別的権限の付与と権限付与の
　原則 (35) ／(2) マーストリヒト条約とドイツ連邦憲法裁判所 (36)
　／(3) マーストリヒト条約と EU 司法裁判所 (37)
3　権限付与の原則とドイツ連邦憲法裁判所によるリスボン条約判決……41
　(1) ドイツ連邦憲法裁判所によるリスボン条約判決における権限付与の原則 (42)
4　結　語…………………………………………………………………50

目 次

◆ 第3章 欧州憲法条約草案及びリスボン条約における権限配分規定
　　　　──EUと構成国間の権限配分の明確化・体系化を中心に……………55

　はじめに………………………………………………………………………………55

　1　前　提………………………………………………………………………………57

　　(1) ドイツモデル（57）／(2) リスボン条約発効以前のEUにおける権限構造（60）／(3) ドイツ州の要請（62）／(4) フランス・ヨーロッパレベルでの要請（65）

　2　条約草案起草過程──コンベンションにおける議論………………………66

　　(1) 作業部会Ⅴ（67）／(2) コンベンションの総会（plenary session）（77）

　3　権限配分に関する憲法条約条文草案とリスボン条約による現行条文……78

　　(1) 憲法条約草案（78）

　4　結　語………………………………………………………………………………96

◆ 第4章 EU法行為と法的根拠…………………………………………………99

　はじめに………………………………………………………………………………99

　1　法的根拠問題の位置……………………………………………………………101

　　(1) 権限付与の原則と法的根拠（101）／(2) EU法行為の形成と法的根拠（102）／(3) 法的根拠問題の意義（103）

　2　法的根拠をめぐる判例…………………………………………………………105

　　(1) 法的根拠選択における欧州司法裁判所の基本的判断姿勢（105）／(2) 具体的な法的根拠選択問題（109）／(3) 法的根拠不十分または不存在の問題（127）／(4) 新たな傾向（130）

　3　結　語……………………………………………………………………………134

◆ 第5章 個別的分野に付与されたEU権限の範囲
　　　　──EUにおける環境刑罰権に関する事例を中心に………………………139

　はじめに……………………………………………………………………………139

　1　C-176/03事件前までのEU法の発展………………………………………142

　2　刑事罰権限に関する事例………………………………………………………145

　　(1) C-176/03事件に至るまで（145）／(2) C-176/03事件（148）／(3) C-176/03事件以降（151）／(4) C-440/05事件（154）／(5) C-440

xii

　　　　　/05事件以降（*161*）

　　3　個別的権限に付随するEC/EUの刑罰権限の検討……………*165*

　　　　(1) EC（第1の柱のEU）の刑罰権限が認められた理由（*165*）／(2) 共同体の刑罰権限と黙示的権限との相違（*167*）／(3) ECの刑罰権限を認めた判例に対する評価とその意義（*169*）／(4) EU法におけるECの刑罰権限認容の位置づけ（*171*）／(5) リスボン条約による刑罰権限の明示化（*172*）

◆ 第6章　欧州司法裁判所による適合解釈の義務づけの発展 …………*177*

　　は じ め に ……………………………………………………………………*177*

　　1　EU法の適合解釈 ………………………………………………………*178*

　　　　(1) 直接効果の発展と限界（*179*）／(2) 指令の適合解釈（Richtlinien-konforme Auslegung）の義務づけの確立——間接効果（indirect effect）の発生（*182*）／(3) 適合解釈適用の制約（*187*）／(4) 適合解釈の義務づけのEU法上の位置づけ（*189*）／(5) 適合解釈義務をめぐる諸問題（*192*）／(6) 補足：Grimaldi事件（Case C-322/88）——1989年12月13日判決（*197*）

　　2　国際法の適合解釈の義務づけ ………………………………………*198*

　　　　(1) 考察の前提（*198*）／(2) 国際法の適合解釈の義務づけの確立（*208*）

　　3　結　　語 ………………………………………………………………*214*

◆ 第7章　EUと構成国間の協力義務の展開
　　　　　——マーストリヒト条約以後の黙示的条約締結権限法理の制限解釈…*217*

　　は じ め に ……………………………………………………………………*217*

　　1　条約締結の部分的権限 ………………………………………………*220*

　　　　(1) 部分的権限とは（*220*）／(2) 部分的権限の発生理由（*221*）／(3) 黙示的条約締結権限の制限解釈と部分的権限の発生（*223*）／(4) 部分的権限の発生（*233*）

　　2　協力義務の法的根拠と展開 …………………………………………*237*

　　　　(1) 法 的 根 拠（*237*）／(2) 協力義務の展開と浸透（*239*）／(3) 協力義務の発生時期の明確化と原則化（*242*）

　　3　結　　語 ………………………………………………………………*247*

目　次

◆ 第Ⅱ部 ◆　権限の生成と発展

◆ 第8章　EUにおける権限の生成
　　　　　――民事司法協力分野における権限を素材として…………251
　はじめに……………………………………………………………………251
　1　民事司法協力分野における立法権限……………………………253
　　(1) EEC条約調印からマーストリヒト条約以前 (253) ／(2) マーストリヒト条約 (254) ／(3) アムステルダム条約 (255) ／(4) ニース条約時点での民事司法協力分野の立法権限 (256) ／(5) 改正の動きと欧州憲法条約 (265) ／(6) リスボン条約 (268)
　2　民事司法協力分野における対外権限とその排他性の認容……272
　　(1) 序 (272) ／(2) 前　提 (273) ／(3) 黙示的排他的条約締結権限の生成 (275)
　3　結　語……………………………………………………………283

◆ 第9章　リスボン条約と対外権限
　　　　　――CFSP分野を中心に………………………………………287
　はじめに……………………………………………………………………287
　1　リスボン条約における対外行動の枠組……………………………288
　　(1) 対外行動のための新しい枠組 (288) ／(2) EUの法人格 (290) ／(3) CFSPの特殊性 (291)
　2　CFSP分野の権限……………………………………………………292
　　(1) 権限の性質・特徴 (292) ／(2) CFSP分野の措置 (296) ／(3) CFSP分野の権限行使と他の分野の権限行使との交錯 (300) ／(4) CFSP分野の権限行使と個人の権利保護 (303)
　3　結　語……………………………………………………………305

◆ 第Ⅲ部 ◆　権限をめぐる法的諸相

◆ 第10章　「連合既得事項」概念とその機能……………………309
　はじめに……………………………………………………………………309
　1　「連合既得事項」概念………………………………………………310
　　(1) 沿革と定義 (310) ／(2) 広義の「連合既得事項」概念 (311) ／

xiv

(3)　狭義の「連合既得事項」概念 (*314*)

　2　「連合既得事項」概念の機能……………………………………316
　　　(1)　加入条件としての機能――広義の「連合既得事項」概念 (*316*)／
　　　(2)　本質変更不可原則としての機能――狭義の「連合既得事項」概念
　　　(*318*)

　3　結　語……………………………………………………………324

第11章　先　行　統　合 ……………………………………………327

　はじめに……………………………………………………………327

　1　先行統合制度の歴史……………………………………………328
　　　(1)　先行統合制度規定のできるまで (*328*)

　2　リスボン条約による先行統合制度……………………………336
　　　(1)　構造・体系 (*336*)／(2)　先行統合に関する手続 (*346*)／
　　　(3)　常設の制度的協力 (*352*)

　3　先行統合の実施における諸点…………………………………354
　　　(1)　先行統合の実施方法 (*354*)／(2)　先行統合実施措置の性質
　　　(*358*)／(3)　先行統合実施措置の存在形式 (*360*)／(4)　先行統合実施
　　　措置とEU立法との関係 (*361*)／(5)　先行統合実施措置と国内法と
　　　の関係 (*363*)／(6)　先行統合実施措置に対する裁判管轄権 (*363*)／
　　　(7)　先行統合からの脱退の可能性 (*364*)

　4　条約上の先行統合制度に対する評価…………………………364

第12章　欧州憲法条約及びリスボン条約における脱退条項 ……369

　はじめに……………………………………………………………369

　1　欧州連合からの脱退の可能性…………………………………370
　　　(1)　前　提 (*370*)／(2)　学説における脱退の可能性 (*371*)

　2　欧州憲法条約及びリスボン条約における脱退条項…………387
　　　(1)　欧州憲法条約及びリスボン条約における脱退条項に至る経緯 (*387*)／
　　　(2)　欧州憲法条約及びリスボン条約における脱退条項の分析 (*395*)

　3　結　語……………………………………………………………404

あとがき (*407*)

判例索引 (*409*)／事件名索引 (*413*)／事項索引 (*415*)

EU権限の法構造

◆ 第 1 部 ◆

権限付与の原則とEUと構成国間の権限配分

第1章　リスボン条約
――EUと構成国の権限関係を中心に――

◆はじめに◆

　2007年3月25日は，ローマ条約（現EU運営条約）調印から50年の記念日であった。当時ECの加盟国は6カ国であったが，2004年の東方拡大などを経て，EUの加盟国数は，28カ国（2013年7月現在）となった。東方拡大に向けての機構改革として，ニース条約が調印されたことにより，意思決定手続における理事会の特定多数決が広範囲で採用され，欧州委員会の委員数が減らされるなどした。また，EUにおける民主主義の赤字問題に対処するため，欧州議会の権限拡大が図られるなど，改革が徐々に進められてきた。しかし，これまでの改革ではEUが抱える諸問題が抜本的には解決されず，欧州憲法の制定が望まれた。そうした中で2004年に欧州憲法条約が調印された(1)。しかしながら，フランスとオランダにおける国民投票において同条約は否決され，発効のめどがたたず，欧州統合は停滞の危機に陥った。ローマ条約調印50周年を祝った式典において，ベルリン宣言(2)がだされ，さ

---

(1) 欧州憲法条約については，衆議院事務局（中村民雄執筆）『衆憲資第56号（委託調査報告書）欧州憲法条約――解説及び翻訳』(2004年）衆議院憲法調査会事務局；庄司克宏「2004年欧州憲法条約の概要と評価」『慶應法学』1号（2004年）1-61頁；Christoph Vedder/Wolff Heintschel von Heinegg(Hrsg.), *Europäischer Verfassungsvertrag*, (Nomos, 2007); Vlad Constantinesco/Yves Gautier/Valérie Michel, *Le Traité établissant une Constitution pour l'Europe*, (Presses Universitaires de Strasbourg, 2005); Marienne Dony/Emmanuelle Bribosia, *Commentaire de la Constitution de l'Union européenne*, (Editions de l'Université de Bruxelles, 2005); Rudolf Streinz/Christoph Ohler/Christoph Herrmann, *Die neue Verfassung für Europa*, (C. H. Beck, 2005).

第1章 リスボン条約

らなる欧州統合のために改革を進めることが合意された。欧州首脳理事会の議長国を務めていたドイツは，2007年6月に改革条約制定のための骨子を採択することに成功した[3]。これを受け，政府間会議が召集され，2007年12月13日にリスボン条約[4]が調印され，2009年12月1日に発効した。

欧州憲法条約は，EU条約及びEC条約に取ってかわるものであり，欧州憲法条約の発効に伴い，EU条約及びEC条約は失効することになっていた。すなわち，欧州憲法条約は，既存の条約を改正するのではなく，新しい別個の条約の創造を意味した。他方，リスボン条約は，EU条約及びEC条約を改正するものであり，既存の両条約に追加・修正するという形が採られている。しかし，これまでの改正条約とは異なり，骨組み自体に変更が加えられた。すなわち，外面的には，改正条約の形式をとっているものの，内容的には，欧州憲法条約の実質を取り込むものとなっている。リスボン条約の正式名称は，EU条約及びECを設立する条約を修正するリスボン条約であり，これにより，EU条約は新EU条約となり，EC条約は，EU運営条約に置き換わった。リスボン条約は，EU条約・EC条約の改正条文，議定書，宣言から構成される。

リスボン条約は，欧州憲法条約から国家を連想させるシンボル的な文言を排除したものの，その実質，憲法的要素の大部分は残されている。憲法の必要性は，市民の人権を保護するために，国家（機関）による恣意的な権力の

---

(2) http://europa.eu/50/docs/berlin_declaration_en.pdf.（2013年3月14日アクセス）。
(3) Brussels European Council, 21/22 June 2007, Presidency Conclusions, 11177/07, 15, Annex I, Draft IGC Mandate ; 11218/07, IGC 2007 Mandate；アルベルト・ウェーバー／拙訳「EU憲法条約──その基礎と発展」『専修法学論集』102号（2008年）139-156頁。
(4) OJ of the EU 2007 C 306/1；庄司克宏「リスボン条約とEUの課題──『社会政策の赤字』の克服に向けて」『世界』776号（2008年）204-213頁；同「リスボン条約（EU）の概要と評価」『慶應法学』10号（2008年）1951-272頁；Klemens H. Fischer, *Der Vertrag von Lissabon*,（Nomos, 2008）; Jean-Luc Sauron, *Comprendre le Traité de Lisbonne*,（Gualino éditeur, 2008）; Armel Pécheul, *Le Traité de Lisbonne*,（Editions Cujas, 2007）; Albert Weber, „Vom Verfassungsvertrag zum Vertrag von Lissabon", *EuZW*,（2008, Heft 1), 7-14 ; Marianne Dony, *Après la réforme de Lisbonne - Les noveaux traités européens*,（Editions de l'Université de Bruxelles, 2008）; Rudolf Streiz/ Christoph Ohler/Christoph Hermann, *Der Vertrag von Lissabon zur Reform der EU*,（C. H. Beck, 2008）。

行使を制限することにある。欧州憲法条約起草の目的の一つは誰が何に対してどのような権限を有するかということが不透明であるという問題を解決することにあった[5]。そこで，本章では，リスボン条約がEUの権限をどのように規律しているか，リスボン条約をリスボン条約発効以前のニース条約，欧州憲法条約と比較しつつ，EUと構成国の権限関係を定めた条文を分析することにより，リスボン条約が立憲主義的な「憲法」となっているかを検討したい。順序としては，1．権限に関する諸原則，2．権限の種類，3．リスボン条約による権限の拡大と縮小にかかわる条文を検討した上で，最後にリスボン条約を権限の観点から評価したい。リスボン条約は，民主主義的赤字を解消するために欧州連合市民の参加，欧州議会の権限強化，国内議会の参加などに関し，画期的な条文を含み，また，機関間の権限配分，特に意思決定過程にも大きな変更が見られるが，それらの諸問題は別稿に譲ることにし，本章では，EUと構成国の権限関係にかかわる範囲でのみ触れることにする。なお，リスボン条約は，既存のEU条約・EC条約に追加・修正を加えた上で，それぞれEU条約，EU運営条約の条文番号を1条から振りなおすものになっている。例えば，既存のEC条約133条は，リスボン条約による改正で，EU運営条約207条となった。なお，引用しているEU条約及びEU運営条約条文中にある両条約とは，EU条約とEU運営条約を指している。また，リスボン条約発効以前条約にはリ前とし（例えばリ前EU条約1条），リスボン条約発効後，つまり現行の条約には何もつけないことで区別する。

◆ 1 ◆ 権限に関する諸原則

(1) EUと構成国の基本的な権限関係

EUは構成国から権限を移譲された範囲内でのみ行動することができるという，権限付与の原則に基づいて行動する。構成国はEUにすべての権限を移譲しているわけではなく，制限列挙的に権限を移譲している。権限付与原

---

[5] 拙稿「欧州憲法条約草案における権限配分規定——EUと構成国間の権限配分の明確化・体系化を中心に」『専修法学論集』89巻（2003年）107頁．

則は，リ前EC条約5条1段[6]，7条1項にも定められていたが，リスボン条約は，この権限付与原則をより明確に定めている。まず，EU条約1条1段は，EUの権限が構成国から移譲されたものであることを確認している。

リ前EU条約1条1段は，「この条約により，締約国は，相互間に，欧州連合（以下，「連合」という。）を設立する」と定めているが，これに，リスボン条約により，「共通の目的を達成するために連合に権限を付与する」という文言が付け加えられた（EU条約1条1項）。なお，欧州憲法条約も同じ文言を含んでいた（欧州憲法条約I-1条）。この文言は，EUに帰属する権限は，独自の自発性により生来するものではなく，構成国により移譲されたものであることを示し，構成国は「条約の主人（Herren der Verträge）」であり，EUの権限の内容と範囲を定めるのは構成国の意思であることを明確にしている[7]。

新しい条文に置き換えられた，EU条約3条にはEUの主な目的が列挙されているが，その6項は，「連合は，両条約において自己に付与された権限に相当した適当な手段で目的を追求する」（cf. 欧州憲法条約I-3条5項）と定めている。これは，権限付与の原則をさらに強調するものであり，欧州統合に懐疑的な構成国の不安に配慮するものとなっている[8]。

EU条約1条1段は，EUは構成国から付与された権限を有すると定めるが，逆にEU条約4条1項は，「5条に従い，両条約において連合に付与されていない権限はすべて構成国に留まる。」と定めた。また，リスボン条約に付された，「18. 権限の境界づけに関する宣言」においても，「EU条約及びEU運営条約に定められるEUと構成国間の権限の配分システムに従い，両条約において連合に付与されていない権限は構成国に留まることを，（政府間）会議は強調する。」とされた。EU条約4項1項は，権限付与の原則を

---

[6] 条文の中には，条項に番号が振られているものとないものがある。区別するために，番号が振られていないものは，段とする。

[7] Heintschel von Heinegg, Art. I-1, Rn. 2, in Christoph Vedder/Wolff Heintschel von Heinegg(Hrsg.), *Europäischer Verfassungsvertrag*, (Nomos, 2007)；Klemens H. Fischer, *Der Vertrag von Lissabon*, (Nomos, 2008), 109.

[8] Heintschel von Heinegg, note(1), Art. I-3, Rn. 27；cf. Fischer, note(4), 112.

裏側から定めたものとなっており，これにより構成国の権限が具体的に定められる訳ではないが，この文言を規定することにより，反対側から権限付与の原則が強化され，連合に権限が付与されているか否かが不明であるとき，構成国の権限である推定が働く[9]。Fischerは，この規定により，EUが両条約において明示的に付与されている権限のみを有することを意味すると捉えるが[10]，この解釈には同意できない。同条文の中で「両条約において明示的に連合に付与されていない権限は構成国に留まる」という規定であれば，Fischerの解釈は正しいと考えられるが，「明示的」という文言がないゆえに，EUに黙示的に付与されている権限も認められると考える[11]。

(2) 権限の三原則

EUにおいては，権限の三原則，すなわち，権限付与の原則，補完性原則及び比例性原則がマーストリヒト条約によるEEC条約改正により，EEC条約3b条に追加され，リ前EC条約5条に定められていた。EU条約5条は，権限の三原則を定めるリ前EC条約5条を踏襲しつつ，強化している。

〔1〕 権限付与の原則

権限付与の原則は，前述したように，EU条約1条1段，EU条約3条，EU条約4条1項でも定められている。EU条約5条1項は，「連合の権限の範囲は，権限付与の原則によって規律される。」とし，同条2項は，「権限付与の原則の下で，連合は，両条約に定められる目的の実現のために構成国が連合に付与した権限の範囲内においてのみ行動する。両条約において連合に付与されていない権限は構成国に留まる。」と定めており，ここでも権限付与の原則が念押しされている。

また，EU条約13条2項は，「各機関は，両条約において機関に付与される権限の範囲において，かつ，両条約に定められる手続，条件及び目的に従い行動する。」と定めており，リ前EC条約7条に比べ，精緻化されている。

---

[9] Vedder, Art. I-11, Rn. 9, in Vedder/Heinegg, note(1).
[10] Fischer, note(4), 113.
[11] EUが黙示的権限を引き続き有するという見解をとるものとして，Vedder, Art. I-11, Rn. 8, in Vedder, note(4).

第 1 章 リスボン条約

　さらに，EU のひそかな権限拡大（un élargissement furtif des compétences de l'Union）には警戒がなされている。EU 条約 6 条 1 項 2 段は，拘束力をもつことになった EU 基本権憲章につき，「憲章の規定は，両条約に定められる連合の権限を決して拡大するものではない」とあらかじめ定められた。さらに，リスボン条約に付属する「1. EU 基本権憲章に関する宣言」で，「憲章は，連合の権限に関する連合法の適用範囲を拡大せず，連合のために新しい権限や任務を根拠づけるものではない。憲章は，両条約に定められた権限と任務を変更しない。」と再度確認されている。また，リスボン条約発効後，EU は，晴れて，法人格を有することになった（EU 条約 47 条）が，それに関する「24. EU の法人格に関する宣言」において，「連合は，構成国から両条約に付与されている権限を超えて立法したり，行動したりできない。」と権限拡大に対し釘が打たれている。もっとも権限付与の原則は，EU に付与された権限規範を制限的に解釈することを要請するものではなく，従来からの実効性確保のための解釈（effet utile）は維持され，黙示的権限も認められると考えられる[12]。

　また，逆に構成国の権限に影響を与えないとあらかじめ定めている規定も存在する。一般的経済利益に関する EU 運営条約 14 条（cf. リ前 EC 条約 16 条），法と秩序の維持並びに国内安全の保護に関する EU 運営条約 72 条（cf. リ前 EC 条約 64 条），国境の地理的境界線に関する EU 運営条約 77 条 4 項，外国人労働者の入国許可数に関する EU 運営条約 79 条である。さらに，「13. 共通外交安全保障政策に関する宣言」では，第三国及び国際組織における構成国の対外政策の策定や実施並びに国内代表に対する構成国の権限に影響を及ぼさないとする。また，国内の安全保護に対し責任のある行政機関間の協力と調整の設定につき構成国に一定の裁量を認める，EU 運営条約 73 条，ユーロポールに関する強制措置の適用につき構成国に権限が排他的に留保されているとする，EU 運営条約 88 条 3 項もある。また，「31. 社会政策に関する EU 運営条約 156 条に関する宣言」では，同条に定められる政策分野は本質的に構成国の権限に属することが確認されている。

---

[12] Vedder, Art. I-11, Rn. 6 and 8, in Vedder/Heinegg, note (4).

〔2〕 補完性原則

　補完性原則は，EU条約5条3項において定められている。補完性原則の定義については，リ前EC条約5条2段に定められているものとほぼ同じである。旧条文が単に「構成国によって十分に達成されえず」と定めているのに対して，EU条約5条3項には「構成国によって，中央，地方，あるいは地域レベルにおいても十分に達成されえず」と文言が追加されているにすぎない。大きな相違は，以下の付属議定書により補完性原則の遵守の確保が実質的に強化された点と基準が明確化された点である。

　EU条約5条3項2段は，「連合の機関は，補完性・比例性原則の適用に関する議定書に従い，補完性原則を適用する。国内議会は，同議定書に定められる手続に従って同原則の遵守を確保しなければならない。」と定める。リスボン条約に付された「補完性・比例性原則の適用に関する議定書」に基づき，国内議会にはそれぞれ票が配分され，補完性原則に反するとする票が一定数に達する場合，欧州委員会は立法提案を審査しなければならない（同議定書7条）。補完性原則はもともとEUの権限拡大による州の権限の空洞化を恐れ，ドイツの州がその導入を要請した。この議定書により，ドイツの州の代表であるドイツ連邦参議院も国内議会と見なされるため，州の意見が反映されやすくなる(13)。このEU条約5条3項2段と関連議定書により，補完性原則に対して国内議会による早期警戒システムが整備されたことになる。また，EU運営条約69条においても，「国内議会は，4章及び5章の下で提出される提案及び立法の発議が補完性・比例性原則の適用に関する議定書に定められる方式に従い，補完性原則を遵守する」と定められ，刑事事項における司法協力（4章）と警察協力（5章）において補完性原則がさらに再確認されている。

　EU条約5条3項2段に明示的に言及されている「補完性・比例性原則の適用に関する議定書」5条では，次のように基準を明確化した。補完性原則が遵守されているか否かは，予想される財政的な影響並びに指令の場合には構成国（地域によるものも含み）により公布される法規定の影響に関する記

---

(13) Vedder, Art. I-11, Rn. 11, 18 and 19, in Vedder/Heneigg, note(4).

述を含んでいなければならない。連合の目的が連合レベルでよりよく達成されることの確定が質的な基準のみならず，可能であれば量的な基準に基づくべきである[14]。立法行為の草案は，連合，国内政府，地域・地方機関，経済活動者，市民の財政的負担及び行政的費用ができるだけ少なく押さえられるようにまた達成される目的に対して適当でなければならないことを考慮する，と。

〔3〕 比例性原則

EU条約5条4項は，リ前EC条約5条3段を改正したものである。文言としては，単に「目的を達成するために必要な範囲を超えてはならない」というものが，「連合の行動の内容と形式は，両条約の目的を達成するために必要な範囲を超えてはならない」と変更され，より明確にかつ精確に定められることになった[15]。さらに，連合の機関は，「補完性・比例性原則の適用に関する議定書」に従い比例性原則を適用しなければならない。よって，前述した補完性原則の基準の明確化が比例性原則にも同様に当てはまる（「補完性・比例性原則の適用に関する議定書」5条）。

◆ 2 ◆ 権限の種類

リ前のEC条約においては，EC条約5条に排他的権限に属さない分野については，補完性原則が適用されるとあるが，排他的権限の性質や他の権限の種類も定められていない。ドイツは，ドイツ基本法（憲法に相当するもの）におけるような権限カタログの導入を要求していた[16]。その要請を受け，欧州憲法条約には，I部Ⅲ編「連合の権限」（I-11条〜18条）が設けられた[17]。リスボン条約では，権限に関する諸原則を定めた欧州憲法条約I-11

---

[14] 量と質に関する基準については，既にアムステルダム条約の付属議定書，補完性原理及び比例性原則の適用に関する議定書に言及されている。邦訳として金丸輝男編『EUアムステルダム条約』（ジェトロ，2000年）226, 227頁。

[15] Valerie Michel/Jean-Paul De La Rica, "Les compétences dans le Traité établissant une Constitution pour l'Europe", 281, 306, in Constantinesco/Gautier/Michel, note (1).

[16] 拙稿・注(5) 108, 112-114頁。

条がEU条約5条に定められ，権限の種類を定めた欧州憲法条約I-12条〜15条と17条がEU運営条約に定められ，共通外交安全保障政策分野の権限に関する欧州憲法条約I-16条はEU条約24条に，柔軟性条項に関する欧州憲法条約I-18条はEU運営条約352条に場所が移動した。ここでは，権限の種類に関する規定を検討していく。欧州憲法条約においては，権限の種類は，排他的権限，共有権限，支援，調整よび補足的措置のための権限に大きく分けられていた。リスボン条約においてもこれらの分類には変更が加えられていない。

EU運営条約1条は，「本条約は，連合の機能を定め，連合の権限の分野，境界づけ，行使の詳細を定める。」と定めている。同条に続き，EU運営条約1編「連合の権限のカテゴリーと分野」と題された，EU運営条約2条〜6条の5カ条が権限の種類を定めている。なおEU運営条約2条〜6条は，EU運営条約の第1部第1編「連合権限の種類と分野」を構成している。その中で，EU運営条約2条は，権限のカテゴリーを定義の説明とともに列挙している。

(1) 排他的権限

排他的権限の定義は，EU運営条約2条1項において，以下のように定められた。「両条約が連合にある特定分野に対し排他的権限を付与する場合，連合のみが立法者として行動し，拘束力のある法行為を採択できる。構成国は，連合により授権された場合あるいは連合の行為を実施する場合のみ行動しうる。」。排他的権限とは，排他的立法権限であり，EUが排他的権限を有する分野で排他的執行権限を有することを意味しない[18]。また，EUが排他的権限を有する分野として，「(a) 関税同盟，(b) 域内市場の機能に必要な競争法規の設定，(c) ユーロを通貨とする構成国の金融政策，(d) 共通漁業政策の枠組における海洋生物資源の保護，(e) 共通通商政策」が列挙さ

---

(17) *Cf.* 拙稿・注(5)123-131頁.
(18) Michel/De La Rica, note(15), 288；ドイツ基本法では，単に排他的権限ではなく，排他的立法権（専属的立法〔ausschließliche Gesetzgebung〕）と定められている。

れている（EU運営条約3条1項）。「構成国は，連合により授権された場合……のみ行動しうる」という条約条文は，これまでの判例を明文化したものであると考えられる。例えば，EC条約113条（現EU運営条約207条）に関するPeter Leifer事件で欧州司法裁判所は共通通商政策の分野で共同体は排他的権限を有し，構成国の権限は共同体が特別の授権を行わない限り排除されると解されなければならないと判示した[19]。ただ，条文にあらためて明示的に規定することは透明性の点でもまた構成国の権限維持にとっても意味あるものであると捉えられる。

　AETR判決以降[20]，黙示的条約締結権の法理が欧州司法裁判所の判例によって発達してきた。この黙示的条約締結権の法理が，EU運営条約3条に明示的に規定された。「連合は，国際条約の締結が連合の立法行為において定められる，または連合が対内権限を行使しうるのに必要である，あるいは，共通の規則を侵害したりもしくはその適用範囲を変更しうる限り，国際条約の締結に排他的権限を有する。」これにも透明性の観点から意味があり，また黙示的条約締結権限法理の確定ということでも意味があると考える。もっとも，判例上は，黙示的条約締結権限が導き出されることが判示されたが，AETR事件は排他的権限が問題となっていたことは明らかなものの，Kramer事件[21]及び裁判所意見1/76[22]ではそれが排他的権限なのかそうではないのかは不明であった。今回条文化されたことにより，それらが排他的黙示的条約締結権であることが確定した。これらの規定は，欧州憲法条約I-12条及びI-13条の規定をそのままリスボン条約において取り入れたものである。

---

(19) Case C-83/94 Criminal proceedings against Peter Leifer and others [1995] ECR I-3231, para. 12.
(20) Case 22/70 [1971] ECR 263；拙稿「ECの黙示的条約締結権限」中村民雄＝須網隆夫編『EU法基本判例集』（日本評論社，2007年）345-352頁。
(21) Joined cases 3, 4 and 6/76 [1976] ECR 1279.
(22) Opinion 1/76 [1977] ECR 741.

(2) 共有権限

　EU運営条約2条2項は，次のように共有権限を定めた。「両条約がある特定の分野において，構成国と共有する権限を連合に付与する場合，連合と構成国は同分野において立法し，法的拘束力のある法行為を採択することができる。連合が権限を行使しない限りにおいて，構成国は権限を行使することができる。連合が権限をもはや行使しないことを決定する限り，構成国は権限を再び行使する。」EUと構成国が共有権限（以前は競合的権限と呼ばれた[23]）を有すると言っても，両者が対等に権限を有するのではなく，構成国はEUが権限を行使すれば，専占効果（pre-emption, Sperrwirkung）が生じて，構成国は権限を行使できなくなるため，結果的にEUの方が優先される。また，EU法と国内法が同じ分野を規定している場合，EU法が国内法に優位することになる。なお，EU法の国内法に対する優位が，欧州憲法条約I-6条に定められていたが，リスボン条約では条約本文には取り入れられず，「17. 優位に関する宣言」の中で「両条約，両条約を基礎とした法は，判例法で確立した条件の下で，構成国の法に対して優位する。……」と定められるのに留まった。

　また，EUが共有権限を有する分野は，両条約が連合にEU運営条約3条と6条に挙げられる分野以外で権限を付与している場合となり，消極的に定められている（EU運営条約4条1項）。また，EUが共有権限を有する分野は(a)域内市場，(b)EU運営条約に挙げられる側面に関しての社会政策，(c)経済，社会及び領域的結合，(d)農業及び海洋生物資源の維持を除いた漁業，(e)環境，(f)消費者保護，(g)運輸，(h)欧州横断網，(i)エネルギー，(j)自由，安全及び司法の領域，(j)EU運営条約に挙げられる側面に関する公衆衛生分野における共通安全事項が主な分野として列挙されている（EU運営条約4条2項）。もっともこれらは条約に「主な分野」と定められているように網羅的ではない。

　共有権限の定義及び分野については，欧州憲法条約の条文I-12条，I-14

---

[23] Z.B., Christian Calliess, Art. 4 AEUV, Rn.1, in Christian Calliess/Matthias Ruffert, *EUV/AEUV*, 4. Aufl.,(C. H. Beck, 2011).

条とほぼ同じである。大きな変化は，新たに付けられた議定書と宣言である。
「共有権限の行使に関する議定書」は，次のような文言になっている。「連合が共有権限にかかわる EU 運営条約2条2項に定める特定の分野において行動したとき，権限行使の範囲は，問題となっている連合行為によって規律される要素にのみ及ぶのであって，全領域には及ばない。」。この議定書は，権限配分の明確化をはかり，特に共有権限の分野における連合の権限の境界づけの意味がある[24]。EU がある分野において何らかの措置を採択した場合，措置によって規定されている事項のみならず，関連分野においても，専占効果が生じ，結果的に EU の権限がひそかに拡大するという事態が起こる可能性がある。そのような事態を回避するために，構成国が権限行使をできなくなるのは，措置によって規定されている事項のみであることをはっきりさせ，今後このような形での連合の権限の拡大を防止することが意図されている。

さらに，EU 運営条約2条2項4文で「連合が権限をもはや行使しないことを決定する限り，構成国は権限を再び行使する。」とある。このような再移譲（Kompetenzrückfall）の考え方は，後述する権限の縮小と共に新しいものである[25]。この条文に関して，「18. 権限の境界づけに関する宣言」では，次のように述べられた。「両条約が連合に特定の分野において構成国との共有権限を付与する場合，連合が権限を行使しないまたはこれを行使しないことを決定した限り，構成国が権限を行使する。補完性及び比例性の諸原則の恒常的な維持をよりよく確保するために，連合の管轄機関が立法行為を廃止することを決定するときが後者の場合である。理事会は，構成員の1または2以上の発議で委員会に EU 運営条約241条に基づき，立法行為の廃止提案準備を要請することができる。」。共有権限の場合，EU がいったん権限を行使すると構成国はもはや権限を行使できなくなるが，欧州委員会が廃止提案を行い，それが可決されれば，再び，構成国が当該事項について権限を行使

---

[24] Fischer, note (4), 478.
[25] Kotzur, Art. 2 AEUV, Rn. 5, in Rudolf Geiger/Daniel-Erasmus Khan/Markus Kotzur, *EUV/AEUV*, (C.H.Beck, 2010).

できることを明らかにしている。これは，これまで補完性原則や比例性原則の尊重が求められているにもかかわらず，EU レベルで細部に至るまで定められ，構成国に裁量の余地が残されなかった措置があることを前提とし，それらの措置の廃止を促すものである。EU 運営条約 241 条は立法の提案を欧州委員会に促すものであるが，この宣言によりこの条文が廃止提案にも適用できることが明らかにされた。これによって，理事会，すなわち，構成国の代表が，積極的に既存の措置の廃止を求めることができるようになる。「補完性原則・比例性原則の適用に関する議定書」が EU の権限行使に対する予防的警戒制度を定めているのに対して，この宣言は構成国の権限に対する事後的な回復を定めていると捉えられる。このように EU 運営条約の本文においては，欧州憲法条約条文に対して変更は加えられていないものの，議定書や宣言といった付属文書において欧州統合の深化に危惧を抱く構成国に対する妥協がはかられている。

(3) 特別な共有権限

EU 運営条約 4 条 2 項に列挙された共有権限とは別に同条 3 項及び 4 項にも共有権限が定められている。

EU 運営条約 4 条 3 項は，研究，技術開発，宇宙（飛行）の分野においては，連合は，特に計画を策定し，実施措置をとる権限を有するとする。また同条 4 項は，開発援助及び人道援助において，連合は活動を実施し，共通政策を行う権限を有する。しかしながら，これらの分野では EU の権限行使は構成国が権限を行使するのを妨げずと定められ（同条 3 項と 4 項），同条 2 項に掲げられている分野とは異なり，EU による権限行使が専占効果を生じず，共有権限の定義を不明瞭なものにしている[26]。EU 運営条約 4 条 3 項及び 4 項に列挙されている権限は，並行的権限と呼ばれるものである[27]。

---

[26] Pécheul, note(4), 57.
[27] Carl Otto Lenz, Art. 4 AEUV, Rn. 20, in ders/Klaus-Dieter Borchardt(Hrsg.), *EU-Verträge*, 5. Aufl., (Linde Verlag, 2010); Martin Nettesheim, Art. 2 AEUV, Rn. 32, in Eberhard Grabitz/Meinhard Hilf/Martin Nettesheim, *Das Recht der Europäischen Union, Band I*,(C.H.Beck, 2010); ders, Art. 4, Rn. 26, in a. a. O; Calliess, Art. 4 AEUV, Rn. 1, note(23).

共有権限の分野は，排他的権限でもなく，支援，調整及び補足的措置のための権限にも属さない分野とあり（EU 運営条約 4 条 1 項），その結果，経済及び雇用政策の分野の権限も共有権限に属することになる。しかし，性質から共有権限と支援，調整または補足的措置のための権限の中間的な権限とも捉えられる[28]。経済及び雇用政策の分野において，EU は EU 運営条約に従った取決めの枠内で，経済及び雇用政策を調整する。その取決めの設定に関しては連合が権限を有する（EU 運営条約 2 条 3 項）。同権限について EU 運営条約 5 条 1 項は，「構成国は，連合内において経済政策を調整する。この目的のために，理事会は，措置特に経済政策に関する幅広い指針を採択する」と定めている。経済政策は構成国の権限に属しているため，むしろ支援，調整または補足的措置のための権限の方に近いとも捉えられる[29]。

また，共通外交及び安全保障政策の分野に対しては，「連合は，EU 条約に従い，共通防衛政策の漸進的な確定を含む，共通外交及び安全保障政策を策定し，実現することに対し権限を有する。」（EU 運営条約 2 条 4 項）とあり，むしろどの権限カテゴリーにも属さない *sui generis* な権限と捉えられる[30]。

(4) 支援，調整又は補足的措置のための権限

EU 運営条約 2 条 5 項は，次のように定める。「(1 段) ある特定の分野において，連合は，これらの分野における構成国の権限に取って代わることなく，構成国の措置の支援，調整または補足のための措置を実施することに対し権限を有する。(2 段) これらの分野に関係する両条約の規定を基礎として採択される連合の拘束力のある法行為は構成国の法規定の調和を含むもので

---

(28) *Cf.* Dony/Bribosia, note (1), 62-64 ; Markus Kotzur, Art. 5 AEUV, Rn. 1 und 2, note (25) ; Calliess は，どの権限カテゴリーに入れるべきについては一致がないと指摘し，権限カタログが体系的でないことを批判している。Calliess, Art. 5 AEUV, Rn. 2, note (23) ; Nettesheim は，どの権限カテゴリーにも属さないとする。Nettesheim, Art. 2, Rn. 41, note (27)。
(29) Kotzur, Art. 5 AEUV, Rn. 1, note (25)。
(30) これについては，拙稿「リスボン条約と EU の対外権限——CFSP 分野を中心に」『日本 EU 学会年報』31 号（2011 年）127-147 頁及び 9 章後述。*Cf.* Nettesheim, Art. 2 AEUV, Rn. 41, note (27)。

はない。」。EU は，支援，調整又は補足的措置のための権限を，次の分野において有する（EU 運営条約 6 条）。(a)人間の健康の保護と改善，(b)産業，(c)文化，(d)観光産業，(e)教育，職業訓練，若者及びスポーツ，(f)市民保護（災害防止），(g)行政協力である。これらの分野では，EU がたとえ権限を行使したとしても，専占効果は生じず，構成国は権限を維持し続けることになる[31]。

◆3◆ リスボン条約による EU の権限の拡大と縮小

(1) リスボン条約による EU の権限拡大

リスボン条約は，上述したように，権限の拡大に歯止めをかけ，さらに権限の行使にあたって，さらなる制約を課す，権限に関する三原則を強化した。また，権限カタログを設定し，EU が有する権限を明確化した。同時に，リスボン条約は，EU の権限の拡大を行った。まず，対外権限の強化である。EU 条約においては，5 編「連合の対外行動に関する一般規定並びに共通外交安全保障政策に関する特別規定」が挿入された。共通外交安全保障政策に関する規定が充実するとともに制度的にも強化された。常設の制度的協力（permanent structured cooperation）が導入され，外交・安全保障を担当する上級代表の権限強化（欧州委員会の副委員長の兼任，外相理事会の常任の議長など）がなされた。もっとも第 2 の柱であった共通外交安全保障政策に対しては，列柱が完全にとりはずされたわけではなく，特別のルールに則って政策が実施される[32]。また，上述したように黙示的条約締結権限の法理が明示的に規定されるようになった。細かなところでは，排他的権限に属するとされる，共通通商政策の分野がサービス貿易，知的財産における通商的側面，外国直接投資にまで拡大した（EU 運営条約 207 条（cf. リ前 EC 条約 133 条））。

第 3 の柱であった，警察及び刑事事項における司法協力の分野が「共同体

---

[31] Dony/Bribosia, note(1), 64.
[32] 共通外交安全保障政策のみ EU 運営条約ではなく，EU 条約 23 条〜46 条に定められている。

化」し（EU運営条約3部4編82条-89条），これまでの第1の柱に適用されていたルールがこの分野にも適用されることになった。さらに，新たに付け加えられた分野として，知的財産（EU運営条約118条），スポーツ（EU運営条約165条），領域的結合（EU運営条約174条），宇宙（飛行）（EU運営条約188条），エネルギー（EU運営条約194条），観光産業（EU運営条約195条），市民保護（災害保護）（EU運営条約196条），行政協力（EU運営条約197条），人道援助（EU運営条約214条），第三国への緊急援助（EU運営条約217条），連帯条項（EU運営条約222条）などが挙げられる[33]。

(2) 権限の拡大・縮小に関する規定
〔1〕 改 正 手 続

EU条約48条は，通常改正手続，簡略改正手続及び移行手続を定める。通常改正手続の場合は，次のようになる。構成国政府，欧州議会あるいは欧州委員会が修正の提案を理事会に提出した後，理事会は欧州首脳理事会に提出し，かつ，国内議会に通知する。欧州首脳理事会は，国内議会，構成国の国家元首または政府の代表，欧州議会，欧州委員会の代表からなる諮問会議を招集することを単純多数決により決定する。招集が正当化されないと考えるときは，欧州首脳理事会は欧州議会の同意の後，単純多数決により，招集しないことも決定できる。招集が決定された場合，諮問会議は修正提案を審査し，政府間会議にコンセンサスで勧告を行う。招集された政府間会議が修正に合意するか否かを決定する。合意された場合，各構成国で批准された後，修正が発効する（EU条約48条2-4項）。このコンベンション・メソッドを用いる改正手続は，欧州憲法条約IV-443条に定められた手続とほぼ同じである。

欧州憲法条約と大きく異なるのは，追加された文言，すなわち，「（修正の）提案は，なかんずく，両条約において連合に付与された権限を拡大あるいは縮小することを目的にすることができる。」（EU条約48条2項2文）である。これまで，EUの権限はECSCの設立以来，拡大の一途をたどってき

---

[33] Sauron, note(4), 71-72；拙稿・注(5)。

た。特に，この追加された条文は，共同体既得事項（acquis communautaire）との関係で問題となる(34)。EU条約48条2項2文は，同項に定められる改正手続を踏めば，EUにいったん付与された権限も再び構成国に戻されることを意味している。もっとも改正手続は，単なる構成国の合意で決まるのではなく，コンベンション・メソッドが明示的に取り入れられているが。Fischerは，EU条約48条2項2文の挿入は，権限の合理化が明示的に可能と宣言されたことにより，構成国の「条約の主人」としての位置づけが改めて根拠づけられることになったとした(35)。確かに，上述したEU条約1条1段とともに，ここでも，構成国が「条約の主人」であることが改めて強く認識される。ただ，今回のこの条文の追加を欧州統合という大きな文脈で捉えるとき，EUの構成国への権限の再移譲が必ずしも欧州統合自体の後退を意味するわけではないと考えられる(36)。そのような改正は，EUが権限行使をする中で，構成国レベルで決定した方がよいとの判断に基づくものであろうからである。例えば，理事会規則1/2003による競争法適用の分権化においてこれに相当する考え方がすでに見られる。欧州委員会はそれまでは事業者の届け出に基づいて委員会が免除を付与していたが，構成国の当局にEU運営条約を直接適用する権限を認めた(37)。これにより国内当局は，国内手続法に基づいてEU競争法違反を認定して暫定措置をとり，制裁金を事業者に課す。この改正により，構成国による執行の条件が整い，委員会は違法性の強い重大事案に力を注ぐことが可能になったのであり(38)，このような権限の再移譲は，EUの権限の後退を意味するのではない。さらに，このような第二次法レベルの権限の再移譲は，リスボン条約にあらためて明示的

---

(34) 拙稿「『共同体既得事項』概念とその機能——欧州統合における『後退禁止原則』の確立」『一橋論叢』124巻1号（2000年）53, 62-63頁。
(35) Fischer, note (4), 171.
(36) ドイツにおける連邦改革の際，一部の権限は連邦から州に移譲され，また，一部の権限は州から連邦に移譲されてきた。拙稿「ドイツ連邦制改革とEU法——環境分野の権限に関するドイツ基本法改正を中心に」『専修法学論集』100号（2007年）173-210頁。
(37) 須網隆夫「EU競争法の憲法的考察——憲法的多元主義とEU競争法の現代化」『日本EU学会年報』32号（2012年）65, 72頁。
(38) 須網・注(37)72頁。

に規定されるようになった。すなわち，条約の改正による権限の縮小（再移譲）とは別のレベルでの，つまり第二次法レベルで，EU が権限を EU 立法の規定の中で自ら構成国に移譲する，または，立法権の行使をやめるという形での権限再移譲は，排他的権限及び共有権限に関する条文において規定された（EU 運営条約 2 条 1 項及び 2 項）。

EU 条約 47 条 6 項の簡略改正手続においては，構成国，欧州議会，又は欧州委員会が連合の対内政策及び行動に関して EU 運営条約の 3 部の規定の全部または一部を改正する提案を欧州首脳理事会に提出する場合，欧州首脳理事会は欧州議会，委員会と協議した後，全会一致で決定する。この後，各構成国において憲法上必要な手続をとられた上で発効する。ただし，この手続によっては，EU の権限を拡大することができない（EU 条約 48 条 6 項 3 段）。なお，簡略改正手続に基づく EU の権限の縮小の可能性については言及がない。

この簡略改正手続を用いた最初の例として，EU 運営条約 136 条 3 項の追加が挙げられる[39]。EU が金融危機に直面し，恒常的に金融安定を確保するためのメカニズムが必要であるという認識がもたれ，「通貨がユーロである構成国は，一体としてのユーロ圏の安定を維持するのに不可欠である場合，安定メカニズムを設定することができる」という条文を EU 運営条約 136 条の 3 項として挿入することが決定された。

EU 条約 48 条 7 項は，移行手続（passerelles）を定めている。それによって，欧州首脳理事会は全会一致から特定多数決への変更，また特別立法手続から通常立法手続への変更を決定することができる。この場合，欧州首脳理事会は国内議会に変更を通知し，国内議会が 6 カ月以内に否決しなければ，欧州首脳理事会は欧州議会議員の過半数の同意の後，全会一致で決定する[40]。

〔2〕 柔軟性条項

権限付与の原則を骨抜きにするとの批判を受けてきた一般的な権限，EC 条約 308 条は，EU 運営条約 352 条として残された[41]。目的の 1 つを達成

---

[39] OJ of the EU 2011 L 91/1.
[40] 移行条項について詳しく説明したものとして，Sauron, note (4), 74-77.

するために必要とされ，両条約が必要な権限を定めていないとき適当な措置をとるという，EC条約308条の内容には，変更は加えられなかったが，権限行使に制約を課す形で修正が加えられた。EC条約308条は1つの条項からなるのに対して，EU運営条約352条は4つの条項から構成される。まず，手続きにおいて制約が課された。1項において，欧州議会の同意が要請されることになった。2項により，EU条約5条3項に定める補完性原則のコントロール手続を従い，欧州委員会は，本条に基づく提案に対して国内議会の注意を喚起しなければならない。とられる措置の内容についても制約が課された。3項により，両条約が国内法の調和を排除している場合は，国内法を調和するための措置は採択できない。4項により，共通外交安全保障政策を達成するための法的根拠としてはEU運営条約352条を用いることができない。なお，EU運営条約352条は，欧州憲法条約I–18条に相当するが，4項は欧州憲法条約にはなかったものであり，追加された条項である。

　さらに，欧州憲法条約の場合とは異なり，リスボン条約においてはEU運営条約352条に関して2つの宣言が付された。「41. EU運営条約352条に関する宣言」では，同条に基づく措置はもっぱらEU条約2条1項に従った目的の追求に限定されること，関連して，共通外交安全保障政策の分野において立法行為を採択してはならないことが再確認された。さらに，「42. EU運営条約352条に関する宣言」では，欧州司法裁判所の判例法に依拠しつつ[42]，EU運営条約352条が権限付与の原則に基づく機構制度の一部であること，EU運営条約352条は連合の任務と活動を超えて，連合の権限の範囲を拡大する法的根拠とはなりえないこと，同条が実質的に両条約を修正する効果を有する措置の法的根拠になりえないことが明確にされた。後者の宣言は，従来EC条約308条が実質的なEUの権限拡大の手段として用いられてきたことを踏まえ，今後は同条がそのような権限拡大の手段となりえないということを構成国の側で念押ししている。

---

(41) *Cf.* Dony, note(4), introduction XXIX.
(42) 宣言ではどの判例か特定していないが，Opinion 2/94 [1996] ECR I–1759 のことであると考えられる；拙稿「39 ECの欧州人権条約への加盟」中村民雄＝須網隆夫編『EU法基本判例集』(日本評論社，2007年) 353–360頁。

第1章　リスボン条約

なお，適用される分野を自由移動と居住の自由の確立に限定した柔軟性条項 EU 運営条約 21 条 3 項（社会保障，社会的保護にかかわるもの）と EU 運営条約 77 条 3 項（パスポート，身分証明書，滞在許可書あるいは同等の文書にかかわるもの）が追加された。

◆ 4 ◆ 評　価

　リスボン条約は，欧州憲法条約の実質を大きく変更するものではない。しかし，リスボン条約に付された議定書や宣言において，権限付与の原則の尊重を強調し，繰り返し EU の権限の拡大を牽制している。また，これまでの条約に比べ，リスボン条約においては，EU の権限行使に当たっては，補完性原則及び比例性原則が遵守されるように細かなコントロール手続，特に国内議会によるものが定められた。また，共有権限については，EU が権限行使をやめることを決定する可能性を定め，それに関連して廃止提案を要請する理事会の権利が議定書で確認された。さらに，欧州憲法条約においては定められていなかった，EU の権限の縮小が通常改正手続により可能であることが明確に定められた。これらにより，第一次法及び第二次法の両方において構成国に権限が戻されうることが条約上可能になった。

　本章では直接触れなかったが，欧州憲法条約 I-60 条に定められた脱退条項が単なる技術的修正を経たのみでそのまま EU 条約 50 条に取り入れられた[43]。リスボン条約により，ひそかな EU の権限拡大，条約改正に拠らない権限拡大は排除されており，また，場合によっては EU の権限縮小も改正手続に則って可能になったが，それでも EU を脱退したいと考える構成国には脱退の道が手続き的な面を除き無条件で開けている。リスボン条約は，上述したように既存の分野でさらなる権限を，新たな分野で新しい権限を EU に付与するものであるが，同時に，今後の権限拡大に対し，構成国が NO と言えることが明確にされ，脱退により EU に移譲した権限を再びすべて構成

---

(43) 脱退条項については，拙稿「欧州憲法条約における脱退条項」『国際法外交雑誌』103 巻 4 号（2005 年）33(565)−60(592) 頁及び後述 12 章参照。

4 評価

　国のものとしえることも明確にされた。
　権限の三原則を強化し，権限カタログを定めた，リスボン条約は欧州統合を後退させるのか。答えは，否である。権限が付与された分野において補完性原則に則り EU レベルの措置が必要で，比例性原則に則り立法行為の採択が適当であるとされたとき，これまで権限付与されておらず措置をとることができなかった分野においても措置をとることが可能になる。なぜなら，リスボン条約は権限の三原則が厳格に適用されることを求めているが，同時に，上述したように，EU にこれまで以上に広範囲の措置がとれる権限を追加的に付与しているからである[44]。また，権限付与の原則を尊重すること，補完性原則・比例性原則に従って権限行使をすること，さらに権限の再移譲は，欧州統合の後退を意味しない。権限配分の明確化は，条文の制限解釈を意味するのではない。さらに，権限の三原則が厳格に適用されることで，構成国政府及び構成国国内議会のコントロールにより，結果，EU の民主主義的正統性が高められることになる。リスボン条約は，「憲法」という名称がはずされ，改正条約になってしまったが，EU の恣意的な権限行使を制限するという意味で，実質はこれまでの条約よりも格段に立憲主義に基づいた憲法的文書になったと言えよう。

---

(44) *Cf.* Michel/De La Rica, note (15), 282.

第2章　権限付与の原則
—ドイツ連邦憲法裁判所のEUリスボン条約判決を中心素材にして—

◆はじめに◆

　2009年12月1日にリスボン条約が発効した。リスボン条約は，2004年に調印された欧州憲法条約が未発効に終わり，それに代わるものとして，2007年12月13日に調印された。2009年6月にドイツ連邦憲法裁判所は，EUのリスボン条約を批准するための同意法律及びその関連法律がドイツの憲法である基本法に違反しないか否かについて判断を下した。同ドイツ連邦憲法裁判所リスボン判決においては，憲法上の権限移譲の限界が明確に示された。同判決の中で権限付与の原則は何度も言及され，判決において重要な役割を果たした。

　この権限付与の原則は，英語では"the principle of conferral"と綴られ，ドイツ語では，„das Prinzip der begrenzten Einzelermächtigung"となる。ドイツ語を直訳すると，限定された個別授権の原則ということになる。これは，限定的に付与される個別的権限内において行動しなければならないという原則となり，ドイツ語での言葉の方がより正確性をもっている。権限付与の原則は，EUは構成国から権限を移譲された範囲においてのみ行動することができるということを意味する[1]。換言すれば，EUは自ら権限を生み出すような権限，権限権限（Kompetenzkompetenz）を有さず，EUの権限の総範囲は個別的に授権された権限の合計であるということを意味する[2]。

---

(1) Hans-Peter Krausser, *Das Prinzip begrenzter Ermächtigung im Gemeinschaftsrecht als Strukturprinzip des EWG-Vertrages*, (Duncker & Humblot, 1991), 20-21; *cf.* Joined cases 188 to 190/80 [1982] ECR 2545, para. 7.

第2章 権限付与の原則

　権限付与の原則は，EU法において新しい原則ではなく，古くから存在する原則の1つである(3)。このような権限付与の原則の考え方は，すでにEC条約（現EU運営条約）の前身である，1958年に発効したEEC条約条文において見られる。EEC条約には，権限付与の原則に関係する以下のような条文が定められた。EEC条約4条は，「共同体に与えられる任務の遂行は，次の諸機関により行われる。……これらの諸機関は，この条約により自己に与えられた権限の範囲内で行動する」と定め(4)，また，EEC条約189条が共同体の機関である理事会及び委員会が条約に定める条件に従わなければならないことを定めていた。これらの条文は，諸機関の権限（Organkompetenz）が条約により付与されたものに限定されていることを示している。さらに，EEC条約3条が，共同体（EC）が条約に定められる条件及び進度に従わなければならないことを定めていたため，共同体（現EU）自体の権限（Verbandkompetenz）が条約により付与され，その制約を受けていることと解された。権限付与の原則は，EEC条約のこれらの条文から主にEU機関間の水平的権限配分及びEUと構成国間の垂直的権限配分にかかわる原則として位置づけられた(5)。また，権限付与の原則は，EU立法の定立には授権規範を必要とすることから法の支配（rule of law）あるいは法治国家（Rechtsstaat）の原則の基礎になること，さらに，権限付与の原則は同原則に違反したEU立法は取消訴訟の対象となることから権利保護（Rechtsschutz）の手段，EU

---

(2) Christoph Vedder, „Das System der Kompetenzen in der EU unter dem Blickwinkeleiner Reform", in Volkmar Götz/José Martínez Soria (Hrsg.), *Kompetenzverteilung zwischen der Europäischen Union und den Mitgliedstaaten*, (Nomos, 2002), 9, 10–11.
(3) EU司法裁判所は，1952年発効のECSC条約に関する判決の中で，権限付与の原則の考え方に言及している。Joined cases 7/56, 3/57 to 7/57 [1957] ECR 39.
(4) EEC条約が発効してから初期の段階にだされたコメンタールにおいても権限付与の原則の考え方が示されている。Ernst Wohlfarth, Art. 4, para. 4, in Ernst Wohlfarth, Ulrich Everling, Hans Joachim Glaesner, Rudolf Sprung, *Die Europäische Wirtschaftsgemeinschaft, Kommentarzum Vertrag*, (Franz Vahlen, 1960).
(5) *Cf.* Marc Bungenberg, *Art. 235 EGV nach Maastricht*, (Nomos, 1999) 121 ; Rudolf Streinz, Art. 5 EUV, Rn. 7–8, in ders., EUV/EGV, (C. H. Beck, 2003) ; Manfred Zuleeg, Art. 5 EGV, Rn. 1, in Hans von der Groeben/Jürgen Schwarze (Hrsg.), *Kommentar zum Vertrag über die Europäische Union und zur Gründung der Europäischen Gemeinschaft*, Band 1, 6. Aufl., (Nomos, 2003).

の高権の民主主義的正統化手段となることから民主主義の原則でもあると指摘されてきた[6]。

このようなEEC条約発効時から定められていた権限付与の原則は，E(E)C条約の改正，また，ドイツ連邦憲法裁判所の判決の影響を受けてきた。権限付与の原則については，これまで権限に関する複数の拙稿の中で言及してきたが，権限付与の原則を中心にして取り扱ってはこなかった。しかし，ドイツ連邦憲法裁判所によるリスボン条約判決においては，権限付与の原則に重要な意味づけが行われた[7]。そこで本章では，権限付与の原則の位置づけ及び役割の変化を示し，同原則の意義を明らかにすることを目的にしたい。本章では，リスボン条約判決に至るまでの権限付与の原則の位置づけ及び役割を振り返った後に，ドイツ連邦憲法裁判所のリスボン条約判決における権限付与の原則を検討する。具体的な検討の順序としては，まずEU条約及びEU運営条約に定められた権限構造を押さえた上で，次に，EEC条約発効からマーストリヒト条約に至るまでの権限付与の原則を検討し，その後，マーストリヒト条約下の権限付与の原則，最後に，リスボン条約下の権限付与の原則を検討することにする。

◆1◆ 前　提

(1) 個別的授権の意味

EUは，包括的な権限を持たず，条約により個別的な権限を付与されている。より具体的には，EUは，通商政策，農業政策，競争政策，環境政策，開発協力政策など個別分野に対して個々に権限が付与されている。このよう

---

(6) *Cf.* Hans Peter Ipsen, *Europäisches Gemeinschaftsrecht*, (J.C.B. Mohr, 1972) §20/32-36; Krausser, note(1), 26-30; Delf Buchwald, „Zur Rechtsstaatlichkeit der Europäischen Union", *Der Staat*, (1998), Band 37, 188, 195.

(7) *Cf.* Ulrich Everling, „Europas Zukunft unter der Kontrolle der nationalen Verfassungsgerichte", *EuR*, (2010, Heft 1), 91, 98-99; Frank Schorkopf, „Die Europäische Union im Lot", *EuZW*, (2009, Heft 20), 718, 720; Dieter Grimm, „Das Grundgesetz als Riegel vor einer Verstaatlichung der Europäischen Union", *Der Staat*, Band 48, (2009, Heft 4), 475, 486-487 and 495.

第2章 権限付与の原則

に権限が列挙されていることを権限の制限列挙と呼ぶが，これはEUに限られるものではない。

アメリカ，ドイツなどの連邦国家では，連邦に制限列挙的に権限が付与されている。ただ，EUの場合には，アメリカやドイツの連邦に権限を付与されている方法とは異なっている。アメリカでは，合衆国憲法第1条第8節において，連邦議会の権限が18項目列挙されている。たとえば，3項では，「諸外国との通商，各州の間の通商，及びインディアンの諸部族との通商を規制すること」と定められている。ドイツでは，基本法73条に連邦の専属的立法権限が列挙されており，たとえば5項目目には，「関税・通商区域の統一，通商・航行条約，商品取引の自由，及び関税・国境保護を含む外国との商品・支払取引」と定められている。アメリカ及びドイツでは，個別的に，つまり，制限列挙的に権限が付与されているものの，通商という分野に対しては連邦が包括的な権限を有することが定められている。

それに対して，EUにおいては，EU運営条約207条（旧EEC条約133条）において，「共通通商政策は，とりわけ関税率の変更，物品及びサービスにおける貿易に関する関税及び貿易協定の締結，知的財産の商業的側面，直接投資，自由化措置における統一性の達成，輸出政策ならびにダンピングまたは補助金に関してとるべき対策を含む貿易上の保護措置に関して，統一的な原則に基づく。共通通商政策は，連合の対外行動の原則と目的の文脈において実施される」と定められている。これは，1つの例であるが，EUにおいては，個別的分野に包括的な権限が付与されるのではなく，各政策分野において細かな規定が設けられており，その政策分野でどのような措置をとることができるかが定められている。

この関連でもう1つ具体例を挙げると，EUは，文化の分野に対して権限を付与されているが，EU運営条約167条（旧EC条約151条）では，次のように定められている。

「1. 連合は，国家及び地域の多様性を尊重し，同時に共通文化遺産を前面にだしながら，構成国の文化の開花に寄与する。

2. 連合による行動は，構成国間の協力を奨励し，必要であれば，以下の分野においてその行動を支援し補足することを目的とする。

―欧州の諸国民の文化及び歴史の知識の向上と普及
　　―欧州的重要性のある文化財の保存と保護
　　―非商業的文化交流
　　―視聴覚部門を含む，芸術的及び文学的創造」
　これらの文言から分かるように，EU の文化統一政策を行うことが目的ではなく，欧州の諸国民の文化の発展のために構成国の協力を奨励し，その行動を支援し補足することが目的となっている。
　さらに，同条約 167 条 5 項では，
「5. 本条に定める目的の達成に寄与するために，
　　―欧州議会及び理事会は，通常立法手続に従い，地域評議会に諮問した後，構成国の法及び規則の調和を除く，奨励措置を採択する。
　　―理事会は，委員会の提案に基づき，勧告を採択する。」
と定められている。
　よって，EU に権限が付与されているものの，国内法を調和するまたは接近させる措置は排除されており，とることのできる措置は，奨励措置に限定されている。
　このように EU においては，個別的分野に権限が付与されているといっても，その分野に包括的に権限が付与されているわけではなく，権限による規定対象が限定されている。さらに，権限の強度（カテゴリー）が異なり，分野によってはとることのできる措置も限定されている。
　上述した通商政策の分野の権限は，EU の排他的権限に属し，文化の分野の権限は支援，調整または補足的権限というカテゴリーに属する。EU が排他的権限を有する場合，EU のみが立法することができ，構成国は，権限をもはや行使することができない（EU 運営条約 2 条 1 項，同 3 条）。支援，調整または補足的権限の場合では，原則的に構成国が権限をもち，EU は構成国の行動を支援したり，調整したり，補足したりする措置しかとることができない（EU 運営条約 2 条 5 項，同 6 条）。この他に，共有権限というカテゴリーも存在する（EU 運営条約 2 条 2 項，同 4 条）。共有権限の分野では，EU と構成国が権限をもつが，構成国は，EU が措置をとらない限りにおいてのみ行動することができる。

第 2 章　権限付与の原則

(2)　権限付与の原則の骨抜き

　ドイツやアメリカの連邦権限と比べ，EU においては，前述したように EU の基本条約が非常に細かく権限を定めている。それでは，なぜ EU の権限は批判されてきたのか。それには，いくつかの理由がある。

〔1〕　EEC 条約 100 条及び 235 条

　EEC 設立当初の EEC 条約には，現行の EU 運営条約とは異なり，明示的に付与されている権限分野が主に経済分野であり，また，その数も多くなかった。しかし同時に，EEC 条約は，定められた目的（例えば共同市場の設立）の具体化は第二次法による法定立によって行うという枠組条約 (framework Treaty, traité cadre)[8]の性質をもっていた。その法定立において大きな役割を果たしたのが，EEC 条約に定められた EEC 条約 100 条と 235 条であった。EU は，権限付与の原則に基づいて行動するため，何らかの措置をとるときには，法的根拠条文が必要である。EEC 条約 100 条及び 235 条は，そのような法的根拠条文であった。EEC 条約 100 条（EC 条約 94 条）〔EU 運営条約 115 条〕[9]は，「理事会は，委員会の提案に基づき，全会一致で，共同市場の設立または運営に直接影響を及ぼす構成国の法令及び行政規則を接近させるために指令を発する。……」と定めていた[10]。また，EEC 条約 235 条（EC 条約 308 条）〔EU 運営条約 352 条〕は，「共同市場の運営に当たって，共同体の目的のいずれかを達成するため共同体の行動が必要と思われ，この条約がこのため必要な行動をとる権限を定めていない場合には，理事会は，委員会の提案に基づき全会一致で，かつ，欧州議会と協議の後，適当な措置

---

(8) 枠組条約 (traité cadre) は，法律条約 (traité loi) とは区別される。前者は機関の行動による法定立行動を必要とするが，後者の場合はさらなる法定立をあまり必要としない。Krausser, note(1), 35 ; John Temple Lang, "European Community Constitutional Law", *NILQ*, (1988), 209 ; Marc Bungenberg, „Dynamische Integration, Art. 308 und die Forderung nach dem Kompetenzkatalog", *EuR*, (2000, Heft 6), 879, 881-882.

(9) EEC 条約は，単一欧州議定書，マーストリヒト条約，アムステルダム条約，ニース条約及びリスボン条約による改正を受けて，EU 運営条約となっている。EEC 条約 100 条（EC 条約 94 条）〔EU 運営条約 115 条〕としているが，それぞれの条文が同一ということは意味せず，参考のため対応する条文を挙げている。他の条文についても同様のことが当てはまる。

(10) 傍点は，筆者による。

1　前　提

をとる」と定めていた(11)。

　EEC条約100条は，共同市場の設立または運営に直接影響を及ぼす構成国法を調和させるために用いられる法的根拠条文である。しかし，共同市場が何を意味するかについては，EEC条約に定義はなく，この概念が広く解釈されることにより，EEC条約100条に基づくさまざまな措置がとられた。他方，EEC条約235条自体に対しても権限付与の原則が適用されると解されるが(12)，共同体の目的のいずれかを達成するために共同体の行動が必要な場合にこの条文に基づき必要な措置をとることができるという柔軟性を有する条文となっている。たとえば，EEC条約には，当初環境分野の個別的権限は付与されていなかったが，EEC条約100条あるいはEEC条約235条またはEEC条約100条及びEEC条約235条の両方に基づくことにより，環境に関する措置が，環境保護意識が高まった1972年以降とられてきた(13)。環境分野以外にも共同市場あるいは共同体の目的を広くとらえることでさまざまな措置がとられてきた。従って，EUに個別的に権限が付与されており，EUは権限付与の原則に従いその権限を行使するが，このような一般的な性質を有するEEC条約100条及び235条の適用により，権限付与の原則が骨抜きになるという状況が発生していた(14)。

　さらに，このような骨抜きを加速させたのが，1987年に発効した単一欧州議定書により追加されたEEC条約100a条であった。EEC条約100a条〔EC条約95条〕〔EU運営条約114条〕は，EEC条約100条及び235条が理事会の全会一致を要請するのに対して，域内市場の確立及び運営を目的とする国内法の調和に対し理事会の特定多数決での決定を可能にしたため，より容易に措置を採択することができるようになった。

---

(11) 傍点は，筆者による。
(12) Krausser, note(1), 17; cf. Dietrich-W. Dorn, *Art. 235 EWGV-Prinzipien der Auslegung*, (N.P. Engel, 1986)92-94; cf. Bungenberg, note(5), 122.
(13) 環境に関する措置がよくとられるようになったのは，1972年のパリ会議で合意されて以降である。
(14) *Cf.* Georg Lienbacher, Art. 5 EGV, Rn. 10-11, in Jürgen Schwarze (Hrsg.), *EU-Kommentar*, 2. Aufl., (Nomos, 2009).

〔2〕 黙示的権限の法理及び effet utile (実効性確保のための) 解釈

EU の権限に関しさらなる批判の対象となっているのが，黙示的権限の法理及び effet utile (実効性確保のための) 解釈である。EEC 条約は枠組条約的性質を有しているため，第二次法による法定立が必要とされ，EEC 条約 100 条及び EEC 条約 235 条が有用であったが，それと並んで，法解釈も条約に定められた目的を実現することに寄与した。そのような解釈は，枠組条約の宿命とも言えるが解釈によって欠缺している部分を埋める必要性から生じることになった。EU 司法裁判所は，これまで次のように黙示的権限の法理を認め，EU の権限を拡大してきた。

EU 司法裁判所は，EEC 条約が発効する前の ECSC に関して，EU 法においても国際法及び国内法に受け入れられている黙示的権限の法理，ある権限が一緒に定められていないと国際条約あるいは国内法が無意味になるあるいは合理的及び有益に適用されなくなってしまう場合に，同権限も黙示的に定められていると解する法理が認められることを判示した[15]。EC に関しても，EU 司法裁判所は，任務を遂行するために不可欠である権限が付与されていないと EC 条約の条文が効果のないものになってしまう場合には，権限が付与されていることを受け入れなければならないと示し，黙示的権限の法理を認めた[16]。

EU 司法裁判所は，このような黙示的権限の法理を条約締結に対しても発展させた[17]。当時，EC に明示的な条約締結権限は通商政策の分野 (EEC 条約 113 条) と連合協定 (EEC 条約 238 条〔EC 条約 310 条〕) にのみしか付与されていなかった。しかし，AETR 事件[18]において，裁判所は，条約締結権限は，EC 条約によって明示的に与えられている場合のみならず，他の条約規定及びその枠組からとられる共同体機関の法行為によっても導き出されるとし，EC の黙示的条約締結権限を認めた。さらに，Kramer 事件[19]及び裁

---

(15) Case 8/55 [1956] ECR 292.
(16) Joined cases 281, 283, 284, 285 and 287/85 [1987] ECR 3203, para. 28.
(17) 拙稿「欧州共同体と構成国間の協力義務の展開——マーストリヒト条約以後の黙示的条約締結権限の制限解釈」『一橋論叢』122 巻 1 号 (1999 年) 69, 73-75 頁。
(18) Case 22/70 [1971] ECR 263.
(19) Joined cases 3, 4 and 6/76 [1976] ECR 1279.

判所意見 1/76 事件[20]において共同体機関がそのような法行為を採択しなくても，共同体の目的を達成するために必要であれば，共同体法が対内関係において共同体機関に課している義務及び付与している権限から条約締結権限が導き出されるとした。このように，1970年代に黙示的条約締結権限の法理が発展し，EC は対外関係において活動範囲をその権限を拡大した。

EU 司法裁判所は黙示的権限の法理のみならず，effet utile（実効性確保のための）解釈を行うことによって，EU の権限の拡大を認めてきた。通常，解釈には，文言解釈，歴史的解釈，体系的解釈及び目的的解釈があるが，EU 司法裁判所は，とくに，目的的解釈を行うことで，条約条文をその目的を実現するために（条文の実効性確保のために）動態的に解釈してきた。

このように一方で立法機関が EEC 条約 100 条（EC 条約 94 条）〔EU 運営条約 115 条〕，235 条（EC 条約 308 条）〔EU 運営条約 352 条〕，100 a 条（EC 条約 95 条）〔EU 運営条約 114 条〕に依拠することにより，個別的権限ではとることのできない措置をとり，他方，EU 司法裁判所が解釈により EU の行動範囲を拡大してきた。そこで，EU において権限付与の原則に基づき個別的な授権がされているにもかかわらず，精確な EU の権限範囲は，場合によっては，条約の一般的な規定から引き出されなければならず，さらにその限界を決定するのは EU 司法裁判所であるという問題が顕在化した[21]。これらにより，権限付与の原則が骨抜きになっているという批判の声が大きくなってきた。

◆2◆ マーストリヒト条約と権限付与の原則

(1) マーストリヒト条約による新たな個別的権限の付与と権限付与の原則

EEC 条約は，1987 年発効の単一欧州議定書により改正され，新たに，域内市場の確立と運営のための国内法の調和（EC 条約 95 条〔TFEU 115 条〕），

---

[20] Opinion 1/76 [1977] ECR 741.
[21] Peter E. Herzog, Chapter 81, §81.03, in *Smit & Herzog on the Law of the European Union*, Publication 623 Release 8, (LexisNexis, 2009).

環境（EC条約3部19編〔TFEU4部20編〕），研究・技術開発分野（EC条約3部18編〔TFEU4部19編〕）等の個別的権限がECに付与された。1993年発効のマーストリヒト条約は，欧州連合（EU）を創設し，EUを3本柱構造（第1の柱は，ECの柱，第2の柱が共通外交及び安全保障政策，第3の柱が司法内務）にしたのみならず，経済通貨同盟（EC条約3部7編〔TFEU4部8編〕），文化（EC条約3部12編〔TFEU4部13編〕），公衆衛生（EC条約3部13編〔TFEU4部14編〕），消費者保護（EC条約3部14編〔TFEU4部15編〕），開発協力（EC条約3部20編〔TFEU5部3編1節〕）など新たな個別的権限をECに付与するものであった。

　ドイツの州は，文化の分野の権限付与に危惧をもち，ドイツの州の要望から，マーストリヒト条約に補完性原則が導入された（EC条約3b条）。この際，補完性原則のみならず，権限付与の原則及び比例性原則も合わせて，EC条約3b条に定められた。これらは，権限に関する三原則と呼ばれる。

　EC条約3b条（その後EC条約5条，現EU条約5条）1項は，権限付与の原則を次のように規定した。

　「共同体は，この条約により自己に与えられた権限及び設定された目的の範囲内で行動する。」

　権限に関する三原則の中で，権限付与の原則について，上述したようにEEC条約ができた当初からその原則の考え方は存在したが，「諸機関が自己に与えられた権限及び設定された目的の範囲内で行動する」とあり，共同体に対しては「条約の条件に従って」とまでしか規定されておらず，明確な形での権限付与の原則の規定ではなかった。しかし，マーストリヒト条約による改正でEC条約3b条（現EU条約5条）では，諸機関のみならず，共同体自体が自己に与えられた権限及び設定された範囲内で行動しなければならないということが明示的に規定されることになった。

(2) マーストリヒト条約とドイツ連邦憲法裁判所

　マーストリヒト条約がドイツにおいて批准されるのにあたって，ドイツ基本法38条1項，並びに，1条1項，2条1項，5条1項，12条1項及び14条1項に違反するとして，憲法異議がドイツ連邦憲法裁判所に提起された。

そこでは，原告は，マーストリヒト条約に基づきドイツ連邦議会の本質的な権限がEUの機関に移譲されることにより，特に，基本法38条1項に基づき各市民に与えられているドイツ連邦議会における代表の権利及び国家権力に参加する権利が損なわれることになると主張した。

マーストリヒト条約判決においては，ドイツ連邦憲法裁判所は，マーストリヒト条約によりEUの権限が制限なく拡大していくか否かを審査した[22]。裁判所は，これまでも通用してきた権限付与の原則が条約の中に規定され，さらに，その原則が強化されることになったという認識を示した[23]。結論的に，裁判所は，マーストリヒト条約は，欧州の国家結合（Staatenverbund）を創設するのであり，国家のアイデンティティを尊重するものであること，権限付与の原則が遵守され，付与された権限から新たな権限を生じさせるような権限権限（Kompetenzkompetenz）はEUに付与されていないこと，条約の改正は，国内議会の同意によることなどを示し，マーストリヒト条約批准のための同意法律を合憲とした。しかし，同判決の中で，上述したEEC条約235条の解釈，黙示的権限法理やeffet utile（実効性確保のための）解釈による権限拡大に警鐘を鳴らし，そのようなことが生じる場合，当該EU法はドイツにおいて拘束力を有さないとした[24]。もっともこのようなドイツ連邦憲法裁判所によるEUの権限の境界づけは，批判の対象となった[25]。

(3) マーストリヒト条約とEU司法裁判所

上述したようなドイツ連邦憲法裁判所による権限付与の原則を軽視した権限拡大の傾向に対する警鐘並びに権限に関する三原則がEC条約にあらため

---

(22) BVerfGE 89, 155; 西原博史「52 ヨーロッパ連合の創設に関する条約の合憲性――マーストリヒト判決」栗城壽夫＝戸波江二＝石村修編『ドイツの最新憲法判例』（信山社，1999年）331-336頁； 小場瀬琢磨「各国憲法からEC・EU法秩序への立憲的諸原則の要請」32-42頁，中村民雄＝須網隆夫編『EU基本判例集（第2版）』（日本評論社，2010年）。
(23) BVerfGE 89, 155, paras. 118-120.
(24) BVerfGE 89, 155, para. 157.
(25) Bungenberg, note(5), 124; Manfred Zuleeg, „Die Rolle der rechtsprechenden Gewalt in der europäischen Integration", JZ, 49. Jahrgang, (1994, Heft 1), 1, 3.

第2章　権限付与の原則

て明示的に定められたことは，EU の行動に対して，特に，EU 司法裁判所の解釈に対して大きな影響を与えることになった。

　この警鐘を深刻に受け止めたと考えられるのが，その後の EU 司法裁判所の判示である。マーストリヒト条約発効後は，やみくもに権限を拡大する解釈は影をひそめ，自己抑制的な解釈が行われてきた[26]。

　たとえば，WTO 協定に関する裁判所意見 1/94[27]においては，EC[28]が単独で WTO 協定を締結できるか否かについて裁判所に意見が求められた。ここでは，特に，サービス貿易協定である GATS 及び知的財産の商業的側面に関する協定 TRIPS に対して EC が排他的権限を有するか否かが問題となった。欧州委員会は，通商政策の法的根拠条文である EC 条約 133 条（現 EU 運営条約 207 条）や黙示的条約締結権限の法理などに依拠して，EC に権限が付与されていることを主張したが，EC 条約 133 条（現 EU 運営条約 207 条）の適用範囲は拡大解釈されず，1970 年代の AETR 事件や裁判所意見 1/76 事件で認められた黙示的条約締結権限の法理も権限の発生要件が厳格に解釈され，その主張は認められなかった。

　また，マーストリヒト条約により欧州連合市民という新しい概念ができ，EU 条約 6 条（現 EU 条約同条）には，欧州人権条約及び憲法的伝統に由来する基本権が尊重されるべきことが明示的に定められた。そこで，裁判所意見 2/94 事件[29]においては，欧州人権条約に EC が加盟できるか否かが問題となった[30]。ここで問題となった条文は，EC 条約 235 条（その後の EC 条約 308 条）〔EU 運営条約 352 条〕であった。裁判所は，EC 条約 235 条が，権限付与の原則にもとづく制度構造の一部であるという位置づけを行い，そこから，

---

[26] *Cf.* Rainer Wahl, „Die Schwebelage im Verhältnis von Europäischer Union und Mitgliedstaaten", *Der Staat*, Band 48, (2009, Heft 4), 587, 610；拙稿・注(17) 75-76 頁。
[27] Opinion 1/94 [1994] ECR I-5267；中西優美子・須網隆夫「EC の排他的対外権限の範囲」351-358 頁，中村＝須網編・注(22)。
[28] リスボン条約発効以前は，第 1 の柱において条約締結の際の主体となることのできるのは（つまり国際法人格を有するのは），EU ではなく，EC であった。
[29] Opinion 2/94 [1996] ECR I-1759；拙稿「EC の欧州人権条約への加盟」343-350 頁，中村＝須網編・注(22)。
[30] Bungenberg, note(5), pp. 126-127.

同条は共同体の任務と活動を定める規定によって創設されている全体的な枠組みを超えて共同体の権限の範囲を広げる，特に EC 条約を本質的に修正する法的根拠としては用いられないという限界が生じるとした。よって，EU 司法裁判所は，EC 条約 235 条を法的根拠として欧州人権条約に加入することはできない，加入するためには条約の改正が必要であると判断を下した。

また，別の例として，たばこ広告に関する指令の取消訴訟の事件[31]が挙げられる。「タバコ広告・スポンサーについての構成国法令の接近に関する指令」が EC 条約 95 条（旧 EC 条約 100 a 条）〔EU 運営条約 114 条〕を法的根拠条文にして採択された。ドイツは，指令に反対したが，理事会の特定多数決で決められるため採択された。そこで，ドイツは，同指令が権限付与の原則に違反して採択されたとして，つまり，EC に権限が付与されていないのにもかかわらず採択されたとして，取消訴訟を提起した。その際，ドイツは，EC 条約 95 条は基本的自由の行使への障害及び競争の歪みが相当であるときのみ法的根拠として適用されるべきであり，また，措置の重心が域内市場の促進ではなく，公衆の健康保護である場合は同条への依拠は許容されないと主張した。裁判所は，EC 条約 95 条は域内市場の設立と機能の条件を改善することを意図しているとし，共同体立法の中で域内市場を規定する一般権限を付与していると解釈することは，EC 条約 5 条に定められる権限付与の原則に合致しないとした。よって，この事件では，当該指令が取消された。

これらの判例に見られるように，マーストリヒト条約発効以降，権限付与の原則が厳格に適用され，権限を拡大する解釈が抑制される傾向が見られた。しかし，EU 司法裁判所が常に抑制的な解釈をおこなっているわけではなく，特にニース条約が発効した 2002 年以降の判例においては，裁判所による積極的な解釈も見られる[32]。

まず，2003 年の Köbler 事件[33]が挙げられる。同事件において，欧州司法裁判所は，たとえ構成国国内における最終審の裁判所であっても EU 法に

---

(31) C-376/98 ［2000］ ECR I-8419; 大藤紀子「権限付与の原則と EC 立法根拠の適法性」122-130 頁，中村＝須網編・注(22)）。

(32) *Cf.* Wahl, note(26), 610.

重大な違反がある場合は，国家責任を負うと判決した。また，2005年に判決されたC-304/02 委員会対フランス事件[34]では，裁判所は，EC条約228条（EU運営条約260条）が裁判所は一括違約金（lump sum）または（or）履行強制金（penalty payment）をEU法の違反国に課すことができると規定しているのに対して，一括違約金ならびに（and）履行強制金の両方を課すことができるとの解釈を示した。

さらに，2005年11月22日の先決裁定（C-144/04 Mangold事件）[35]では，「指令の国内実施期限がまだ到来していない場合でさえ，国内裁判所は共同体法と合致しない可能性のある国内法の規定を無効にすることによって，年齢に関する非差別の一般原則の完全な効果を保障する責任を負う」とされた。

ECの権限を積極的に認めた判例として，2005年9月13日の判決（C-176/03 委員会対理事会事件）[36]が挙げられる。そこでは，欧州司法裁判所は，第3の柱でとられた措置の採択がEC条約において付与された権限を侵害したとして同措置を取消し，当該判決では，刑罰にかかわるものであるにもかかわらず環境分野の権限として捉えた。もっとも，同判例の趣旨は，2007年のC-440/05事件判決[37]により若干限定され，第1の柱における措置で定めることのできるものは，構成国に対する刑罰立法の要請のみであり，刑罰の種類あるいは重さについてはECの権限範囲に入らないとされた。なお，この判例で認められたEUの刑罰権限は，リスボン条約によりEU運営条約83条2項において明示的に規定されるようになった。

これらの積極的な判例はEU司法裁判所が権限付与の原則を遵守していないということを意味するものではなく，権限付与の原則を遵守しつつ，EU

---

(33) Case C-224/01 ［2003］ECR I-239；西連寺隆行「構成国最高裁判所のEC法上の国家賠償責任」『貿易と関税』52巻10号（2004年）71-75頁。
(34) Case C-304/02 ［2005］ECR I-6263；拙稿「欧州司法裁判所による義務違反国への強制金並びに一括金の賦課」『貿易と関税』54巻6号（2006年）75-70頁。
(35) Case C-144/04 ［2005］ECR I-9981；橋本陽子「年齢差別の成否と平等指令への国内法の強行的適合解釈義務」『貿易と関税』54巻9号（2006年）75-70頁。
(36) Case C-176/03 ［2005］ECR I-7879；西連寺隆行「刑事罰立法整備を構成国に義務づけるECの権限」87-93頁，中村＝須網編・注(22)。
(37) Case C-440/05 ［2007］ECR I-9097；中村民雄「ECの刑事立法権限の存在と限界——船舶源汚染対策立法事件」『貿易と関税』56巻10号（2008年）75-68頁。

法の履行を確保するためのものと捉えられる。

◆3◆ 権限付与の原則とドイツ連邦憲法裁判所によるリスボン条約判決

　ドイツ連邦憲法裁判所は，リスボン条約判決において，権限付与の原則をさまざまな角度から取り上げ言及した。つまり，リスボン条約判決においてこの権限付与の原則は大きな役割を果たした。

　リスボン条約判決に入っていく前に第1章で取り上げたリスボン条約について簡単に再度触れておきたい[38]。リスボン条約は，未発効に終わった欧州憲法条約の実質を受け継いだものである。もっとも連邦国家を連想させるものはすべて削除されている（憲法，法律，歌，旗など）。ドイツは，欧州憲法条約の起草にあたって，特に権限カタログを導入することを要求した。とりわけドイツの州は，自己の権限がEUによる権限拡大により空洞化していくことを危惧した。そこで，EUの権限と構成国の権限配分を明確に設定するように求めた。このドイツの要請を受け，欧州憲法条約は権限カタログ（排他的権限，共有権限，支援，調整または補足的権限）を規定した。それぞれの権限を定義し，そこに属する権限を網羅的あるいは例示的に列挙した。リスボン条約はそれを引き継いでいる。

　また，補完性原則の強化のために補完性及び比例性原則の適用に関する議定書を条約につけた。これにより国内議会によるコントロール，立法提案段階における拒否権及び提訴権が定められることになった。権限付与の原則も条約の中及び宣言の中において言及され，EUの権限拡大を制限している。

　リスボン条約により，3本柱構造が廃止され，第1の柱及び第3の柱は融合した。ただ，第2の柱だけがその特別な性質を残すことになった。また，ECは消滅し，EUとなり，EUに法人格が明示的に付与されることになった。さらに，批判の大きい，民主主義の赤字が改善された。たとえば，欧州議会

---

[38] 拙稿「リスボン条約――EUと構成国の権限関係を中心に」『海外事情』56巻4号（2008年）21-36頁。

の権限が拡大され，国内議会の参加が拡大され，欧州連合市民に立法提案要請権が与えられた。加えて，EU 基本権憲章に法的拘束力が与えられ，欧州人権条約への加入が明示的に EU 条約に定められた。

(1) ドイツ連邦憲法裁判所によるリスボン条約判決における権限付与の原則

リスボン条約の批准に際して，同意法律（批准のための法律），リスボン条約のための基本法改正法律，付属法律が制定された。これら 3 つの法律に関して，基本法違反が存在するとして，ドイツ連邦議会諸議員により提起されたものも含み，複数の憲法異議及び機関訴訟がドイツ連邦憲法裁判所に起こされた[39]。ドイツ連邦憲法裁判所第 2 法廷は，これらの訴訟に対し一括して，2009 年 6 月 30 日に判決を下した。本件においては，リスボン条約の批准によって基本権に相当する基本法 38 条 1 項 1 文に定められる選挙権が侵害されないか否かが問題となったが，選挙権あるいは民主主義の問題のみならず，EU とドイツの関係にかかわる本質的な問題，基本法は欧州統合をどのように規定しているか，どこまで EU に権限移譲を許容しているか，EU 構成国の位置づけはどのようになるか等が争点となった。

原告側に立って主張した Murswiek 氏は，ドイツ連邦憲法裁判所が判決を下す前に鑑定意見を公表していた。その中で権限付与の原則に関し，形式的な権限配分の原則でしかないこと，権限付与の原則に従い EU への権限授権が行われたとしても憲法上の統合の限界は越さないということの保証にならないこと，権限付与の原則が遵守されていたとしても実際すべての立法権限が EU に移譲されうること，権限付与の原則は EU の原則であり，ドイツ基本法により許容される権限移譲の範囲を越えるか否かという問題に関知しないことなどが主張された[40]。このような原告側の主張がなされる中，権限付与の原則がドイツ連邦憲法裁判所によりどのように用いられたかを見て

---

(39) BVerfGE, 2 BvE 2/08 vom 30. Juni 2009；拙稿「ドイツ連邦憲法裁判所による EU リスボン条約判決」『貿易と関税』58 巻 2 号（2009 年）75-67 頁。
(40) Dietrich Murswiek, „Der Vertrag von Lissabon und das Grundgesetz", 2. Aufl., 2008, 45-46 〈http：//www.jura.uni-freiburg.de/institute/ioeffr 3/forschung/papers/murswiek/vertr-lissabon-gutachten-2〉.（2013 年 4 月 8 日アクセス）。

いくことにしていきたい。

〔1〕 黙示的権限の法理及び effet utile（実効性確保のための）解釈

まず，黙示的権限の法理及び effet utile（実効性確保のための）解釈について，ドイツ連邦憲法裁判所がどのように判示したかについて触れたい。

裁判所は，マーストリヒト条約判決の際には，上述したように，解釈による権限拡大を阻止する手段として権限付与の原則に言及し，その上で，EEC 条約 235 条（EC 条約 308 条），黙示的権限及び effet utile（実効性確保のための）解釈を通じて条約改正を経ずに解釈により条約改正と同じ効果が生み出されてはならないとし，また，そのような規範の解釈は，ドイツにとって法的拘束力を生じないとした。

しかし，リスボン条約判決では，「平和維持制度，国際または超国家組織への適応は，創設された組織が，その組織の機関が任務に沿って行動することによって，独自に発展し，その際その政治的自己強化の傾向を示すという，可能性を広げる。それゆえ，（同意法律のように）統合を許可する法律は，権限付与の原則にかかわらず，常にプログラムの概略のみを描写することができ，その境界線において，細部まであらかじめ定められていない政治的発展が生じる。統合に依拠するものは，連合機関の独自の意思形成を考慮に入れなければならない。従って，アキ・コミュノテール（acquis communautaire）の維持及びアメリカ黙示的権限の法理または国際条約法の effet utile（実効性確保）の意味における効果的な解釈への傾向を受け入れなければならない。これは，（ドイツ）基本法が望む統合任務（Integrationsauftrag）の一部である。」と判示した[41]。換言すれば，裁判所は，統合を目的とする組織においては，発展の方向性のみを定めることができるのであって，将来的な発展をあらかじめすべて定めておくことはできないとし，EU の発展に理解を示したと捉えられる。また，裁判所は，統合組織により独自の意思形成がなされることを前提とし，黙示的権限や effet utile（実効性確保のため）の拡大解釈にも認容の姿勢を示したと考えられる。さらに，そのような姿勢はドイツ基本法が望む統合からの任務であると解した。

---

(41) BVerfGE, 2 BvE 2/08, para. 237.

このようにマーストリヒト条約判決とリスボン条約判決におけるドイツ連邦憲法裁判所の態度には，相違が見られる。この相違は，裁判所が，リスボン条約判決において，新しく欧州法親和原則 (Prinzip der Europarechtsfreundlichkeit)[42]が打ち出したことにも関係すると考えられる。リスボン条約判決では，後述するように場合によってはEUに対する審査を行うことを明確に宣言しているが，EU法の発展及びEU司法裁判所の解釈に一定の理解を示している点も見られる。もっともこのような裁判所の認容姿勢を問題視する説もある[43]。

〔2〕 権限付与の原則とEU運営条約352条

裁判所は，リスボン条約判決においては，黙示的権限の法理及びeffet utile（実効性確保）とは別にEU運営条約352条（旧EC条約308条）〔EEC条約235条〕を取り扱った。

裁判所は，ドイツの国家権力につきその本質が保護されるか否かという文脈の中で，リスボン条約に定められている簡易条約改正手続（EU条約48条6項），移行手続（いわゆる橋渡し条項，全会一致から特定多数決へ移行及び特別立法手続から通常立法手続への移行）（EU条約48条7項），柔軟性条項（EU運営条約352条）を検討した[44]。これらの条文は，通常の条約改正に必要とされる批准を必要としないにもかかわらず，条約改正と類似した効果をもつため，民主主義的正統性が確保されるかという点が問題にされた。

その中でもEU運営条約352条は，上述した権限付与の原則を骨抜きにしてきたと捉えられてきた条文であるEC条約308条（旧EEC条約235条）を改正したものである。原告側のMurswiek氏は，権限付与の原則は形式的な原則でしかなく，EUに対して個別的授権がなされたとしても柔軟性条項（EU運営条約352条）により補われることになると主張していた[45]。

---

(42) *Ibid.*, para. 225 ; Jörg Philipp Terhechte, „Souveränität, Dynamik und Integration", *EuZW*, (2009, Heft 20), 724, 728 ; Editorial comments, 46 *CMLRev.*, (2009), 1023, 1031 ; 拙稿・注(39) 69-68頁

(43) Klaus Ferdinand Gärditz/Christian Hilgruber, „Volkssouveränität und Demokratie erst genommen", *JZ*, (2009, Heft 18), 872, 877.

(44) BVerfGE, 2 BvE 2/08, paras. 306-328.

3　権限付与の原則とドイツ連邦憲法裁判所によるリスボン条約判決

この危惧を受け，裁判所は，EU運営条約352条はEUの行動は具体的な権限が存在しない場合も，EUの行動が条約の目的を達成するために必要である場合に可能であるとされるから，EUに対する行動権限を根拠づけるだけでなく，同時に，権限付与の原則を緩和するものであると捉えた[46]。そこで，裁判所は，EU運営条約352条に基づいて措置をとるときには，理事会の代表としてのドイツ閣僚の同意のみならず，基本法23条1項2文及び3文に基づくドイツ連邦議会及び連邦参議院による承認が必要であるとした[47]。もっともこのような追加的な手続の要請は，EUの制度を侵害することにもなるとの批判もある[48]。ただ，枠組条約的な性質をもっていたEEC条約は，単一欧州議定書，マーストリヒト条約，アムステルダム条約，ニース条約，そしてリスボン条約による改正を受け，EU運営条約となった。各改正にあたって，既存の権限が修正あるいは新たな個別的権限が追加され，EU運営条約は法律条約[49]に近づいてきたため，EU運営条約352条が適用される場面というのは，実際のところ減少していると考えられる。

〔3〕　権限付与の原則の役割

ドイツ連邦憲法裁判所は，権限付与の原則にさまざまな役割をもたせたが，ここでは，3つに分けて提示することにする。

① 立法機関の権限授権と権限付与の原則

ドイツ連邦憲法裁判所は，基本法は確かに広範囲な権限のEUへの移譲をドイツ立法機関に授権しているが，そのような授権は統合計画を基礎にした主権的憲法国家性が権限付与の原則に基づきかつ構成国としての憲法アイデンティティの尊重の下保護され，同時に構成国が自ら責任をもてる生活関係の政治的かつ社会的形成能力を失わないことを条件とすると判示した[50]。このように裁判所は，権限付与の原則が，広範囲な権限のEUへの移譲にあ

---

(45) Murswiek, note(40), 4 and 79.
(46) BVerfGE, 2 BvE 2/08, para. 326.
(47) *Ibid.*, para. 328.
(48) Terhechte, note(42), 727-728.
(49) 注(8)参照。
(50) BVerfGE, 2 BvE 2/08, para. 226.

たってのドイツ立法機関の授権に対し憲法国家性が保護されるための前提条件の1つであるとした。もっとも権限付与の原則は前提条件の1つにとどまり，同時に憲法アイデンティティの尊重及び構成国の責任能力の維持も権限移譲の際の条件として挙げられており，上述した原告側の Murswiek 氏の主張にも考慮するものとなっている。

また，裁判所は，ドイツ立法機関に対し，EU への権限権限の付与，白紙授権あるいは憲法アイデンティティ侵害をしたりしないように同意法律及び付随法律を制定しなければならないとし，権限移譲に限界があることも明確に示した(51)。

② 民主主義の原則と権限付与の原則

民主主義の原則との関係においても権限付与の原則が重要な役割を与えられた。

EU における民主主義の赤字（または不足）の問題は，ドイツ連邦憲法裁判所の 1974 年の Solange I 判決(52)と呼ばれる判決を下したときにさかのぼり，ずっと批判されてきた(53)。その判決の骨子は，民主的正統性のある議会により EU 立法が制定され，基本権カタログが制定されない限り，ドイツ通常裁判所はドイツ連邦憲法裁判所に具体的規範統制訴訟を提起できるというものであった(54)。その後，いわゆる Solange II 事件においては，EU 立法により不利益を被った者が EU 司法裁判所の先決裁定を受けたものの思うような回答が得られず，ドイツ連邦憲法裁判所に EU 司法裁判所の手続において聴聞を受ける権利（103 条 1 項 GG），法律上の裁判官による裁判の権利（101 条 1 項 2 文 GG）が侵害を受けたとして憲法異議を提起した(55)。同事件において，1987 年ドイツ連邦憲法裁判所は，EU 法秩序において基本法と同等の基本権保障がなされている限り，連邦憲法裁判所は，EU 法の違反審査

---

(51) BVerfGE, 2 BvE 2/08, paras. 233, 236-239.
(52) BVerfGE, 2 BvL 52/71；BVerfGE 37, 271.
(53) 拙稿・注(39) 71-70 頁。
(54) 伊藤洋一「EC 法の国内法に対する優越(3)——EC 法と憲法規範」『法学教室』No. 266（2002 年）121, 126-127 頁。
(55) BVerfGE, 2 BvR 197/83；BVerfGE 73, 339.

3 権限付与の原則とドイツ連邦憲法裁判所によるリスボン条約判決

権を自制するとの判断を下した(56)。

　リスボン条約においては，上述したように民主主義の赤字が改善された。EU基本権憲章も法的拘束力を持ち，欧州人権条約に加入することも明示的に定められている。何より民主主義的正統性をもつ，欧州議会の権限が大幅に拡大された。

　しかし，裁判所は，国家の民主主義の観点からすると，EUは正当化されるレベルに合致するところまでに到達していないことを強調した。その上で，本件では，ドイツ連邦憲法裁判所は，EUは主権を維持した民主主義国家の集まりにとどまるゆえに，EUの制度を国家類似の方法で形成する必要はないという論理を用いた。その際，裁判所は，たとえEUの民主主義が国家における民主主義に相当するほど発展していなくとも，権限付与の原則が主権国家結合において遵守されている限り，直接選挙された欧州議会により補足される，国内議会及び政府を通じた民主主義の正統化で十分であるとした(57)。また，裁判所は，欧州の権限秩序が権限付与の原則に基づき，かつ，国家の統合に対する責任の維持の下で協力的に形成された決定手続において存在する限り，また，連合の権限及び国家の権限の均衡のとれたバランスが維持されている限り，EUの民主主義は，国家類似的に形成されえず，形成される必要もないとした(58)。関連して，裁判所は，権限付与の原則の下，かつ，リスボン条約により付与された権限の目的に合った解釈がなされる場合，欧州議会の構成が欧州連合市民の平等原則に依拠していなくとも許容されるとした(59)。すなわち，裁判所は，権限付与の原則の遵守が，EUの民主主義が国家のそのレベルほどに発達していないこと，EUの民主主義が国家類似的に形成されてないこと，欧州議会議員の構成が欧州連合市民の平等原則に依拠していないことなど指摘されるEUの民主主義的正統性問題を生じさせないことの前提条件になるとの理解を示した。

---

(56) 伊藤・注(54) 127頁。
(57) BVerfGE, 2 BvE 2/08, para. 262.
(58) *Ibid.*, para. 272.
(59) *Ibid.*, para. 278.

第2章　権限付与の原則

③　条約の主人と権限付与の原則

　裁判所は，前述したように権限付与の原則の遵守の下で民主主義的正統性が確保されるとし，EUの民主主義的正統性を擁護したが，他方，裁判所は，権限付与の原則を根拠に構成国があくまでも条約の主人であるという判断を以下のように示した。

　まず，裁判所は，超国家組織としてのEUは権限付与及び権限行使において，限定されかつコントロールされる個別的授権の原則（das Prinzip der begrenzten und kontrolliert ausgeübten Einzelermächtigung）を満たさなければならないということを確認した。その上で，裁判所は，構成国は条約の主人（Herren der Verträge）にとどまり，さらなる権限拡大にかかわらず個別的権限付与の原則は維持されると結論づけた[60]。また，裁判所は，別の角度からも構成国が条約の主人であると結論づけた。まず，裁判所は，EUの権限配分とEUと構成国との権限の境界づけは，権限付与の原則に基づいて行われるとした[61]。次に，裁判所は，権限付与の原則は，構成国の責任維持の保護メカニズムであると捉えた。さらに，裁判所は，EUは構成国から移譲された権限を有する限りにおいてのみ事項に対して権限を有すると確認し，あくまでも構成国が第一次的空間，EUは，第二次的空間にあるとした[62]。

　このように裁判所は権限付与の原則がEUが遵守すべき原則であることを確認すると同時に同原則がEUと構成国の権限配分にあたって用いられる原則であり，かつ，国家こそが条約の主人であることを明確に示すものであると位置づけた。また，裁判所は，権限付与の原則に依拠し国家が条約の主人であることを強調することによって，国家が主権を喪失しEUが実質的に連邦国家になっているという原告の主張を退けた。

　リスボン条約は，欧州憲法条約の実質を反映しているため，内容的には，EUを大きく変化させるものになっている。よって，ある一面からみると，原告の主張のように，EUがまるで連邦国家で，構成国が州のようでもあると捉えることができる。その主張を肯定すると，ドイツがドイツでなくなっ

---

[60] *Ibid.*, para. 298.
[61] *Ibid.*, para. 300.
[62] *Ibid.*, para. 301.

48

てしまうため，ドイツ連邦憲法裁判所は，リスボン条約判決において欧州国家結合（Europäischer Staatenverbund）と欧州連邦国家（Europäischer Föderalstaat）を明確に区別する必要があったと考えられる。そこで，用いられたのが，権限付与の原則とも捉えることができる。

また，リスボン条約に付属する宣言17に定められるEU法の国内法に対する優位の原則のために，憲法のアイデンティティ及びドイツの基本権保護を実質において保護することが不可能になるという原告の主張に対しても，権限付与の原則を持ち出し，その主張を退けた[63]。

〔4〕 権限付与の原則に対するコントロール

裁判所は，すでにマーストリヒト条約判決において，EUが付与されている権限の境界を越えたか否かをドイツ連邦憲法裁判所が審査するとしていた[64]。原告側のMuswiek氏は権限付与の原則の手段により構成国の国家性が維持され，統合授権の限界を越えないとするマーストリヒト条約判決の考え方を不十分であると主張していたが[65]，裁判所は，このような主張を考慮し，リスボン条約判決において，審査を強化する方向性を示した[66]。

まず，立法権限または執行権限が画定されておらずあるいは動態的な発展のために移譲されている場合，あるいは，機関の権限が新たに根拠づけられたり拡大されたりする場合，あらかじめ定められた統合プログラムを超えたり，授権の外側で行動する危険性が生じると指摘した[67]。その上で，権利保護がEUレベルでなされない場合，裁判所は，EUの機関が制定する法行為が権限付与の原則に従い自己に与えられた権限の限界を遵守しているか否かを審査（権限踰越コントロール〔ultra-vires-Kontrolle〕）するとした[68]。さらに，国内憲法アイデンティティがEU機関の行動により侵害されていない

---

(63) Ibid., paras. 331-332.
(64) BVerfGE, 2 BvR 2134/92, 2 BvR 2159/92, para.106.
(65) Murswiek, note(40), 45.
(66) Cf. Heiko Sauer, „Kompetenz- und Identitätskontrolle von Europarecht nach dem Lissabon-Urteil", ZRP, (2009, Heft 7), 195, 196 ; Daniel Thym, "In the name of sovereign statehood : A critical introduction to the Lisbon Judgment of the German constitutional court", 46 CMLRev., (2009), 1795, 1806-1809.
(67) BVerfGE, 2 BvE 2/08, para. 238.
(68) Ibid., para. 240.

かを審査（アイデンティティコントロール〔Identität-Kontrolle〕）するとした[69]。もっともこれらの審査は，常に行われるわけではなく，例外的な場合，特に狭い条件下でのみ限定して行うとした[70]。

◆4◆ 結 語

　権限付与の原則は，ドイツ連邦憲法裁判所のリスボン条約判決により，同原則は，権限拡大あるいは権限移譲の限界を設定する原則であるだけでなく，国家のアイデンティティを保護する原則でもあり，EUの民主主義を正統化する手段でもあり，また，国家がEUの州にならず，主権国家であり続けるための重要な手段でもあるという位置づけがなされた。

　マーストリヒト条約判決においてもリスボン条約判決においても権限付与の原則の遵守が鍵となっているが，前者においては，裁判所が，権限付与の原則を解釈による権限拡大に対する牽制球のような手段として用いたのに対して，後者においては，裁判所が権限付与の原則をドイツが主権国家性を喪失しない，換言すれば，EUが権限権限をもたないためのあるいは国家の憲法アイデンティティが侵害されないための砦としたと解することができる[71]。

　また，権限付与の原則は，EUの機関による立法あるいはEU司法裁判所の解釈により骨抜きにされたと言われてきたが，本判決では，同原則が，EUが連邦国家（Bundesstaat）ではなく，国家結合（Staatenverbund）にとどまるという根拠を支える背骨として重要な役割を果たしたと捉えることができる。

　他方，ドイツ連邦憲法裁判所は，権限付与の原則から導き出される限界を示し，そのような限界を超えないようにドイツ立法機関に義務づけ，さらに，自らもその限界が遵守されているか否かを審査（権限踰越コントロール〔ultra-

---

(69) *Ibid.*, para. 240; Dimitrios Doukas, "The verdict of the German Federal Constitutional Court on the Lisbon Treaty", *ELRev.* 34, (2009) 866, 877-878.
(70) BVerfGE, 2 BvE 2/08, para. 340; Thym, note (66), 1807.
(71) 類似した見解として，*cf.* Grimm, note (7), 487.

4 結語

vires Kontrolle〕とアイデンティティコントロール〔Identität-Kontrolle〕）するという姿勢を示した。

　権限付与の原則は，「はじめに」で上述したようなEU機関間の水平的権限配分及びEUと構成国間の垂直的権限配分等に用いられる原則であるのみならず，リスボン条約判決においては，憲法国家性の維持のための前提条件であり，民主主義的正統性を担保する手段であり，また，EUが連邦国家にならないことの根拠でもあるとして，その役割が広げられた。すなわち，権限付与の原則は，EUにおける原則であるのみならず，構成国の憲法原則に必須のものとしての位置づけがなされた[72]。

　ドイツ連邦憲法裁判所によるリスボン条約判決を受けて，EU司法裁判所がどのような反応を示すのか[73]。その参考になるのが，リスボン条約判決後，リスボン条約発効前に一般裁判所（general court）[74]により判決が下された2010年のT-183/07事件である[75]。本件においては，EUの排出量取引制度の国内実施におけるポーランドの国内配分計画にかかわり，欧州委員会が複数の基準が満たされていないとし，国内配分における二酸化炭素の年間総排出量を削減する決定を採択したことが問題となった。ポーランドは同委員会決定の取消を求めて，EUの一般裁判所に提訴した。裁判所は，過剰な排出量配分に制約を課す決定が無効にされると温室効果ガス排出量取引制度自体が崩れてしまうという委員会の意見が十分に理由あるものであったとしても，法の支配により規律される共同体において当該決定の維持を正当化することはできないとし，さらに，当該決定は構成国と委員会の間の権限配分に違反して採択されたと判示した[76]。これにより裁判所は，共同体が法

---

[72] *Cf.* BVerfGE, 2 BvE 2/08, para. 234；Editorial Comments, note (42), 1025.
[73] ドイツ連邦憲法裁判所はリスボン条約判決を通じてEUの機関にメッセージを送ったと捉える見解，Editorial comments, note (42), 1030-1031.
[74] EU司法裁判所に対し下級となるEUの裁判所の1つ。リスボン条約発効前は，第1審裁判所と呼ばれていたが，名称が変更された。
[75] Case T-183/07 Poland v Commission [2009] ECR II-3395；由布節子「EU排出量取引における加盟国排出割当決定権限の所在」『貿易と関税』58巻8号（2010年）75-70頁。
[76] Case T-183/07 [2009] ECR II-3395, para. 129.

の支配により規律される組織であることを確認し，権限付与の原則，ここでは構成国と委員会の垂直的権限配分が遵守されなければならないことを明確にした。裁判所は，排出量取引制度の運用におけるEUの利益よりもEUに付与された権限の境界線を維持することを選択した(77)。この判決はEUの下級審の判決であるが，その後，欧州委員会が欧州司法裁判所に上訴し，同裁判所は，2012年のC-504/09 P事件判決において，一般裁判所の当該判決を認容した(78)。

　他方，上述したEU司法裁判所によるMangold事件判決はドイツにおいてEU司法裁判所の権限踰越であるとして大きな議論を引き起こしたが，ドイツ連邦憲法裁判所は，2010年のHoneywell事件(79)において，Mangold事件判決に関して判断を下すにあたって，権限踰越コントロールの行使方法と行使の際の基準を以下のように提示した。行使方法としては，権限踰越コントロールが欧州法親和的（europarechtsfreundlich）かつ抑制的に行使されなければならないこと，並びに，事前に欧州司法裁判所の先決裁定を求めなければならないことが挙げられた。また，行使の際の基準としては，権限の違反が十分に認められるという明確性及び侵害された権限が構造的に重要なものでなければならないことが挙げられた。よって，EUの機関の行為が権限踰越コントロール審査を受け，基本法違反と判断され，その結果ドイツ法秩序において適用されない事態は実質的には非常に限定されたものになると考えられる。

　このようにEU司法裁判所とドイツ連邦憲法裁判所の双方が権限付与の原則というボールを受け止め，また投げ返しながら，均衡をとっていると捉えられる。

---

(77) ECJの積極的な解釈傾向に対する例外としてこの判決を挙げるものとして，Wahl, note(26), 611.

(78) Case C-504/09 P Commission v Poland [2012] ECR I-nyr. 36, BVerfGE, 2 BvR 2661/06, Beschluss des Zweiten Senats vom 6. Juli 2010；拙稿「ドイツ連邦憲法裁判所によるEU機関の行為に対する権限踰越コントロール」『自治研究』98巻4号（2013年）147-155頁。

(79) Mehrdad Payandeh, "Constitutional Review of EU law after Honeywell", 48 CMLRev., (2011), 9, 10.

4 結　語

　EU司法裁判所は，EUが法の共同体であり，立憲主義に基づく組織であることの証左として権限付与の原則を遵守し，ドイツ連邦憲法裁判所は，ドイツの主権国家性が維持され続けることの根拠として同原則に依拠する。権限付与の原則は，リスボン条約を契機に新たな意味づけを与えられたと言えるであろう。もっとも，このような観念的な意味づけを与えられた権限付与の原則は，真に主権国家性を維持する手段として機能しうるのか，あるいは，権限付与の原則が遵守されない場合，ドイツ連邦憲法裁判所は権限踰越コントロール及びアイデンティティコントロールを実施することができるのか，関連して，EUの構成国の1つであるドイツの連邦憲法裁判所が単独でそのような審査をできるのかという実質的な問題は残っている[80]。

---

(80) 審査に関する問題点を指摘したものとして，Sauer, note(66), 197-198.

第3章　欧州憲法条約草案及びリスボン条約における権限配分規定
―― EUと構成国間の権限配分の明確化・体系化を中心に ――

◆はじめに◆

　2001年2月26日に署名されたニース条約は，東方拡大に向けての，EUの機構改革を目指したものであった。アイルランドにおける二度目の国民投票後，同条約は2003年2月1日に発効し，東欧諸国を迎える準備が整ったことを受け，東欧諸国を中心とする10カ国が2004年5月にEUに加入した。しかし，この機構改革での成果は，理事会における構成国の票数，機関の構成，特定多数決の拡大，先行統合制度の改正，司法制度の改正などに限定されるものとなっていた[1]。すなわち，同条約は，東欧諸国のEU加盟にあたっての技術的な機構改革に留まり，将来のEUがどうあるべきかという問題は，積み残された。改革の積み残しは，ニース条約に付属する宣言23「連合の将来に関する宣言」の中に，述べられた。宣言23の4項では，その後の将来構想の道筋が示され，具体的な問題としては，①補完性原則を反映した，EUと構成国間のより正確な権限の配分を設定し，監視する方法，②ニースで合意されたEU基本権憲章の位置づけ，③意味を変更することなく，より明確によりよく理解されるようにという観点からの条約の単純化，④EUにおける国内議会の役割の4つが主要なものとして，列挙された。宣言23の文言に沿い，2001年12月，ラーケン欧州首脳理事会において，「EUの将来に関するラーケン宣言」が出された[2]。同宣言において，特に，以

---

[1] ex. Editorial Comments, *CMLRev.*, (2001), 493.
[2] Presidency conclusion, European Council Meeting in Laeken, 14 and 15 December 2001, SN 300/1/01 REV 1.

第3章　欧州憲法条約草案及びリスボン条約における権限配分規定

下の4つの欧州首脳理事会が問題として，挙げられた。①EUにおける権限のよりよい配分と定義，②連合の手段の単純化，③連合における民主主義，透明性及び効果，④欧州市民のための憲法。その上で，これらの諸問題を検討する，欧州の将来のためのコンベンション（convention）を召集することが決定された。欧州首脳理事会は，フランス元大統領の Giscard d'Estaing をコンベンションの議長に，副議長に Amato と Dehaene を指名した。また，構成については，各構成国の政府の代表（計15名），国内議会の議員（計30名），欧州議会の議員（16名），欧州委員会の代表3名，さらに，同様に加盟申請国の政府代表及び国内議会の議員と定めた（実際には，それぞれの代表に代理（alternates）がつけられ，人数は，倍になっている）。コンベンションは，2002年3月1日に開会会合が開催されること（実際には，1日早く2月28日開催された），審議は，1年後に終了し，議長は欧州首脳理事会に結果を報告することが同時に決定された。このラーケン宣言における方針に従い，コンベンションは，1年余りにわたって審議を行い，最終的には，2003年7月10日に任務を終了した。議長は，ヨーロッパ憲法を制定する条約草案とともに報告書を欧州首脳理事会の議長に提出した。その後，10月4日に議長国であるイタリアが政府間会議を召集し，実際の条約改正へとつなげていくことが予定された。

　欧州憲法条約草案は，4つの部から構成されている。Ⅰ部が基本条約，Ⅱ部が基本権憲章，Ⅲ部が個別規定，Ⅳ部が一般・最終規定となっている。EUと構成国の権限配分は，Ⅰ部の第3編「連合の権限」の9条〜17条に定められた。権限配分問題は，上述したように，ニース宣言23，さらに，ラーケン宣言で課題の一つとして，挙げられていた。しかし，権限配分の問題は，ニース条約の交渉の以前から，ドイツ，特にドイツの州から指摘され，権限配分の明確化が強く要請されてきた。ニースの宣言23に，権限配分問題が挿入されたことは，ドイツの要請を入れたものである[3]。

　本章においては，ドイツの州の要求がどの程度，欧州憲法条約草案に取り入れられたのか，またそれがリスボン条約によりどのように変更され現行の条約（EU条約及びEU運営条約）に取り入れられたのかという観点から，条約草案起草過程を検討し，権限配分規定を明らかにしていきたい。検討にあ

たっては，まず前提として，ドイツ基本法における権限体系（ドイツモデル），並びに，リスボン条約発効以前のEUの権限構造，さらに，ドイツ州の要求がどのようなものであったのか，他方，ヨーロッパレベルではどのようなことが目標とされていたのかを明らかにしたい。次に，コンベンション，特に作業グループⅤ「補足的権限」では，どのような議論がされたのか，どういった最終報告書がまとめられたのかについて，明確にしたい。さらに，7月18日の憲法条約草案にリスボン条約発効後の現行の条文を踏まえつつ検討を加え，最後に，評価を述べていきたい。なお，本章では，EUと構成国の権限配分の明確化・体系化を中心に取り扱い，EUの権限の行使をめぐる問題（補完性原則・比例性原則）は，必要な限りにおいてのみ言及することにする。

◆1◆ 前 提

(1) ドイツモデル

欧州憲法条約草案，その後のリスボン条約における権限配分規定は，ドイツ基本法におけるそれと似ている点もあり，権限配分の起草にあたっては，ドイツの権限体系，連邦と州との権限配分が参考にされたと考えられる。ここでは，まず，ドイツ基本法において，どのように連邦と州の権限が定められているのかを明らかにしておきたい。

ドイツ基本法において権限体系の中心となっているのが，30条〜32条及び70条〜75条である。ここでは，権限配分の原則（70条1項），権限カテゴリー（70条2項，71条，72条：排他的立法権限，競合的立法権限）及び各権

---

(3) Perniceは，州，地域を含んだ権限カタログの導入が，州によるニース条約の同意に対する条件になったと指摘している。Ingolf Pernice, „Kompetenzabgrenzung im Europäischen Verfassungsverbund", Rn. 5, 2000, http：//edoc.hu-berlin.de/humboldt-vl/pernice-ingolf/PDF/Pernice.pdf.（2013年3月18日アクセス）；Jan Wouters, "Institutional and constitutional challenges for the European Union—some reflections in the light of the Treaty of Nice", *ELR*,（2001）, 342, 353；Roland Bieber, „Kompetenzen und Institutionen im Rahmen einer EU-Verfassung", Rev. 20.6.2002, Contribution du Professeur Roland Bieber, Université de Lausanne, à la Convention Européenne（2002）, 3.

第3章　欧州憲法条約草案及びリスボン条約における権限配分規定

限カテゴリーに属する権限カタログ（73条，74条）が定められている。詳細は，以下の通りとなる。

　基本法30条は，「国家の権限の行使及び国家の任務の遂行は，この基本法が別段の定めをせず，または，認めない限り，州の事務である」としている。31条は，連邦法が州法に優位すること，32条1項は，対外関係が連邦の事項であることを規定している。

　基本法70条1項は，基本法が連邦に立法権限を与えない限り，州が立法権限を有するという原則を定めている。同法2項は，権限の配分が排他的立法と競合的立法についての規定に従うことを定めている。同法71条は，排他的立法（専属的立法：ausschließliche Gesetzgebung）にかかわり，排他的立法の分野では，州は，連邦法によって明示的に授権された場合に限り立法権限を有すると，定めている。同法72条1項は，競合的立法（konkurrierende Gesetzgebung）にかかわり，同分野においては，州は，連邦が法律により立法権限を行使しない限りにおいてのみ立法権限を有すると，定めている。同条2項は，外国人の滞在居住権，経済法などの一定の競合的立法分野においては，「連邦は，……連邦領域の均一な生活関係を創出するために，または国家全体の利益に関わる法的・経済的統一を保持するために，連邦法律による規律が必要である場合，その限りで立法権を有する」と，必須性基準（Erforderlichkeit）を定めている。この同項は，1994年に州の立法権限の喪失を補償するために，変更されたものである[4]。もっとも同項は，2006年の改革の際に，変更が加えられ，74条1項番号4，7，11，13，15，19 a，20，22，25及び26以外の番号に定められた分野に対しては，必須性基準に服さずにすむことになった。同条3項は，「連邦が立法権限を行使した場合，州は法律によりここから逸脱する規定を以下の事項について採択することができる。1. 狩猟（狩猟許可証を除く），2. 自然保護及び景観保護（自然保護の一般原則，種の保護あるいは海洋保護法を除く），3. 土地の分配，4. 地域開発計画，5. 水資源管理（成分あるいは施設に関する規定を除く），6. 大学入学許可と大学

---

(4) Dietmar Reich, „Zum Einfluß des Europäischen Gemeinschaftsrechts auf die Kompetenzen der deutschen Bundesländer", *EuGRZ*, (2001), 1, 3.

修了……」と定める。この規定により，旧75条に定められていた環境に関連する事項並びに大学の入学許可及び終了事項への競合的な立法へ移行され，連邦はこれまで枠組しか規定できなかった事項について包括的制定の可能性を与えられることになった。これによってEU法の統一的な国内法化・国内実施が可能になると考えられている(5)。同条4項は，「連邦法律は，2項の意味での必要性が存在しないときには，連邦法律に代えて州法によって規律することができるということを規定することができる」としている。排他的権限のカタログは，73条に規定され，国防，国籍などの17項目が列挙されている。他方，競合的権限のカタログは，74条に定められ，32項目が列挙されている。例えば，74条の1項1号は，「民法，刑法及び刑の執行，裁判所構成，裁判手続，弁護士制度，公証人制度並びに法律相談」を挙げている。75条は，一定の分野における連邦の枠組立法（大綱的立法：Rahmengesetzgebung）を定めていたが，2006年の改革により削除され，75条で規定されていた事項の大半は競合的立法分野に移された。

　ドイツ基本法は，条約に規定されていない場合に目的を達成するために用いられる規定（EU運営条約352条），あるいは，アメリカ合衆国憲法第1条第8節18における「必要・適切条項」のような規定を含んでいない。しかし，基本法73条3号「移転の自由，旅券制度，出入国及び犯罪人引渡」，あるいは，74条1項11号「経済法（鉱業，工業，エネルギー産業，手工業，営業，商業，銀行及び証券取引諸制度，私法上の保険制度）」など，簡潔に規定されているために，高度の柔軟性を有する規定となっていると，指摘されている(6)。同時に，このことが，変化していく状況に対し，権限規定の頻繁な改正を必要とすることなく，連邦が行動能力を発揮できる結果となっていることも指摘されている。

---

(5) 拙稿「ドイツ連邦制改革とEU法——環境分野の権限に関するドイツ基本法改正を中心に」『専修法学論集』100号（2007）173, 185-187頁。
(6) Pernice, note(3), Rn. 30; Arbeitsgruppe Europäische Integration, Friedrich Ebert Stiftung, Arbeitspapiere Nr. 10, September 2001, „Kompetenzausübung, nicht Kompetenzverteilung ist das eigentliche europäische Kompetenzproblem", http://library.fes.de/pdf-files/id/01344.pdf.（2013年3月18日アクセス）。

第 3 章　欧州憲法条約草案及びリスボン条約における権限配分規定

なお，条文上は，原則的に州に立法権限が属しており，連邦は，個別の権限（排他的権限及び競合的権限）に基づいてのみ行動することができるが，実際においては，個別の権限が広く解釈されて，州にとっては，警察，文化，メディアという限られた分野にのみ立法権限が残っている[7]。

(2)　リスボン条約発効以前の EU における権限構造

リスボン条約発効以前（以下「リ前」）の EU 条約及び EC 条約は，ドイツ基本法に見るような，権限カタログを含んでいなかった[8]。（もっとも，捉え方によっては，Pernice のように，EU は，権限カタログを有さないのではなく，ドイツ基本法とは異なる，より詳細で正確なカタログを有していると考えることも可能であるが[9]。）また，権限カテゴリーとして，明示的に言及されているのは，排他的権限（exclusive competence）のみであった（リ前 EC 条約 5 条 2 項並びにリ前 EU 条約 43 条 (d)）。さらに，排他的権限の定義も条約上は，存在しなかった。もっとも，欧州司法裁判所の判例の中では，排他的権限の分野では，EC (EU) のみが行動することができること，その他の権限カテゴリーとして，競合的権限（concurrent competence）または共有権限（shared competence）が存在することが明らかにされてきた[10]。

権限配分規定としては，まず，E(E)C 設立当初からの条文として，「これら（EC）の機関は，この条約により自己に与えられた権限内で機能する」という，権限付与の原則（the principle of the powers conferred）が挙げられた。さらに，1992 年のマーストリヒト条約による EC 条約の改正によって挿入されたリ前 EC 条約 5 条において，権限に関わる三原則が規定された。同条約 5 条 1 項は，「共同体は，この条約により自己に与えられた権限及び

---

[7] Pernice, note (3), Rn. 29 ; Marcus ter Steeg, „Eine neue Kompetenzordnung für die EU", *EuZW*, (2003), 325, 327.

[8] ex. Wolfgang Clement, „Europa gestalten-nicht verwalten. Die Kompetenzordnung der Europäischen Union nach Nizza", 12. Februar 2001, *FCE*, (03/2001), Rn. 13, http://www.whi-berlin.eu/documents/clement.pdf.（2013 年 3 月 18 日アクセス）。

[9] Ingolf Pernice, „Eine neue Kompetenzordnung für die Europäische Union", *WHI-paper* 15/02, (15/2002) 5, http://www.whi-berlin.eu/documents/whi-paper 1502.pdf.（2013 年 3 月 18 日アクセス）。

設定された目的の範囲内で行動しなければならない」と定め，ここでも，権限付与の原則を確認していた。同条 2 項は，権限を行使するか否かにあたっては，補完性の原則（the principle of subsidiarity）に従わなければならないことを定めた。同条 3 項は，条約の目的を達成するのに必要な範囲を超えてはならないと，比例性の原則（the principle of proportionality）を定めた。これらの原則により，EC は，立法にあたって，まず法的根拠が存在するか，次に，権限の行使は，必要で効果的か，さらに，措置の強度は適当であるかという，3 つのハードルを越えないとならないことになった。補完性原則及び比例性の原則の適用については，アムステルダム条約の議定書において規定された。

リ前 EC 条約 2 条は EC の目的を，リ前 EC 条約 3 条は，政策あるいは行動事項を列挙していた[11]。しかし，これらは，そのまま権限カタログに相

---

(10) コンベンションの作業における最初の現状把握として次のように，EC における権限がまとめられた（CONV 47/02, 15 May 2002, Delimitation of competence between the European Union and the Member States）。排他的権限の場合は，EU/EC は，自己のみが，ある分野において法規を採択することができる権限を享受する。構成国による介入は，共同体機関による授権がある場合または満たされるべき欠欲がある場合を除いて，排除される。排他的権限に入る分野は，共通通商政策（ニース条約発効前の），生物海洋資源，共通関税率の設定，金融政策である。競合的（concurrent）（分有 shared）権限の場合は，構成国は，EU/EC が権限を行使しない限り，立法できる。いったん EU/EC が立法すれば，構成国は同立法により含まれる分野においては，それを実施するのに必要な場合は別であるが，立法してはならない。共同体の権限は，行使されることにより，排他的になる。補完性原則及び比例性の原則に従わなければならない。この分野には，ほとんどの分野が含まれる。EC 条約においては，市民権，農業，漁業，4 つの基本的自由，ビザ，難民，移民，運輸，税，競争，社会政策，環境，消費者保護，欧州横断網（相互運用・標準），経済社会結合，エネルギー，民間保護，旅行がそれに属する。EU 条約においては，防衛政策を除く，共通外交安全保障政策，刑事事項における警察・司法協力がそれに当たる。補足的権限（complementary competence）の場合は，EU/EC の権限は，構成国の行動を補足又は支援することに限定され，構成国の行動を奨励又は調整する措置を採択する。共同体の介入は，構成国による介入を排除する効果をもたない。このカテゴリーに入る分野として，経済政策，雇用，関税協力，教育，職業訓練と若者，文化，公衆，欧州横断網（相互運用・標準を除く），産業，研究・開発，共通防衛政策が挙げられた。なお，EC の権限がまとめられた邦語論文として，須網隆夫「EU の発展と法的性格の変容——『EU への権限移譲』と『補完性の原則』」『聖学院大学総合研究所紀要』No. 26（2003 年）159, 171-183 頁がある。

(11) *Cf.* Bieber, note (3), 3-4; Arbeitsgruppe Europäische Integration, note (5), 8.

第3章　欧州憲法条約草案及びリスボン条約における権限配分規定

当するものではなく，これらの条文に基づいて，ECは，措置をとることができない。措置をとるためには，条約に散在する法的根拠に基づかなければならなかった。権限は，主にリ前EC条約3部の「共同体政策」において，詳細に定められていた。ECの権限は，個別分野に関わる権限（例えば，環境，農業分野）と目的に結びつく，機能的な権限（functional competence）（例えば，域内市場，競争）の両方を含んでいる。特に，後者の権限がECの活動に貢献してきたが，批判の対象ともなっていた。さらに，共同体の目的を達成するために規定がない場合に，法的根拠とされる潜在的権限，リ前EC条約308条が存在した。その他，欧州司法裁判所が判例において発達させてきた黙示的権限，特に黙示的条約締結権限が存在した。また，ECの権限として，注意しておかなければならないのは，ドイツ基本法における権限カタログとは異なり，ECは，ある特定の政策分野（policy-area）に対して権限を有する場合もあるが（その場合も詳細に制限されているが），ある政策事項（policy-matters）にしか権限をもたない場合もある[12]。例えば，ECは，海洋生物の保護という事項に対してのみ排他的権限を有する。

(3)　ドイツ州の要請

60年代及び70年代に，欧州統合は，EU運営条約115条（旧EC条約94条，E(E)C条約100条），EU運営条約352条（旧EC条約308条，旧E(E)C条約235条）に基づく，法行為により，ドイツの連邦の権限のみならず，州の権限にも関係してくるようになった[13]。州の権限への影響は，1986年の単一欧州議定書によって明らかになったが，決定的になったのは，マーストリヒト条約，続くアムステルダム条約によるEC条約改正である。これらによるECの権限拡大に伴って，自己の権限を喪失するのではないかという州の懸念が大きくなった[14]。

実際，マーストリヒト条約によるEC条約の改正によって，教育，職業教育，文化に関する分野（リ前EC条約149条〔旧E(E)C条約126条〕～151条

---

[12] Working Group V, 15 July 2002, Working document 9, Note by Peter Altmaier.
[13] Reich, note(4), 2.
[14] 具体的な州の権限の喪失については，Reich, note(4), 3-8が詳しい。

〔旧 E(E)C 条約 128 条〕) が明示的にリ前 EC 条約に定められるようになった。この補償として，リ前 EC 条約 5 条（旧 EC 条約 3 b 条）に上述した補完性原則を含む，権限の三原則の導入，並びに，地域評議会の設立が，ドイツ州の要求でなされた。

しかし，マーストリヒト条約発効後，これらの補償措置にも関わらず，ドイツ州の権限が侵害されているという認識の下，バイエルン州とラインランド・プファルツ州の申請によって，1996 年の政府間会議の準備に向けての連邦参議院（Bundesrat）の決定（169/95）がなされた[15]。その決定においては，機関の改革とより明確な権限配分による欧州統合過程の深化が緊急に必要であるという認識が示された。同時に，補完性原則のより厳格な実施が求められた。また，EU の活動は，明確に定義された権限に基づいてのみ行われるべきであるとされた。さらに，EC 条約の広範囲にわたる目的カタログを事項に関連した権限カタログに置き換えることあるいは少なくとも具体的な任務カタログに変更されるべきであるという意見が示された。また，排他的権限と非排他的権限が明確に区別されるべきことも述べられた。

半年後，再びバイエルン州とラインランド・プファルツ州が申請を行い，1996 年の政府間会議に対する州の要請に関する連邦参議院の決定（667/95）がなされた[16]。この決定は，169/95 の決定を発展させ，具体化したものである。1996 年の政府間会議への要請という個所において，第一に，補完性原則がさらに明確に規定されなければならないとし，特に，地域・地方団体への明示的な言及が提案された。第二に，権限配分が改良されることが求められた。具体的には，①EC 条約 3 条の広範な目的カタログを具体的な任務カタログに変更すること，②EU は，明示的に付与された権限内のみで行動すべきこと，③EU の排他的権限の分野を列挙することが提案された。第三に，EC 条約 95 条のみならず，その他の権限規範の明確化も同時に求められた。第四に，補完性原則に従った権限配分として，構成国及び地方に残る

---

(15) BR-Drs. 169/95, 31.03.1995, Entschließung des Bundesrates zur Vorbereitung der Regierungskonferenz 1996.
(16) BR-Drs. 667/95, 15.12.1995, Entschließung des Bundesrates, „Forderungen der Länder zur Regierungskonferenz 1996".

第3章 欧州憲法条約草案及びリスボン条約における権限配分規定

べき権限として，エネルギー及び旅行政策，地域開発計画が挙げられた。他方，EU が扱うべき事項として，内務政策（難民，ビザ），法政策，社会政策が挙げられた。さらに，同決定においては，具体的な条約改正草案も掲載された。その草案において，排他的権限，非排他的権限及び補足的権限のカタログが作成された。

2001 年 12 月に，ドイツ州すべての申請により，EU の将来の改革議論の枠組における権限配分に関する連邦参議院の決定（1081/01）がなされた(17)。決定においては，EU の権限秩序が体系的にかつ透明的にならなければならないとし，よりよい権限の体系化には排他的権限，基本権限 (Grundsatzkompetenzen)(18)，及び補足的権限のようなカテゴリー化によって達成されうると提案された。さらに，権限付与の原則が強化されるべきこと，同時に，一般的なあるいは広くまとめられた条約規定によって，権限付与の原則が空洞化されてはならないことが指摘された。具体的には，①リ前 EC 条約 2 条及び 3 条における EC の活動の規定が権限の範囲について不明確であること，②横断条項（リ前 EC 条約 3 条 2 項（不平等の禁止），6 条（環境），152 条 1 項 1 文（公衆衛生），151 条 4 項（文化））が他の権限との関係において不明確であること，③域内市場の一般条項（リ前 EC 条約 94 条，95 条）が明確化されるべきこと，また，同時にこの分野に補完性原則が適用されることを明確にすること，④個別条項が一般条項に優位するという，抵触条項を挿入すること，⑤リ前 EC 条約 308 条が不要になったことが指摘された。

ノルドライン・ヴェストファーレン州の首相 Clement の論文(19)にも州の要請が見られる。その中では，なぜ州の権限が害されているのかについて，次のように述べられた。欧州委員会は，厳格な補助金コントロールによって，州の行動範囲（地域構造政策のみならず，メディア及び文化，教育，公共受注，

---

(17) BR–Drs. 1081/01, 20.12.2001, Entschließung des Bundesrates zur Kompetenzabgrenzung im Rahmen der Reformdiskussion zur Zukunft der Europäischen Union.
(18) これは，ドイツ基本法にない概念であるが，Clement によると，基本権限の分野においては，連合は，域内市場の障害の除去や EU の明確な目的を達成するために不可欠な規則や基準のみを制定することができる。詳細まで規定することができるのは，排他的権限の分野のみということになる。Clement, note (8), Rn. 20.
(19) Clement, note (8).

あるいは環境政策においても）を狭めていると[20]。Clement は，EU には，権限秩序がなく，明確な権限カテゴリーが存在しないという認識の下，3 つの権限カテゴリー（排他的権限，基本権限，補足的権限）とその明確な定義が必要であるとした[21]。さらに，EC 条約の署名から 40 年以上経て，現在の行動が，もはやあるいはこれまでの程度では適当でないところでは（特に，共通農業政策及び構造政策においては），権限を構成国または地域に再移譲を検討すべきであるとした[22]。なお，この権限の再移譲の要請がいくつかの州によって繰り返し主張されていることが Friedrich Ebert Stiftung の調査グループの論文で指摘された[23]。

このように，EU と構成国の権限配分を明確にすべきというドイツ州の要請は，ニース条約の交渉以前から見られた。当初から，権限カテゴリーと権限カタログの創設を要請しており，具体的な条文も提案してきた。同時に，一般的権限の制限や潜在的な権限の廃止も求めてきた。これらの要請は，これ以上州の権限を害されたくないという願いから生じていた[24]。

(4) フランス・ヨーロッパレベルでの要請

権限配分の規定に関する要請は，ドイツ州から生じてきたが，フランスでも権限配分規定を改革すべきことが次第に認識されてきた。共通なのは，排他的権限などの権限カテゴリーの創設とカテゴリー間の区別をすることによる権限の体系化の必要性であった[25]。しかし，ドイツとフランスでは権限

---

(20) Clement, note (8), Rn. 6.
(21) Clement, note (8), Rn. 18 und 19.
(22) Clement, note (8), Rn. 24 ; Udo Di Fabio, "Some remarks on the allocation of competences between the European Union and its Member States", CMLRev., (2002), 1289, 1300.
(23) Arbeitsgruppe Europäische Integration, note (6), 3.
(24) Arbeitsgruppe Europäische Integration, note (6), 2 ; Ingolf Pernice/Vlad Constantinesco, „Die Frage der Gemeinschaftskompetenzen aus deutscher und französischer Sicht", 2002, http : //ec.europa.eu/archives/futurum/documents/other/oth 010702_4_de. pdf#search='Die+Frage+der+Gemeinschaftskompetenzen+aus+deutscher+und+franz %C 3% B 6 sischer+Sicht'. (2013 年 3 月 18 日アクセス)。
(25) Pernice/Constantinesco, note (24).

を問題にする動機が異なっている。Perniceの指摘によれば，フランスは，中央集権制度をとっているため，地方の権限が害されたということで権限問題に関心が集まっているのではなく，まずEUの憲法の必要性が問題となり，そこから権限配分の問題も生じてきているということである。Friedrich Ebert Stiftungの欧州統合の調査グループの見解では，フランスでは，統合の到達点（Integrationsstand）の保障と国民国家の行動能力の維持が権限配分の文脈で関心事項となっているとされた[26]。

次に，ヨーロッパレベルではどのような文脈で権限配分が問題となっているのか。上述したラーケン宣言は，次のように権限配分問題を位置づけている。連合は，より民主主義的に，より透明に，より効果的になる必要があるとした上で，EUにおける権限のよりよい配分と定義を扱った。そこでは，市民がEUへの期待が必ずしも満たされていない一方で，EUは，その関わりが不可欠でない分野に介入しているという印象をもっていることが指摘された。それゆえ，連合と構成国の間の権限配分を明確にし，単純化し，さらに，調整することが重要であると述べられた[27]。それゆえ，ヨーロッパレベル，特にコンベンションにおいては，民主主義的要請としての透明性が，「誰が何に対して責任を有するのか」という，キャッチフレーズを用いて，議論された[28]。

◆ 2 ◆ 条約草案起草過程――コンベンションにおける議論

ラーケン宣言により2004年の政府間会議に先立ち，欧州コンベンションが召集された。基本権憲章を起草する際に用いられたコンベンション方式[29]においては，その構成からも分かるように，構成国議会の議員，欧州

---

[26] Arbeitsgruppe Europäische Integration, note(6), 2.
[27] Laeken Declaration of the Future of the European Union, note(2); *cf.* CONV 47/02, note(9).
[28] ex. CONV 196/02, 12 July 2002, WG V 5.
[29] ex. Gráinne De Búrca, "The drafting of the European Union Charter of fundamental rights", *ELR*, (2001), 126, 131-132.

議会の議員などが中心となって参加し(30)、かつ、市民に対しても情報を公開し、同時に市民の参加を歓迎する形が採られた。コンベンションでの議論、あるいは、その中で形成された作業部会の議論も、インターネットを通じて入手可能であり、透明性が確保された。

今回のコンベンションは、2002年2月28日に開始された。実質事項についてコンベンションの中で議論が始まり、いくつかの個別問題についてより深く調査することを可能にするために、作業部会を立ち上げる必要性が生じてきた。5月の段階では、6つの作業部会（①補完性、②憲章、③法人格、④国内議会、⑤補足的権限）が設定され、それぞれの任務を与えられた(31)。本章では、権限体系、権限カテゴリーに関わる、作業部会Ⅴ「補足的権限」を中心に検討していく。

(1) 作業部会Ⅴ

作業部会Ⅴは、オランダの代表、Henning Christophersenが、議長となって、他の32名のメンバーから構成された。Altmaier, Attalides, Brejc, de Castro, Duhamel, Farnleitner, Frendo, Giannakou, Hänni, Heathcoat-Amory, Helminger, Hjelm-Wallen, Jusys, Keltosova, Kirkhope, Lamassoure, Lichtenberger, Martikonis, Martonyi, Medalinskas, Peltomäki, Pieters, Ponzano, Senff, Skaarup, Speroni, Szent-Ivány, Thorning-Schmidt, Tomlinson, Vassiliou, Wittbrodt, Wuermelingであった(32)。作業部会Ⅴに与えられた課題は、「『補足的権限（complementary competence）』が将来どのように取り扱われるべきか。構成国は、現在EUが補足的権限を有している事項に対し、完全な権限を認容されるべきか、あるいは、連合の補足的権限の範囲が詳細に説明されるべきか」というものであった(33)。作業部会においては、作業

---

(30) *Cf.* Editorial Comments, note(1), 495.
(31) CONV 52/02；さらに、7月に4つの作業部会（⑥経済ガバナンス、⑦対外行動、⑧防衛、⑨簡略化、⑩自由、安全保障及び正義）が追加設定され（CONV 206/02, 19 July 2002）、その後、さらに作業部会（⑪社会的欧州）が追加され、最終的には11の作業部会が作られた。
(32) CONV 77/1/02, 14 June 2002.
(33) CONV 75/02, 31 May 2002.

第3章　欧州憲法条約草案及びリスボン条約における権限配分規定

文書が単独または複数のメンバーあるいは関係者から出され，それらを会合で検討するという方法をとった。タイム・テーブルとしては，次の日程が決められた。7月9日，7月17日，9月6日，10月7日，10月30日（それぞれ11時から18時まで）(34)。作業部会の最終報告書は，2002年11月4日に出された(35)。

作業部会は，与えられた課題に従い最初の段階で，補足的権限を定義すること，どのように競合的権限と区別するのか，どのように明確化され，どのような分野がそれに入るのかという基本的問題を挙げているが(36)，実際には，審議及び作業文書において，補足的権限のみならず，権限カタログ，権限カテゴリー，機能的権限，EC条約308条，国家のアイデンティティなど幅広く取り扱われた。よって，ここでは，補足的権限に限定せず，権限配分に関係する問題として，どのような意見が存在し，どのように議論されたかについて，主な事項について，項目ごとに追っていきたいと考える。なお，作業部会における議論の基礎となる文書(37)も検討の対象とする。

〔1〕権限カタログ

権限カタログをめぐる議論は，大きく分けて，2つあった。権限カタログを作るべきであるという意見（1）と，作るべきではないという意見（2）である。権限カタログを作るとしても，すべての権限をカタログにするのか，すなわち，EUの権限（積極的権限）のみならず，構成国の権限（消極的権限）も法典化すべき（1a），あるいは，EUの権限のみをカタログにするのか（1b）に，さらに分かれた。カタログを作るべきでないというのが，欧州委員会の意見であった（2）。それによれば，カタログが作られると，EUの活動能力が人工的に拘束されることになり，また，排他的権限に対して議論の余地のないリストは存在せず，共有権限と補足権限を区別することは困難で役に立たない。さらに，これらのカテゴリーも認められているわけでは

---

(34) CONV 122/02, 17 June 2002.
(35) CONV 375/1/02, 4 November 2002, REV, WG V 14.
(36) CONV 75/02, 31 May 2002 ; Working Group V, Working document 1, 4 July 2002.
(37) CONV 186/02, 12 July 2002 : WG V 5, Note summarizing the Meeting on 9 July 2002.

2 条約草案起草過程——コンベンションにおける議論

ないとした⁽³⁸⁾。ほとんどの作業部会のメンバーは，EUと構成国の権限配分の網羅的なカタログ（1a），特に構成国の権限の列挙は不適当との見解を持った⁽³⁹⁾。網羅的な（固定的な）権限カタログは，EUのダイナミズムを損ない，柔軟な対応を難しくするという理由からであった⁽⁴⁰⁾。作業部会のメンバーが参考にした文書である，欧州議会の議員Lamassoureの報告書⁽⁴¹⁾では，後述する権限カテゴリーを定めた上で，該当する分野が列挙された。そこでは，EUの権限のみに対して分野の列挙が行われ，構成国の権限について，条約によりEUに権限が付与されていない場合は，構成国に属するという案が出された（1b）。構成国の権限は，EUは，付与された権限のみを有するという原則で十分であるとする意見または提案⁽⁴²⁾が多かった。加えて，EUに付与されていない権限は構成国の排他的権限であると，公式に定めることは賢明でないという意見もあった⁽⁴³⁾。逆に，EUに付与されていない権限は構成国の排他的権限であることを明確にすべきという見解もあった⁽⁴⁴⁾。他方，構成国の権限のいくつかは明示的に定められるべきであるという意見も存在した。例えば，オーストリア政府の代表，Farnleitnerは，土地の利用計画，動物・自然保護，地方レベルにおける一般的な経済活動，

---

(38) COM(2002)247 final, 22.5.2002: Communication from the Commission: A project for the European Union, 20; Working Group V, Working Document 4, Note from the European Commission on Delimitation of powers: a matter of scale of intervention.
(39) CONV 209/02, 19 July 2002, WG V 7, Summary of the Meeting on 17 July 2002.
(40) ex. CONV 37/02, 18 April 2002, CONTRIB 19, contribution from Tiilikainen, member of the Convention; CONV 88/02, 14 June 2002, CONTRIB 46, Glotz, Hüber, McSharry, Moscovici, Member of the Convention; CONV 113/02, 18 June 2002, CONTRIB 48, Professor Ioakimidis, alternate member of the Convention; CONV 39/02, 22 April 2002, CONTRIB 20, Nahtigal, Member of the Convention.
(41) European Parliament: Final A 5-0133/2002: Report on the division of competences between the European Union and the Member States.
(42) ex. CONV 53/02, 13 May 2002, CONTRIB 27, Contribution from Michel/de Gucht/di Ruppo, member of the Convention, and Chevalier/Nagy, alternate members of the Convention; CONV 88/02, note(40); Working group V, working Document 6, 12 July 2002, Note by Wuermeling, Member of the European Parliament; Working Group V, 15 July 2002, Working Document 9, note(12).
(43) CONV 113/02, note(40).
(44) Working Group V, Working Document 8, 15 July 2002, Note form Frendo.

69

旅行，特定の公共放送の保護，少数民族及びメディア言語の保護などを挙げた(45)。

作業部会の最終報告書では，構成国の権限をも列挙する網羅的な権限カタログではなく，条約により EU に付与されていない権限は，構成国に残存するという原則が将来の条約に挿入されるべきという提案がなされた(46)。また，EU の基本的な権限配分（Basic delimitation of competence）が将来の条約の一部となるべきであると提案された(47)。

〔2〕 権限カテゴリー

欧州委員会は，権限カタログのみならず，権限カテゴリーを設定することにも反対の見解を示した(48)。しかし，ほとんどが，権限配分の明確化の要請から，権限カテゴリーを設定することを支持した。その中には，いくつかのヴァリエーションが見られる。見解が分かれたのは，どのようなカテゴリーを設定するか，各カテゴリーをどのように定義するか，どのような分野を各カテゴリーに入れるのか，どのような名称にするのかいう諸点である。議論の中で，参考にされた文書として，欧州議会議員 Lamassoure の報告書とドイツ連邦議会の議員 Altmaier の覚書がある。Lamassoure の報告書(49)は，欧州議会に提出され，議決されたものであるが，作業部会において，議論の基礎とされた。Lamassoure は，大きく分けて 3 つのカテゴリーを提示した。すなわち，①EU の独自の権限，②EU と構成国間の共有権限（shared competence），③構成国の権限である。①EU の独自の権限においては，構成国は，EU からの明示的な移譲を除いては，行動してはならない。この分野には，金融，関税，対外経済，域内市場・財政的サービス，競争，構造・結合などが入るとされた。②共有権限のカテゴリーには，教育，職業訓練，文化などの通常補足的権限とされる分野も含んで提案がなされた。③構成国の権

---

(45) CONV 58/02, 21 May 2002, CONTRIB 29, Contribution from Farnleitner, Member of the Convention.
(46) CONV 375/1/02, 4 November 2002, REV 1, WG V 14, 10.
(47) CONV 375/1/02, note(46), 2-3.
(48) Working document 4, note(38); Working Group V, 3 September 2002, Working document 16.
(49) European Parliament, note(41).

限は，条約が何も定めていない場合は，構成国に留まるとした。このように，分類するものとしては，他に Frendo[50] が挙げられる。

　他方，Altmaier は，作業部会の中で提案を行い[51]，それに対するメンバーの意見も取り入れて，改正提案を行った[52]。作業部会の中では，彼の提案が基礎となって，議論が進められた。彼が提示した権限カテゴリーも，大きく分けて，3つから構成されるが，①EU の権限，②共有権限，③構成国の権限分野における EU の補足的権限となっており，Lamassoure と異なり，補足的権限に対して，1つのカテゴリーが当てられた。このような分類は，Tiilikainen の寄与[53]，Wuermeling の覚書[54]にも見られる。さらに，Michel たちのように，①排他的権限，②共有権限（a 共同権限，b 補足的権限），③構成国の権限とする案もあった[55]。これらのヴァリエーションは，補足的権限をどのように位置づけるのかという認識の相違から生じていると考えられる。補足的権限が，EU の権限なのか（たとえ強度な権限でないにしても），あるいは，原則として，構成国の権限で，EU の権限ではないのかという認識の相違である。

　Altmaier は，権限カテゴリーを「構成国の権限分野における EU の補足的権限」とすることで，本質的な権限が構成国にあることを示そうとした[56]。また，Wuermeling は，「補足的権限」という語の代わりに，「補足的措置」という語を用いるべきとした[57]。これは，EU は権限を有するのではなく，構成国の権限に属するが，単に措置をとるという趣旨である。

　名称については，排他的権限に関して，EU の独自の権限，連合の権限，EU に付与される権限などのヴァリエーションがあり，共有権限についても，

---

(50) Working Document 8, note (44).
(51) Working Group V, 15 July 2002, Working Document 9, note (12).
(52) Working Group V, 4 September 2002, Working Document 20, Note by Altmaier.
(53) CONV 37/02, note (40).
(54) Working Group V, 12 July 2002, Working Document 6, Note by Wuermeling, Member of the European Parliament.
(55) CONV 53/02, note (42).
(56) Working Document 9, note (12).
(57) Working Group V, 16 September 2002, Working Document 24, Paper by Wuermeling, Member of the Convention.

第3章　欧州憲法条約草案及びリスボン条約における権限配分規定

競合権限，共同権限など，補足的権限については，構成国の権限に分野におけるEUの補足的権限，補足的措置，支援措置，援助措置などが存在した。

作業部会の最終報告書[58]では，連合の権限として3つのカテゴリーが提案された。①排他的権限，②共有権限，③支援措置。排他的権限の名称としては，2つの見解が提示された[59]。第1の見解は「連合の権限」と変更されるべきという案である。この語を用いることによって，EUの市民にEUがリーディング的なあるいは排他的な役割をする分野を明らかにすることができるとする。他方，第2の見解は，排他的権限の分類は，純粋に法的な考慮に基づくべきであるとし，その論拠として，「補完性原則」あるいは「先行統合制度」には，排他的権限の分野が除外されていることが挙げられた。補足的権限の名称及びそれに属する分野については議論が多かったが，報告書では支援措置（supporting measures）への変更が提案された[60]。支援措置の定義としては，構成国がEUに立法権限を移譲しないところでの政策分野に適用されること，支援措置は，EUと構成国の共通の利益が関わる場合にEUが国内政策を補助し，補足するものであることが提案された[61]。支援措置の分野としては，雇用，教育及び職業訓練，文化，産業，研究及び開発，公衆衛生，欧州横断網とされた。作業部会の最初において，補足的権限とされていた，消費者保護，関税協力，開発協力は，除かれ，共有権限に属するとされた。その他意見が分かれていたものとしては，研究と公衆衛生であった[62]。

〔3〕　機能的権限及び抵触条項

機能的権限（functional competence）は，ある特定の政策分野に関わるのではなく，ある目的の達成のために用いられる権限（例えば域内市場，基本的自由，競争，国家援助など）のことをいうが，もっとも問題となったのは，リ前EC条約95条（現EU運営条約114条）である。上述したラーケン宣言

---

(58) CONV 375/1/02, note(46).
(59) CONV 375/1/02, note(46), 6.
(60) CONV 375/1/02, note(46), 1.
(61) CONV 375/1/02, note(46), 3-5, 8.
(62) CONV 375/1/02, note(46), 8-9.

の中でも，明示的に「EC条約95条及び308条は，判例アキ（acquis jurisprudential）[63]に照らして権限の配分の再定義のために審査されるべきか」と述べられた。また，上述したように，ドイツ州の要請においても，リ前EC条約308条（現EU運営条約352条）とともにEC条約95条の明確化が求められていた。EC条約95条については，大きく分けて3つの見解があった。削除すべきという考え方，2つ目は，残すべきであるが，修正はすべきという見解，3つ目は，その効力が弱められるべきではないという考え方である。2つ目の考え方が，メンバーの大半であるが，例えば，FarnleitnerはEC条約95条は残すべきとしつつ，域内市場の実施と完成を直接かつ第一義的に目指し，実施と完成に不可欠である計画に対して用いられるべきとした[64]。他方，Wuermelingは，個別分野権限に域内市場の一般権限を置き換えることを提案，代替案としては，権限の境界を明確にするために，EC条約94条及び95条の適用領域を制限することを求めた[65]。さらに，イギリス議会議員Heathcoat-Amoryは，作業部会の問題は個別分野権限（sectoral powers）と機能的権限の関係であるとした上で，市民に理解してもらうためには，機能的権限を廃止しなければならないという意見を述べた[66]。そのような権限には終わりがないこと，補足的権限の分野でEC条約95条などが用いられていること等を指摘した。なお，作業部会において，欧州委員会は，補足的権限の分野において，EC条約95条により構成国の権限が侵食されているという批判に対する防御のための意見を提示した[67]。

　機能的権限の議論とあわせて，抵触条項（Competition-clause）の創設も議論された。例えばAltmaierは，最初の提案では，上述したようにドイツ

---

(63) 判例アキとは，欧州司法裁判所において蓄積されてきた判例のことであるが，ここでは，特に，欧州人権条約加入問題を扱った2/94意見（Opinion 2/94 [1996] ECR I-1759）とたばこ広告事件（C-376/98 [2000] ECR I-8419）のことを指すと考えられる。
(64) CONV 58/02, note(45).
(65) Working Group V, 3 September 2002, Working Document 15, Wuermeling, Member of the Convention.
(66) Working Group V, 7 August 2002, Working Document 14, Note by Heathcoat-Amory, member of the Convention.
(67) Working Group V, 29 July 2002, Working Document 29, Note from the European Commission.

州の要請と同じく，個別分野権限（sectorial competencies）が機能的権限に対し優先されるべきという原則が挿入されることを提案した[68]。Wuermeling も同様である[69]。Heathcoat-Amory も，域内市場条文に対して非域内市場条文が優先されること，機能的な目的に対して，非域内市場条文が優先されるべきと述べた[70]。Altmaier は，改正提案においては，機能的権限が価値をなくすような提案は回避されるべきという，欧州委員会代表 Ponzano の意見を取りいれ，個別的権限が必ず優先されるのではなく，機能的権限の改正，明確化，制限化，あるいは，欧州司法裁判所が採用してきた「重心 (center of gravity) アプローチ」を具体化する条項の挿入を提案した[71]。Ponzano は，この「重心」原則を支持した[72]。

作業部会の最終報告書では，「重心アプローチ」をとるべきと結論づけることが可能であるとしたが，「重心」という語は，非常に技術的で市民にとって分かりにくいため，次のような文言を採用することを提案した。域内市場に関する条約規定に基づいて法を調和する措置は，もし主要な目的，内容及び意図される効果が域内市場に関する条約条文に関係する場合にのみ，支援措置の分野に適用されうると。

〔4〕EC 条約 308 条：柔軟性条項

リ前 EC 条約 308 条は，リ前 EC 条約第 6 部「一般規定及び最終規定」に置かれ，「共同市場の運営にあたって，共同体の目的のいずれかを達成するため共同体の行動が必要と思われ，この条約がこのため必要な行動をとる権限を定めていない場合には，理事会は，欧州委員会の提案に基づき，かつ欧州議会と協議の後，全会一致で，適当な措置をとる」と定めていた。1972年 10 月 19～21 日に開かれたパリ首脳会議以降，同条に基づいて，EC 法行為が採択されるようになり，有用な法的根拠として重宝されてきた[73]。し

---

(68) Working Document 9, note (11).
(69) Working Document 15, note (65).
(70) Working Document 14, note (66).
(71) Working Document 20, note (52), 8-9.
(72) Working Group V, le 24 septembre 2002, Working Document 26, Note de M. Ponzano ; Working Group V, 24 September 2002, Working document 28, Paper of the Chairman Christophersen.

かし、同時に、「権限付与の原則」を骨抜きにするという、批判も上がり、その見直しが求められてきた。ドイツ連邦憲法裁判所におけるいわゆる「マーストリヒト判決(74)」においても、EC条約308条に黙示的権限と並んで批判が加えられた。ドイツ州の要請及びラーケン宣言においても、EC条約308条は、再審査を求められ、作業部会でも議論の対象となった。

　EC条約308条の改正については、次のような意見がだされた。①削除すべきである。②維持すべきであるが、修正を加えるべきである。①の意見は少数で(75)、メンバーのほとんどがEUのシステムに柔軟性を維持するために、②の意見を支持した。修正については、異なるヴァリエーションが見られた。Lamassoureは、EC条約308条に似たメカニズムが残されるべきと述べた上で、一方通行的に構成国からEUに権限が移譲されるのではなくて、EUから構成国に権限をもどす法的根拠ともなるようにすることを提案した(76)。これに対して、Farnleitnerは、構成国に権限を戻すことは、一見よさそうな案に見えるが、構成国が「条約の主人 (Master of the Treaties, Herrn der Verträge)」であるという既存の概念が壊れる可能性もあると指摘した(77)。Altmaierは、そのような問題も考慮しつつ、構成国への権限の再移譲を検討すべきであるとし、加えて、EC条約308条が、「一般規定及び最終規定」に置かれるのではなく、権限という独立した「章」の中に移動されるべきことを提案し、並びに全会一致から特定多数決に移行することは憲法上の問題がないことを指摘した(78)。他方、全会一致については、濫用に対

---

(73) 拙稿「EC立法と法的根拠」『専修大学法学論集』82号（2001年）2-3頁。単一欧州議定書、マーストリヒト条約、アムステルダム条約発効以後の現在においても、EC条約308条が法的根拠として用いられていることを示したスウェーデンの調査文書として、Working Document 19, 3 September 2002, Lena Hhelm-Wallén.

(74) BVerfGE 89, 155.

(75) オーストリア議会議員、Böschは、308条の排除を求めた。CONV 42/02, 24 April 2002, CONTRIB 23；Heathcoat-Amoryも削除を提案。Working Document 14, note(66)；Wuermelingは、柔軟性の必要性を支持する議論に対して、最終的に誰が責任を有するのか分からないとしている。308条の削除を提案。CONV 107/02, 17 June 2002, CONTRIB 47；Working Document 15, note(65)。

(76) European Parliament, note(41), 13/44.

(77) CONV 58/02, note(45), 14-15.

(78) CONV 58/02, note(45), 15.

するセーフガードになるとその維持を求める意見もあった(79)。その他,欧州議会の参加を強化すること,「共同市場の運営」という言葉を変更すること,例外的な場合に適用が限定されることなどが挙げられた。

作業部会の最終報告書(80)では,EC 条約 308 条は,必要な柔軟性を EU に与えるために維持されるべきだとされた。全会一致は維持され,他方,欧州議会による同意または本質的な関わりが要請されるべきとされた。EC 条約 308 条に依拠している事項(知的財産,エイジェンシーの設立,エネルギー政策,市民の保護など)について,新たに個別分野の法的根拠が作られるべきだとされた。コントロールの方法としては,EC 条約 308 条が条約の枠組みを超えて EU の権限の範囲を拡大する法的根拠となりえない,調和を排除している政策分野における措置の法的根拠となりえないこと,308 条の措置は,共同市場,経済通貨同盟,共通政策の実施あるいは EC 条約 3 条または 4 条の行動の枠組においてなされるべきこと,EC 条約 300 条 6 項のように,事前の欧州司法裁判所によるコントロールが可能になることが挙げられた。最後に,EC 条約 308 条は,特定多数決によって本条に基づいて採択された行為を廃止することを可能にすべきであるとされた。

〔5〕 その他

国家アイデンティティ条項,別名 Christophersen 条項が議論された。これは,リ前 EU 条約 6 条 3 項を基礎にし,構成国の権限の保護するための条項を設定することを議長の Christophersen が提案したものであった(81)。この提案は,多くのメンバーにより支持された(82)。その他,権限について新しい章を設けること(83),EU 法の優位を明示すること(84),共同体既得事項

---

(79) Working Group V, 24 September 2002, Working Document 27, Letter from Lord Tomlinson to Mr. Henning Christophersen.
(80) CONV 375/1/02, note (46), 14–17.
(81) Working Group V, 11 July 2002, Working Document 5, Option Paper : Highlighting the limits of EU Competence, paper by Christophersen.
(82) CONV 251/02, 9 September 2002, WG V 9, Summary of the Meeting on 6 September 2002 ; 委員会代表は,複雑化,理解の困難を導くとして,反対。Working Document 16, note (48).
(83) Working Document 9, note (12), 5–6 ; Working Document 20, (Note 52), 3–4.
(84) Working Document 9, note (12), 12–13.

(アキ・コミュノテール)[85]，政治的な陳述（権限規定）と個別権限規定（法的根拠）[86]を分けることなどが議論された。

(2) コンベンションの総会 (plenary session)[87]

作業部会Ⅴの最終報告書が2002年11月4日に提出され，その数日後，7，8日に総会が開催され，8日に同報告書についての議論がなされた。反対が多かったのは，次の事項である[88]。まず，「支援措置 (supporting measures)」の名称について，「支援措置」では，EUが行動する権限を与えられる「分野」への言及が明確にならないため，混乱を引き起こすと，多くのメンバーが考えた。次に，権限カタログのような，EUの基本的権限配分(Basic delimitation of competence)には不同意が表明された[89]。また，補足的権限の文脈において立法手段の利用を禁止することについての提案に多数が反対した。さらに，社会政策または研究を補足的権限の分野に属させることに多くの者から反対が出された。国家のアイデンティティの尊重条項についても，多くの者が留保をつけた。その理由として，数人は，構成国の権限をリスト・アップするという考え方を再導入するという試みであるからと述べた。EC条約308条について，全会一致で採択される行為を，特定多数決で廃止することを可能にする提案に，多くの者が反対した。

疑義がはさまれなかったのは，権限に関する事項を1つにまとめて定めることであった。議長のDehaeneは，「メンバーの大多数が報告書で採択されたアプローチに同意しなかった」とまとめ，Praesidiumは，議論から生じてきた種々の点に照らして，事項を引き続き，検討すると述べた[90]。

---

(85) Working Document 9, note (12), 19 ; CONV 251/02, 9 September 2002, WG V 9.
(86) Working Document 9, note (12), 10.
(87) CONV 400/02, 13 November 2002, Summary report of the plenary session.
(88) CONV 400/02, note (87), 12-13 ; Gian Luigi Tosato, "The Vertical Distribution of Competences in the EU Draft Constitutional Text", *The International Spectator* 2/2003, 43, 49.
(89) *cf.* Steeg, note (7), 327.
(90) CONV 400/02, note (87), 14. これに対して，他の作業部会Ⅱ「基本権憲章」の最終報告書は，総会において大多数の支持を得た。CONV 378/02, 31 October 2002, 7-12.

◆3◆ 権限配分に関する憲法条約条文草案とリスボン条約による現行条文

(1) 憲法条約草案

作業部会Vから最終文書が提出される数日前に，最初の全体的な憲法条約の枠組を示す草案が，2002年10月28日に提示された[91]。その草案の中では，「連合の権限と行動」と題された独立した編（7条～13条）が設けられ，権限の三原則（権限付与の権限，補完性原則，比例性原則），権限の類型と定義，権限カテゴリー（排他的権限，共有権限，支援の分野）がまとめてここに規定されるように体系が組まれた。ここでは，単にどのような条文か，条文にはどのようなことが規定されるかという指示にとどまるものが多い[92]。

---

[91] CONV 369/02, 28 October 2002, Preliminary draft Constitutional Treaty.
[92] 本文は，以下の通りである。条文になっていず，指示のみのものも含まれている。
「第3編：連合の権限と行動
 7条 基本原則：権限付与，補完性，比例性
  本条は，連合の行動の原則を定める。連合の行動は，条約によって付与された権限の範囲内で，かつ，補完性と比例性の原則の尊重の下で，条約の規定に従ってなされる。
 8条 基本原則の尊重：付与の権限，補完性及び比例性のコントロール。連合法の優位。経過における発展。
  本条は，憲法によって連合に付与されないすべての権限が構成国にとどまるという原則の尊重を規定する。
  本条は，連合に付与された権限が行使された場合における，連合法の優位を定める。
  本条は，補完性と比例の効果的なコントロールの規則を定める。このため国内議会の役割が言及される。
  本条は，システムの適応性を定める規則を決める。（308条）
  本条は，機関の行為が構成国により実施される原則と同様に連合に対し，構成国の忠実な協力の義務を規定する。
 9条 権限の類型：定義
  本条は，連合の権限の類型を列挙する。
 10条 排他的権限
  本条は，連合の排他的権限の分野を示す。
 11条 共有権限
  本条は，連合と構成国間において分有される権限分野を示す。本条は，連合がこの分野で行動する限り，構成国は連合の立法によって定められる範囲においての

3 権限配分に関する憲法条約条文草案とリスボン条約による現行条文

作業部会の最終文書，その後の総会の議論などを受け，コンベンションは，この後，具体的な条文とその説明（explanation）を含む，数ヵ条の条文草案を漸次にホームページ[93]に公表していった。2003年2月6日に，憲法条約草案1条〜16条が公表された[94]。この後，この草案に対する修正案が，コンベンションの多くのメンバーから出された[95]。

その後，憲法条約草案[96]が2003年7月18日に，上述したように，欧州首脳理事会の議長国イタリアに提出された。憲法条約草案は，前文と4つの部から構成される。I部が，連合の定義及び目的，連合の機関などの基本憲法条約規定，II部が基本権憲章，III部が連合の政策と機能，IV部が一般規定及び最終規定となっている。権限配分に関わる規定は，I部に置かれている。具体的には，I部第3編「連合の権限」という独立した編にEUの権限体系がまとめて定められた。

欧州憲法条約草案の第3編「連合の権限」において権限に関する規定9条（基本原則），10条（連合法），11条（権限カテゴリー），12条（排他的権限），13条（共有権限），14条（経済及び雇用政策の調整），15条（共通外交安全保障政策），16条（支援，調整または補足的行動の分野）及び17条（柔軟性条項）がまとめられた。リスボン条約では，EU条約5条並びにEU運営条約2条〜6条及び325条に定められることになった。EU運営条約2条〜6条は，EU運営条約第1編「連合権限の種類と分野」と題され，排他的権限，共有権限

　　　　み行動することができる原則を定める。
　　12条　支援の分野
　　　　本条は，連合が構成国の行動を支援または調和するのみで，立法する権限を有さない分野を示す。
　　13条　共通外交及び安全保障政策；共通防衛政策；警察及び刑事司法分野における政策
　　　　ある分野において構成国が連合の枠組で特別の方式に基き共通政策を定め，実施する。本条は，その分野を示す。」

(93) http://european-convention.eu.int.（2013年3月18日アクセス）。
(94) CONV 528/03, 6 February 2003, Draft of Articles 1 to 16 of the Constitutional Treaty.
(95) 修正をまとめたものとして，CONV 574/03, 21 February 2003, Reactions to draft Articles 1 to 16 of the Constitutional Treaty-Summary sheets.
(96) CONV 850/03, Draft Treaty establishing a Constitution for Europe.

第3章　欧州憲法条約草案及びリスボン条約における権限配分規定

などの権限カテゴリーをまとめて定めている。欧州憲法条約草案は，その後政府間会議での審議を経て，欧州憲法条約として調印された。欧州憲法条約は，フランス及びオランダにおける国民投票において否決されたため，未発効に終わった。しかし，その後，欧州憲法条約の実質的内容を引き継いだリスボン条約が締結され，2009年12月1日に発効した。以下では，欧州憲法条約草案の関連条文を示し，リスボン条約によりどのように欧州憲法条約草案が変更したかという観点を入れてコメントしていきたい。

〔1〕権限に関する三原則

欧州憲法条約草案9条は，以下のように規定した。

「1. 連合の権限の範囲は，権限付与の原則によって規律される。連合権限の行使は，補完性及び比例性原則によって規律される。
2. 権限付与の原則に従い，連合は，憲法に定める目的を達成するために憲法において構成国から自己に付与される権限の範囲内で行動する。憲法において連合に付与されないすべての権限は，構成国に属する。
3. 排他的権限に属さない分野においては，補完性の原則に従い，予定される行動の目的が構成国によって，それが中央レベルであれ，地域及び地方レベルであれ，十分に達成されず，むしろ，提案されている行動の規模と効果からいって，連合のレベルでよりよく達成されうる場合のみに連合は行動する。

　連合機関は，憲法に付属する，補完性及び比例性の原則の適用に関する議定書に定める補完性の原則を適用する。国内議会は，議定書に定める手続に従って，原則の遵守を確保する。
4. 比例性原則に従い，連合の行動の内容と形式は，憲法の目的を達成するために必要な範囲を超えない。
機関は，3項で言及される議定書に定める比例性原則を適用する。」

他方，リスボン条約によるEU条約5条は，以下のように規定する。

「1. 連合の権限の限界は，権限付与の原則により規律される。連合の権限の行使は，補完性及び比例性原則により規律される。
2. 権限付与の原則の下で，連合は両条約により定める目的を達成するために両条約において構成国により付与された権限の範囲内に限って行動す

3 権限配分に関する憲法条約条文草案とリスボン条約による現行条文

る。両条約において連合に付与されていない権限は，構成国に留保される。
3. 補完性原則の下で，連合は，その排他的権限に属さない分野においては，提案される行動の目的が，構成国の中央レベルまたは地域及び地方のレベルのいずれにおいても十分に達成することができず，提案される行動の規模または効果のために連合レベルでより良く達成されうる場合に限り，行動する。

　連合の機関は，補完性及び比例性の原則の適用に関する議定書に定める補完性の原則を適用する。国内議会は，その議定書に定める手続に従い，補完性原則の遵守を確保する。
4. 比例性原則の下で，連合の行動の内容と形式は，両条約の目的を達成するために必要な範囲を超えてはならない。

　連合の機関は，補完性及び比例性原則の適用に関する議定書に定める比例性原則を適用する。」

　欧州憲法条約草案9条において，権限付与の原則，補完性原則及び比例性原則が定められた。権限配分のみならず，あるいは，それ以上に権限行使のコントロールが構成国の権限，ひいては州の権限を保護するという認識に基づき，権限に関する三原則，特に，補完性原則の遵守の確保が強化された。ここでは，補完性原則及び比例性原則の適用に関する議定書への明示的言及，さらに，国内議会によるコントロールが定められた。憲法条約草案9条3項において，ドイツ州の提案にあったように，地域及び地方レベルに対する明示的な言及もされた。同9条2項においては，権限付与の原則とともに，EUに付与されない権限は，構成国に属するという原則が明示的に定められた。作業部会Ⅴの提案では，「EUに明示的に付与されない権限は，構成国に属する」というものも存在したが，条文では，「明示的に」という文言がなく，これにより黙示的にEUに権限が付与される場合の可能性を排除しない規定の仕方となった。

　リスボン条約では，形式的・技術的修正は加えられたものの欧州憲法条約草案の権限に関する三原則につき，ほぼ同様な内容がEU条約5条に定められた。リスボン条約に「補完性及び比例性の原則の適用に関する議定書」と題される付属議定書が付けられた。また，欧州憲法条約草案と同じく「EU

に付与されていない権限は構成国に留保される」とされ,「明示的に」という文言は入れられていないため,EU に黙示的に権限が付与される可能性が維持された。

〔2〕 連合法の国内法に対する優位

欧州憲法条約草案10条1項は,以下のように定められた。

「1. 憲法,並びに,連合に付与された権限の行使の中で連合の機関により採択される法は,構成国の法に優位する。」

上述したように,ドイツ基本法でも連邦法と州法の関係を規律する「優位の原則」が定められている。欧州憲法条約草案では,これまで,EU 法の直接効果の原則と並び,欧州司法裁判所が確立してきた,最も重要な原則,「EU 法の国内法に対する優位の原則」が明示的に定められた。コンベンションの多くのメンバーが,憲法の中に優位の原則を挿入することを支持したことが報告されている(97)。EU 法の優位は,その後,欧州憲法条約 I-6 条においても引き継がれた。

しかし,リスボン条約による EU 条約においては,連合法の優位に関する条文は存在しない。ただ,リスボン条約の付属宣言「17. 優位に関する宣言」の中で,「両条約,両条約を基礎とした法は,判例法で確立した条件の下で,構成国の法に対して優位する」と定められた。

〔3〕 権限カテゴリー

欧州憲法条約草案11条は,以下のように定めていた。

「1. 憲法が特定の分野において連合に排他的権限を付与するとき,連合のみが,立法し,法的拘束力のある行為を採択することができ,他方,構成国は,連合が構成国に授権する場合あるいは連合によって採択された行為を実施するためにのみ立法することができる。

---

(97) CONV 624/03, 17 March 2003, Summary report on the additional plenary session, 5 March 2003;しかし,次のようなコメントも存在する。"The other ugly feature of the Constitution is the provision on primacy of EC law (Article I-10). Notwithstanding the desirability of such a provision, it is poorly crafted.", Editorial, "A constitution whose bottle is definitely half-full and not half-empty", *ELR*, (2003), 449, 450.

3 権限配分に関する憲法条約条文草案とリスボン条約による現行条文

2. 憲法が，特定の分野において構成国と共有された権限を連合に付与するとき，連合と構成国は，同分野において、立法する及び法的拘束力のある行為を採択する権限を有する。構成国は，連合が自己の権限を行使しない限りあるいは権限を行使することを止めることを決定した場合においてのみ権限を行使する。
3. 連合は，構成国の経済及び雇用政策を促進及び調整する権限を有する。
4. 連合は，共通防衛政策の漸進的確定を含む，共通外交及び安全保障政策の決定並びに実施の権限を有する。
5. 憲法に定められるある分野及び条件において，連合は，同分野における構成国の権限を連合のそれにおきかえることなく，構成国の行動を支援，調整または補足する行動を実施する権限を有する。
6. 連合の権限を行使する範囲及び方法は、第Ⅲ部における各分野に対する特定の規定によって決定される。」

他方，EU運営条約2条は，次のように規定する。

「1. 両条約が特定分野において排他的権限を連合に付与する場合には，連合のみが立法を行い，拘束力ある法行為を採択することができる。構成国は，連合により授権される場合，または，連合の法行為を実施する場合に限り，自ら立法を行い，拘束力のある法行為を採択することができる。
2. 両条約が特定分野において構成国と共有する権限を連合に付与する場合には，連合と構成国は，この分野において立法を行い，拘束力ある法行為を採択することができる。構成国は，連合が権限を行使しない範囲においてその権限を行使する。構成国は，連合が権限の行使を決めた範囲において，再びその権限を行使する。
3. 構成国はこの条約が定める取決めの枠内において，経済及び雇用政策を調整する。この取決めに関しては，連合が決定する権限を有する。
4. 連合は，欧州連合条約の規定に従い，共通防衛政策の漸進的な策定を含めて，共通外交安全保障政策を定め，かつ実施する権限を有する。
5. 両条約に定める特定の分野及び条件において，連合は，当該分野における構成国の権限を奪うことなく，構成国の行動を支援，調整または補足

第3章　欧州憲法条約草案及びリスボン条約における権限配分規定

するための行動を実施する権限を有する。

　両条約の規定を根拠にこれらの分野に関して採択された連合の拘束力のある法行為は，構成国の法令の調和化を伴うものではない。

6. 連合の権限の行使の範囲及びそのための取決めは，各分野に関する両条約の規定によって定める。」

　欧州憲法条約草案11条と現行のEU運営条約2条は，枠組も内容もほぼ同じものとなっている。

　欧州憲法条約草案条文においては，権限カテゴリーが①排他的権限，②共有権限，③支援，調整また補足する行動を実施する権限，④構成国の経済及び雇用を促進する政策，⑤共通外交及び安全保障政策の5つに分けられている。これは，リスボン条約によるEU運営条約2条も同じである。もっとも④，⑤のカテゴリーは，作業部会Vの提案にはなかったものであり，④，⑤のカテゴリーの必要性を疑問視した，メンバーがいることが報告されている[98]。

　欧州憲法条約草案11条及びEU運営条約2条において，権限カテゴリーが定義されている。排他的権限については，欧州憲法条約草案の起草に当たっては「独自の権限」あるいは「付与された権限」という名称の提案もあった[99]が，従来の名称が選択された。リスボン条約でも排他的権限の名称が採用された。

　共有権限については，「構成国は，連合が自己の権限を行使しない限りあるいは権限を行使することを止めることを決定した場合においてのみ，権限を行使する」と定められた（欧州憲法条約草案11条2項，EU運営条約2条）。後者の部分は，構成国に権限が第二次法のレベルで再移譲される可能性を認めている。すなわち，EU立法が廃止されたり，あるいは，構成国に裁量の余地を大きく認める立法に改正したりすることが想定されていると考えられる。そのようなものと解釈すると，実際における，ドイツ州の権限確保の要請に適合するものであると考えられる。Bogdandy/Bastは，論文[100]にお

---

(98) CONV 624/03, note(97).
(99) CONV 624/03, note(97).

84

いて，ドイツ州の権限の問題は，権限の範囲の問題ではなく，EU立法の規制の密度にあると指摘していた。EUが立法する際に，構成国，ひいては州に広い範囲での裁量を認める，あるいは，再移譲することで，たとえ，EUが権限を有していたとしても，州の権限が確保されることになる。この11条2項の規定は，権限の再移譲を扱ったObradovicの論文[101]に示されるような，あるいは，構成国に広い範囲で責任をゆだねる，競争法のEU立法の改正の動きにも見られるような，分権化の傾向にも適合可能なものと言えるであろう。

　また，欧州憲法条約草案11条6項及びEU運営条約2条において，「連合の権限を行使する範囲及び方法は，……各分野に対する個別規定によって決定される」とある。これは，権限カタログ規定と個別的権限規定（法的根拠条文）を分けたことを示している。ドイツ基本法では，権限カタログ規定しか存在しないのに対して，EUでは，それとは別個に個別的権限（法的根拠条文）が定められている。権限カタログ規定に基づいてEUは措置を採択することはできない。EUは，EU条約あるいはEU運営条約に定められた法的根拠条文に基づいて措置を採択することができる。欧州憲法条約草案及びその後のリスボン条約は，ドイツ基本法の権限カタログをモデルにしているが，この点においては大きな相違がある。

〔4〕　排他的権限のカタログ

欧州憲法条約草案12条は以下のように定めた。

「1. 連合は，域内市場の運営に必要な競争法規を設定するために，及び，以下の分野において，排他的権限を有する。

　── ユーロを導入した構成国に対する金融政策

　── 共通通商政策

　── 関税同盟

---

(100) Armin von Bogdandy/Jürgen Bast, "The European Union's Vertical Order of Competences: The current law and proposals for its reform", *CMLRev.*, (2002), 227, 256.

(101) Daniela Obradovic, "Repatriation of powers in the European Community", *CMLRev.*, (1997), 59, 67-68.

第3章　欧州憲法条約草案及びリスボン条約における権限配分規定

— 共通漁業政策における海洋生物資源の保護
2. 連合は，国際協定の締結が連合の立法行為に規定されている，あるいは，同締結が域内の権限を行使するのに必要である，あるいは，同締結が域内の連合行為に影響を与えるときには国際協定の締結に対し排他的権限を有する。」

それに対して，EU運営条約3条は，次のように定めている。

「1. 連合は，次の分野において排他的権限を有する。
　（a）関税同盟
　（b）域内市場の運営に必要な競争法規の設定
　（c）ユーロを通貨とする構成国の金融政策
　（d）共通農業政策に基づく海洋生物資源の保護
　（e）共通通商政策
2. 連合は，国際協定の締結が連合の立法行為の中に定められる場合，連合が対内権限の行使を可能にするために必要である場合，または，協定の締結が共通法規に影響を与えもしくはその範囲を変更するものである場合には，国際協定の締結について排他的権限を有する。」

欧州憲法条約草案12条1項とEU条約3条1項の枠組はほぼ同じであるが，若干形式的な相違が存在する。欧州憲法条約草案12条1項によると，EUは，域内市場の運営に必要な競争法規を設定するために排他的権限を有すると同時に，4つの政策分野・事項（金融政策，共通通商政策，関税同盟，共通漁業政策における海洋生物資源の保護）に関して排他的権限を有するとなっていた。EU運営条約3条では，域内市場の運営に必要な競争法規を設定することが，その他の政策分野・事項と並列的に並べられた。欧州憲法条約草案2項及びEU条約3条2項に定められている一定の条件を満たした場合の条約締結権限を除いて，それぞれの1項に列挙された分野・事項に関してのみ，つまり制限列挙的にEUは排他的権限を付与されている。排他的権限であるか否かは，EU条約5条に定められる補完性原則が適用されるか否か，また，EU条約20条に定められる先行統合制度が用いられるかどうか

3 権限配分に関する憲法条約条文草案とリスボン条約による現行条文

という際の基準となり，権限カテゴリーの中でもとくにその区別が重要な意味をもつ。以下に列挙されている分野・事項について，簡単にコメントする。

関税同盟は，域内における関税を撤廃し，第三国に対しては関税率を一律にするというものである。それに関連するのが共通通商政策であり，関税率事項を含み，貿易を中心とした統一的な諸原則が設定される。これまで判例においてEUが共通通商政策分野で排他的権限を有することは認められてきた[102]。

共通漁業政策に基づく海洋生物資源の保護は，政策分野というより，事項について，EUが排他的権限を有するという形になっている。欧州司法裁判所は，1981年の804/79事件において，共通漁業政策の1部である海洋資源の保護に関して共同体が措置を採択する権限を有し，構成国はもはや権限を行使できないとした[103]。これが条約において取り入れられた。

ユーロを通貨とする構成国の金融政策に関してEUが排他的権限を有することは，EU運営条約282条3項に「欧州中央銀行のみがユーロ発行を許可する権限を有する」と定められていることと呼応している。他方で，EU運営条約5条は，「構成国は，連合内において経済政策を調整する。……ユーロが通貨である構成国には，特別の規定が適用される。」と定められている。これらの規定から通貨政策分野におけるEUの排他的権限の範囲について学説上解釈が分かれている[104]。たとえば，Kotzurは，経済通貨政策の第4章「通貨がユーロである構成国に対する特別規定」につき，EU運営条約136条以下にユーロを導入した構成国に対する特別規定が設けられているため，その規定についてEUは排他的権限を有するとし，その一方でユーロに結びつかない金融政策は，EUの排他的権限ではないという解釈をする[105]。逆

---

[102] たとえば，Case C-83/94 Criminal proceedings against Peter Leifer and Others [1995] ECR I-3231.
[103] Case 804/79 Commission v UK [1981] ECR 1045, paras. 17-18.
[104] Sascha C. Pelka, Art. 4 AEUV, Rn. 12, in Jürgen Schwarze(Hrsg.), *EU-Kommentar*, 3. Aufl., (Nomos, 2012).
[105] Markus Kotzur, Art. 5 AEUV, Rn. 4, in Rudolf Geiger/Daniel-Erasmus Khan/ Markus Kotzur, *EUV/AEUV*, 5. Aufl., (C. H. Beck, 2010).
[106] Christian Calliess, Art. 3 AEUV, Rn. 12, in ders/Matthias Ruffert, *EUV/AEUV*, 4. Aufl., (C. H. Beck, 2011).

にCalliessは，金融政策かどうかということを基準とし，EU運営条約136条以下では金融政策は補足的にのみ扱われているので，EUの排他的権限ではないとする[106]。また，Nettesheimは，EU運営条約138条1項に定められる，経済通貨同盟にとって特別な意味をもつ，共通の立場の確定のための権限は，排他的権限ではないとする[107]。このように学説が分かれる中，金融分野におけるEUの権限に関して，2012年11月27日に先決裁定が下された。C-370/12事件においては，恒常的に金融安定を確保するためのメカニズムを設定する欧州安定メカニズム（ESM）条約の締結を可能にするための簡略改正，EU運営条約136条の3項の追加に関する欧州首脳理事会決定の有効性が争われた[108]。すなわち，EUの金融政策分野における排他的権限が侵害されないか否かが問題となった。これについて裁判所は，一方で欧州中央銀行の任務を限定し，他方でESMの規定対象は，経済政策と密接に結びつくもので，EUの排他的権限ではないとし，当該決定の有効性に影響を与える要因はないと判示した。経済通貨同盟は，経済政策と金融政策の両方に関わり，原則として，経済政策が構成国の権限，金融政策がEUの権限となっているが，両者は密接にかかわり，さらに，最近の金融危機に対処するために経済政策にかかわる措置への介入も必要とされており，政策的にも法的にも両者の線引きは難しいものになっている。今後もこの分野での権限配分をめぐる争いは生じる可能性がある。

　欧州憲法条約草案及びEU条約3条1項によって，EUは，「域内市場の運営に必要な競争法規の設定」に対して排他的権限を有すると明示的に規定されることになった。この分野の権限が排他的権限であるということは，これまで判例によって認められてきたものではない。学説上当該権限の範囲の画定，特に共有権限に属する域内市場分野の権限との線引きが問題であるこ

---

(107) Martin Nettesheim, Art. 3 AEUV, Rn. 17, in Eberhard Grabitz/Meinhard Hilf/Martin Nettesheim, *Das Recht der Europäischen Union*, Band I, (C. H. Beck, Stand Juli 2010).
(108) Case C-370/12 Pringle v Irland［2012］ECR I-nyr；拙稿「欧州安定メカニズム（ESM）条約とEU法との両立性」『国際商事法務』vol.41 No.6（2013年）936-943頁。
(109) Calliess, Art. 3, Rn. 3, note (105).

とが指摘されている(109)。

欧州憲法条約草案12条2項及びEU運営条約3条2項においては，これまで欧州司法裁判所によって発達してきた黙示的条約締結権限が明示的に規定された。排他的権限，黙示的権限を明示的に規定することは，EUの発展を認めることを意味すると同時に，市民に対してEUの透明性を増すものとなるだろう。

〔5〕 共有権限のカタログ

欧州憲法条約草案13条，14条及び15条は，以下のように規定する。

「〈13条〉1. 連合は，憲法が12条から16条に定める分野に属さない権限を連合に付与するとき，構成国と権限を共有する。

2. 連合の共有権限の範囲は，主に次の分野に適用される。
　　―域内市場
　　―自由，安全及び司法の領域
　　―農業及び海洋生物資源の保護を除く漁業
　　―運輸及び欧州横断網
　　―エネルギー
　　―第3部に定める側面に対しての社会政策
　　―経済的，社会的及び領域的結合
　　―環境
　　―消費者保護
　　―公衆衛生の事項における共通の安全関心事項

3. 研究，技術開発及び宇宙の分野において，連合は，活動，とりわけ，計画を定め，実施するための権限を有する。ただし，その権限の行使は構成国が権限の行使を妨げられる結果になってはならない。

4. 開発協力と人道援助の分野において，連合は，行動をし，共通政策を行う権限を有する。ただし，その権限の行使は構成国が権限の行使を妨げられる結果になってはならない。

第3章　欧州憲法条約草案及びリスボン条約における権限配分規定

〈14条〉
1. 連合は，とりわけ，構成国の経済政策の広範な指針を採択することによって，これらの政策の調整を確保するための措置を採択する。構成国は，連合内において経済政策を調整する。
2. 特定の規定は，ユーロを導入した構成国に適用する。
3. 連合は，とりわけ，構成国の雇用政策の指針を採択することによって，これらの政策の調整を確保するための措置を採択する。
4. 連合は，構成国の社会政策の調整を確保するためにイニシアティブを採択する。

〈15条：共通外交安全保障政策〉
1. 共通外交安全保障政策の事項における連合の権限は，外交政策のすべての分野及び共通防衛に導く，共通防衛政策の漸進的な枠組を含む，連合の安全保障に関するすべての問題を包含する。」

他方，それに相当するEU運営条約4条，5条及びEU条約24条は，次のように規定している。

「〈4条〉1. 連合は，両条約が3条及び6条に定める分野に関係しない権限を付与する場合には，構成国と権限を共有する。
2. 連合と構成国間の共有権限は，以下の主要な分野に適用される。
(a) 域内市場
(b) この条約に定める側面に関する社会政策
(c) 経済的，社会的及び領域的結合
(d) 農業及び漁業（海洋生物資源の保護を除く）
(e) 環境
(f) 消費者保護
(g) 運輸
(h) 欧州横断網
(i) エネルギー
(j) 自由，安全及び司法の領域
(k) この条約に定める側面に関する公衆衛生問題における共通の安全関

3　権限配分に関する憲法条約条文草案とリスボン条約による現行条文

心事項
3．研究，技術開発及び宇宙の分野において，連合は，活動を実施する権限，特に計画の策定と実施の権限を有する。ただし，この権限の行使は，構成国の権限の行使を妨げない。
4．開発協力及び人道援助の分野において，連合は，活動を行い，かつ共通政策を実施する権限を有する。ただし，このような権限の行使は，構成国の権限を妨げない。

〈EU運営条約5条〉
1．構成国は，連合内において経済政策を調整する。この目的のために，理事会は，措置，特に経済政策に関する幅広い指針を採択する。
　ユーロが通貨である構成国には，特別の規定が適用される。
2．連合は，とりわけ雇用政策に関する指針を定めることによって，構成国の雇用政策の調和を確保するための措置をとる。
3．連合は，構成国の社会政策の調和を確保するためにイニシアティブをとることができる。

〈EU条約24条〉
1．共通外交安全保障政策事項に関する連合の権限は，外交政策のすべての分野及び共同防衛に至りうる共通防衛政策の漸進的な確定を含む連合の安全保障政策に関するすべての問題を含む。」

欧州憲法条約草案13条，14条及び15条1項，他方EU運営条約4条，5条及びEU条約24条1項に定められた枠組及びその内容はほぼ同じである。欧州憲法条約草案13条1項において，12条及び16条に定める分野に属さない権限が共有権限とされた。同様に，EU運営条約4条においては，3条及び6条に関係しない分野が共有権限とされた。その結果，条文上は，権限カテゴリーのうち，排他的権限でも支援，調整または補足的な措置をとる権限を除いたものは，共有権限に属するということになる。もっとも，経済及び雇用政策分野に関わる欧州憲法条約草案14条とEU運営条約5条，共通外交安全保障政策分野にかかわる欧州憲法条約草案15条1項とEU条約24

91

第3章　欧州憲法条約草案及びリスボン条約における権限配分規定

条1項が共有権限であるか否かについては学説上議論がある。特に，後者の共通外交安全保障政策分野の権限は，そもそも EU に権限移譲がなされているのか否かについても議論があり，*sui generis*（特別）な権限と捉えるべきであろう[110]。欧州憲法条約草案13条2項及び EU 運営条約4条2項における分野のリストは，網羅的でない。「主要な」分野が定められているが，これは，固定されたカタログを設定されることを望まないコンベンションの希望を反映したものである[111]。また，「共有権限」と「支援，調整または補足的措置をとるための権限」の区別は，困難であるとの意見が出されていたが，後者にあたるものを細かく定義することで，共有権限の定義が可能になった。正確な定義及び各分野の範囲は，欧州憲法条約草案第3部と EU 運営条約の第3部の個別規定によって定められることになった。

共有権限に関しては，大きく分けて，上述した欧州憲法条約草案11条2項と EU 運営条約2条2項に定義に合った，競合的権限（konkurrierende Kompetenzen）とその定義に当てはまらない並行権限（parallele Kompetenzen）の2つが存在する。前者は，一度，EU がその権限を行使すれば，その事項においては，構成国が立法できなくなるという，専占（pre-emption）の効果が発生する。他方，後者の場合は，EU が権限を行使しても専占の効果が生じず，たとえ EU が立法しても，構成国は，同じ事項において，国内法で規律することが可能である。後者の場合は，特に欧州憲法条約草案13条3項及び4項と EU 運営条約4条3項及び4項に定められている分野である。ドイツにおける EU 法の教科書[112]並びにフランスの論文[113]においては，「競合的権限」と，「並行権限」という概念を区別して，用いているものが存在す

---

(110) 拙稿「リスボン条約と EU の対外権限——CFSP 分野を中心に」『日本 EU 学会年報』31号（2011年）127, 132-134頁及び後述9章。

(111) CONV 528/03, note (94); 同じような理由を挙げていたものとして，editorial comments, *CMLRev.*, (2002), 1211, 1213.

(112) z.B., Rudolf Streinz, *Europarecht*, 5. Aufl., (C.F. Müller, 2001), Rn. 136; von Bogdandy/Bast, Note(100), 227, 247-248; von Bagdandy/Bast, „Die Vertikale Kompetenzordnung der Europäischen Union", *EuGRZ*, (2001), 441, 450.

(113) Valérie Michel, "2004: Le défi de la repartition des competences", *CDE* 2003, 17, 59.

る。しかし，de Búrca/ de Witte は，「並行権限」の概念は，理論的には，有効であるが，実際は重要でないと，コメントし[114]，コンベンションもこのような区別を考慮しなかった。もっとも，私見では，共有権限の中に競合的な性質を有するものと並行的な権限を有するものの両方が存在することを認識することは，EU の権限の性質を理解する上では，有用であると考える。

〔6〕 支援，調整または補足的措置のための権限のカタログ

欧州憲法条約草案 16 条は，以下のように規定した。

「1. 連合は，支援，調整または補足する行動を実施することができる。
2. 支援，調整又は補足行動の分野は，欧州レベルにおいて，以下の通りである。
　―産業
　―人の健康の保護及び改善
　―教育，職業訓練，青少年及びスポーツ
　―文化
　―市民保護
3. 第 3 部におけるこれらの分野に対する個別規定を基礎に制定される法的拘束力のある行為は，構成国の法または規則の調和を含んではならない。」

他方，EU 運営条約 6 条は，次のように規定する。

「連合は，構成国の措置を支援，調整または補足する措置を実施する権限を有する。欧州レベルにおける行動の分野は，次の通りとする。
　(a) 人間の健康の保護及び改善
　(b) 産業
　(c) 文化
　(d) 観光

---

(114) Gráinne De Búrca/Bruno de Witte, "The Delimitation of Powers Between the EU and its Member States", in Anthony Arnull/Daniel Wincott(ed.), *Accountability and legitimacy in the European Union*, (Oxford University Press, 2002), 201, 210.

第3章　欧州憲法条約草案及びリスボン条約における権限配分規定

(e) 教育，職業訓練，青少年及びスポーツ
(f) 市民保護
(g) 行政上の協力。」

　欧州憲法条約草案16条とEU運営条約6条の内容はほぼ同じである。ただ，EUが支援，調整または補足的措置をとることができる分野として，欧州憲法条約草案16条では5項目，①人間の健康及び改善，②産業，③文化，④教育，職業訓練，青少年及びスポーツ，⑤市民保護が列挙され，他方，EU運営条約6条では，それに⑥観光と⑦行政上の協力が追加され7項目が列挙された。これらの列挙は，制限的列挙であり，網羅的なものとなっている。また，調和措置を禁じる欧州憲法条約草案16条3項は，EU運営条約の場合は，EU運営条約2条5項に定められた。
　「補足的権限」の名称は，作業部会でも議論が多かったが，最終報告書では，「支援措置」となっていた。条約草案では，さらに変更が加えられ，「支援，調整または補足行動の分野」となった。欧州憲法条約草案11条5項及びEU運営条約2条5項においても，「構成国の権限を連合のそれにおきかえることなく」と定義することにより，この分野の権限が構成国にあることが明示的に規定された。

〔7〕　柔軟性条項
　欧州憲法条約草案17条は，以下のように定めた。

「1. 連合の行動が，本憲法により定める目的の1つを実現するために，第3部に定める政策の枠組みで必要とされ，かつ，憲法が必要な権限を定めていない場合，閣僚理事会は，委員会の提案に基き，かつ，欧州議会の同意を得た後，全会一致で適切な措置をとる。
2. 9条3項に定める補完性原則の監視手続の下で，委員会は，本条に基づく提案につき構成国の国内議会に注意を喚起する。
3. 本条に基づいて採択される規定は，憲法が調和を排除している場合に構成国の法または規則の調和を含むことは許されない。」

　これに相当するEU運営条約352条は，次のように定める。

3 権限配分に関する憲法条約条文草案とリスボン条約による現行条文

「1. 連合による行動が，両条約に定める政策の枠組の中で，両条約に定める目的の1つを達成するために必要であると思われ，かつ，両条約が必要な権限を定めていない場合には，理事会は，委員会の提案に基づき，欧州議会の同意を得た後に，全会一致により適切な措置を採択する。その措置が特別立法手続に従い理事会により採択される場合には，理事会は，委員会の提案に基づき，かつ欧州議会の同意を得た後，全会一致により決定する。

2. 欧州連合条約5条3項に定める補完性原則を監視する手続を用いて，委員会は，本条に基づく提案について国内議会の注意を喚起する。

3. 本条に基づく措置は，両条約がそのような調和を排除している場合には，構成国の法または規則の調和を含んではならない。

4. 本条は，共通外交安全保障政策の目的を実現するための法的根拠としては用いることができず，本条に基づいて採択されるあらゆる法行為は，欧州連合条約40条2項に定める制限を尊重する。」

柔軟性条項は，EECの設立当初から規定されていたEEC条約235条（その後，EC条約308条）に相当するものである。欧州憲法条約草案では17条において維持されたが，上述したようにそれを削除するか否かが議論された。EU運営条約352条は，欧州憲法条約草案17条の内容をほぼ取り入れつつ，適用に関する規定の厳格化がなされた。

欧州憲法条約草案17条では，EC条約308条の「共同市場」から，「第3部に定める枠組」と，EU運営条約352条では，「両条約に定める政策の枠組」と変更され，形式的にも「共同市場」という限定にしばられなくなった。また，EC条約308条に定められていた全会一致が維持された。他方，大きく変更されたのは，欧州議会の参与である。欧州憲法条約草案及びEU運営条約352条において欧州議会の同意が必要となり，適用条件が厳格になった。さらに，両条文において，欧州委員会は補完性原則の遵守について国内議会に注意を喚起する義務を負うことになった。また，条約が調和措置を排除している場合には，この条項を法的根拠として，措置がとられえないことが明示的に定められた。このように構成国の権限が条約改正を経ることなく縮小し，逆にEUの権限が拡大しないようにあらかじめ予防的な措置が講じられ

ることになった。これらに加えて、EU運営条約352条は、共通外交安全保障政策の措置のための法的根拠としては用いられえないことを明示的に定めた。

◆4◆ 結　語

　ドイツ州の権限配分の見直しの要請は、州の権限の保護から生じていた。この要請は、欧州レベルでの要請と異なることから、そのままが受け入れられた訳ではないが、権限配分規定創設並びに権限行使の規定が強化されたことによって、ある程度満たされたのではないだろうか。

　第1に、権限のカタログが作成され、支援、調整または補足的措置の分野では、欧州憲法条約草案11条5項及びEU運営条約2条5項に「構成国の権限におきかわることなく」という明示的文言が挿入され、構成国の権限であることが明らかにされた。また、欧州憲法条約草案16条2項においては、①産業、②公衆衛生の保護・改善、③教育、職業訓練、青少年及びスポーツ、④文化、⑤市民保護が同分野に入るものとして、さらに、EU運営条約6条では、これに加え⑥観光と⑦行政上の協力が網羅的に列挙された。加えて、欧州憲法条約草案11条3項及びEU運営条約2条5項において、構成国の法または規則の調和が明示的に排除された。

　かつて、マーストリヒト条約によるEC条約の改正によって、文化、教育、職業訓練に関する条文がEC条約に追加され、それらの分野に対して、排他的権限を有する州は、権限の侵害を恐れ、それらの権限の保護を要請してきた。従来は、これらの権限が排他的権限ではないということが明らかなだけで、EUもこれらの分野に権限を有するのか、EUがどこまでこれらの分野において立法できるのか不明確であった。しかし、欧州憲法条約草案11条5項及び16条並びにEU運営条約2条5項及び6条により、本質的に構成国の権限であることが保障されることになった。

　第2に、ドイツ州の批判の対象であった、EC条約308条は削除はされなかったものの、制限される方向で修正された（欧州憲法条約草案17条及びEU運営条約352条）。まず、欧州議会の同意が必要と定められた。さらに、2項

4 結語

において，補完性の原則の監視手続の中で，構成国の国内議会に注意をうながす義務が欧州委員会に課された。最後に，構成国の権限を保護するために，特に憲法条約草案16条3項及びEU運営条約2条5項を二重に保障するために，構成国法の調和が排除されている場合には，同条に基づいても調和措置がとれないことが明示的に定められることになった。

第3に，権限配分規定の明確化のみならず，権限行使の監視強化という点においても，補完性原則・比例性原則の適用の厳格化，国内議会によるコントロールの導入により，ドイツ州の要請が取り入れられたと言えるであろう。

それでは，憲法条約草案及びリスボン条約によるEU条約・EU運営条約における権限規定と他方ドイツの基本法モデルとの関係は，どうだろうか。ドイツ州の要請は，必ずしもドイツ基本法モデルの導入とは一致しない。なぜなら，ドイツ基本法モデルでは，一見したところ，州に権限が確保されているようであるが，上述したように，実際は，連邦の権限が強く，州は限定された分野にしか権限を有さないからである[115]。

憲法条約草案における権限体系は，どれほどドイツモデルを取り入れたのか。条約草案における権限体系は，ドイツの権限体系に次の点が似ている。第一に，権限カテゴリーを設定したこと，第二に，各権限カテゴリーに一定の分野を列挙したことである。しかし，大きく異なる点が存在する。ドイツモデルでは，権限カタログが定められているが，カタログに規定された分野は広く解釈される余地を残している。他方，今回の憲法条約草案及びリスボン条約では，権限カタログは網羅的でなく，共有権限の分野は主要な権限の例示列挙となっている。さらに，個別的権限（法的根拠条文）は，非常に詳細に特定されて，欧州憲法条約草案では第3部に，リスボン条約ではEU運営条約の第3部に別に定められた。すなわち，ドイツでは数カ条に相当するものが，EUにおいては数百条に分けて定められた。このことは，ドイツの連邦の立法権限とEUの立法権限では，大きな相違があるということを意味する。もっとも，EUと構成国間の権限配分規定は，実質的には，「連邦的基礎（on federation basis）」の上に設定されていること，つまり連邦的要素

---

[115] ex. Steeg, note(7), 327.

第3章　欧州憲法条約草案及びリスボン条約における権限配分規定

を多分に含んでいることを見過ごしてはならない。2002年の10月28日の憲法条約草案[116]にあった，「連邦的基礎に（on federation basis）」という文言自体は，結局，削除されたが。

───────────────────
(116) CONV 369/02, note(91).

第 4 章　EU 法行為と法的根拠

◆はじめに◆

　1957 年に EEC 条約がローマで署名された。同条約に大幅な修正が最初に加えられたのは，それから約 30 年後に構成国間で合意された単一欧州議定書 (Single European Act) によってであった。この単一欧州議定書の署名 (1986 年 2 月 17 日)・発効 (1987 年 7 月 1 日) を機に，法的根拠をめぐる争いが欧州司法裁判所で急激に増加した[1]。

　また単一欧州議定書に引き続き，マーストリヒト条約 (EU 条約)，さらにアムステルダム条約により，EEC 条約が改正された (名称も EC 条約に変更)。その後 2003 年 2 月 1 日にニース条約が発効した。

---

[1] Kieran St C Bradley, "The European Court and the Legal Basis of Community Legislation", *ELR*, vol. 13, (1988), 379-402, 379；単一欧州議定書発効を境に法的根拠をテーマとする文献も増加した。例えば，Koen Lenaerts, "Some reflections on the separation of powers in the European Community", *CMLRev.* 28, (1991), 11-35；René Barents, "The Internal Market Unlimited : Some Observations on the Legal Basis of Community Legislation", *CMLRev.* 30, (1993), 85-109；Bertrand Peter, "La base juridique des actes en droit communautaire", *RMCUE*, vol. 378, (1994), 324-333；Nicholas Emiliou, "Opening Pandora's Box : the Legal Basis of Community Measures before the Court of Justice", *ELR*, vol. 19, (1994), 488-507；Siegfried Breier, "Der Streit um die richtige Rechtsgrundlage in der Rechtsprechung des Europäischen Gerichtshofes", *EuR*, vol. 30, (1995), 46-53；Holly Cullen/Andrew Charlesworth, "Diplomacy by other means : the Use of Legal Basis Litigation as a Political Strategy by the European Parliament and Member States", *CMLRev.* 36, (1999), 1243-1270；横田凡子「『公の利益』を追求する共同体政策――共同体裁判所による法的根拠の確定とその方法・理由づけの検討」『広島法学』22 巻 1 号 (1998 年) 235-297 頁。

第4章　EU法行為と法的根拠

　これらの度重なる改正は，端的に言うならば，EUの権限を強化・拡大し，また欧州議会の権限強化を図るものであった。EUの立法権限の強化・拡大は，意思決定における特定多数決の採用拡大，EUが立法権限を有する分野の拡張を意味し（単一欧州議定書により環境，研究・開発，域内市場，マーストリヒト条約により，経済通貨同盟，文化，公衆衛生，消費者保護，欧州横断網，開発等，アムステルダム条約により，ビザ，難民及び移民，雇用等分野が，新たな権限として追加された），結果として法的根拠の選択の幅が広げられた。他方欧州議会の権限の強化は，EU法行為手続における欧州議会の参与度（諮問手続，協力手続，共同決定手続）を高めることを意味し，機構間の均衡[2]が複雑化することになった[3]。これら2つの要因が法的根拠をめぐる問題を生起させることになった。

　2009年12月1日にはリスボン条約が発効し，ECが消滅し，EC条約がEU運営条約に変更された。同条約により知的財産，エネルギー，人道援助，スポーツ，宇宙，観光，市民保護，行政協力などの新しい権限分野が追加されると同時に，法行為手続においても体系化，民主化及び透明化がはかられた。特に，通常立法手続という概念が導入され，欧州議会と理事会のみが立法機関であり，かつ，両者による決定が原則であることが明確に打ち出された。これにより，法的根拠問題についても新たな局面が見出されることになった。

　本章では，まず，EU法における法的根拠問題の位置を示し（2），次に，法的根拠について問題が生じたとき，欧州司法裁判所はどのような判断を下してきたか，その判断によりどのような基準が形成されてきたかを明らかにしたい（2）。リスボン条約により法的根拠選択問題がどのように変化し，今後どのような問題が残っているのかを明らかにしたい（2(3)(4)）。最後にそれらの検討の結果からEUの権限問題について私見を述べたい（3）。なお，法行為（Rechtsakt）は，欧州議会と理事会による立法行為（EU立法）を含む，EU機関による法行為を意味する。

---

(2) 法的根拠問題と機構間均衡の関係について，Bradley, note(1), 394-397; Emiliou, note(1), 493.
(3) 立法権限は機関のさまざまな形態の相互作用であるとする。Lenaerts, note(1), 16-17.

◆ 1 ◆ 法的根拠問題の位置

(1) 権限付与の原則と法的根拠

　連合の機関は，規則，指令，決定などの EU 法行為（いわゆる第二次法，派生法）を採択する。この EU 法行為採択の際に必要とされるのが，EU 両条約（EU 条約及び EU 運営条約）に規定された法的根拠条文である。換言すれば，法的根拠なしには，EU 機関は EU 法行為を行うことができない。ここに主権国家と EU との相違が見られる[4]。国家は立法主権を有し，憲法に違反しない限りあらゆる立法を行うことが可能である。他方，EU は構成国から EU に移譲された権限の範囲内でのみ立法権限を有する。その際，EU はすべての分野に包括的な権限を移譲されているのではなく，個別的に制限列挙という形（das Prinzip der begrenzten Ermächtigung, the principle of enumerated powers）[5]で権限を付与されているにすぎない（EU 条約4条，5条，EU 運営条約2条）[6]。すなわち，EU 両条約は EU 権限を個別分野ごとに（例えば農業政策）に規定し，さらにどこまで立法できるのか（例えば単なる奨励措置のみなのか等）を定めている。

　EU 運営条約は個別的な分野を規定する権限の他に幅広い EU の活動にわたる権限，つまり，一般的な性質を有する権限と捉えられる EU 運営条約114条（旧 EC 条約95条（旧 EEC 条約100a条）），EU 運営条約115条（旧 EC 条約94条（旧 EEC 条約100条）），EU 運営条約352条（旧 EC 条308条（旧 EEC 条約235条））を定めている。なかでも EU 運営条約352条は例外的権限（Ausnahmeermächtigung），または個別的権限と区別され特別権限（Sonderermächtigung）と呼ばれる。旧 EEC 条約100条（現 EU 運営条約115条）は，共同市場（現域内市場）の確立又は運営に直接影響を及ぼすような構成国の法規則を接近させるための指令を理事会が全会一致で採択できることを定め

---

[4] *Cf.* Bradley, note (1), 380.
[5] その他，conferred powers, compétence d'attribution, attributed powers 等とも呼ばれる。
[6] Emiliou, note (1), 488.

ていた。旧 EEC 条約 235 条（現 EU 運営条約 352 条）は，「共同市場の運営にあたって，共同体の目的のいずれかを達成するため共同体の行動が必要と思われ，この条約がこのため必要な行動をとる権限を定めていない場合には，理事会は，委員会の提案に基づき，かつ欧州議会と協議の後，全会一致で，適当な措置をとる」と規定していた。同条文は，1972 年 10 月 19～21 日に開かれたパリ首脳会議以降，個別的権限が EEC 条約（現 EU 運営条約）上欠缺（Ermächtigungslücken）している場合に頻繁に適用されるようになった。この条文により，EU が明示的に又は黙示的にも権限を有さない分野において EU 法行為がなされ得たので[7]，権限を創設する権限，すなわち権限権限（Kompetenzkompetenz）とも称されるようになった[8]。さらに，単一欧州議定書により追加された EC 条約 95 条（旧 EEC 条約 100 a 条）は，域内市場の確立と運営のために，EC は構成国の法規則を接近させる措置を理事会の特定多数決によりとることを可能にした。

このような権限を行使することによって，権限付与の原則に支配される国際機関としての EU の法行為における不自由さを緩和してきた。同時に，このことが後に見る法的根拠問題の要因の一つとなっている。

(2) EU 法行為の形成と法的根拠

EU 法行為はまず，欧州委員会が提案を行うことから始まる。単一欧州議定書発効以前は，理事会が全会一致または特定多数決によって決定し，EU 法行為が採択された。もっともフランスに対する 1966 年の「ルクセンブルクの妥協」以降，特定多数決は名目上であって，重要問題については実際には全会一致で決定されていた。この EU（当時 EC）の停滞を除去するべく，

---

[7] 黙示的権限と旧 EEC 条約 235 条との関係が学説において議論されたが，判例において黙示的権限と EEC 条約 235 条は並存し，両者の関係としては，黙示的権限が存在しない場合に，EEC 条約 235 条の適用が検討されることが明らかにされた。Jointed cases 281, 283, 284, 285 and 287/85 Germany and others v Commission [1987] ECR 3203, para. 28 ; Opinion 2/94 ECR [1996] I-1759, para. 28 ; cf. Bradley, note(1), 387 ; Emiliou, note(1), 499-501.

[8] See e.g. Joseph H Kaiser, „Grenzen der EG-Zuständigkeit", *EuR*, (1980), 97-118, 115.

単一欧州議定書が合意され，再び特定多数決が採用されるようになった。同議定書は，同時に欧州議会の権限を強化した。それまで欧州議会は法行為手続において諮問という形でのみ参加し得なかったが，同議定書により協力手続が導入され，法行為手続により参与することができるようになった。

マーストリヒト条約により，さらに欧州議会の権限が強化され，理事会と欧州議会の共同決定手続が導入されることになった。アムステルダム条約による改正によって，さらにその共同決定手続が導入される分野が拡大した。

マーストリヒト条約以降，主に，EU法行為には，理事会単独による法行為，理事会と欧州議会共同による法行為，欧州委員会による法行為の3種類が存在する。リスボン条約により，EU立法を採択できるのは，理事会と欧州議会に限定されることになった。

EU法行為を採択する際，理由付けがなされるべきことがEU運営条約上要請される（EU運営条約296条）。この理由付けの中に，法的根拠が原則的に言及されていなければならない。通常 "Having regard to the Treaty on the Functioning of the European Union, and in particular Article X thereof, ..." という形式が採られている。もっとも，法的根拠条文を明示的に言及しない場合，またすでに採択されたEU法行為を挙げている場合（第三次法の場合）もある。これについて，欧州司法裁判所は，「措置に対する法的根拠が措置の他の部分から決定されるときは，条約条文への正確な言及がないことが必ずしも本質的な手続違反を構成しない。ただし，関係当事国及び裁判所にとって正確な法的根拠について不確かさが残る場合は，そのような明示的な言及が不可欠である」と判示し，基準を提示している[9]。

(3) 法的根拠問題の意義

EUが法行為を採択する場合，EU両条約に個別的権限にせよ，その一般的な性質を有する権限にせよ，EUに権限が付与されていれば，EU法行為に対する法的根拠はどれであってもたいした相違はないと考えられるかもしれない。しかし，実際のところ，この法的根拠の適正を争う事件が多数存在

---

[9] Case 45/86 Commission v Council [1987] ECR 1493, para. 9.

する。また，Barentsによれば，法的根拠は2つの機能を有しているとする[10]。1つは，目的追求のための手段としての機能 (instrumental function)，もう1つは，個人，構成国又は EU 機関を保護するための機能(guarantee function)であるとする。さらに，保護機能は，EU における法の支配（rule of law）にとって不可欠の要素であるとする。Cullen/Charlesworth も，「法的根拠が個々の構成国または機関が有しうる影響の度合いを決定する」として，法的根拠選択の重要性を認めている[11]。欧州司法裁判所は，法的根拠に関する問題について，次のような認識を示している。「法的根拠の問題は，単なる形式的なものではない。……法的根拠の選択は，問題となっている規則の内容の決定に影響を与えうるものである[12]」。

単一欧州議定書発効以前の法的根拠の争いは，単に全会一致の法的根拠を求める理事会と特定多数決の法的根拠で十分とする欧州委員会との間の争い，すなわち構成国の利益を代表する理事会と EU の利益を代表する委員会間の争いの構図として把握することができた。しかし，単一欧州議定書発効以後，欧州議会が法行為手続に参与することによって，また特定多数決が採用される分野が拡大したことにより，法的根拠をめぐる争いは当事者においてもまた内容においても複雑化してきた。

法的根拠をめぐる争いを理解することにより，機構間の権限関係（水平的権限関係）及びに構成国と EU との権限関係（垂直的権限関係）が浮かび上がってくると考えられる。同時にこれまでの EU 両条約の改正がもつ意味も示されることになると考えられる。

---

(10) Barents, note(1), 92.
(11) Cullen/Charlesworth, note(1), 1243.
(12) Case 45/86 Commission v Council [1987] ECR 1493, para. 12; see also, Case 68/86 United Kingdom of Great Britain and Northern Ireland v Council [1988] ECR 855, para. 6; Case 131/86 United Kingdom of Great Britain and Northern Ireland v Council [1988] ECR 905, para. 11; Case 131/87 Commission v Council [1989] ECR 3743, para. 8. なお，争われる法的根拠が同じ要請，例えば双方が理事会の全会一致を求めている場合，法的根拠の不適正は形式上の欠陥にすぎず，それによっては EC 法行為が無効になり得ないとの判断を裁判所は示している。Case 165/87 Commission v Council [1988] ECR 5545, para. 19.

◆2◆ 法的根拠をめぐる判例

　法的根拠をめぐる争いには、以下のようなものが挙げられる。①複数の法的根拠からの選択、②法的根拠が不十分な場合、③措置をとる法的根拠が欠缺しており、無権限の場合である。まず、法的根拠選択の問題における欧州司法裁判所の基本的判断姿勢を示し、次に裁判所が具体的にどのように判断したのかを明らかにしたい。

(1) 法的根拠選択における欧州司法裁判所の基本的判断姿勢
〔1〕 法的根拠選択基準（前段階）とその補強

　法的根拠選択のリーディング・ケースとなる45/86事件では、発展途上国からの産業製品及び繊維製品に関し一般関税特恵を適用するための理事会規則が問題となった。法的根拠としては、理事会の特定多数決で十分とする旧EEC条約113条（現EU運営条約207条）と全会一致と要求する旧EEC条約235条（現EU運営条約352条）間の争いであった。裁判所は、当該事件判決において法的根拠選択の基準を明確に示した。「共同体権限システムの枠組みの中で（in the context of the organization of the powers of the Community）、法的根拠の選択は単に追求される目的についての機関の確信に拠るのではなく、司法審査に服する客観的な要因に拠るものでなければならない[13]」。この基準は、後の多数の判例によって引用されることとなった。その後に、この基準に「（客観的）要因には特に措置の目的と内容が含まれる[14]」という文言が追加され、法的根拠選択における判例法に昇華している[15]。

　131/86事件[16]において、さらに裁判所は、客観性重視の姿勢を明確にした。当該事件において、イギリスは「バタリーケージ（battery cages）におかれた鶏の保護に対する最低基準を定める理事会指令」の無効を裁判所に求

---
(13) Case 45/86 Commission v Council [1987] ECR 1493, para. 11.
(14) Case C-300/89 Commission v Council [1991] ECR I-2867, para.10.
(15) *Cf.* Case C-411/06 Commission v EP and Council [2009] ECR I-7585, para. 45.
(16) Case 131/86 United Kingdom v Council [1988] ECR 905.

第4章　EU法行為と法的根拠

めた。当該指令は，理事会の特定多数決で十分とする旧 EEC 条約 43 条（現 EU 運営条約 43 条）のみを法的根拠していた。イギリスは当該指令がだされる 1985 年 12 月以前は，同じような事柄を規定する EU 法行為は旧 EEC 条約 43 条（現 EU 運営条約 43 条）及び旧 EEC 条約 100 条（現 EU 運営条約 115 条）という二重の法的根拠（dual legal basis）に基づいてなされており，当該指令は，これまでの理事会の慣行（practice）から離脱すると主張した[17]。

これに対して，裁判所は，次のように判示した。「ある特定の分野において二重の法的根拠に基づいて立法措置を採択することが過去の理事会の慣行といえども，条約に定められるルールから逸脱することは許されない。それゆえそのような慣行は適正な法的根拠の決定に関して共同体の機関に対しての先例拘束力を創設しない[18]。」この客観性重視の基本姿勢は，後の判例においても確認されている[19]。

165/87 事件[20]においても，裁判所は法的根拠選択の基準を補足している。当該事件において，欧州委員会は「商品種類の調和に関する国際協定の締結と修正議定書に対する理事会決定」の無効を求めて，裁判所に訴えた。当該決定につき，欧州委員会が旧 EEC 条約 113 条（現 EU 運営条約 207 条）のみを法的根拠として提案したのに対して，理事会は同条に旧 EEC 条約 28 条（現 EU 運営条約 31 条）及び旧 EEC 条約 235 条（現 EU 運営条約 352 条）を法的根拠として加えた。これにより，理事会が全会一致で決定することになった。理事会は，旧 EEC 条 235 条に依拠することは，当該協定が同条に基づいた別の措置に影響を与えるという事実によって正当化されると主張した[21]。これに対して，裁判所は，「当該決定が EEC 条約 235 条に基づく他の措置に影響を与えるかもしれないという事実は必ずしも法的根拠としてその条文への依拠を含意するものではない。そのような依拠は，問題となって

---

[17] *Ibid.*, para. 8.
[18] *Ibid.*, para. 29.
[19] Case 68/86 United Kingdom v Council [1988] ECR 855, para. 24 ; Case C-84/94 United Kingdom v Council [1996] ECR I-5755, para. 19 ; Case C-271/94 EP v Council [1996] ECR I-1689, para. 24.
[20] Case 165/87 Commission v Council [1988] ECR 5545.
[21] *Ibid.*, para. 16.

いる機関が条約の他の規定に基づいて権限を行使できない場合のみ，企図されうる[22]」と判示した。これにより，既に採択された他の措置に影響を与えるという理由では，法的根拠が決定されないことが明らかにされた。

アムステルダム条約発効以後に出された，判例 C-269/97 事件[23]においても，裁判所は 45/86 事件及び 130/88 事件で確立した法的根拠選択基準を確認し[24]，さらにその基準を補強する姿勢を示した。当該事件においては，「牛の識別と登録並びに牛肉及び牛製品のラベル付けに対するシステムを設定するための 1997 年 4 月 21 日に採択された理事会指令」の法的根拠が問題とされた。本事件においては，欧州委員会が欧州議会に支持されて，理事会を訴えるという形であった。委員会及び欧州議会は，旧 EEC 条約 100 a 条（現 EU 運営条約 114 条）または旧 EEC 条約 43 条（現 EU 運営条約 43 条）及び旧 EEC 条約 100 a 条（現 EU 運営条約 114 条）の二重の法的根拠に基づくべきであると主張した。これに対して裁判所は，ある法行為の採択により深く参与したいという機関の希望は法的根拠選択に無関係であるとし，委員会の主張を退けた[25]。

以上のように，45/86 事件において客観性重視の法的根拠選択基準が確立し，後の判例がそれに追随しつつ，それを補強してきたことが把握される。

〔2〕 複数の法的根拠

ある措置が複数の目的を有するとき，その措置に対する法的根拠は複数存在してもよいのか。実際，EU 法行為の中には，二重の法的根拠，三重の法的根拠，多いものでは九重の法的根拠[26]に基づくものが存在する。複数の法的根拠としては，個別的権限と個別的権限，また個別的権限と一般的な性質を有する権限（例えば，EU 運営条約 31 条と EU 運営条約 352 条など）の組み合わせが考えられる。後者の組み合わせは，ある目的を実現するために個別的権限では措置の採択に権限が不十分であるところに EU 運営条約 352 条

---

[22] *Ibid.*, para. 17.
[23] Case C-269/97 Commission v Council [2000] ECR I-2257.
[24] *Ibid.*, para. 43.
[25] *Ibid.*, para. 44.
[26] 例えばドイツ統一後に適用される暫定措置に関する理事会規則 No. 2684/90, OJ 1990 L 263/1.

などを法的根拠として加えることで，EU法行為の採択を可能にする。

　裁判所は，このようなEU立法機関の実行を前述した165/87事件の中で次のように認めている。「機関の権限が条約の2つの規定を基礎とするところでは，2つの関連規定を法的根拠として関連措置を採択しなければならない。さらに，そのような二重の法的根拠への依拠は，……共同体機関の確立された実行に合致する(27)」。

　単一欧州議定書以前は，法行為手続は端的に言うと，欧州委員会が提案して理事会が全会一致又は特定多数決により決定するという形を採っていた。バリエーションとして，条文により，そこに委員会の提案後，欧州議会，経済社会評議会等の諮問を経た後という手続が加わる程度であった。しかし，単一欧州議定書発効以後，欧州議会との協力手続，マーストリヒト条約発効以後は欧州議会との共同決定手続が法行為手続に導入された。それゆえ，措置の目的が複数ある場合，法的根拠の選択が単純に複数の法的根拠にするというわけにはいかなくなった。C-300/89事件（Titanium dioxide）では，裁判所はこの問題に回答を与えた。裁判所は，前述した165/87事件を引用しつつ，当該事件においてはそこで確立されたルールは適用できないと判示した(28)。C-300/89事件では，旧EEC条約100a条（現EU運営条約114条）と旧EEC条約130s条（現EU運営条約192条）が問題となった。前者は，法行為手続に欧州議会が参与した上での理事会の特定多数決を要件とする協力手続を規定し，後者は，単に欧州議会の諮問を経た上での理事会の全会一致を要請していた。これらを前にし，裁判所は共同法的根拠（joint legal basis）として双方の規定を適用することは，協力手続のまさに本質を取り除くことになると述べ，当該事件においては二重の法的根拠に依拠することは許されないと判示した(29)。

　C-94/03事件(30)において，裁判所はC-300/89事件を考慮しつつ，この境界線を以下のようにさらに明確にした。ある共同体の行為が不可分に連結

---

(27) Case 165/87 Commission v Council [1988] ECR 5545, para. 11 and 12.
(28) Case C-300/89 Commission v Council [1991] ECR I-2867, para. 17.
(29) *Ibid.*, paras. 18-21.
(30) Case C-94/03 Commission v Council [2006] ECR I-1.

した．複数の目的を同時に追求しているまたは複数の構成要素を同時に持っており，かつ，いずれの目的または構成要素も二次的あるいは間接的なものでない場合，そのような措置は，異なる関係する法的根拠に基づかなければならない[31]。しかしながら，二重の法的根拠への依拠は，各法的根拠条文に定められた手続が相互に両立しないものである，あるいは，二重の法的根拠の利用が欧州議会の権限を侵害するものである場合は，可能ではないとした[32]。C-94/03事件では，欧州議会と理事会の共同決定手続を定めるEC条約175条と理事会の特定多数決を定めるEC条約133条が問題となった。採択された措置はEC条約175条のみに依拠していたが，裁判所は，そこに133条を追加することは欧州議会の権利の侵害とはならず，本件の場合は二重の法的根拠に基づくべきであるとした。

　この判決により，次のことが明確になった。措置が複数の目的や要素を持ち，どちらも副次的なものではないという，例外的な場合には，二重の法的根拠に依拠することは許される。しかし，法的根拠が示す法行為手続が両立しないものである場合あるいは欧州議会の権利を侵害する場合は，許容されない。単に法行為手続が異なるだけでは，例えば，一方が欧州議会と理事会の通常立法手続，他方が理事会の特定多数決であったとしても，複数の法的根拠条文の依拠することが可能である。

　この判決の趣旨は，C-178/03事件[33]においても確認されている。また，C-155/07事件[34]においても同じ文脈で開発協力に関するEC条約179条と第三国との経済，財政及び技術的援助に関するEC条約181a条の二重の法的根拠条文に依拠すべきと判断された。

(2)　具体的な法的根拠選択問題

　欧州司法裁判所は，前述したように法的根拠選択にあたっての基本的姿勢

---

(31) *Ibid.*, para. 35.
(32) *Ibid.*, para. 52.
(33) Case C-178/03 Commission v EP and Council [2006] ECR I-107, paras. 43 and 57;
　cf. Case C-411/06 Commission v EP and Council [2009] ECR I-7585, paras. 46-47.
(34) Case C-155/07 EP v Council [2008] ECR I-8103.

を確立した。では，個々の事件において裁判所がどのように判断したのかを明らかにしていきたい。

〔1〕農業政策と EEC 条約 100 条（現 EU 運営条約 115 条）
——68/86 事件（特別法が一般法を破る図式）

68/86 事件[35]において，イギリスは「家畜飼育においてホルモン作用を有する物質の使用を禁止する理事会指令」の無効を求める訴えを裁判所に提起した。当該指令は，旧 EEC 条約 43 条（現 EU 運営条約 43 条）を法的根拠として採択された。同条は理事会の特定多数決で十分とされる。イギリスは，当該指令は農業政策の目的と共に構成国の法の接近という目的も含んでいるゆえに，同条では措置の法的根拠としては不十分であり，同条に，全会一致を要請する旧 EEC 条約 100 条（現 EU 運営条約 115 条）を加えた二重の法的根拠によるべきであると主張し，理事会と対立した。

まず，裁判所は旧 EEC 条約 43 条が共通農業政策の目的を定める旧 EEC 条約 39 条（現 EU 運営条約 39 条）の観点から解釈されなければならないとした[36]。次に，旧 EEC 条約 43 条が EEC 条約 39 条に定める共通農業政策の目的の 1 又は 2 の達成に寄与するために，付属書 II にリストアップされた農業生産物の生産・販売に関して適当な法的根拠であること，さらにそのような法行為がその分野における国内法の規定の調和を含んでいる場合も旧 EEC 条約 100 条への依拠を必要としないことを確認した[37]。

先例 83/78 事件では，裁判所は，旧 EEC 条約 38 条 2 項の文言から，共通農業政策に関する条約規定は，共同市場の設立に関する規定に対して優位すると判示した[38]。先例 177/78 事件においても同様に共同市場に関する条約の一般規定（general provisions）に対して共通農業政策の文脈で採択された特定の規定（specific provisions）の優位が確認された[39]。本判決においては，裁判所はこれら 2 つの先例を引用しつつ，旧 EEC 条約 38 条 2 項（現 EU

---

(35) Case 68/86 United Kingdom v Council [1988] ECR 855.
(36) *Ibid.*, para. 9.
(37) *Ibid.*, para. 14.
(38) Case 83/78 Pigs Marketing Board v Redmond [1978] ECR 2347, para. 37.
(39) Case 177/78 Pigs and Bacon Commission v McCarren [1979] ECR 2161, para. 38.

運営条約 38 条）は，農業分野に関する特定の規定に共同市場の設立に関する一般規定に対して優位をすると判示した(40)。本判決ではさらに一歩進めて，問題となる EU 法行為が農業政策の目的と他の目的の双方に向けられている場合においても，一般規定（general article）は，旧 EEC 条約 43 条の適用範囲を制限する事由としては依拠されえないとした(41)。これにより，農業政策の旧 EEC 条約 100 条に対する図式，すなわち特別法は一般法を破るという図式が確立した(42)。なお，本件と同日に判決された，131/86 事件(43)においても同じように判示された。

C-280/93（バナナ事件)(44)においては，この図式がさらに一般化された。すなわち，当該事件において，原告ドイツがバナナの共同市場管理機構が開発政策の目的も有しているため，旧 EEC 条 235 条（現 EU 運営条約 352 条）又は旧 EEC 条約 238 条（現 EU 運営条約 217 条）も法的根拠とすべきであると主張した。これに対して，裁判所は前述した 68/86 事件及び C-131/87 事件を引用しつつ，「立法が農業政策の目的と他の条約規定を基礎にして追求される目的との両方に向けられるところにおいても，それらの規定は，EEC 条約 43 条の適用範囲を制限する根拠としては依拠されえない(45)」と，判示した。これにより，旧 EEC 条約 43 条（現 EU 運営条約 43 条）が共同市場の設立のための規定旧 EEC 条約 100 条（現 EU 運営条約 115 条）に優位するだけでなく，他の規定にも優位することが判示された。しかし，旧 EEC 条約 100 条に対する優位は，一連の判例からその根拠が旧 EEC 条約 38 条（現 EU 運営条約 38 条）の文言にあることは明らかであったが，本判決において他の

---

(40) *Ibid.*, para. 15.
(41) Case 68/86 United Kingdom v Council [1988] ECR 855, para. 16.
(42) Case C-11/88 Commission v Council [1989] ECR 3799; Case C-131/87 Commission v Council [1989] ECR 3743, paras. 10-11.
(43) Case 131/86 United Kingdom v Council [1988] ECR 905, para. 20-21.
(44) Case C-280/93 Germany v Council [1994] ECR I-4973；これに関する判例研究として，拙稿「共同体法秩序と国際経済法秩序の対立」『国際商事法務』29 巻 1 号（2001 年）92-96 頁がある。
(45) Case C-280/93 Germany v Council [1994] ECR I-4973, para. 54.

第 4 章　EU 法行為と法的根拠

規定に対する優位が述べられたものの，先例を引用するのみで，本判決で新たに加わった他の条文に対するその優位はどのような条文から導き出されるのかについては言明されていない。この点については問題が残ると考えられるが，このバナナ事件で生まれた新たな定式は，さらに後の判例 C-106/97 事件[46]においても用いられている。

〔2〕　個別的権限と旧 EEC 条約 235 条（旧 EC 条約 308 条，現 EU 運営条約 308 条）

前述したように EU の権限には，個別的権限と分野をあらかじめ限定していないより一般的な権限が存在する。特に，EU 運営条約 352 条は個別的権限によっては権限が不十分であり措置が採択できない場合に適用されてきた。その場合，二重の法的根拠に基づいて EU 法行為がなされることになる。

(a)　職業訓練政策と旧 EEC 条約 235 条

242/87 事件[47]において，欧州委員会は「大学生の移動に対する行動計画（Erasmus）を採択する理事会決定」の無効を求めて，裁判所に訴えた。当該決定は，旧 EEC 条約 128 条，旧 EEC 条約 235 条（現 EU 運営条約 352 条）及び「共通職業訓練政策実施のための一般的ガイドラインを規定する理事会決定」を法的根拠としていた。それに対して，委員会は，EEC 条約 235 条に依拠することは条約違反になるとの見解を有していた。

まず，裁判所は，旧 EEC 条約 128 条に規定される共通職業訓練政策が徐々に確立されてきたことを確認し，理事会が職業訓練の分野における共同体の行動を規定し，また構成国に協力を義務付ける法的措置を採択する権限を有すると判示した[48]。次に，裁判所は，Erasmus 計画が共通職業訓練政策の範囲に属するか否かについて検討を加え，結果，研究と職業訓練の両方の目的を有していると判断した。それゆえ，研究に関しては，単一欧州議定書により，旧 EEC 条約 130 g 条が追加されたが，当該決定の採択時においては発効していなかったため，旧 EEC 条約 235 条に依拠することは適当で

---

(46) Case C-106/97 Dutch Antillian Dairy Industry and Douane-Agenten v Rijksdienst [1999] ECR I-5983, para. 41.
(47) Case 242/87 Commission v Council [1989] ECR 1425.
(48) *Ibid.*, paras. 10-11.

あったと判示した[49]。

　C-51/89, C-90/89 and C-94/89 事件[50]においては，イギリス，フランス及びドイツが「テクノロジー分野における訓練に関する大学と産業間の協力プログラムの第二期（Comett II）を採択する理事会決定」の無効を求めて，裁判所に訴えた。当該決定は，旧 EEC 条約 128 条と共通職業訓練政策の実施のための一般原則を法的根拠としていた。原告らは，全会一致を必要とする旧 EEC 条約 235 条も法的根拠としなければならないと主張した。裁判所は，「EC 条約 235 条の文言から条約の他の規定が共同体機関に問題となっている措置を採択するのに必要な権限を与えていない場合にのみ，法的根拠としての適用が正当化される[51]」との原則をここでも確認した。その上で，Comett II が旧 EEC 条約 128 条の適用範囲に入るか否か検討した。Comett II の 5 条 2 項は，「委員会は，既にプログラムされている共同体の研究及び開発計画と一致するように確保する」規定している。これにより，Comett II が職業訓練政策以外のものも含むのかが問題となったが，裁判所はこれに対し，その規定は職業訓練の補足的な性質（complementary nature）に影響を与えるものであることを認めたが，活動が研究及び技術開発に関係するという事実は，Comett II が研究計画と見なされるのに十分でないとし，原告の主張を退けた。

　(b)　開発政策と旧 EEC 条約 235 条

　C-268/94 事件[52]において，ポルトガルは，「パートナーシップと開発のための EC とインド間の協力協定締結に関する理事会決定」の無効を求めて，裁判所に訴えた。本件においては，ポルトガルをギリシャが支持し，他方，被告の理事会を欧州委員会，デンマーク，イギリスが支持する形になった。当該決定は，旧 EEC 条約 113 条（現 EU 運営条約 207 条）と旧 EEC 条約 130

---

[49] *Ibid.*, paras. 34-37.
[50] Joined cases C-51/89, C-90/89 and C-94/89 United Kingdom, France and Germany v Council [1991] ECR I-2757.
[51] Case 45/86 Commission v Council, [1987] ECR 1493, para. 13; Case 56/88 Great Britain v Council ECR [1989] 1615.
[52] Case C-268/94 Portugal v Council [1996] ECR I-6177.

y 条を法的根拠にして採択された。しかし，ポルトガルは，当該協力協定が，人権及び民主主義の尊重を規定している点，並びに知的財産権，麻薬濫用取締り，エネルギー等の構成国の権限に属する事項が規定されている点を挙げ，理事会の全会一致を要求する旧 EEC 条 235 条が法的根拠として加えられ，また協定の締結には全構成国が参加しなければならないと主張した。

まず，人権及び民主主義の尊重が規定されている点に対して，裁判所は，当該協定 1 条が人権及び民主主義の尊重を規定しているという事実は，旧 EEC 条約 130 u 条の目的を超えるという結論を正当化せず，まさに同条文の文言が民主主義の重要性を示しているとし[53]，ポルトガルの主張を退けた。次に，後者に関しては，当該協定が種々の特別な事項を包含しているという事実は，協定の性質を変更するものではなく，協定の性質は個々の事項における文言ではなく本質的な目的を考慮して決定されるものとして[54]，ポルトガルの主張を受け入れず，旧 EEC 条 235 条に依拠することは不必要とした。

(c) 営業の自由と旧 EEC 条約 235 条

C-233/94 事件[55]において，ドイツは，「デポジット保証計画（deposit-guarantee schemes）に関する理事会と欧州議会の指令」の無効を求めて，裁判所に訴えた。理事会と欧州議会を支持して，欧州委員会も訴訟に参加したことにより，一構成国対 EU 機関という形になった。当該指令は，旧 EC 条約 57 条を法的根拠にして採択されたが，ドイツは銀行業務のみならず，貯金者の保護を高める目的も含んでいるゆえに，旧 EC 条 235 条も法的根拠とすべきであるとの見解をもっていた。これに対して，裁判所は，旧 EC 条約 3 条(c)に定める「構成国間の物，人，サービス及び資本の自由移動に対する障害の除去により特徴づけられる域内市場」が共同体の活動であることを確認した。その上で，裁判所は，当該指令の効果は，他の構成国における信用機関の活動を妨げるために構成国が貯金者の保護を引き合いにだすことを防ぐことであるゆえに，指令が営業の権利，サービス提供の自由に対する障

---

(53) *Ibid.*, para. 24.
(54) *Ibid.*, para. 39.
(55) Case C-233/94 Germany v EP and Council [1997] ECR I-2405.

害を除去することは明らかであるとした(56)。よって，本件においても全会一致を要求する法的根拠に依拠することを求めた構成国の主張は退けられることになった。

(d) ヨーロッパ横断ネットワークと旧EC条約235条

C-22/96事件(57)において，欧州議会は欧州委員会の支持を受け，理事会に対し，「共同体における事務管理間のデータ通信交換（telematic interchange of data）に対する共同体の寄与に関する理事会決定」の無効を裁判所に訴えた。委員会は，当該決定を提案する際，当初旧EEC条235条を法的根拠にしていたが，その後それをマーストリヒト条約発効後に新しくEC条約に挿入されたEC条約129d条（現EU運営条約172条）に変更した。これに対して，理事会は，EC条約235条を法的根拠として，当該決定を採択した。なお，EC条約235条は欧州議会の諮問のみを要求しているが，旧EC条約129d条1項は共同決定手続，旧EC条約129d条3項は協力手続を規定しており，いずれにせよ欧州議会の参与度が大きいゆえに，本件において法的根拠の選択は欧州議会にとって重要な意味を持っていた(58)。

裁判所は，まず，前述した法的根拠選択基準を確立した先例を引用し，措置の目的と内容を検討した。結果，当該決定は旧EC条約129c条（現EU運営条約171条）に規定される活動に属し，よってEC条約129d条に規定される手続によって採択されるべきものであり，EC条約235条への依拠は許されないと判示した。

(e) 小 括

裁判所の判例の中で，旧E(E)C条約235条（現EU運営条約352条）につき，条約の他の規定がEU機関に必要な権限を与えていない場合にのみ，それを法的根拠として適用可能なことが確立した。単一欧州議定書，マーストリヒト条約，さらにアムステルダム条約によりEC条約が改正され，EUが権限を有する分野が増え，同時に特定多数決で措置を採択できる範囲が拡大

---

(56) Ibid., para. 19.
(57) Case C-22/96 EP v Council [1998] ECR I-3231.
(58) 旧EC条約156条（旧EEC 129d条）は3項が削除され，修正された1項に共同手続が定められた。

してきた。構成国は，特定多数決においては自国の意思が貫徹できないため，全会一致を要求するE(E)C条235条が法的根拠として追加されるべきであるとし，法的根拠をめぐる事件を起こす傾向が見られた[59]。図式としては一構成国対EU機関と捉えられる。また，E(E)C条約235条は欧州議会の諮問手続のみを求めているため，欧州議会が同意を法的根拠として不適当とする傾向も見られた。なお，現EU運営条約352条（旧EEC条約235条）は，欧州議会の同意を要する。

〔3〕 個別的権限と横断条項（Querschnittklausel）——環境政策

個別的権限は，大きく分けて2つに分かれる[60]。一方に，垂直的（vertical）または領域的（sectoral）政策，すなわち1つの分野に関わる政策における権限，例えば農業政策における権限が存在する。他方に，水平的な性質（horizontal）を有する権限，すなわちほぼすべての活動分野にかかわる，例えば環境保護に関する権限が存在する[61]。

C-62/88事件[62]においては，そのような水平的な性質を有する横断条項の意味が明らかにされた。本件においては，ギリシャが「チェルノブイリ原子力発電所での事故後第三国において生産された農業製品の輸入条件に関する規則」の無効を理事会相手に裁判所に訴えた。理事会を支持する形でイギリス及び欧州委員会が訴訟に参加した。当該決定は，旧EEC条約113条（現EU運営条約207条）を法的根拠としていた。ギリシャは，当該規則は公衆の健康保護に専ら関わるものであり，Euratom（欧州原子力共同体）条約31条，旧EEC条約130s条（現EU運営条約192条），旧EEC条約130r条，場合により旧EEC条約235条（現EU運営条約352条）に依拠すべきであると主張した。裁判所は，Euratom条約31条に対しては，EUと第三国間の貿易を意図して規定したものではないとして，その適用を退けた。次に，裁判所は環境政策の条文を検討し，以下のように判示した。「130r条と130s条は，環境事項において特別の行動をとる権限を共同体に付与することを意図

---

(59) Cf. Cullen/Charlesworth, note(1), 1258.
(60) Barents, note(1), 97；横田・注(1)239, 255-257頁。
(61) Cf. Breier, note(1), 51 und Fußnote 50.
(62) Case C-62/88 Greece v Council [1990] ECR I-1527.

2　法的根拠をめぐる判例

している。しかしながら，それらの条文は，たとえ他の条約条文に基づいてとられる措置が同時に環境保護の目的を追求するとしても，他の条約条文の下で共同体により保持されている権限に影響を与えるものではない (leave intact the powers)[63]」。さらに，裁判所は，このことがEEC条約130r条(2)（現行の条約では削除）の文言からも確認されるとした[64]。

C-405/92事件[65]においては，フランスの裁判所が，「漁業資源保護のための技術措置規則を修正する理事会規則」1条(8)の妥当性について，先決裁定を求めた。同修正規則1条により，原規則に新たに9条が追加された。9条は，北東大西洋において流し網でまぐろを漁獲する船は，当該修正規則の発効後は5kmを超える長さの流し網を利用してはならないことを規定していた。本件において，この規定によって影響を受ける会社Armement Islaisは，当該規則が漁業資源保護のためでなく，種の保存という環境上の理由から採択されたとして，当該規則が旧EEC条約130r条と旧EEC条約130s条を法的根拠にすべきであると主張した。裁判所は，前述したC-62/88事件を引用した上で，「たとえ，環境保護の考慮が当該規則を採択する際の結果に影響を与えるような要因（contributory factor）であったとしても，そのことはそれ自体EEC条約130s条によって包含されなければならないということを意味しない[66]」と判示した。

なお，旧EEC条約130r条(2)の文言は，「環境保護という要請は，共同体の他の諸政策の決定と実施に統合されなければならない」と規定していた。当該規定は，アムステルダム条約によるEC条約の改正により削除され，新たにEC条約6条に規定され，EUの基本原則に高められた。リスボン条約による改正により，現在は，EU運営条約11条が環境統合原則として「環境保護の要請は，とくに持続可能な発展の促進のために，連合の政策及び活動の策定と実施の中に統合されなければならない」と定めている[67]。これ

---

(63) *Ibid.*, para. 19.
(64) *Ibid.*, para. 20.
(65) Case C-405/92 Establissements Armand Mondiet v Armement Lslais [1993] ECR I-6133.
(66) *Ibid.*, para. 28.

117

により，環境保護がEUの全政策の策定と実施において横断的に考慮されることがより明確になった。

〔4〕 個別的権限と旧EEC条約100a条（現EU運営条約114条）

(a) 環境政策と旧EEC条約100a条（その1）——C-300/89事件

C-300/89事件[68]においては，「二酸化チタン（titanium dioxide）廃棄物によって引き起こされる汚染の削減と除去に対するプログラムを調和させる手続に関する理事会指令」の法的根拠が争われた。欧州委員会は，当該指令を最初に提案した当時，法的根拠を旧EEC条約100条（現EU運営条約115条）と旧EEC条235条（現EU運営条約352条）としていたが，単一欧州議定書が発効した後，旧EEC条約100a条（現EU運営条約114条）に変更した。理事会は，この法的根拠を受け入れず，単一欧州議定書により追加された旧EEC条130s条（現EU運営条約192条）に変更した。委員会は，欧州議会に支持され，当該指令は，環境保護に貢献するものではあるが，その「主な目的（main purpose）」または「重心（center of gravity）」は二酸化チタン産業における競争条件の改善にあると主張した[69]。続けて，当該指令は域内市場の設立と機能に関係する措置であるため，旧EEC条約100a条に基づくべきであると述べた。これに対して，理事会は当該指令の「重心」は，二酸化チタン製造過程における廃棄物によって引き起こされる汚染の除去であるとして，真っ向から反対の見解を述べた[70]。

裁判所は，当該指令が環境保護と競争条件の改善という2つの目的を追求していると判断した[71]。しかし，本件において争われている法的根拠の法行為手続が異なるため，二重の法的根拠を採用できないとし[72]，どちらかの法的根拠を選択しなければならないとの認識にたって，検討を続けた。第1に，前述した横断条項である旧EEC条約130r条(2)の文言を引用し，単

---

(67) 拙稿「EU法における環境統合原則」庄司克宏編『EU環境法』（慶應義塾大学出版会，2009年）115-150頁．
(68) Case C-300/89 Commission v Council [1991] ECR I-2867.
(69) *Ibid.*, para. 7.
(70) *Ibid.*, para. 9.
(71) *Ibid.*, para. 11.
(72) 前述2(1)〔2〕を参照。

に環境保護の目的を追求するという理由では旧EEC条約130s条を法的根拠とすることができないことを示した。第2に，環境及び健康に関する考慮から採択される規定は企業の負担になるため，その事項について国内規定の調和が存在しなければ競争が阻害されてしまうとの認識を示した。第3に，旧EEC条約100a条(3)に言及し，この規定が環境保護の目的が旧EEC条約100a条に基づいて採択される調和措置により効果的に追求され得ることを示しているとした。これらの考慮から，裁判所は旧EEC条約100a条を適当な法的根拠と判示した[73]。

(b) 環境政策と旧E(E)C条約100a条（その2）
——C-70/88事件及びC-155/91事件

C-70/88事件[74]においても環境政策に関する条文（Euratom条約31条）と旧EEC条約100a条（現EU運営条約114条）のどちらが適当な法的根拠かをめぐって争われた。ここで問題となったのは，「原子力事故または他の核放射線による緊急事件後の食料原子力汚染において最大許容レベルを規定する理事会規則」の法的根拠である。理事会は，法的根拠をEuratom条約31条にして，当該規則を採択した。それに対して，原告側の欧州議会は，旧EEC条約100a条を法的根拠とすべきであるとして，裁判所に当該規則の無効を求めた。裁判所は，当該規則6条(1)に規定されているマーケティングの禁止は最大許容レベルの適用を効果的にするための1つの条件に過ぎず，当該規則は共同体（現EU）内における物の移動に対する条件を調和させる付随的な (incidental) 効果のみを有しているとして，旧EEC条約100a条への依拠を退けた[75]。

C-155/91事件[76]において，欧州委員会は，「廃棄物に関する指令73/442/EECを修正する理事会指令」の無効を裁判所に求めた。委員会は，法的根拠を旧EEC条約100a条（現EU運営条約114条）にして，当該指令の提案を行ったが，理事会は法的根拠を旧EEC条約130s条（現EU運営条約192

---

(73) Case C-300/89 Commission v Council [1991] ECR I-2867, para. 22-25.
(74) Case C-70/88 EP v Council [1991] ECR I-4529.
(75) *Ibid.*, para. 17.
(76) Case C-155/91 Commission v Council [1993] ECR I-939.

119

条)に変更して,当該指令を採択した。裁判所は,共同市場の設立又は機能が影響を受けるという単なる事実はEEC条約100a条を法的根拠として適用するのに十分ではないとした。さらに前述したC-70/88事件を引用し,EEC条約100a条への依拠は,措置が共同体において市場条件を調和させるという付随的な効果のみしか有していない場合は正当化されないと判示した。同時に,当該指令は共同体における廃棄物の効果的な管理を確保することを意図しているのであって,競争及び取引条件には付随的な (ancillary) 効果しか有さないとし,一見すると判例変更とも解される,EEC条約100a条の適用を認めた先例C-300/89事件との相違を明らかにした[77]。その後の判例C-426/93において,本件C-155/91事件判決は,EEC条約100a条適用の際の基準として引用されている[78]。

(c) ヨーロッパ横断ネットワーク政策と旧EEC条約100a条（現EU運営条約114条）

C-271/94事件[79]において,「構成国間における物の取引に関する統計に対する内部管理通信ネットワーク (Edicom) 理事会決定」の法的根拠が問題とされた。当該決定は,単に欧州議会の諮問のみを要求する旧EC条約235条（現EU運営条約352条）を法的根拠に採択された。欧州議会は,協力手続を要求する旧EC条約129d条(3)（現行条約においては削除）または共同決定手続を要求する旧EC条約100a条を法的根拠とすべきであるとの見解であった。それゆえ,欧州議会は,理事会相手に当該決定の無効を裁判所に求めた。

裁判所は,両条文の位置関係を本件において明らかにした。まず,当該決定が国内ネットワーク相互運用を確保することを主な目的としているとし,同決定は域内市場の目的の達成にも役立つが,その目的は主な目的に対して付随的なものであり,旧EC条約100a条を適用するのには十分でないと判示した。その上で,域内市場の設立に関係するネットワークの相互運用につき,旧EC条約129c条はEC条約100a条に対してより特別な規定にあた

---

(77) *Ibid.*, paras. 19-20.
(78) Case C-426/93 Germany v Council [1995] ECR I-3723, para. 33.
(79) Case C-271/94 EP v Council [1996] ECR I-1689.

るとした。続いて，EC 条約 129 c 条の 2 項目は EC 条約 100 a 条によって追求される目的をカバーするが，後者の規定は前者の規定の範囲を制限する論拠として用いられてはならないと判示し，旧 EC 条約 129 d 条(3) を当該決定の法的根拠とした[80]。

(d) 労働政策と旧 EC 条約 100 a 条（現 EU 運営条約 114 条）

C-84/94 事件[81]において，労働時間編成に関する理事会指令の法的根拠が争われた。イギリスが理事会を相手に当該指令の無効を求めたのが本件である。なお，欧州委員会，スペイン，ベルギーが理事会を支持して，参加した。当該指令は，旧 EC 条約 118 a 条を法的根拠にして採択された。これに対しイギリスは，旧 EC 条約 100 条及び旧 EC 条約 235 条を法的根拠とすべきという見解をもっていた。裁判所は，旧 EC 条約 118 a 条は労働者の健康と安全の保護に関わる措置にのみ関係するため，旧 EC 条約 100 条及び旧 EC 条約 100 a 条に対しより特別な規定となると判示した。またこの解釈は，EC 条約 100 a 条(1) の文言，「この条約に別段の定めがない限り」EC 条約 100 a 条が適用されるという，から確認されると示した[82]。

(e) 小 括

単一欧州議定書による EEC 条約の改正によって EEC 条約 100 a 条（現 EU 運営条約 114 条）が追加された。同条文は EEC 条約 100 条（現 EU 運営条約 115 条）と同じく，国内法の接近（調和）を目的とする。EEC 条約 100 条には，理事会の全会一致を要求する点，また指令の形式でしか措置を採択できないという制約が存在した。他方，EEC 条約 100 a 条は，理事会の特定多数決で十分であり，指令のほか，規則を含む適当な措置をとることを可能にする。単一欧州議定書発効後，「1992 年末域内市場の完成」をキーワードに停滞していた欧州統合が一気に進んだ。域内市場の設立と機能に関わる EEC 条約 100 a 条はその際，法的根拠として重要な役割を果たした。

1991 年に出された C-300/89 事件で EEC 条約 100 a 条は競争条件の改善という個別の目的を有するとされ，個別権限を規定する EEC 条約 130 s 条

---

(80) *Ibid.*, paras. 32-35.
(81) Case C-84/94 United Kingdom v Council [1996] ECR I-5755.
(82) *Ibid.*, para. 12.

に優先して適用された。この判決に対しては，学者から批判がなされた[83]。例えば，Barentsは，この判決を受け，EEC条約100a条が服する実質的な制限はこの規定に定められる財政規定，人の自由移動に関する規定及び被雇用者の保護に対してのみであると述べ，同条が「一般的権限の法律(loi de plein pouvoir)」以外の何者でもないとの見解をあらわした[84]。そのような批判を受けたためか，数カ月後にだされた判例C-70/88事件以降，法的根拠選択に関する裁判判例においてEEC条約100a条の適用が認められない傾向が続いた。C-155/91事件において，単に域内市場に影響を与えるというだけではEEC条約100a条を法的根拠として適用できないと判断され，新たな基準となった。マーストリヒト条約発効以降に出された判例C-271/94事件及びC-84/94事件においてはさらに個別規定がEC条約100a条に対しより特別であり，優位することが明確に示されるようになった。法的根拠選択が問題となる場合，EC条約100a条が下位におかれ，適用されないことが傾向として定着してきている。

〔5〕 個別的権限と個別的権限（その1）——農業政策と環境政策

C-164/97 and C-165/97事件[85]において，欧州議会は理事会を相手に2つの理事会規則，①「原子力汚染に対して共同体の森林を保護する規則3528/86を修正する理事会規則307/97」，②「火事に対して共同体の森林を保護する規則2158/92を修正する規則308/97」の無効を裁判所に求めた。

規則307/97の原規則3528/86は，旧EC条約43条（現EU運営条約43条）と旧EC条235条（現EU運営条約352条）を法的根拠に採択されていた。原規則3528/86は，後に規則2157/92によって修正を受けた。規則2157/92は，単一欧州議定書発効以後出されたものであり，EEC条約235条に代えて，同議定書により追加されたEEC条約130s条（現EU運営条約192条）とEEC条約43条を法的根拠に採択された。

規則308/97が修正することになる原規則2158/92は，EC条約43条（現EU運営条約43条）とEC条約130s条（現EU運営条約192条）を法的根拠

---

(83) See e.g. Breier, note(1), 52; Barents, note(1), 107.
(84) Barents, *ibid*.
(85) Case C-164/97 and C-165/97 EP v Council [1999] ECR I-1139.

としていた。本件において問題となっている規則 307/97 と規則 308/97 は，欧州議会の諮問のみを要請する EC 条約 43 条のみを法的根拠として，採択された。これに対して，欧州議会はマーストリヒト条約による改正後，協力手続を要請する EC 条約 130 s 条が適正な法的根拠であるとの見解を有していた。裁判所は，共通農業政策と環境政策の間でどちらが優位するかについては，これまで先例が存在しないことをまず確認した。次に，裁判所は環境条項のもつ横断的性質と環境政策に対する個別の法的根拠としての位置を明確に示した。単に EC 条約 130 r 条に規定される環境保護の要請を考慮するという理由では，環境事項における EU の措置とはならない。EC 条約 130 r 条及び EC 条約 130 s 条は，条約の他の規定における EU の権限には触れず，環境事項における特別の行動に対してのみ法的根拠として適用される。逆に，特に環境政策に属する規定に対しては，たとえ，規定が域内市場の機能に刺激を与えるとしても，あるいはその目的が農業生産物の改善であるとしても，EC 条約 130 s 条が法的根拠とならなければならない。本件において，問題となっている両規則が農業の機能への影響を有していることは確かであるが，そのような間接的な結果は共同体の森林保護に対する共同体組織の主要な目的に対し付随的なものであると述べ，EC 条約 130 s 条を適正な法的根拠として判示した[86]。

　裁判所はこれまで共通農業政策の法的根拠 EC 条約 43 条を共同市場の機能を規定する EC 条約 100 条に優位するとの判例を確立させてきた。本判決において，環境政策の法的根拠が適正とされたことから，共通農業政策と環境政策の間の優位性には，採択される措置の内容が決定的であり，必ずしも「共通」農業政策の「共通」が重視されるわけではなく，個別的権限間の位階性は問題とされないことが明らかになった。

〔6〕 個別的権限と個別的権限（その 2）——共通通商政策と環境政策

　共通通商政策に関する法的根拠条文（EU 運営条約 207 条（旧 EC 条約 133 条，旧 EEC 条約 113 条））と環境政策に関する法的根拠条文（EU 運営条約 192 条（旧 EC 条約 175 条，旧 EEC 条約 130 s 条）の争いは，これまで何度も起き

---

(86) *Ibid.*, paras. 15–16.

第4章　EU法行為と法的根拠

てきた。

　2001年の裁判所意見2/00事件[87]では，欧州委員会は，カルタヘナ議定書の締結に当たって，EC条約300条6項（現EU運営条約218条11項）に基き欧州司法裁判所に意見を求めた。委員会は，通商政策を定めるEC条約133条ならびに環境対外政策における共同体と構成国の協力を規定するEC条約174条4項が適切な法的根拠であると主張した。他方，理事会並びに構成国は，EC条約175条1項が適当で，唯一の法的根拠であるとした。よって，本件においては，議定書を通商政策の法的根拠又は環境政策の法的根拠，あるいは，通商政策と環境政策の二重の法的根拠に依拠して，EC（現EU）が批准すべきなのかが問題とされた。

　欧州司法裁判所は，焦点が遺伝子改変生物（Living modified organism）の国境を越える移動におかれなければならないこと，並びに，議定書の規定がこれらの移動のコントロールに関係することは認めるものの，同議定書は，その文脈，目的，内容に照らして，主に，バイオ・セイフティを改善しようとする手段であり，貿易を促進，容易に又は規律するものではないとした[88]。さらに，裁判所は，委員会の解釈をとれば，共同体の行動が貿易に影響を及ぶという点を捉えて，予定されている協定が通商協定の範囲に入ることになるため，環境政策に関する条約の特別規定を無効にすることになるだろうとの見解を示した[89]。その上で，裁判所は，議定書がEC条約133条を法的根拠，それどころか133条と環境政策（174条4項又は175条1項）の二重の法的根拠をすることさえも認めず，175条1項を唯一の法的根拠とした[90]。

　2006年のC-94/03事件[91]においては，事前のかつ情報に基づく同意（Prior Informed Consent Procedure）に関するロッテルダム条約を締結するた

---

(87) Opinion 2/00 [2001] ECR I-9713；拙稿「ECにおける通商政策と環境政策の比重」『貿易と関税』50巻9号（2002年）75-71頁。
(88) *Ibid.*, para. 37.
(89) *Ibid.*, para. 40.
(90) *Ibid.*, para. 42.
(91) Case C-94/03 Commission v Council [2006] ECR I-1.

めの法的根拠条文が問題となった。欧州委員会は，EC条約133条を法的根拠条文として提案したのに対して，理事会は同条文に代えて，EC条約175条1項を法的根拠条文として措置を採択した。そこで，欧州委員会は，この措置の無効を欧州司法裁判所に求めた。裁判所は次のように判断した。ある共同体の行為が不可分に連結した，複数の目的を同時に追求しているまたは複数の構成要素を同時に持っており，かつ，いずれの目的または構成要素も二次的あるいは間接的なものでない場合，そのような措置は，異なる関係する法的根拠に基づかなければならない[92]。しかしながら，二重の法的根拠への依拠は，各法的根拠条文に定められた手続が相互に両立しないものである，あるいは，二重の法的根拠の利用が欧州議会の権限を侵害するものである場合は，可能ではないと[93]。そのような基準を示したうえで，裁判所は，ロッテルダム条約が通商と環境の双方に関わっているとして，EC条約175条1項のみならず，EC条約133条にも基づき締結のための決定を採択すべきであるとした。同様に，C-178/03事件[94]においてもEC条約133条とEC条約175条の法的根拠選択が問題となった。同事件では，危険な化学物質の輸出入に関する規則304/2003の法的根拠をめぐり，欧州委員会はEC条約133条が適当であるとし，欧州議会と理事会はEC条約175条1項が適当な法的根拠であると主張した。裁判所は，C-94/03事件と同様の基準を用いて審査し，二重の法的根拠条文に依拠すべきであったとし，当該規則を無効にした。

　2009年のC-411/06事件[95]では，有害廃棄物の国境を越える移動及びその処分の規制に関する条約（バーゼル条約）を実施するための廃棄物の輸送に関する規則1013/2006が問題となった。欧州委員会は，同規則がEC条約175条1項にのみ依拠し，EC条約133条を法的根拠に加えていないとして，同規則の無効を欧州司法裁判所に求めた。裁判所は，上述したC-178/03事件とC-155/07事件を引用しつつ，例外的に二重の法的根拠条文に基づくこ

---

(92) *Ibid.*, para. 35.
(93) *Ibid.*, para. 52.
(94) Case C-178/03 Commission v EP and Council [2006] ECR I-107.
(95) Case C-411/06 Commission v EP and Council [2009] ECR I-7585.

とが可能であるとの基準を確認したものの(96)，欧州委員会の主張を退け，EC 条約 175 条 1 項のみを法的根拠条文とすることが適当であるとした。

リスボン条約により，EC 条約 133 条は EU 運営条約 207 条となり，EC 条約 175 条 1 項は EU 運営条約 192 条 1 項となった。EC 条約 133 条によると，理事会は特定多数決で決定することになっていたが，EU 運営条約 207 条は，欧州議会と理事会の通常立法手続に変更された。EC 条約 175 条 1 項と EU 運営条約 192 条 1 項に関しては，手続上実質的な相違はなく，欧州議会と理事会の共同決定手続，つまり現在の通常立法手続で措置が採択されることになる。これらの変更により，EU 運営条約 207 条（旧 EC 条約 133 条）と EU 運営条約 192 条 1 項（旧 EC 条約 175 条 1 項）には法行為手続上の相違はなくなった。ただ，共通通商政策（EU 運営条約 207 条）は，EU の排他的権限に属し，環境政策（EU 運営条約 192 条 1 項）は EU と構成国の共有権限に属するため，二重の法的根拠に依拠する意義は残っているとも捉えられる。

〔7〕 具体的な法的根拠選択基準（まとめ）

前述した，1980 年代の判例において確立した法的根拠基準（前段階）を前提に，単一欧州議定書，マーストリヒト条約，アムステルダム条約，ニース条約，さらにリスボン条約を通じての E(E)C 条約（現 EU 運営条約）の改正により，EU が権限を有する分野が拡大し，他方，法行為手続も複雑になった。このような状況の中で，裁判所は右に検討してきたような法的根拠選択基準を発達させてきた。①ある EU 法行為が 2 つの目的を有する場合，片方の目的が主で，他方の目的が付随的と判断される場合は，主目的を追求するための法的根拠のみが当該法行為の法的根拠になる。②ある EU 法行為が 2 つの目的を有し，両方の目的が主と判断される場合は，例外的に二重の法的根拠となる。ただし，法的根拠が要請する法行為手続が両立しない場合，あるいは，欧州議会の権利を侵害する場合は，二重の法的根拠となりえない。

目的のうちで，共同市場（EC 条約 100 条）（現在，域内市場に変更され，現 EU 運営条約 115 条），域内市場（EC 条約 100 a 条）（現 EU 運営条約 114 条）の設立及び機能に関係するもの，環境保護（EC 条約 130 s 条）（現 EU 運営条約

---

(96) *Ibid.*, paras. 45-47.

192条）に関係するものに対しては，前者は一般条項であること，後者が横断条項であることから，単にその目的に影響を与えるというのみでは法的根拠として適用されないことが判例として確立した。

(3) 法的根拠不十分または不存在の問題

これまで法的根拠選択問題を検討してきたが，法的根拠のもう1つの問題，すなわちEU機関が採択する措置に対する法的根拠が不十分であるまたは不存在である場合を取り上げたい。前述したように，EUの権限は権限付与の原則に基づいている。EU運営条約114条（旧EC条約95条（旧EEC条約100a条）），EU運営条約115条（旧EC条約94条（旧EEC条約100条）），及びEU運営条約352条（旧EC条約308条（旧EEC条約235条））のような個別分野を超越し広範囲に適用される権限が存在するため，一見するとEUは無制限の権限を有しているかのように見える。しかし，EUが国家でなく，権限を限定的に付与された国際機関であることが再認識する判例が近年増えている。

〔1〕 旧EEC条約235条（現EU運営条約352条）の限界

2/94裁判所意見[97]において，理事会はEC（現EU）の欧州人権条約への加入がEC条約と合致するか否かにつき，旧EEC条約228条（現EU運営条約218条）に基づき，裁判所の意見を求めた。裁判所は，ECが当該条約に加入する権限を有しているかについて，以下のように判示した。まず，裁判所は，EC条約3b条（現EU条約5条）の文言より，ECが自己に付与された権限のみを有するという，権限付与の原則を確認した。次に，この原則がECの域内行動および対外行動の両方において尊重されなければならないと述べた。続いて，裁判所は，条約のどの規定も人権に関する規則を採択するまたはこの分野において国際協定を締結する一般的な権限を共同体機関に付与していないことを明らかにした。その上で，裁判所は，EC条約235条（現EU運営条約352条）が当該条約加入のための法的根拠になりうるか否かの検討を行った。

---

[97] Opinion 2/94 [1996] ECR I-1759；拙稿「ECの欧州人権条約への加盟」中村民雄＝須網隆夫編『EU法基本判例集（第2版）』（日本評論社，2010年）343-350頁。

第4章　EU法行為と法的根拠

　まず，裁判所は，同条が条約の個別規定が共同体機関に明示的または黙示的に権限を与えていないところで，条約に定める目的の1つを達成するために共同体にその機能を実施することが必要と思われる場合に，そのギャップを埋めるために起草されたものであることを確認した。次に，同条が権限付与の原則に基づく機構システムの一つの構成部分であり，同条を条約の規定，特に共同体の任務と活動を定義する規定によって創設される一般的な枠組みを超えて共同体権限の範囲を拡大するための法的根拠としては用いることができないことを明らかにした。また同時に，同条が，条約改正の手続を踏むことなく，本質的に条約を改正するような効果をもつ規定の採択のための法的根拠として適用され得ないことを明確に示した。その上で，欧州人権条約を検討し，裁判所は，共同体にとってもまた構成国にとっても本質的な機構上の意味合いをもつ，共同体における人権保護のためのシステムの修正は憲法的な意義を有するものであり，その結果そのような修正は同条の範囲を超え，条約の改正によってのみ可能であるとの見解を示した[98]。

〔2〕　EC条約100a条（現EU運営条約114条）の限界

　C-376/98事件[99]（タバコ広告）において，「タバコ広告・スポンサーについての構成国法令の接近に関する欧州議会と理事会の指令」が問題となった。本件においては，ドイツが欧州議会と理事会を相手に当該指令の無効を裁判所に求めて争った。被告側には，委員会，フランス，フィンランド，イギリスが欧州議会と理事会を支援して参加した。本件は，一構成国対EU機関プラス他の構成国という形をとっていた。当該指令は，EC条約100a条（現EU運営条約114条）のみを法的根拠として，採択された。ドイツは，同条は基本的自由の行使への障害及び競争の歪みが相当であるときにのみ法的根拠として適用されるべきであり，また，措置の重心が域内市場の促進でなく，公衆健康の保護である場合は同条への依拠は許されないとした。さらに，確立した判例法により，採択される措置が共同体において市場条件を偶発的に

---

(98) *Ibid.*, paras. 23-36.
(99) Case C-376/98 Germany v EP and Council [2000] ECR I-8419；大藤紀子「権限付与の原則とEC立法根拠の違法性」中村民雄＝須網隆夫編『EU法基本判例集（第2版）』（日本評論社，2010年）122-130頁。

のみしか調和させない場合，EU は EC 条約 100 a 条に依拠することはできないと主張した。

裁判所は，まず EC 条約 100 a 条を条約の体系から解釈し，同条への依拠は域内市場の設立と機能条件を改善することを意図するものであるべきことが明らかであるとした。同条が域内市場を規律する一般的権限（a general power）を付与しているものと解釈することは，規定の明示的な文言に反するのみならず，EC 条約 3 b 条（現 EU 5 条）に具現化された原則，EU の権限は特別にそれに付与された権限に限定される，に合致しないと判示した。EC 条約 100 a 条を法的根拠とする措置は，域内市場の設立と機能条件の改善をその目的として真正に有さなければならない。さらに，EC 条約 100 a 条が適正な法的根拠であるか否かを検討するにあたっては，妥当性が問題となっている措置が EU 法行為により規定される目的を実際に追求するものであるかを評価しなければならないと述べた(100)。具体的には，当該指令が物の自由移動及びサービス供給の自由における障害を取り除くこと並びに競争の歪みを除去することに貢献するのか否かを評価しなければならないとした。本件で，裁判所は，これらのように EC 条約 100 a 条を適用する際の厳格な基準を示し，当該指令を無効とした(101)。

〔3〕 小 括

2/94 裁判所意見において，EC 条約 235 条（現 EU 運営条約 352 条）の性質及び EU 法システムにおける位置，さらに限界が明確に示された。潜在的権限とも言われ，権限の制限列挙の原則を骨抜きにしてきた同条が，ここにきて，この原則に基づく体系の一部分を構成すること，及び本条による実質的な条約改正の不可能性が明らかにされた。EU における人権尊重は裁判所によって確立してきたところであり，さらに旧 EU 条約 F 条が欧州人権条約に言及していることでもあり，裁判所の判断が注目されたが，結果マーストリヒト条約発効以後の他の判例に見られる傾向，すなわち EC 条約 3 b 条に追加された EC の基本原則，ここでは権限の制限列挙の原則を尊重すること

---

(100) *Ibid.*, paras. 83-85.
(101) *Ibid.*, para. 95.

が本意見においても確認されることになった。もっとも，リスボン条約による改正により，EU が欧州人権条約に加入することが明示的に定められた（EU 条約6条）。

　C-376/98 事件においても同様に権限付与の原則が尊重された。本事件においては，EC 条約 100 a 条の性格及び厳格な適用基準が示されることになった。単一欧州議定書により追加された同条は，域内市場に関係する措置の法的根拠として，重要な役割を果たしてきたが，本件によりその適用に制限が加えられることになった。実質上，域内市場に関する一般的権限と考えられてきた同条は本件において明確に一般的権限ではないと判示された。

(4) 新たな傾向

　2002 年のニース条約の発効により，理事会の特定多数決を要請する法行為手続が原則で全会一致を要請する手続は例外的になったため，法的根拠選択問題，とりわけ欧州議会対理事会，欧州委員会対理事会の争いは，減少すると考えられた。さらに，2009 年のリスボン条約の発効により，欧州議会と理事会の法行為手続は，通常立法手続が原則となり，その際，理事会は特定多数決で決定し，欧州議会と理事会の間には優劣がなくなったため，法的根拠条文の数は増加したものの，法的根拠をめぐる訴訟を起こす理由はなくなった[102]。

　他方，マーストリヒト条約により EU が創設され，EU が3つの柱から構成されるようになり，新たな現象が生じてきた。第1の柱は EC の柱，第2の柱は共通外交安全保障政策，第3の柱は司法内務協力（アムステルダム条約以降警察・刑事司法協力）となり，第1の柱は超国家性を有するのに対して，第2及び第3の柱は政府間協力を基礎とするものとなっていた。この追加さ

---

[102] もっとも原則は通常立法手続であるが，例外もあるため，リスボン条約発効以降法的根拠選択争いがなくなったわけではない。例えば，エネルギーインフラにおける投資計画の委員会への通知に関する理事会規則 617/2010 に関して，エネルギーに関する法的根拠条文である EU 運営条約 194 条と情報に関する法的根拠条文である EU 運営条約 337 条の間で法的根拠選択に関する取消訴訟が起こされた。Case C-490/10 Parliament v Council [2012] ECR I-nyr.（2012 年9月6日判決）。

2 法的根拠をめぐる判例

れた第2及び第3の柱の存在が新たな法的根拠選択問題を引き起こした。ある法行為が一方で第1の柱の分野に，他方で第2ないし第3の柱の分野に関係するというケースが表れてきた。欧州委員会は，第1の柱における法的根拠条文が適当であると主張し，他方理事会は第2ないし第3の柱の分野における法的根拠条文が適当であると主張し，それが欧州司法裁判所で争われるようになった。以下において，いくつかの事件を紹介する。

〔1〕 第1の柱と第3の柱

C-176/03事件(103)において，第1の柱と第3の柱の双方に関わる措置が問題となった。すなわち，第1の柱における環境政策に関する旧EC条約175条1項（現EU運営条約192条）と第3の柱における警察・刑事司法協力に関する旧EU条約31条及び34条2項(b)の間の法的根拠選択が争われた。ここで問題となったのは，環境保護に関するEU法行為の違反に対して構成国対して刑罰を科すように求める措置である。欧州委員会は，この措置をEC条約175条1項に基づいた指令の形で採択するように求めたが，理事会は同措置を枠組決定の形で採択するのが適当であると考え，枠組決定2003/80/JHAとして採択した。そこで，欧州委員会は，この措置の取消しを求め，欧州司法裁判所に訴訟を提起した。

裁判所は，管轄国内機関による効果的で，比例的でかつ抑止的な(effective, proportionate and dissuasive)な刑罰の適用が重大な環境犯罪に対処するのに必須の措置であるとき，環境保護に関する法規の実効性を確保するために，EU機関は国内刑事法に関する措置を採択することができるとし，同措置の無効を言い渡した(104)。すなわち，EC条約175条に基づいて構成国に刑罰を要請する措置をとることができるとした。

---

(103) Case C-176/03 Commission v Council [2005] ECR I-7879; 西連寺隆行「環境侵害行為に対する刑罰導入を構成国に義務づけるECの権限」『貿易と関税』54巻1号（2006年）74-70頁；鈴木真澄「EUにおける『執行権支配』と『法の支配』(1) 環境保護枠組決定事件を素材として」『龍谷法学』38(4)（2006年）1369-1347頁；拙稿「個別的分野に付与されたEC権限の範囲——EUにおける環境刑罰権に関する事例を中心に」『専修法学論集』106号（2009年）81-116頁。

(104) *Ibid.*, paras. 48-53.

131

C-440/05 事件(105)では，船舶による海洋汚染に対し刑罰を定める措置が問題となった。2005 年に船舶源汚染と違反に対する罰の導入に関する指令は，運輸政策に関する EC 条約 80 条 2 項（現 EU 運営条約 100 条 2 項）を法的根拠にして採択された。他方，同年，船舶源汚染に対する法の執行のための刑事法枠組を強化する理事会枠組決定 2005/667/JHA は，EU 条約 31 条 1 項(e)と 34 条 2 項(b)を法的根拠として採択された。欧州委員会は，後者の枠組決定が第 1 の柱の枠組で採択されるべきと考え，欧州司法裁判所にその取消しを求めた。欧州司法裁判所は，当該枠組決定の規定の一部は EC 条約 80 条 2 項に基づき採択されえたが，適用されるべき刑罰の種類と重さに関する規定は同 2 項に基づいて採択されえないとした(106)。

〔2〕 第 1 の柱と第 2 の柱

C-91/05 事件(107)においては，第 1 の柱と第 2 の柱の双方にかかわる措置の法的根拠条文が問題となった。ECOWAS（西アフリカ諸国経済共同体）からの要請により，欧州委員会は，2004 年主に ECOWAS 小型武器管理計画に配分される，紛争防止及び平和構築活動のための資金調達提案を準備し始めた。他方，EU 理事会を中心とする活動が展開された。2002 年 7 月 12 日に，EU 理事会は，EU 条約 14 条を法的根拠にして，「軽小火器の不安定な蓄積と拡散に対処するための EU の貢献と理事会共同行動 1999/34/CFSP の削除」に関する理事会共同行動 2002/589/CFSP を採択した。2004 年 12 月 4 日に，理事会は，「軽小火器の一時停止の枠組みにおける ECOWAS に対する EU 支援を意図する，当該共同行動を実施」するための理事会決定 2004/833/CFSP を当該理事会共同行動に依拠して採択した。同理事会決定は，ECOWAS 技術事務局において軽小火器部門を設定し，軽小火器の一時停止を ECOWAS 加盟国間の条約に移行させるために資金及び技術援助を提供す

---

(105) Case C-440/05 Commission v Council [2007] ECR I-9097；中村民雄「EC の刑事立法権限の存在と限界——船舶源汚染対策立法事件」『貿易と関税』56 巻 10 号 (2008 年) 75-68 頁。
(106) *Ibid.*, paras. 69-74.
(107) Case C-91/05 Commission v Council [2008] ECR I-3651；拙稿「共通外交及び安全保障政策における EU 権限と開発協力政策における EC 権限の交錯」『貿易と関税』57 巻 3 号 (2009 年) 75-69 頁。

ることを定めていた（同決定1条）。

　上述したように，EC，特に欧州委員会を中心としてECOWAS軽小火器の一時停止に関する活動が行われる中で，他方，理事会は，ECOWAS軽小火器に関して決定2004/833/CFSPを採択した。このような事態を受け，欧州委員会は，2005年2月21日，EC条約230条（現EU運営条約263条）に従い，欧州司法裁判所に同理事会決定の無効の確認と，かつ，当該理事会決定が法的根拠として依拠した理事会の共同行動，特に，その第2編が違法であり，それゆえ適用不可能であるという宣言を求めた。

　これに対して裁判所は，当該理事会決定がその目的と内容の両方によってEC条約により共同体に付与された開発協力政策に入るか否かを決定しなければならないとした[108]。まず，当該決定の目的に関して，当該決定が西アフリカにおける軽小火器のさらなる蓄積を妨げることを目的としている限りで，平和維持と国際的な安全保障の強化という観点を有しているが，同時に，関係国の開発の障害を除去したり又は削減したりという事項が純粋に付随的であるものとすることはできず，当該決定はCFSPと開発協力政策に入る複数の目的を追求し，どちらも付随的なものとなっていないとした[109]。

　次に当該決定の内容について，裁判所は，軽小火器の一時停止に対する政治的支援の譲与又は武器の収集と破棄のような措置は，平和維持と国際的な安全保障の強化にかかわり，CFSPに入るが，他方，技術的援助を与え，基金を利用可能にする決定は，開発協力政策とCFSPの両方に入るとした[110]。

　以上のことから，裁判所は，当該決定の目的と内容を考慮して，当該決定は2つの構成要素を含んでおり，どちらも付随的なものではなく，一方は，共同体開発協力政策に入り，他方がCFSPに入るとした[111]。したがって，裁判所は，理事会は，開発協力政策に入るにもかかわらず，旧EU条約第5編に基づいて当該決定を採択したことによって旧EU条約47条（cf. 現EU

---

(108) Case C-91/05, *ibid.*, para. 78.
(109) *Ibid.*, paras. 95-99.
(110) *Ibid.*, para. 105.
(111) *Ibid.*, para. 108.
(112) *Ibid.*, paras. 109-110.

条約40条）に違反したと認定し，当該決定を無効とした[112]。

〔3〕小　括

マーストリヒト条約により3本柱構造になった。上述したような，従来のEC条約内における法的根拠選択問題のみならず，柱をまたがった法的根拠選択問題，つまり，第1の柱対第2の柱，及び，第1の柱対第3の柱という法的根拠選択問題が生じてきた。アムステルダム条約，ニース条約を経て，リスボン条約が発効した。リスボン条約により，欧州議会と理事会による共同決定が通常立法手続となり，他方で，3本柱構造が消滅した。もっとも，EU運営条約の中に従来の第1の柱分野と第3の柱分野が規定されることになったが，第2の柱については，引き続きEU条約の中に規定されることになり，政府間協力の性質を残すものとなった。それゆえ，リスボン条約によりEU運営条約に定められている政策間における法的根拠選択問題は減少すると考えられるが，他方共通外交安全保障政策とその他の政策の双方にかかわる措置に関しては，今後も法的根拠選択問題が生じると考えられる。

◆3◆　結　語

2においては，法的根拠問題について，欧州司法裁判所がどのような判断を下してきたか，その判断によりどのような基準が形成されてきたかを明らかにしようとした。これらを縦糸とすると，それらと共に法的根拠問題（織物）を形成している横糸，すなわち法的根拠問題の検討を通じて浮かび上がってきた諸点を指摘して，むすびにかえたい。

法的根拠をめぐる問題は，EUに固有の問題である。同時にEUが国家にならない限り，すなわちEUが構成国から権限付与される国際機関である限り，常に存在する問題である。法的根拠をめぐる問題は共同体（現EU）設立と共に生じてきた問題であるが，共同体（現EU）の発展と共に，その内容に変更が見られる。

まず，訴訟当事者についての変化は以下のように理解される。単一欧州議定書発効までは法的根拠の問題はEUの利益を追求する欧州委員会と構成国の利益を追求する理事会の間の争いとして理解された[113]。問題は，一方が

3 結　語

理事会の全会一致を他方が特定多数決を規定している場合の法的根拠の選択，または一つの法的根拠（例えば EU 運営条約 207 条（旧 EC 条約 133 条（旧 EEC 条約 113 条））の適用範囲[114]に集約された。

しかし，同議定書発効後，協力手続の導入により立法手続が変更されたことにより，欧州議会が争いに参加するようになった[115]。また，マーストリヒト条約により，共同決定手続が導入され，複雑になった。よって，法的根拠問題における図式も一律には把握することは困難になっている。基本的には，欧州委員会対理事会の図式に加え，欧州議会対理事会の図式と捉えられるが，委員会と欧州議会が同じ側として訴訟に参加する場合もあれば[116]，委員会が理事会の側を支援するという形も見られる[117]。もっとも，アムステルダム条約，さらにニース条約により共同決定手続が適用される分野が拡大することにより，欧州議会対理事会という図式は減少し，さらにリスボン条約により欧州議会と理事会の共同決定（すなわち通常立法手続）が原則となったことによりその傾向は強まると考えられる。

また，リスボン条約により欧州議会の権限が強化されたことにより，欧州

---

(113) 構成国は EU へ移譲した権限を理事会における決定の際にある意味で再び手にすることになると捉える考え方がある。Bradley, note (1), 381.

(114) 旧 EEC 条約 113 条の適用範囲について，Opinion 1/78 [1979] ECR 2871；条約締結の法的根拠としての黙示的条約締結権限を生み出したものとして，Case 22/70 Commission v Council [1971] ECR 263.

(115) 単一欧州議定書発効以後，欧州議会が原告として訴訟に参加した事件として，以下のものが挙げられる。Case C-70/88 [1991] ECR I-4529；Case C-295/90 [1992] ECR I-4193；Case C-316/97 [1994] ECR I-625；Case C-187/93 [1994] ECR I-2857；Case C-360/93 [1996] ECR I-1195；Case C-271/94 [1996] ECR I-1689；Case C-22/96 [1998] ECR I-3231；Case C-42/97 [1999] ECR I-869；Jointed Cases C-164/97 and 165/97 [1999] ECR I-1139；Case C-189/97 [1999] ECR I-4741.

(116) 欧州議会が委員会側について訴訟参加した例として，Case C-300/89 [1991] ECR I-2867；Case C-155/91 [1993] ECR I-939；Case C-170/96 [1998] ECR I-2763；Case c-209/97 [1999] ECR I-8067；Case C-269/97 [2000] ECR I-2257. 委員会が欧州議会側について訴訟参加した例として，Case C-295/90 [1992] ECR I-4193；Case C-271/94 [1996] ECR I-1689；Case C-22/96 [1998] ECR I-3231.

(117) 委員会が理事会側について訴訟参加した例として，Case C-70/88 [1991] ECR I-4529；Case C-360/93 [1996] ECR I-1195；Jointed Cases C-164/97 and C-165/97 [1999] ECR I-1139.

議会が理事会と共同で決定する通常立法手続が原則となり，対内措置において通常立法手続で採択される場合には，国際協定を締結する場合には欧州議会の同意を必要とすることが原則となった（EU運営条約218条）。たとえば，以前は，共通通商政策を定めるEC条約133条は，欧州議会に諮問した後，理事会の特定多数決で採択される諮問手続を定めていた。他方，環境政策を定めるEC条約175条1項は，欧州議会と理事会の共同決定手続（理事会は特定多数決で決定）を定めていた。それゆえ，国際条約（具体的にはカルタヘナ議定書）の締結に当たって，法的根拠選択が問題となった[118]。しかし，リスボン条約による改正後は，EC条約133条は，EU運営条約207条になり，それに基づく措置は通常立法手続により採択されることになり，また，これに基づいて国際条約を締結する際には，欧州議会の同意が必要になった。したがって，EU運営条約207条とEU運営条約192条1項（旧EC条約175条1項）のどちらを法的根拠条文としても欧州議会が通常立法手続に基づき決定し，対外的な場合は同意をするため，争う利益は少なくなったと考えられる。もっとも，リスボン条約により通商政策は排他的権限で環境政策は共有権限であることが明確にされたので，どの法的根拠条文に基づくかの問題は依然として意味は失っていないであろう[119]。

　マーストリヒト条約により3本柱構造ができ，EC条約に定められる法的根拠条文とEU条約に定められる法的根拠条文の間での法的根拠選択問題という，新たな傾向が見られるようになってきた。もっとも，リスボン条約によりもともと第3の柱（警察・刑事司法協力）分野がもともとの第1の柱（旧EC条約，現EU運営条約）に規定されるようになったため，旧第1の柱と第3の柱の法的根拠選択問題は減少すると考えられる。他方，もともとの第2の柱（共通外交安全保障政策）は，リスボン条約による改正を受けても，EU条約の中にとどまり，政府間協力的な性質を維持しているため，共通外交安全保障政策分野の法的根拠条文とその他の政策分野の法的根拠条文との間の選択問題は残存すると考えられる。

---

(118) Opinion 2/00 [2001] ECR I-9713.
(119) *Cf.* Case C-411/06 Commission v EP and Council [2009] ECR I-7585, para. 37.

3 結　語

　単一欧州議定書発効後，停滞していた理事会の特定多数決による決定が活性化するようになって，構成国が原告として法的根拠問題にかかわる傾向が増えてきた[120]。これは，理事会における採択において自国の個別利益を貫徹できなかった，1または少数の構成国（minority opposition）が採択されたEU法行為の法的根拠の適正を争うためである[121]。リスボン条約が発効し，さらに理事会の特定多数決によって採択されるEU法行為が増加したため，この形の事件はこれからも存在すると考えられる。

　法的根拠をめぐる問題は，法行為手続における機関の影響度を左右するため，機関間の争い（水平的権限配分の問題）として，理解された。しかし，法的根拠をめぐる問題は，特定多数決の浸透と共に，1構成国または少数の構成国対EU機関という図式（垂直的権限配分の問題）でも把握されるようになってきた。後者においては，どちらの権限が適当かという単なる法的根拠選択のみならず，EUの権限が採択されるEU法行為に対して十分であるのかどうかという観点から付与された権限の内容が審査されることになる。

　次に，裁判所の法的根拠選択にも変化が見られる[122]。単一欧州議定書調印と発効の間にだされた45/86事件において，前述したように欧州司法裁判所の法的根拠選択における基本姿勢が確立された。単一欧州議定書，マーストリヒト条約，アムステルダム条約によるEC条約の改正により，EUに付与される権限の分野が拡大した。これにより，前節で検討した判例の傾向として，以下のようなことが指摘されうる。①旧EEC条約235条（現EU運

---

(120) 構成国対EU機関の図式として，以下のような判例が挙げられる。イギリス対理事会事件 Case 68/86 [1988] ECR 855; Case 131/86 [1988] ECR 905; Case C-180/96 [1998] ECR I-2265; Case C-84/94 [1996] ECR I-5755; ギリシャ対理事会事件 Case C-62/88 [1990] ECR I-1527; ドイツ対理事会事件　Case C-359/92 [1994] ECR I-3681; Case C-280/93 [1994] ECR I-4973; Case C-426/93 [1995] ECR I-3723 ドイツ対欧州議会と理事会事件　Case C-233/94 [1997] ECR I-2405; Case C-376/98 [2000] ECR I-8419; オランダ対理事会　Case C-58/94 [1996] ECR I-2169; ポルトガル対理事会事件 Case C-268/94 [1996] ECR I-6177; スペイン対理事会事件　Case C-36/98 [2001] ECR I-779; ドイツ，フランス，イギリス対理事会事件 Jointed Cases C-51/89, C-90/89 and C-94/89 [1991] ECR I-2757.
(121) Emiliou, note(1), 505.
(122) *Cf.* Emiliou, note(1), 507.

137

第4章　EU 法行為と法的根拠

営条約352条）の適用を制限すること，②旧 EEC 条約100 a 条（現 EU 運営条約114条）の適用を厳格にすること。両条文は，権限付与の原則を骨抜きにしていると言われるほど，個別的権限の限界を補うものとして，EU 法行為の形成に重要な役割を果たしてきたが，裁判所の解釈によって適用を制限されるようになってきている。

　マーストリヒト条約により追加された EC 条約3 b 条1項（現 EU 条約5条）は，権限付与の原則を再確認するものであった。裁判所は，EU と構成国の垂直的権限配分に関わる補完性原則，比例性原則と共に EU の権限に関する三原則の1つ，権限付与の原則を法的根拠問題に適用するようになってきた(123)。それゆえ，法的根拠の審査においても，単に規定の文言を解釈するのではなく，条約を体系的に解釈し，その上で，問題となる EU 法行為の規定を詳細に検討するという方法(124)をとっている。欧州司法裁判所は，ここにおいて EU のための機関としてではなく，EU 法行為が EU 諸条約に合致しているか否かという憲法裁判所的機関(125)として機能していると捉えられる。

---

(123) 構成国が，法的根拠の適正問題を補完性，比例性原則と並んで主張することがある。例えば，Case C-233/94 [1994] ECR I-2405；Case C-180/96 [1998] ECR I-2265.
(124) Case C-268/94 [1996] ECR I-6177；Case C-376/98 Germany v EP and Council [2000] ECR I-8419；措置の題字はそれ自体ではその法的根拠とすることができないとした，Case C-42/97 [1999] ECR I-869, para. 37.
(125) 機構間の争い，EU 法違反（欧州委員会対構成国），権限配分（構成国対 EU 機関）の問題を扱うとき，欧州司法裁判所は憲法裁判所として行動しているという，Lenaerts, note(1), 32；Emiliou, note(1), 491.

◆第5章◆ 個別的分野に付与された EU 権限の範囲
——EU における環境刑罰権に関する事例を中心に——

◆はじめに◆

　1987年発効の単一欧州議定書により E(E)C 条約において環境分野に個別的権限が付与された。それ以降，E(E)C 条約 130 s 条（その後 EC 条約 175 条，現 EU 運営条約 192 条）を法的根拠にして，多数の環境立法が制定されてきた。EU 環境立法は質・量とも高いレベルにあると言えるであろう。しかし，欧州委員会の報告書を見ると，EU 環境法に問題がないわけではなく，問題点は EC（現在は EU）立法[1]の履行にあると指摘されている[2]。また，欧州司法裁判所に係属する条約違反手続を見ても，環境分野の件数が多数を占めていることからも，立法段階よりもむしろ執行段階に改善の余地があると捉えられる[3]。条約違反手続は，欧州委員会が EU 法に違反している構成国を欧州司法裁判所に訴えるというものである。同手続において多いのが，構成国が指令（命令）の国内法化・国内実施を怠っているあるいは不十分にしか行っていないという事件である。より具体的に述べると次のようになる。

---

(1) EC はリスボン条約により EU にとってかわられたため，現在 EU のみが存在する。リスボン条約発効以前は，第1の柱（EC），第2の柱（EU 共通外交安全保障政策）と第3の柱（EU 警察・刑事司法力）とに分かれていた。本章では特に第1の柱と第3の柱の交錯が問題となった。本文中，その区別をした方がいいと考える場合は，EU ではなくて EC という語を用いている。

(2) COM (2008)773, Communication from the Commission on implementing European Community Environmental law.

(3) COM (2008)777, 25 th Annual Report from the Commission on monitoring the application of Community law(2007); *cf.* Ricardo Pereira, "Environmental Criminal law in the first pillar", *EELR*, (2007), 254, 265.

第5章　個別的分野に付与されたEU権限の範囲

EU運営条約192条1項を法的根拠にするEU立法は，EU運営条約191条に定められた環境政策の目的を実現するために採択されている。例えば，WEEE（電気・電子機器廃棄物）に関する指令は，急増する電気・電子機器廃棄物の処理問題に対応することを目的とする[4]。構成国は同指令に定められた結果を実現するために必要な措置をとらなければならない。言い換えれば，構成国は，新たに国内法を制定したり，既存の国内法を修正したり，何らかの行政措置をとったりなど，必要な措置を講じなければならない。この場合，指令自体は名宛人を構成国として，構成国に義務づけている。この構成国の義務の遵守を強固にするためにマーストリヒト条約により導入されたのが，旧EC条約228条2項（現EU運営条約260条2項）に定められる判決履行手続である[5]。これにより，判決の履行を怠っている構成国に一括金あるいは強制金という罰金を課すことが可能になった。よって，EU法の履行確保は，より一段と進んだものになったと考えられた。

なるほど，この手続の導入は，構成国レベル，すなわち，EU立法に合わせて国内立法を制定させるあるいは国内立法を修正させるというレベルの義務の履行が確保されることを意味する。しかし，これによりEU法による環境保護が十分に貫徹されているとは言えない。それではどこに問題があるのか。EU立法のうち，規則は拘束力をもち，発効すると，全構成国において直接適用される。指令は，拘束力もつものの，前述したように，構成国が国内法化あるいは国内実施することになる。規則にせよ，国内法化あるいは国内実施された指令にせよ，拘束力をもつが，場合によっては，最終的に自然人あるいは法人に規則あるいは指令の内容の実施を義務づけることになる。よって，EU立法のより完全な履行確保には，構成国レベルのみならず，自然あるいは法人レベルにまで義務の履行を徹底させることが必要になってくる。

そのような自然人あるいは法人レベルにおけるEU立法のより完全な履行

---

[4] Directive 2002/96/EC on waste electrical and electronic equipment, OJ of the EU 2003 L 137/24.

[5] 拙稿「EC法の履行確保手段としてのEC条約228条2項」『国際関係の多元的研究』（東泰介教授退官記念論文集）（大阪外国語大学，2004年）119-141頁。

確保が問題とされるのが，特に環境の分野である。環境分野に関するEU立法が定める内容を実現するために，自然人あるいは法人に対する義務をどのように履行させるか。その履行手段として検討されてきたのが，義務違反に対し刑罰を科すことである。つまり，EUは，EU立法を通じ，環境政策の目的を実現するための数多くの措置をとってきたが，現在，そのとった措置の内容をより完全に実現する手段として，EUがEU立法を通じて自然人あるいは法人に刑罰を科すことが問題となっている。

　刑罰を科すことは，これまで国家主権の領域に属するものとされてきた。リスボン条約以前（以下リ前）EC条約においては，刑罰を科すことができるという権限はECに明示的には付与されていなかった。逆に，EC条約135条（関税協力）及び280条（不正行為に対する措置）において，そのような権限の行使が明示的に排除されていた。他方，EUに関しては，第3の柱において，アムステルダム条約による改正後のEU条約29条に基づく必要な場合に構成国の刑事法規の調和を警察・司法協力分野のEUの目的の達成のために手段として用いることができることが定められた。

　1999年10月に開催されたタンペーレ欧州理事会において構成国刑事法分野の調和の必要性が共通認識され，それ以降，欧州逮捕状枠組決定への合意に至るなど，EUの第3の柱の活動が活発化してきた。他方，欧州委員会は，環境分野やその他の分野におけるEU立法のより完全な実施に向けて刑罰の導入の必要性を認識していた。そのような状況の下，刑事法に関して，第3の柱の枠組の中で，構成国がイニシアティブをとり，枠組決定を採択し，他方，第1の柱の枠組の中で，欧州委員会がEC立法を提案するという事態が起こってきた。なお，後述するようにリスボン条約発効により第3の柱は第1の柱（現EU運営条約の枠組）に移行したことにより新たな状況も生じている。

　そのような事態が具体的に裁判所における訴訟となったのは，C-176/03事件[6]とC-440/05事件[7]である。本章では，両事件を権限の観点から取り上げることにする。EU法システムにおいては，EU条約・EU運営条約が各個別の分野においてEUに権限を付与し，EUは，付与された権限の範囲内においてのみ行動できるという，権限付与の原則に服している（EU条約

第5章　個別的分野に付与された EU 権限の範囲

5条)。本章では，この個別的分野において EU に付与された権限，個別的権限の範囲はどこまでか，換言すれば，EU 法システムの中で，EU 法の履行を確保するためにどの範囲まで権限を行使することが可能なのかを検討したい。より具体的には，EU は同権限に依拠して刑罰を科することまでも可能なのか否か，さらにそのような権限の性質はどのように位置づけられるかということを明らかにしたい。なお，本章で用いる刑罰権限とは，刑罰を科すように構成国に要請する立法権限を意味する。検討の順序としては，まず，C-176/03 事件判決に至るまでの，罰をめぐる EU の権限の発展を見る。次に，問題となる刑罰の導入が定められた法行為とそれにかかわる C-176/03 事件及び C-440/05 事件を中心に整理する。それらを前提として，最後に，リスボン条約が発効されたことを考慮に入れつつ，EU に付与された個別的権限の範囲と位置づけについて検討したい。本章においては，C-176/03 事件と C-440/05 事件を取り上げるが，権限の観点から個別的権限の範囲に焦点をあてることにし，他の争点については必要な限りにおいてのみ触れるにとどまる。また，EU 環境法の効果的な履行に関して，刑罰が最も適切なのか否かという，政策的な観点は，検討の対象とはしない[8]。

◆ 1 ◆ C-176/03 事件前までの EU 法の発展

C-176/03 事件を検討する前に，EU 法によりどこまで EU 法違反に対する構成国の義務が形成されていたのかを確認しておきたい[9]。

構成国が原則的に刑事法及び刑事手続法に対し管轄権を有することは，欧

---

(6) Case C-176/03 Commission v Council [2005] ECR I-7879; 西連寺隆行「環境侵害行為に対する刑罰導入を構成国に義務づける EC の権限」『貿易と関税』54巻1号 (2006年) 74-70頁; 鈴木真澄「EU における『執行権支配』と『法の支配』(1) 環境保護枠組決定事件を素材として」『龍谷法学』38(4)(2006年) 1369-1347頁。
(7) Case C-440/05 Commission v Council [2007] ECR I-9097; 中村民雄「EC の刑事立法権限の存在と限界——船舶源汚染対策立法事件」『貿易と関税』56巻10号 (2008年) 75-68頁。
(8) 刑事法が効果的か否かを検討したものとしては，Ester Herlin-Karnell, "Commission v. Council: Some reflections on criminal law in the first pillar", *European Public Law*, volume 13, Issue 1, 2007, 69, 76-78.

142

州司法裁判所の判例の中で確認されている(10)。もっともこの場合も，EU法が一定の制約を課す可能性は留保されている(11)。

他方，欧州司法裁判所は，非刑事的な罰について，EUが懲罰権を有していることを確認してきた(12)。例えば，EUは，経済法の分野では，違法なカルテルあるいは支配的地位の濫用等に対し，罰金として課徴金を企業に請求することが可能である。また，共通農業政策の分野においても，追徴金の支払いのような罰金を科す権限を有している(13)。具体的な事例では，裁判所は，農業政策分野においては，将来の補助金交付の排除などの制裁を定める権限が共通農業政策の目的実現のために制裁が必要である場合，EC条約40条3項（現EU運営条約40条2項）及び43条2項（現EU運営条約43条2項）を法的根拠にして生来することを認めた(14)。

それでは，刑罰については，EU法はどこまで関与することができるのか。1977年のAmsterdam Bulb (50/76) 事件の先決裁定の中で(15)，欧州司法裁判所は，次のように判示した。EEC条約5条（現EU条約4条3項）は，EUの機関によりとられた行動から生じる義務を履行するために一般的であれ個別的であれすべての適当な措置をとることを構成国に義務づけるものであり，同条は，適当と考えられれば，刑罰的な性質を有する罰でさえも含み，措置を構成国が選択することを許容していると(16)。さらに，EU法規の遵守の

---

(9) *Cf.* Pål Wennerås, "Towards an ever greener union? Competence in the field of the environment and beyond", *CMLRev.* 45, (2008), 1645, 1647–1648 ; Sébastien Marciali, "Les ambiguïtés de la compétence pénale de la Communauté européenne", *Revue du droit public*, N° 4, (2008), 1231, 1234 ; Von Volker Stiebig, „Strafrechtsetzungskompetenz der Europäischen Gemeinschaft und Europäisches Strafrecht", *EuR*, (Heft 4, 2005), 466, 470 ; B. Kotschy, "Could Brussels put Britons into prison?", *RDUE*, (3/2005), 641 ; Herlin-Karnell, note(7), *European Public Law*, (2007), 71–72.
(10) Case 203/80 Casati [1981] ECR 2595, para. 27 ; Case 299/86 Drexl [1988] ECR 1213, para. 17.
(11) *Ibid.*
(12) Case 240/90 Germany v Commission [1992] ECR I-5383, paras. 10–13.
(13) *Ibid.*
(14) *Ibid.* ; Eckhard Pache, *EuR*, (Heft 2, 1993), 173, 178.
(15) Case 50/76 Amsterdam Bulb [1977] ECR 137.
(16) *Ibid.*, para. 32.

第5章　個別的分野に付与されたEU権限の範囲

不履行に対し個人に課される特別の制裁を定めるEU法規の規定が存在しない場合，構成国は適当と考える制裁を採択する権限を有すると[17]。すなわち，裁判所はEU法の遵守のためには構成国が刑罰を含む制裁措置をとることができるということを明らかにした。同判決の趣旨は，1990年のC-2/88 Imm事件においても確認された[18]。

1989年の欧州委員会対ギリシャ（C-68/88）事件においては，欧州司法裁判所は，以下のように判示した[19]。まず，EU立法が違反に対する罰を特に定めておらず，あるいは，そのため，国内法律，規則及び行政規定に特に言及していない場合，EEC条約5条（現EU条約4条3項）は，EU法の適用と効果を保障するためにすべての必要な措置をとることを構成国に要請するとした。その上で，裁判所は，そのため，罰則の選択は，構成国の裁量に入るが，構成国は，特に，EC法違反に対し類似的な性質と重要性を有する国内法違反に適用可能なものに手続的にも実体的にも類似し，並びに，いずれの場合も罰則が効果的で，比例的でかつ抑制的である（effective, proportionate and dissuasive），という条件の下で罰されることを確保しなければならないとした。さらに，国内機関は，EU法違反に関して，相当する国内法を実施する際に行使するのと同じ注意をもって進めなければならないとした。同事件おいては，裁判所は，前述したAmsterdam Bulb事件に比べて，EC条約10条（現EU条約4条3項）に基づき構成国が必要な措置をとらなければならないという義務を強調し，義務の履行にあたって構成国の選択の裁量を認めるものの，その義務の履行に当たっては，国内法において科している罰に相当する罰をEU法違反に対しても科さなければならないという，同化の原則（principle of assimilation）の適用を構成国に義務づけた。

さらに，1999年のNunes（C-186/98）事件の先決裁定において，欧州司法裁判所は，1989年の欧州委員会対理事会事件における判示を引用した上で次のように判示した[20]。EC条約5条（現EU条約4条3項）は，ECの財

---

(17) *Ibid.*, para. 33.
(18) Case C-2/88 Imm. [1990] ECR I-3365, para. 17.
(19) Case 68/88 Commission v Greece [1989] ECR 2965, paras. 23-25.
(20) Case C-186/98 Nunes and Matos [1999] ECR I-4883, paras. 9-14.

政的な利益に害を及ぼす行為を罰するのにすべての効果的な措置をとることを要請する。そのような措置は、たとえEU立法が民事罰しか定めていないときでさえ刑事罰を含むことが可能である。定められる罰は、類似の性質と重要性を有する国内法の違反に適用可能なものに類似し、かつ、効果的で、比例的でかつ抑止的でなければならないとした。すなわち、本判決において、裁判所は、EU法自体が刑罰を科しておらず、また、刑罰を科すように構成国に要請していない場合に、構成国がEU条約4条3項の義務を履行するために、自ら判断して刑罰を科すことができると判示した。

このようにC-176/03事件以前においては、構成国が原則として、刑事法及び刑事手続法の分野で管轄権を有するものの、EU法が全くこの分野においてかかわってこなかったわけではない。現EU条約4条3項（旧EC条約10条、旧E(E)C条約5条）に定められた、EU法の遂行を確保するという構成国に課せられた義務の履行を要請することを通じて、構成国に刑事罰を科すことを強制しないものの、刑事罰を含め、すべての必要な措置をとることを求めてきた。その際、構成国に措置選択の裁量を認めつつも、その措置が効果的で、比例的でかつ抑止的でなければならないという条件と類似する国内法違反に適用されるのと同等の措置をEU法違反に対してとらなければならないという条件の2つを課してきた。それでは、C-176/03事件では、この発展段階からどのように変化したのであろうか。

◆2◆ 刑事罰権限に関する事例

(1) C-176/03事件に至るまで

環境保護に刑事罰を導入する動きは、すでに欧州審議会における1998年の刑事法を通じた環境保護に関する条約の採択に見られる[21]。また、前述したように、1999年10月のタンペーレ欧州理事会後、第3の柱における構成国の活動が活発化してきた[22]。そのような中で、EUの構成国であるデ

---

(21) Convention on Protection of Environment through Criminal Law は、現在（2013年6月24日）、未発効である。

145

ンマークがリ前のEU条約31条及び34条2項(b)を法的根拠にし，重大な環境犯罪への対処に関する理事会の枠組決定を提案した(23)。同法的根拠条文は，EUの第3の柱，警察・刑事司法協力の柱に定められていた。第3の柱の措置の場合は，欧州委員会が提案権を独占しておらず，構成国も提案することができる（リ前EU条約34条2項）。同提案の14条は，できるだけ早く欧州審議会の環境保護条約に署名するために必要な措置をとり，それを批准するようEU各構成国に要請するものであった。欧州審議会の同条約をどのEU構成国も批准していなかったため，デンマークは，この状況を打開するために条約でなされた提案を引き継ぐ形で枠組決定を提案した(24)。

　他方，これより少し後の2001年に，欧州委員会は刑事法を通じた環境保護に関する指令を提案した(25)。この提案の立法趣旨においては，次のように述べられた。まず，前述したNunes事件などを参照しつつ，構成国がEC条約10条（現EU条約4条3項）に従って，EU法を執行するために必要であれば，効果的で，比例的でかつ抑止的な制裁をとらなければならないとし，また，EU法が構成国にEC条約10条（現EU条約4条3項）に従い刑罰を定めるよう要請できるけれども，現在（リスボン条約発効前当時）は，この種の制裁を明示的に要請するECの規定は（EC条約の枠組の中に）存在しないという状況を認識した。次に，すべての構成国が環境保護に関するEU法の最も重大な違反に対して刑事制裁を定めている訳ではなく，環境保護に関するEU法の重大な不遵守のケースがなお多いと問題点を指摘した。さらに，環境犯罪につき，EU全体で最小限の基準が必要であり，刑罰のみが十分に抑止的な効果を与えうる手段であるとの見解を示した上で，環境保護に関す

---

(22) タンペーレ欧州理事会以降，刑事事項分野における相互承認原則の適用の拡大が進んできている。例えば，欧州逮捕状枠組決定の採択など。

(23) OJ of the EU 2000 C 39/4, Initiative of the Kingdom of Denmark with a view to adopting a Council framework Decision on combating serious environmental crime.

(24) EP report on the proposal for a European Parliament and Council directive on the protection of the environment through criminal law, A 5-0099/2002 (25.3.2002), short justification, 33/37.

(25) COM (2001)139, Proposal for a directive of the European Parliament and of the Council on the protection of the Environment through Criminal Law.

るEU法違反の犯罪構成要件に関する最小限の基準が設定されるべきであるとした。また，環境刑罰指令の法的根拠としては，第1の柱に定められるEC条約175条1項（現EU運営条約192条1項）を挙げた。

このように，環境犯罪に関して2つの異なる法的根拠をもつ提案，枠組決定案と指令案が提出されているのを受け，欧州議会は，指令案が採択されるまで環境犯罪法に関して理事会が行動を控えるように勧告した[26]。また，欧州議会の環境，公衆衛生及び消費者政策に関する小委員会の報告者Oomen-Ruijtenは報告書において，欧州委員会の提案の方がデンマーク提案より好ましいとした。その理由として，次のようなことを挙げた[27]。刑事法は第3の柱のみに入らないこと，欧州委員会提案は最小限の法規を定めており，構成国は自らのイニシアティブによってより厳格な刑罰を自由に科すことができること，また，デンマークの提案は，人間に衝撃を与える場合にのみ危険とリスクに対して罰を科すことを求めており，EUの環境目的の方がより広いこと等。

しかし，理事会は，欧州委員会の提案に修正を加えるという形では検討を進めず，デンマークが提案した，枠組決定を2003年1月27日に採択した。同枠組決定は，刑事法を通じた環境保護に関する理事会の枠組決定2003/80/JHAとして採択された[28]。同枠組決定は，リ前EU条約29条，31条(e)及び34条2項(b)を法的根拠とし，前文と12カ条から構成された。前文の7段では，欧州委員会の提案を検討したが，理事会による採択に必要とされる多数決が得られないと結論したと述べ，また，委員会提案はEC条約（現EU運営条約）によりEC（現EU）に付与された権限を越えており，目的はリ前EU条約第VI編を基礎にした理事会枠組決定の採択によって達成されえると考えたと説明された。

この枠組決定の採択を受け，2003年4月15日，欧州委員会は，リ前EU

---

(26) OJ of the EU 2002 C 140 E/524, 526, para. 6, B 5-0707/2001, European Parliament recommendation on criminal sanctions and Community law.
(27) EP report, note(23), A 5-0099/2002, Explanatory Statement, 26/37.
(28) OJ of the EU 2003 L 29/55, Council Framework Decision 2003/80/JHA of 27 January 2003 on the protection of the environment through criminal law.

条約35条に基づき，同枠組決定の無効確認を求めて，欧州司法裁判所に提訴した。これが，C-176/03事件である。

(2) C-176/03事件

C-176/03事件[29]においては，原告の欧州委員会側に，欧州議会が参加し，他方，被告の理事会側に当時 EU 構成国15カ国中11カ国が参加した。個別的権限の範囲に関する争点としては，刑事法を通じた環境保護に関する法行為を採択する法的根拠は，リ前 EU 条約第6編にあるのか，あるいは，リ前 EC 条約175条1項にあるのか，すなわち，同法行為を採択する権限は，EU（第3の柱）の権限なのか，あるいは，EC（第1の柱）の権限なのかということであった。換言すれば，第3の柱の枠組における EU の権限を行使することのみにより刑罰を定めることができるのか，あるいは，EC は，第1の柱における EC 条約175条1項に定められる環境分野に付与された個別的権限を行使することにより刑罰までも規定できるのかということが問題となった。

〔1〕 法務官 Colomer の意見

判決に先立ち，意見を提出した法務官 Colomer は，リ前 EC 条約175条に基づく法行為により刑罰までも規定できるのか否かという点について次のように述べた。

EU 法を維持するのは EU 機関の責任である。そのような任務が国内立法機関に割り当てられるのは，最も適当な対応ができない限りにおいてのみである。逆に，もし「効果的で，比例的でかつ抑止的な罰」を決定する自明の基準が存在すれば，権限をもっている主体がその分野で決定を下すことを妨げる実質的な理由はない[30]。換言すれば，適当な罰が刑罰でなければならず，かつ，結果として，その犯罪行為において保護される法的利益が EU の目的の1つであれば，構成国に刑事法において訴追するように要請する EU 立法機関の能力には争いがないとした[31]。

---

(29) C-176/03, note(6).
(30) C-176/03, note(6), Opinion of advocate general Ruiz-Jarabo Colomer, para. 49.
(31) *Ibid.*, para. 50.

2 刑事罰権限に関する事例

　このように一般的に述べた上で，環境については，環境に重大な損害を与える行為に対する対処としては刑罰でなければならないとした。しかし，同時に，その環境犯罪行為に対し警告し，かつ，EU 法の効果を確保するための罰の選択は構成国の領域であることが明らかであろうとした[32]。
　従って，当該枠組決定 2003/80/JHA の条文につき，1 条～4 条及び 5 条 1 項，6 条，7 条 1 項は EC（第 1 の柱）の権限に入るとし，他方，5 条 1 項のうち自由の剥奪と引き渡しと 7 条において 5 つの罰を列挙していることは，EC 法（第 1 の柱における EU 法）の範囲外に入るとした[33]。結果，全体としては，枠組決定は無効となるべきであると結論した。

〔2〕欧州司法裁判所の判決
　裁判所は，リ前 EC 条約 175 条に基づく法行為により刑罰を科すことができるのか否かという問題に対し，まず，以下のように判示した。枠組決定 2003/80/JHA は，同決定 2 条において，重大な環境犯罪のリストを設定し，それに関して構成国は刑罰を科さなければならないと定めている。当該枠組決定の 2 条～7 条は，構成国の刑事法，特に環境に損害を与えるさまざまな刑事犯罪の構成要素に関して，刑事法の部分的な調和を含んでいる[34]。原則的に，刑事法も刑事手続の法規も EC（第 1 の柱の EU）の権限に属さない[35]。
　このように判示した上で，裁判所は，しかし上述した事実認定は，管轄国内機関による効果的で，比例的でかつ抑止的な（effective, proportionate and dissuasive）な刑罰の適用が重大な環境犯罪に対処するのに必須の措置（essential measure）であるとき，環境保護に関する法規が十分に効果的になることを確保するために必要であると考える構成国の刑事法に関する措置をとることを EC 立法機関に妨げるものではないとした[36]。ただ，本件において，枠組決定 1 条～7 条が環境に特に損害となるある一定の行為が犯罪であるこ

---

(32) *Ibid.*, para. 84.
(33) *Ibid.*, paras. 92-97.
(34) C-176/03, note(6), para. 47.
(35) *Ibid.*
(36) *Ibid.*, para. 48.

第5章　個別的分野に付与された EU 権限の範囲

ということを決定するけれども，枠組決定5条1項に従って，刑罰が効果的で，比例的でかつ抑止的でなければならないという条件に服することを除いては，適用する刑罰の選択を構成国にゆだねていることも付け加えられるべきであるとした[37]。

従って，枠組決定の1条〜7条は，主目的を環境保護としており，それらはリ前 EC 条約 175 条を法的根拠として適切に採択されたであろうと判示した[38]。結論として，全枠組決定は，分離不可能であり，同決定は EC 条約 175 条が EC に付与する権限をする限りにおいてリ前 EU 条約 47 条に違反した[39]。よって，裁判所は，2005年9月13日，枠組決定は，無効とされなければならないとした。

〔3〕小　括

これまで裁判所は，上述した判例 1989 年の欧州委員会対ギリシャ事件において，構成国はいずれの場合も罰則が効果的で比例的でかつ抑止的である条件の下で罰されることを確保しなければならないと判示した際に，「効果的で，比例的でかつ抑止的 (effective, proportionate and dissuasive)」であるという表現を用い，その後繰り返し用いてきた。これまでの判例では「効果的で，比例的でかつ抑止的な」という表現に単に罰 (penalties) という名詞がついていたのに対して，本判決において，初めて，刑罰 (criminal penalties) と特定された。また，これまでは，構成国がリ前 EC 条約 10 条の義務に基づき，EC 法違反に対して措置をとらなければならないと判示するのにとどまっていたのに対し，本判決においては，EU 立法に基づき EU が構成国に刑罰を科すように要請できる権限を有すると判示するに至った。すなわち，単にリ前 EC 条約 10 条に基づく EU への誠実の義務 (obligation of loyalty) ではなく，EU 立法に基づく具体的な義務を構成国に課し，さらに，民事罰や行政罰ではなく，刑罰を科すことを構成国に義務づけることができるようになった。

法務官 Colomer は，EC（第1の柱の EU）の刑罰権限を以下のように導い

---

[37] *Ibid.*, para. 49.
[38] *Ibid.*, para. 51.
[39] *Ibid.*, para. 53.

た。EU 法を維持するのは EU 機関の責任である。保護される法益が EU の目的の1つであれば，EU は構成国に刑罰を科すように要請できると。法務官は，刑罰権限の導きが EU の任務の遂行から当然なものと考え，特別な条件を課さなかった。これに対して，裁判所は，EC の刑罰権限の発動には，①管轄国内機関による効果的で，比例的でかつ抑止的な刑罰の適用が必須の (essential) 措置であること，②環境保護に関する法規が十分に効果的になることを確保するために必要（necessary）であることの2つを挙げた。

法務官は，当該枠組決定の条文規定を検討し，同決定5条1項において自由の剥奪と引き渡しが定められていること並びに7条において5つの罰が列挙されていることを挙げ，そのような罰の種類等に関する事項は，EC 法（第1の柱における EU 法）の範囲外に入るとした。すなわち，環境法違反に対し構成国に刑罰により対処するよう要請する権限は EC にあるとしたものの，具体的な罰を定める権限は EC にはないとし，EC が有する刑罰権限に境界を設定した上で，当該枠組決定を無効とすべきであるという結論に至った。これに対して，裁判所は，当該枠組決定は，刑罰が効果的で比例的でかつ抑止的でなければならないという条件を満たせば，適用する刑罰の選択は構成国にゆだねられていると解し，法務官と異なり，当該枠組決定の中で EC の権限外に入るものがあるか否かということには言及せずに，同決定の無効を宣言した。このような判決は，次に見るような欧州委員会の分析につながっていった。

(3) C-176/03 事件以降

2005年9月13日の C-176/03 事件判決により枠組決定 2003/80/JHA が無効になった。この無効確認判決を受け，欧州委員会は，同判決の分析を行った[40]。まず，判決の内容としては，裁判所は法務官 Colomer の意見を超え，EU 立法機関が重大な環境犯罪に対する刑罰利用の原則を設定する権限を有するとの認識をもっていると欧州委員会は捉えた[41]。C-176/03 事

---

(40) COM (2005) 583, Communication from the Commission to the European Parliament and the Council on the implications of the Court's judgment of 13 September 2005.
(41) *Ibid.*, para. 5.

件判決の適用範囲については，欧州委員会は，当該事件において関係する政策は環境保護であるが，同判決の内容は他の共通政策及び4つの基本的自由（人，物，サービス及び資本の自由移動）にも適用されると捉えた[42]。さらに，裁判所は刑事法措置の性質に関しては区別しておらず，機能的アプローチをとっているとし，EU法が十分に効果的であることを確保するために必要であれば，ECの措置は，刑罰に訴える際に実際に用いられる事項，犯罪の定義，すなわち犯罪の構成要件，適当な場合は適用される刑罰の種類と程度あるいは他の刑事法に関する側面も含むことが可能であるとしたと捉えた[43]。また，今後の委員会の方針として，既存の法行為を判決に照らして再審査すること，特に，船舶源汚染に関する理事会枠組決定2005/667/JHAについては無効確認の訴えを起こすこと，また，まだ採択されていない提案については変更を加えていくと述べた[44]。

このような欧州委員会の分析には，批判があがった。例えば，フランス国民議会議員Christian Philipは，2006年1月25日に，欧州委員会の分析を批判する報告書を国民議会に提出した[45]。その後，2006年3月29日，フランス国民議会は，C-176/03事件を受けて欧州委員会が提出した文書につき，そこで示される解釈は，C-176/03事件判決の文言を超えていると批判を行った[46]。また，州の代表から構成されるドイツ連邦参議院は，C-176/03事件判決が環境分野のみならず，他のEC（第1の柱のEU）の政策にも適用されるという欧州委員会の意見に理解を示したものの，刑事法の措置は広く解釈されてはならず，刑罰の種類及び程度にまでECレベル（第1の柱の

---

(42) *Ibid.*, para. 6.
(43) *Ibid.*, paras. 9-10.
(44) *Ibid.*, paras. 14-19.
(45) M.Christian Philip, Rapport d'information déposé par la délégation de l'Assemblée nationale pour l'Union européenne, le 25 janvier 2006, n° 2829 ; Philipの主張をまとめたものとして，Carole Moal-Nuyts, "L'affaire des sanctions pénales en matière d'environment", 83 *RDIDC*, (2006), 249, 270-271.
(46) L'Assemblée nationale en France, Résolution sur les conséquences de l'arrêt de la Cour de justice du 13 septembre 2005 sur les compétences pénales de la Communauté européenne, Texte adopté n° 560, 29 mars 2006 ; *cf.* Moal-Nuyts, note (45) *RDIDC*, (2006), 270.

枠組）で規律するのは，補完性原則に違反するとした(47)。

欧州議会では，法務小委員会の Gargani が欧州委員会の分析結果も踏まえ，C-176/03 事件判決の結果に関する報告書をまとめた(48)。Gargani は，裁判所判決の対象は環境保護に関する刑事事項に限定されているのであり，欧州委員会の分析では，同判決が環境分野以外の他の EC の分野にも適用可能としているが，そのような判決の広い解釈を支持する自動的な推定の根拠は存在しないように見えるとした(49)。刑罰に依拠する以外には EC 法の遵守が確保され得ず，EC 法の頻繁で繰り返される違反の存在が確認される場合のみ刑罰が許容されることを欧州委員会は心にとめておくべきであるとした(50)。しかし，(a) どの種類の行為が刑事責任を引き起こすことになるか，(b) どのような種類の罰が適用されるべきか，また，(c) 関連文脈において適用可能な刑事法に関する他の措置，を設定することによって構成国によってとられる行動を強化することは，場合によっては適当であると欧州委員会の見解への理解を示した(51)。

欧州委員会は，前述した C-176/03 事件判決の分析を提出した後，新たな提案に取り掛かった。欧州委員会は，2001 年に刑事法を通じた環境保護に関する指令を提案していたが，これについては前述したように理事会の審理が中断していた。欧州委員会は，この提案に修正を加えるのではなく，2007 年 2 月 9 日に新たな提案を行った(52)。提案の立法趣旨書では，同提案が C-176/03 事件判決を実施するために元の提案に置き換わるものとされた。立法理由としては，まず次のような現状認識が述べられた(53)。共同体と構成国はこれまで環境を保護することを目的とした数多くの立法行為を採択して

---

(47) Beschluss des Bundesrates, Drucksache No 895/05, 10.2.2006 ; *cf.* Moal-Nuyts, note (45), *RDIDC,* (2006), 271-272.
(48) EP Report on the consequences of the judgment of the Court of 13 September 2005, A 6-0172/2006 (8.5.2006).
(49) *Ibid.,* Motion for a European Parliament resolution, 4/18, paras. H.I and J.
(50) *Ibid.,* 7/18, para. 14.
(51) *Ibid.,* 7/18, para. 15.
(52) COM (2007) 51, Proposal for a directive of the European Parliament and of the Council on the protection of the environment through criminal law.
(53) *Ibid.,* Explanatory Memorandum, 1-2.

きたが，構成国において現在なされている制裁は環境保護に関するECの政策を効果的に実施するために必ずしも十分ではない。また，唯一刑罰のみが十分に抑止的効果をもつ場合でさえ，刑事制裁がすべての重大な環境犯罪に対してすべての構成国で実施されている訳ではない。構成国において類似の犯罪に対し制裁のレベルに相違がある。環境犯罪はしばしば国境を越える性質をもつものや衝撃がある。その上で，欧州委員会は，共同体レベルでの行動を通じて環境犯罪に対処する必要があるとした。

具体的な指令案では，法的根拠はリ前EC条約175条1項，補完性原則及び比例性原則を遵守しつつ，重大な環境犯罪に対する最小限の規定を設定するものとされた。指令案は，前文と11カ条から構成され，制裁と題される5条では，3条(b)〜(h)に定められた犯罪行為に対しては，少なくとも1年から最大3年の禁錮によって制裁可能であるように構成国が確保しなければならないことなどが定められた。また，法人に対する制裁と題される7条においては，罰金が3条(b)〜(h)に定められた犯罪行為に対し少なくとも300000から最大500000ユーロが科せられること等が定められた。このような詳細な規定は，もともとの2001年の欧州委員会の提案にはなかったものであり，C-176/03事件判決を受け，刑事事項により踏み込んだ内容になった。

欧州委員会はこのような立法提案を提出したが，上述したように，欧州委員会が提訴した，船舶源汚染に関する枠組決定の無効確認の訴訟（C-440/05事件）が係属していたため，理事会は，同事件における判決が下されるまで新提案への審議を停止した。

(4) C-440/05事件

2002年11月13日のプレステージ号（the Prestige）重油流出事故を受け，欧州委員会は2002年12月に海上安全対策を強化する緊急提案を行い[54]，理事会が承認したことにより海上安全の分野で本格的な取り組みが始まった。

---

(54) COM (2002) 681, Communication on improving safety at sea in response to the prestige accident.

2 刑事罰権限に関する事例

理事会は，EU 海域で操業するすべてのシングルハル（一重船殻）オイルタンカーの航行禁止範囲を拡大する提案を策定するように欧州委員会に要請した。2003 年の 3 月，欧州委員会は，既存の船舶源汚染に関する国際条約（Marpol 条約）を EC 法に統合して，違反の刑事上の責任を問うように法令を定めることを目的とする指令を提案した[55]。また，2003 年 5 月，欧州委員会は，船舶源汚染に対する法の執行のための刑事法枠組を強化する枠組決定を提案した[56]。これらの指令案と枠組決定案は，船舶の故意，無責任又は重過失による汚染を刑事犯罪とし，一層厳格で統一された制裁を課すものであった。2005 年，これらは，それぞれ，重大違反と見なされる汚染事故の種類を定義した指令と，違反行為が EU 全域で犯罪行為となり，違反行為ごとに該当する制裁を規定した枠組決定として，採択された。この船舶源汚染と違反に対する罰の導入に関する指令は，運輸政策に関するリ前 EC 条約 80 条 2 項（現 EU 運営条約 100 条 2 項）を法的根拠に 2005 年 9 月 7 日に採択された[57]。他方，枠組決定は，正式には，船舶源汚染に対する法の執行のための刑事法枠組を強化する理事会枠組決定 2005/667/JHA と称され，2005 年 7 月 12 日に採択された[58]。同枠組決定は，EU 条約 31 条 1 項(e)と 34 条 2 項(b)を法的根拠としていた。つまり，船舶源汚染については，第 1 の柱と第 3 の柱の 2 つの文書が採択された。前者の指令は，単に構成国は違反

---

[55] COM (2003) 92, Proposal for a directive on ship-source pollution and on the introduction of sanctions, including criminal sanctions, for pollution offences.
[56] COM (2003) 227, Proposal for a Council framework decision to strengthen the criminal-law framework for the enforcement of the law against ship-source pollution.
[57] OJ of the EU 2005 L 255/11, Directive 2005/35/EC of the European Parliament and of the Council of 7 September 2005 on ship-source pollution and on the introduction of penalties for infringements；同指令は，2007 年 3 月 31 日に国内法化・実施期限が到来した。2007 年 11 月に欧州委員会は 8 カ国に対し，条約違反であるので改善措置をとるように警告した。また，同指令自体については，Marpol 条約の規定対象を超えているとの主張がなされ，同指令が同条約に違反するのではないかと争われていた (C-308/06 [2008] ECR I-4057)。C-308/06 事件判決では，Marpol 条約に照らして審査されえないとされた。
[58] OJ of the EU 2005 L 255/164, Council Framework Decision 2005/667/JHA of 12 July 2005 to strengthen the criminal-law framework for the enforcement of the law against ship-source pollution.

155

があった場合刑事あるいは行政罰を含みうる，効果的で，比例的でかつ抑止的な罰に服するよう確保するのに必要な措置をとるということにとどまっているのに対して，後者の枠組決定は，刑罰の種類および程度まで詳細に定めており，指令を補足するものと位置づけられていた。

　欧州委員会は，C-440/05事件[59]では，後者の枠組決定2005/667/JHAの無効確認を欧州司法裁判所に求めた。欧州委員会は，C-176/03事件判決を受け，環境政策のみならず，運輸政策の目的の実現のためにも刑罰権限を行使できること，さらに，単に刑罰を科すように構成国に要請するのみならず，刑罰の種類や程度も共同体レベルで規律することができると解し，そのお墨付きを欧州司法裁判所にもらうことを考えた。すなわち，欧州委員会は，刑罰を規定できるのは，環境分野の権限のみならず，その他の個別的分野に付与された権限によっても可能であり，目的の実現に必要であれば踏み込んだ内容まで刑罰を規律できると考えた。これに対して，理事会は，C-176/03事件判決の内容は環境政策のみにかかわるのであり，また，刑罰の種類と程度を定めることはEC（第1の柱のEU）の権限外にあるとした。なお，欧州議会は，欧州委員会を支持して訴訟に参加したが，C-176/03事件が他の個別的分野にも適用可能という主張ではなく，C-176/03事件とC-440/05事件は，すべての点において比較可能であるとし，C-440/05事件で問題となっている枠組決定の前文から分かるように環境保護に関係している点を強調した。また，欧州議会は，本件で問題となっている枠組決定がC-176/03事件で問題とされた枠組決定とは異なり，刑罰の種類及び程度を含んでいる点についても両事件の判決の結果に相違がでるほど大きな問題ではないとした。当時EU構成国25カ国のうち19カ国が理事会側について参加した。

　C-176/03事件判決では，上述したように環境政策が問題となっており，無効とされた枠組決定2003/80/JHAには，刑罰の種類や程度などが詳細に定められているわけではなかった。それゆえ，環境政策分野以外の個別的な分野においても刑罰権限が認められるのか，また，共同体レベルにおいて刑罰権限がどこまで認められるのか正確な範囲については判断が下されなかっ

---

(59) C-440/05, note(7).

2 刑事罰権限に関する事例

た。よって，C-440/05 事件では，この2つの争点が問題となった。

〔1〕 法務官 Mazák の意見

法務官 Mazák は，理事会と構成国が議論するように，C-176/03 事件判決において裁判所が EC（第1の柱の EU）の刑罰権限を環境の分野に限定していると解することもできるが，刑罰権限をそのように限定的なものと解釈する根拠は存在しないとする欧州委員会の意見に同意するとした[60]。環境保護が非常に重要であり，EC の本質的な目的を構成することは真実であるが，環境保護は EC の唯一の本質的な目的や政策分野ではなく，基本的自由により特徴づけられる域内市場の設立，共通農業政策，競争法規のような（リ前）EC 条約2条及び3条に定められる他の EC の目的及び活動から区別することは困難であり，また，環境保護が唯一の水平的な性質をもつものでもないとして，C-176/03 事件判決の射程範囲を環境分野に限定する理由はないとした[61]。法務官は，このように，環境という個別分野に刑罰権限を限定することは理由がなく，権限の存在意義は効果性の原則（principle of effectiveness）にあるため，他の EC の政策に関しても同じように認めなければならないとした。

他方，具体的な刑罰権限の範囲については，欧州委員会の主張を取り入れなかった。法務官は，執行の手段としての刑事法の役割と目的についてのさまざまな考え方が国内刑罰制度において反映され，各国刑法典は保護されるべき法益を反映したものであり，もし共同体レベルで刑罰の種類や程度を定めると，各国刑法制度の一貫性に影響を与えるとした[62]。法務官は，裁判所が C-176/03 事件において無効になった枠組決定 2003/80/JHA が構成国に刑罰の選択の余地を残していることを確認していることから，刑罰の種類や程度を定めることを EC の権限として認めないことは，C-176/03 事件判決と矛盾するわけではないとした[63]。EC は効果的で，比例的でかつ抑止的な刑罰を科すように構成国に要請することはできるが，その種類と程度の決

---

(60) C-440/05, note(7), Opinion of Advocate General Mazák, para. 92.
(61) *Ibid.*, paras. 94, 96.
(62) *Ibid.*, paras. 104-106.
(63) *Ibid.*, para. 109.

157

第5章　個別的分野に付与されたEU権限の範囲

定は構成国に残さなければならないとすれば，権限の境界線が明白になるというメリットをもつとした[64]。同時に，また，法務官は，C-176/03事件において設定された刑事法に関するECの権限につき，具体的な事件で権限行使の条件が満たされたか否かを確定するのが難しい点を指摘した[65]。その際，特に，効果性（effectiveness）が不正確な基準であり，また，ECの刑罰権限が個別的な権限に付随して付与されるのは理想的ではないと強調した[66]。

結論としては，枠組決定4条と6条については，適用されるべき刑罰の種類と程度が規定されている限り，EU条約6編の範囲に入るとした[67]。ただ，枠組決定2条，3条及び5条並びに4条1項及び6条1項は，EC条約80条2項を法的根拠にして採択されえたとし，枠組決定は分離不可能のため，同決定は無効とされるべきであるという意見を述べた[68]。

〔2〕　欧州司法裁判所の判決

上に述べたEC（第1の柱のEU）の刑罰権限の適用範囲に対するC-176/03事件判決の射程範囲に関わる2つの争点について，裁判所は，どのように答えたのか。

まず，裁判所は，問題となっている枠組決定2005/667/JHAがリ前EC条約80条2項を法的根拠にして採択されえたか否かについて，次のように判示した。EC条約80条2項は，理事会が採択しうる共通法規の個別の性質につき明示的な限界を定めていないゆえに，EU立法機関はEC条約80条2項の下で幅広い立法権限を有し，とりわけ，運輸の安全を改善する措置及び海上輸送の分野における他の適切な規定を定める権限を有すると[69]。さらに，ECの本質的な目的の1つである環境保護に関する必要性がリ前EC条約6条（現EU運営条約11条）により，EC政策と活動の実施と定義の中に

---

(64) *Ibid.*, para. 111.
(65) *Ibid.*, para. 114.
(66) *Ibid.*, paras. 115 and 120.
(67) *Ibid.*, para. 131.
(68) *Ibid.*, paras. 138-139.
(69) C-440/05, note(7), para. 58.

158

統合されなければならないため、そのような保護は共通運輸政策の一部を形成しも（also forms）する目的として見なされなければならない。それゆえEU立法機関は、EC条約80条2項を法的根拠に、かつ、同規定により付与された権限の行使の中で環境保護を促進することを決定することができると[70]。

刑罰権限については、裁判所は、以下のように判示した。原則として、刑事法も刑事手続法もEC（第1の柱のEU）の権限に入らないのは確かであるが、管轄の国内機関による効果的で、比例的でかつ抑止的刑罰の適用が重大な環境犯罪と闘うのに必須の（essential）措置であるとき、共同体立法機関がその分野で定める法規が十分に効果的であることを確保するためにそのような罰を導入するように構成国に要請できるという事実は残ると[71]。また、枠組決定2006/667の2,3及び5条が海上安全の分野で採択された法規の効力を確保することを目的にしているので、その不遵守が重大な環境影響を持ちうるある一定の行為形態に刑罰を適用することを構成国に要請することによって、それらの条文は環境保護と同様に海上の安全を改善することを目的としていると見なされなければならず、EC条約80条2項を法的根拠として有効に採択されえたと[72]。しかし、欧州委員会の主張とは異なり、適用されるべき刑罰の種類と程度の決定はECの権限範囲には入らないと[73]。

裁判所は、最後に次のように判示した。従って、枠組決定2005/667の4条と6条は、適用可能な刑罰の種類と程度に関係するため、共同体立法機関は枠組決定2005/667の4条と6条のような規定を採択することはできない[74]。枠組決定は、分離不可能のため、全体として無効にされなければならない[75]。

〔3〕 小　括

上述したC-176/03事件判決の解釈をめぐり、上述したように2つの争点

---

(70) *Ibid.*, para. 60.
(71) *Ibid.*, para. 66.
(72) *Ibid.*, para. 69.
(73) *Ibid.*, para. 70.
(74) *Ibid.*, para. 71.
(75) *Ibid.*, para. 74.

第5章　個別的分野に付与されたEU権限の範囲

が存在した。1つは，C-176/03事件判決は，ECが構成国に環境法違反に対し刑罰を科すように要請できる権限を認めたが，それが環境分野にのみ限定されるのか，あるいは，他の分野においても目的を実現するために認められるのかという争点であった。この争点については，学説においても見解が分かれた。例えば，Foersterは，C-176/03事件は，刑罰措置に対するECの権限が問題となっているのであり，その考慮の対象は環境政策ではなく，執行が不十分な場合においてECがどのように執行できるかが問題となっていると解釈した[76]。

これについて，C-440/05事件の法務官Mazákは，環境分野以外においても刑罰権限が認められるべきであるとした。その理由は，環境保護はECの唯一の本質的な目的や政策分野ではないこと，また，環境保護を求めるリ前EC条約6条（現EU運営条約11条）（環境統合原則）は水平的な性質を有しているが，水平的な性質を有しているのは同条のみではないことを挙げた。これに対して，欧州司法裁判所は，どちらとも解することができる以下の表現を用いた。ECの本質的な目的の1つである環境保護に関する必要性がEC条約6条により，EC政策と活動の実施と定義の中に統合されなければならないので，そのような保護は共通運輸政策の一部を形成しも（also forms）する目的として見なされなければならない。それゆえEU立法機関は，EC条約80条2項を法的根拠に，かつ，同規定により付与された権限の行使の中で環境保護の促進を決定することができると[77]。また，問題となっていた枠組決定の2,3及び5条が環境保護と同様に海上安全の改善を目的としていると見なされなければならないと[78]。本件（C-440/05事件）で問題となっていた枠組決定2005/667/JHAは船舶事故によって海洋が汚染されることに対処するためのものであったため，共通運輸政策が関係するのと同時に環境保護にも関わっており，刑罰権限が認められたのは，枠組決定が環境保護を促進することを目的としているからなのかそれともそれは直接には関

---

[76] Max Foerster, (*Umwelt-*) *Strafrechtliche Maßnahmen im Europarecht*, (Berliner Wissenschafts-Verlag, 2007), 53.
[77] C-440/05, note(7), para. 60.
[78] *Ibid.*, para. 69.

係ないのか，判決文からは判断することが困難である。すなわち，裁判所は，C-176/03事件判決の射程をC-440/05事件では明らかにはしないという道を選択したと捉えられる。

2番目の争点は，C-176/03事件では，法務官Colomerは，上述したようにECの刑罰権限の範囲を限定したのに対し，裁判所はECが構成国に刑罰を科すように要請できると判断したが，そこで問題となっていた枠組決定は具体的な刑罰の種類や程度を定めていなかったため，どこまで共同体レベル（第1の柱の枠組）で規定できるかということであった。本件（C-440/05事件）の法務官Mazákは，C-176/03事件の法務官Colomerの意見に賛同し，ECは科される刑罰を特定する権限を有さないとした。その際，上述したように，共同体レベルで刑罰の種類及び程度を定めることによる各国内刑事制度の一貫性への悪影響や個別的権限に基づく付随的な刑罰権限行使の条件が満たされたか否かの確認の困難さを挙げた。これに対して裁判所は，特に根拠を示さずに適用されるべき刑罰の種類と程度の決定は，EC（第1の柱のEU）の権限の範囲に入らないと断定した。これにより，ECの刑罰権限に対し明確な境界線がひかれることになった。

(5) C-440/05事件以降
〔1〕 刑事法を通じた環境保護

欧州委員会は，C-176/03事件判決を受け，刑事法を通じた環境保護に関し，2001年のもともとの提案及び無効が確認された枠組決定2003/80/JHAの内容を越える提案，特に，刑罰の種類と程度の規定を含んだものを上述したように2007年に提案した[79]。

C-440/05事件判決では，船舶源汚染に対する法の執行のための刑事法枠組を強化する理事会枠組決定の無効が確認されたが，この判決がこの2007年の刑事法を通じた環境保護に関する指令案にも影響を与えることになった。

欧州議会は，2008年4月15日，議会の法務小委員会の報告者HartmutNassauerが，C-440/05事件判決後，刑事法を通じた環境保護に関する欧

---

(79) COM (2007) 51, note (52).

州議会と理事会の指令案についての報告書をまとめた[80]。報告書では、C-440/05事件判決を受け、刑罰の種類と程度の決定は、ECの権限範囲には入らないとして、欧州委員会の提案の関連条文すべてに修正が加えられた[81]。例えば、指令案の5条は、5項から構成され、2項から5項には刑罰の種類と程度が定められていたが、削除された。また、指令案5条1項は、「各構成国は、3条及び4条に定められる犯罪行為が効果的で、比例的でかつ抑止的な刑事制裁によって罰されるよう確保するために必要な措置を講じなければならない」と刑罰の種類や程度への言及を削除する形で修正された[82]。

理事会は第1読会を終えた欧州議会と合意し[83]、その後、2008年11月19日に正式に刑事法を通じた環境保護に関する欧州議会と理事会の指令2008/99/ECが採択された[84]。

同指令は、リ前EC条約175条1項(現EU運営条約192条1項)を法的根拠とし、リ前EC条約251条(現EU運営条約294条)に定められる欧州議会と理事会の共同決定手続により採択された。同指令は、前文、10カ条並びに付属書A及びBから構成される。同指令は、2008年12月末に発効した。構成国は、2010年12月26日までに、すなわち、2年以内に、同指令を国内法化・実施しなければならない。懸案となっていた罰については、欧州委員会提案5条は修正され、「構成国は3条及び4条に定められる犯罪が効果的で、比例的でかつ抑止的刑罰によって罰されることを確保するために必要な措置をとらなければならない」となった。法人に対する罰を定めていた7条

---

(80) EP report on the proposal for a directive of the European Parliament and of the Council on the protection of the environment through criminal law, A 6-0154/2008 (15. 4. 2008).

(81) *Ibid.*, Amendment 32, Article 5, Justification, 19/55 ; Consequence of the ruling handed down by the Court of Justice on 23 October 2007 (C-440/05) to the effect that determination of the type and level of the criminal penalties to be applied does not fall within the Community's sphere of competence (see paragraph 70).

(82) *Ibid.*, 18/55.

(83) Conseil de l'Union Européenne, 14667/08 (Presse 299), 38.

(84) OJ of the EU 2008 L 328/28, Directive 2008/99/EC of the European Parliament and of the Council of 19 November 2008 on the protection of the environment through criminal law.

も修正され,「構成国は,6条に従い責任を有する法人は効果的で,比例的でかつ抑止的な罰によって罰されることを確保するために必要な措置をとらなければならない」とされた。刑罰の種類及び程度を定める規定は,欧州委員会提案からすべて削除された。

　欧州委員会の提案では,2条(a)において,「『違法(unlawful)』とは,EC立法または環境保護を目的とし構成国における管轄機関によってとられる法律,行政規則もしくは決定に違反することを意味する」とされていたが,採択された指令2008/99/ECにおいては,以下のように修正された。「(a)『違法』とは,次のものに違反することを意味する。(i)EC条約に従い採択されかつ付属書Aに列挙されている立法,(ii)Euratom条約によりカバーされる活動に関して,Euratom条約に従い採択されかつ付属書Bに列挙されている立法,または,(iii)(i)もしくは(ii)に定められるEC立法に効果を与える,構成国の法律,行政措置もしくは構成国の管轄機関によってとられる決定」と定められた。指令2008/99/ECの付属書Aは,指令2条(a)(i)に従いその違反が違法行為を構成するEC条約に基づき採択されたEC(現EU)立法のリスト,付属書Bは,指令2条(a)(i)に従いその違反が違法行為を構成するEuratom条約に基づき採択されたEC立法のリストである。この修正により,指令の対象となり,その違反が構成国において罰されることになるのは,付属書AもしくはBに列挙されたEU立法かまたは同EU立法に効果を与えるための国内法に違反した場合のみであることが明確にされた。換言すれば,同リストに列挙されていないEU立法の違反は対象とならず,また,環境保護を目的としていても,EU法の実施のための国内法ではない場合は,指令の対象とならないことが明確にされた。このことは,指令の前文9段からも確認される。付属書Aには,もっとも古いものとしては,1970年に採択された自動車からの排出による大気汚染に対してとられる措置について構成国法の接近に関する理事会指令が挙げられ,最新のものとしては,2008年に採択された統合汚染防止管理に関する欧州議会と理事会の指令まで挙げられている。61件の指令と8件の規則,合計で69件のEU立法が列挙されている。列挙されているEU立法は,リ前EC条約175条1項(現EU運営条約192条1項)を法的根拠とするものの他,リ前EC条約94条(旧EC条

約100条)(現EU運営条約115条),95条(旧EC条約100a条)(現EU運営条約114条),308条(旧EC条約235条)(現EU運営条約352条)等を法的根拠とするものも含まれている。指令2008/99/ECの付属書Bでは,Euratom条約に基づいた指令3件が列挙されている。なお,今後,採択されていくであろうEU立法の取扱については,規定が設けられていない。

　もっとも,今後のEU立法のあり方の参照となるものが採択されている。例えば,2008年11月19日に採択された欧州議会と理事会の廃棄物に関する及び一連の指令を削除する指令2008/981[85]の36条は,「執行と罰(Enforcement and penalties)」と題され,その2項において「構成国は,本指令の規定の違反に適用可能な罰則に関する規定を定め,それらの実施が確保されるようすべての必要な措置をとらなければならない。罰則は,効果的で比例的でかつ抑止的でなければならない」と定めている。この例から,今後新たに採択されていくEU立法においては,あらかじめ規定違反に対し構成国に罰則も定めるように義務づける形がとられると考えられる。もっとも刑罰(criminal penalties)とは明示されていない。

〔2〕　船舶源汚染

　C-440/05事件において船舶源汚染に対する法の執行のための刑事法枠組を強化する枠組決定2005/667/JHAが無効と宣言され,欧州委員会は,2008年3月11日に同枠組決定に替わる指令案を提案した[86]。その後,指令案は,EC条約80条2項(現EU運営条約100条2項)を法的根拠として,2009年10月21日に欧州議会と理事会の共同決定手続(現通常立法手続)によって採択され,同11月16日に発効した。同指令は,既存の指令2005/35を修正する指令2009/123として採択された[87]。すなわち,これまで船舶源汚染と違反に対する罰の導入に関する指令2005/35とC-440/05事件で問題となった船

---

[85] OJ of the EU 2008 L 312/3, Directive 2008/98/EC of the European Parliament and of the Council of 19 November 2008 on waste and repealing certain Directives.
[86] COM (2008) 134, Proposal for a directive of the European Parliament and of the Council amending Directive 2005/35/EC on ship-source pollution and on the introduction of penalties for infringements.
[87] OJ of the EU 2009 L 280/52.

舶源汚染に対する法の執行のための刑事枠組みを強化する理事会枠組決定2005/667が指令2005/35において1つにまとめられる形となった。なお、この指令の国内法化・実施期限は、2010年11月16日に設定された。同指令は、既存の指令2005/35を修正するものであるが、特に違反が効果的、比例的でかつ抑止的な刑罰により罰せられるよう構成国が確保しなければならないとしたうえで（8条）、さらに、自然人に対する刑罰（8a条）、法人に対する責任（8b条）、法人に対する罰に関する規定（8c条）が追加された。ただ、C-440/05事件で欧州司法裁判所が刑罰と種類と重さの決定はECの権限に入らないと判示したため、構成国は必要な措置をとるという形で義務づけられるのにとどまっている。

◆3◆ 個別的権限に付随するEC/EUの刑罰権限の検討

これまで刑罰立法に関するC-176/03事件及びC-440/05事件並びにそれらに関わる法行為を見てきた。それらを踏まえ、個別的分野におけるEC/EUの権限を検討していきたい。

(1) EC（第1の柱のEU）の刑罰権限が認められた理由

前述したように、C-176/03事件以前の判例においても、EC条約10条（現EU条約4条3項）に基づき構成国はEC法の実施のために必要であれば刑罰を含む構成国における制裁措置をとらなければならないとされてきた。

C-176/03事件において、欧州司法裁判所は、刑事法も刑事手続法もEC（第1の柱のEU）の権限に属さないとした上で、ECが環境分野の個別的権限であるEC条約175条1項（現EU運営条約192条1項）を法的根拠にして構成国に刑罰を科すように要請できると判示した。これにより、EC条約10条（現EU条約4条3項）に基づく構成国の誠実義務という一般的な形ではなく、EC条約175条1項という個別的権限に基づいて、刑罰を科すことができることが明らかになり、また、民事罰や行政罰のみならず、刑罰を科すように構成国に要請できることが明らかになった。すなわち、これまで明確にされてこなかったこと、EUが個別的権限に基づいた立法措置（法行為）

第5章　個別的分野に付与された EU 権限の範囲

により，構成国に刑罰を科すように要請できることが明確にされた。もっとも，C-440/05 事件において，裁判所は，C-176/03 事件判決で認めた EC（第1の柱の EU）の刑罰権限の存在を再確認するとともに，同刑罰権限の範囲を限定した。すなわち，刑罰の種類と程度の決定については，EC の権限内に入らないことを明らかにした。

　EU は，確かに第1の柱（リスボン条約発効前）において，刑事法や刑事手続法を定める権限を有していなかった。しかし，EC 条約は，権限付与の原則に基づき，EC の個々の政策分野において目的を設定し，その目的を実現するための権限，個別的権限を付与していた。EC は，個別的権限を行使することで，つまり，各政策分野において定められた法的根拠に依拠することで EC（現 EU）立法を制定した。C-176/03 事件で EC の刑罰権限が認められた理由は，環境保護に関する法規が十分に効果的になることを確保するために必要であるからである[88]。C-440/05 事件で認められた理由は，海上安全の分野で定められた EC（EU）法規が十分に効果的になることを確保するためである[89]。両方に共通するのは，EU 機関により EC の政策分野に関し EC 条約に基づき採択された法行為の効果を確保する手段として，構成国に刑罰を科すように要請する権限を EC に認めたということである。もっとも，C-176/03 事件において問題となった刑事法を通じた環境保護に関する立法措置が環境に関する多くの既存の法行為の効果を確保する手段として明確な形で位置づけられるのに対して，C-440/05 事件において問題となった船舶源汚染に関する枠組決定は，ほぼ同時期に採択された指令 2005/35/EC を補足するものと位置づけられており，その性質に違いはある。いずれにせよ，EC に認められた刑罰権限は，何もないところで，構成国に刑罰を科すように要請できるのではなく，既に採択された EU 法行為あるいは同時に採択される EU 法行為の十分な効果を確保するために認められている点が強調されるべきである。つまり，EU 法規の存在が前提となり，その法規の十分な効果を確保するためにのみ刑罰権限が EC（現 EU）に認められたと解される。

---

(88) C-176/03, note (5), para. 49.
(89) C-440/05, note (6), paras. 67-69.

(2) 共同体の刑罰権限と黙示的権限との相違

これまで欧州司法裁判所は，黙示的権限について，EC条約条文が特別の任務を与えている場合，その規定が効果のないものにならないようにするためにはその任務を実行するために不可欠である権限も同時に付与されていると認めなければならないとしてきた[90]。すなわち，EC条約条文に定められた任務の遂行に必要な権限が黙示的に付与されていると解されている。また，1970年代にだされた一連の判例の中で，欧州司法裁判所は，明示的に定められた目的及び規定を効果的に実施するために黙示的条約締結権限を認めた[91]。

このように欧州司法裁判所は，黙示的権限の存在を認めてきた。それでは，C-176/03事件及びC-440/05事件で認められたECの刑罰権限はどのように性格づけられるか。

C-440/05事件を担当した法務官Mazákは，その意見の中でC-176/03事件判決の中の文言，「管轄国内機関による効果的で，比例的でかつ抑止的な（effective, proportionate and dissuasive）な刑罰の適用が重大な環境犯罪に対処するのに必須の措置（essential measure）であるとき，環境保護に関する法規が十分に効果的になることを確保するために必要であると考える構成国の刑事法に関する措置をとることを共同体立法機関に妨げるものではない」[92]を分析し，次のように述べた。裁判所がこのように刑罰を構成国に科すように要請する権限を認め，同権限をEC条約175条の下でECに付与された権限の黙示的な面（implied facet）であるとしたことが明らかであると[93]。また，法務官は，裁判所がそのような権限を認める際に，黙示的権限に用いられる理由づけ，すなわち，ECは与えられた目的または任された

---

(90) Joined cases 281, 283, 284, 285 and 287/85 Germany v Commission [1987] ECR 3203, para. 28.
(91) Case 22/70 Commission v Council [1971] ECR 263; Joined Cases 3, 4 and 6/76 Kramer [1976] ECR 1279; Opinion 1/76 [1977] ECR 741; 拙稿「欧州共同体と構成国間の協力義務の展開——マーストリヒト条約以後の黙示的条約締結権限の制限解釈」『一橋論叢』122巻1号（1999年）69, 73-75頁。
(92) C-176/03, note (6), para. 48.

第5章　個別的分野に付与されたEU権限の範囲

任務を達成するのに必要な権限または手段を享受するという理由づけを援用したとした[94]。しかし、裁判所は、C-176/03事件及びC-440/05事件で認められたECの権限は黙示的権限であるとは述べていない。

　ECの刑罰権限は、広い意味において黙示的権限（implied powers）[95]の一種とも捉えることができるが[96]、これまで判例の中で認められてきた黙示的権限とは共通点と相違点がある。ECの刑罰権限にせよ、従来からの黙示的権限にせよ、ECの権限を実質的に拡大させるという点、また、明示的に規定されておらず、判例により認められたという点は共通している。しかし、今回の両事件で認められたECの刑罰権限は、これまでの黙示的権限とは性質上異なる点がある。黙示的権限は、EC条約において定められた任務の遂行もしくは目的の実現に必要である場合に、あるいは、明示的に付与された権限から同時に付与されていると合理的に考えられる場合に認められる。これらに対し、C-176/03事件及びC-440/05事件で認められたECの刑罰権限は、EC条約に定められた目的あるいは任務の実現のために直接的に導かれるのではなく、あるいは、付与された権限と同時に付与されていると合理的に推測されて導かれるのではなく、EC条約に定められた個別的権限を行使した（する）結果、つまりEU機関によりすでに採択された法行為（または採択される法行為）を十分に効果的にするために導かれる[97]。換言すれば、従来の黙示的権限は、EC条約に定められた目的や任務と明示的に付与された権限の間にギャップがある場合に認められる、あるいは、明示的に付与された権限の欠けている部分を埋めるために認められるのに対して、ECの刑罰権限は、EU機関により採択された（る）EU法行為の効果を確保するため、

---

(93) C-440/05, note(7), Opinion of Advocate General Mazák, para. 87.
(94) *Ibid.*, para. 90.
(95) 黙示的権限と捉える見解として、Anne Monpion, "Arrêt CJCE Commission contre Conseil du 23 octobre 2007" *RMCUE*, No. 515, 2008, 130, 131；付随的黙示的権限とする見解を示すものとして、中村・注(7)72-73頁も参照。
(96) *Cf.* Kotschy, note(9), *RDUE*, 2005, 644. ドイツ基本法（憲法）では、黙示的権限を、Bundeskompetenzen kraft Natur der Sache, Annexkompetenzen及びKompetenzen kraft Sachzusammenhangsに分類して説明がなされる。例えば、Chistoph Degenhart, Art. 70, Rn. 22 ff., in Michael Sachs, *Grundgesetz*, 2. Aufl., (C. H. Beck, 1999).
(97) C-176/03, note(6), para. 49；C-440/05, note(7), para. 67-69.

すなわち，明示的に付与された権限の行使の効果を完全に貫徹するために認められると捉えられる。ECの刑罰権限を認めることは，これまでとは異なるベクトルでECの権限が拡大されたことを意味すると捉えられる。ドイツの複数のコメンタールでは，この刑罰権限（後のEU運営条約83条2項に基づく権限）を付属的権限（Annexkompetenz）として説明している[98]。なおEU運営条約83条2項については後述する。

(3) ECの刑罰権限を認めた判例に対する評価とその意義

C-176/03事件判決後，数多くの判例評釈や意見，コメントなどがだされた。例えば，Hegelは，C-176/03事件判決につき，指令の効果的な実施のために，なぜすべての構成国において刑罰を科すことが要請されなければならないのかを裁判所は明確にしていないとし，EC環境法の効果的な実施の必要性のために，制裁を要請する権限のみが導かれるのであって，刑罰を要請する権限までは導かれないとした[99]。また，裁判所が提示したECの刑罰権限の条件，必須性（essentiality）と必要性（necessity）の基準につき，後者は満たすのが容易であるけれども，前者については何が不可欠なのかにつきコンセンサスに達するのは困難であるとする指摘もある[100]。他方，Marcialiは，C-176/03事件判決は，これまでの判例の流れの中で，構築されてきたものを，刑罰制裁を選択したことにより，完成させたにすぎないとし，判決はEC実体法（の実効性確保）のための手段としてECの刑罰権限を認識したのだと捉えた[101]。別の見解としては，裁判所は必要性を根拠にECの刑罰権限を認めたが，刑罰の種類や程度については，ECの権限外とした

---

(98) Joachim Vogel, Art. 83 AEUV, Rn. 74, in Eberhard Grabitz/Meinhard Hilf/Martin Nettesheim (Hrsg.), *Das Recht der Europäischen Union*, (C. H. Beck, Stand August 2012); Helmut Satzger, Art. 83 AEUV, Rn. 23, in Rudolf Streinz, *EUV/AEUV*, 2 Aufl., (C. H. Beck, 2012); Oliver Suhr, Art. 83 AEUV, Rn. 23, in Christian Calliess/Matthias Ruffert, *EUV/AEUV*, 4 Aufl., (C. H. Beck, 2011); Martin Böse, Art. 83 AEUV, Rn. 25, in Ulrich Becker, Armin Hatje/Johann Schoo (Hrsg.), *EU-Kommentar*, 3 Aufl., (Nomos, 2012).

(99) Martin Heger, *JZ* 2006/6. 310, 312.

(100) Catherine Haguenau-Moizard, "Vers une harmonisation communautaire du droit pénal", *RTDeur.* 42 (2), 2006, 377, 383.

ために，重大犯罪に対し必要とされる対処措置がとれなくなり，EC に刑罰権限を認めたことが役に立たなくなってしまい，結果として正当化理由としての必要性の土台が崩されてしまうのではないかとの指摘もあった[102]。また，裁判所が C-440/03 事件において，刑罰の種類と程度については EC レベルで決定できないとしたことにより，同時に第 1 の柱と第 3 の柱で法行為を採択しなければならなくなり，実際には不便であるとの指摘もあった[103]。

　C-176/03 事件及び C-440/05 事件判決で認められた EC の刑罰権限は，EC に新しく刑事法分野における独立した一般権限を付与するものではなく，また，刑事法分野の調和を目指すものでもない。今回は刑事法の平面ではなく，EC 法の平面が問題となっていると捉えるべきであり，両事件では刑事法分野における EC の権限が認められたわけではないと解される。すなわち，両事件により EC に刑罰権限が付与されたというよりは，むしろ EC の個別的権限の行使を効果的なものとするための手段が強化された，具体的には，構成国に刑罰を科すことを要請する権限が付与されたということになったという方が正確であろう。判決で認められた EC の刑罰権限は，権限付与の原則に則った，第 1 の柱の措置の効果を十分に確保する手段，あくまでも明示的に付与された個別的権限の行使の効果を十分に確保するための権限と捉えられ，判決は妥当であると考える。

　上述したように C-176/03 事件判決後，C-440/05 事件判決が下された。確かに，C-440/05 事件により C-176/03 事件において不明瞭であった EC の刑罰権限の範囲が限定された。しかし，C-176/03 事件及び C-440/05 事件の判決により，EC の権限の拡大手段が新たに加わったことの意義は大きい[104]。環境分野が EC 条約 228 条（現 EU 運営条約 260 条）に定められる判決履行違反手続の対象となることが多いことは偶然ではなく，環境分野の法

---

(101) Marciali, note (9), *Revue du droit public*, (2008), 1234.
(102) Wennerås, note (9), *CMLRev.*, (2008), 1650.
(103) Denys Simon, "326 Compétence communautaire en matière pénale", *Europe*, (2007), 16.
(104) *Cf.* Florence Chaltiel, "Arrêt CJCE commission c./Conseil, du 13 septembre 2005", *RMCUE*, n° 494, (2006), 24, 28；Chaltiel は，スピルオーバーのメカニズムの新たな段階であると評している。

3　個別的権限に付随する EC/EU の刑罰権限の検討

の執行には時間がかかり，困難であるということの証左である。環境分野における構成国の EU 法の義務違反は，条約違反手続及び判決履行違反手続によって対処できるが，さらに，EU 法の実施を貫徹するためには，EU 法違反の自然人及び法人に刑罰を科すことが手段として考えられる。これまで共同体レベル，構成国レベルにとどまっていた EU 法の実施の執行が，C-176/03 事件と C-440/04 事件という刑罰事件判決を受け，さらに，自然人及び法人レベルまでに EU 法の実施が徹底されることになる。

(4)　EU 法における EC の刑罰権限認容の位置づけ

これまでも裁判所は EU 法の履行確保のためにさまざまな原則や制度を発展させてきた。1950 年代の判例ファン・ヘント・エン・ロース事件[105]では，EU 法の直接効果が，また，コスタレエネル事件[106]では EU 法の国内法に対する優位の原則が確立された。E(E)C 条約は，EU 法の履行確保のために E(E)C 条約 169 条（現 EU 運営条約 258 条）に条約違反手続制度を設定していたが，判決を履行しない構成国に対し EU 法の履行を貫徹できない脆弱性を有していた。そこで，欧州司法裁判所は，この事態に対処するべく，フランコビッチ事件[107]において，EU 法違反の構成国に対し，個人が賠償を求めることができるという国家責任の制度を創造した。フランコビッチ事件では，E(E)C 条約 5 条（現 EU 条約 4 条 3 項）に依拠しつつ，EU 法の完全な効果を保障することが理由づけの根拠とされた。このような完全な効果の論理は，EU 法の発展に寄与してきた。今回の C-176/03 事件及び C-440/05 事件は，このような EU 法の履行確保，特に EU 法の完全な効果（la pleine efficacité, volle Wirksamkeit）を保障するという文脈の中に位置づけられる。さらに，この両事件における EU 法の完全な効果は，EU の目的とその effet utile の確保の一部と捉えられる[108]。

---

(105) Case 26/62 Van Gend en loos v Nederlandse Administratie der Belastingen [1963] ECR 1；須網隆夫・中村民雄「1 EC 条約規定の直接効果」中村民雄＝須網隆夫編『EU 基本判例集（第 2 版）』（日本評論社，2010 年）。
(106) Case 6/64 Costa v E.N.E.L. [1964] ECR 585；中村民雄「2 EC 法の国内法に対する優位性」中村民雄＝須網隆夫編・注(105)。
(107) Joined cases C-6/90 and C-9/90 Francovich [1991] ECR I-5357.

(5) リスボン条約による刑罰権限の明示化

2009年12月1日にリスボン条約が発効した。同条約により，これまでの第3の柱が第1の柱に移行した。つまり，第3の柱に規定されていた事項である警察・刑事司法協力が第1の柱の規定事項と同様にEU運営条約に定められることになった。また，同時に，これまでC-176/03事件及びC-440/05事件という判例の中で認められてきたEUの刑罰権限が，リスボン条約によりEU運営条約83条2項に明示的に定められることになった。同条文は，「構成国の刑事法及び規則の接近が，調和措置に服する分野における連合の政策の効果的な実施を確保するために不可欠（essential, unerlässlich, indispensable）である場合，当該分野における犯罪行為及び刑罰（（独）Straftat und Strafe,（英）criminal offences and sanctions,（仏）infractions pénales et des sanctionsとあり，独語の語感が英語や仏語より強いものとなっている）の定義に関する最小限の法規を指令の形で設定することが可能である。そのような指令は，76条を損なうことなく，調和措置が採択されたのと同様の手続，通常立法手続または特別立法手続により採択される。」と，定める。例えば運輸分野の措置の実効性を確保するために刑罰が不可欠であると考える場合には，EUは，この条文を法的根拠にして，構成国に刑罰を科すように求める指令を採択することが可能になったことを意味する。

このような指令を採択する条件は，まずそのような措置がすでに採択された措置の実行確保のために不可欠であることである。不可欠である（essential, unerlässlich, indispensable）という語は，必要である（necessary, erforderlich, nécessaire）という語よりも厳格であるとされる[109]。すなわち，そのような措置は最終手段であると把握される。欧州委員会は，2011年に「EU刑事法に向けて－刑事法を通じたEU政策の効果的な実施の確保」と題されるCOM文書を公表した[110]。その中で委員会は，刑事取調べ及び制裁は，市民の権利に重大なインパクトを持ちうるため，刑事法は最終手段（a measure

---

(108) *Cf.* Monpion, note (95), RMCUE, 2008, 132.
(109) Böse, Art. 83 AEUV, Rn. 28, note (98)；Markus Kotzur, Art. 83 AEUV, Rn. 11, in Rudolf Geiger/Daniel-Erasmus Khan/Markus Kotzur, *EUV/AEUV*, 5 Aufl., (C. H. Beck, 2010)；Vogel, Art. 83 AEUV, Rn. 83, note (98).

3 個別的権限に付随する EC/EU の刑罰権限の検討

of last resort) でなければならないとした。

　2つ目の条件は，犯罪行為及び刑罰の定義に関する EU 立法は，最小限の法規 (minimum rules) に限定されることである。欧州委員会の見解では，最小限の法規は，刑罰の種類（例えば，罰金，拘禁，資格はく奪)，程度，重くする又は軽減する状況が何であるかについての EU 規模での定義も含みうるものとなっている(111)。C-176/03 事件及び C-440/05 事件で認められたのは，採択された措置の実効性確保のための構成国に刑罰を科すように要請できるというものであったが，同時に欧州司法裁判所は，C-440/05 事件では，EC の枠組（第1の柱の EU）においては，刑罰の種類や程度までは定めることができないとした。EU 運営条約 83 条 2 項は，第3の柱に定められていたものが旧第1の柱の枠組に移行されたものであるので，同条文に基づけば，犯罪行為と刑罰の定義のための最小限の法規という条件に服すもの，刑罰の種類及び程度まで EU レベルで規定できると解釈可能である(112)。この意味で，EU 運営条約 83 条 2 項は，これまでの判例を単に明示化したのではなく，判例を超える刑罰権限を EU に付与するものと捉えられる。

　EU 運営条約 83 条 2 項は，調和措置が採択された分野で措置の実効性を確保するために刑事法が不可欠である場合に指令を採択できるとなっているため，分野は特に指定されず，一般的な刑罰権限と捉えられる。もっとも，そもそも調和措置をとることが排除されている分野では，EU は措置を採択することができない(113)。このような分野としては，支援，調整または補足的措置をとる権限の分野（人間の健康の保護及び改善，産業，文化，観光，教育，職業訓練，青少年及びスポーツ，市民保護，行政上の協力）(EU 運営条約 2 条 5 項, 6 条) が挙げられる。

　これまで実際に措置が採択されてきた分野としては，C-176/03 事件で問題となった環境分野と C-440/05 事件で問題となった海洋汚染分野がある。

---

(110) COM (2011)573, Communication, "Towards an EU Criminal Policy: Ensuring the effective implementation of EU polices through criminal law", 7.
(111) COM (2011)573, note(110), 8.
(112) Cf. Satzger, Art. 83 AEUV, Rn. 33, note(98) ; Suhr, Art. 83 AEUV, Rn. 26, note(98).
(113) Böse, Art. 83 AEUV, Rn. 27, note(98).

第5章　個別的分野に付与された EU 権限の範囲

　欧州委員会が挙げている分野としては，財政分野，詐欺，運輸，データ保護，関税，環境，漁業，域内市場などである(114)。コメンタールでは，これらに加え，違法な移民と就労，知財，通商政策，競争なども挙げられている(115)。

　現在，欧州委員会が EU 運営条約 83 条 2 項を法的根拠にして提案している分野としては，インサイダー取引と市場操作が挙げられる(116)。委員会の提案文書では，次のようなことが述べられている。2003 年に市場濫用指令（MAD）は，インサイダー取引と市場操作に対処するための包括的な枠組みを導入した。構成国は，この指令を実施するために，適切な措置をとることが求められた。しかし，EU における財政監視に関するハイレベルグループの意見によると，このための構成国の行政的な制裁制度は一般的に弱くまた構成国間の違いが多い。そこで，欧州委員会は刑事的な制裁が不可欠であると考え，インサイダー取引と市場操作に対する刑事制裁指令案を提案した。この提案の前文では，構成国による行政的な制裁の採択が市場濫用の予防及び対処に関する法規の遵守を確保するのに不十分であったこと（前文 5 段），また刑事的制裁の利用により遵守が強化されることが不可欠であること（前文 6 段）に言及されている。

　リスボン条約により，EU は採択した措置の実効性を確保するために EU 運営条約 83 条 2 項に基づき刑罰権限を行使できるようになった。これに対して，ドイツ連邦憲法裁判所は，2009 年のリスボン条約の批准前のいわゆるリスボン条約判決において，この法的根拠条文を刑事法に関して徐々に権限の拡大（eine gravierende Ausdehnung der Zuständigkeit）をもたらす付属的権限（Annexzuständigkeit）として捉え，制限的な解釈（restriktive Auslegung）がなされる場合のみドイツ基本法（憲法）に適合するとした(117)。

　また，EU 運営条約 83 条 2 項には緊急の場合という制約，いわゆる緊急停止条項（Notbremsemechanismus）がついている。83 条 3 項は，次のように規定する。理事会の構成員が，指令案が自国の刑法秩序の根本的な側面に

---

(114) COM (2011)573, note(110), 10.
(115) Böse, Art. 83 AEUV, Rn. 27, note(98) ; cf. Vogel, Art. 83 AEUV, Rn. 80, note(98).
(116) COM (2011)654, Proposal for Directive of the European Parliament and of the Council on criminal sanctions for insider dealing and market manipulation.

3 個別的権限に付随する EC/EU の刑罰権限の検討

触れると考える場合には，構成員は，欧州首脳理事会で決定されるよう付託することができる。その場合，通常立法手続は停止される。議論の後，コンセンサスが得られた場合のみ，欧州首脳理事会は，停止から4カ月以内に理事会に提案を戻し，通常立法手続の停止が解かれる。すなわち，ある構成国が提案に反対すれば，たとえ調和措置が通常立法手続を定めていたとしても，理事会の特定多数決で決定される通常立法手続はとられず，その反対国を含めた実質的な全会一致で決められることになる。この緊急停止条項（EU運営条約83条3項）が存在するため，個別的な分野で刑罰，例えば，環境分野の個別的権限である，EU運営条約192条を法的根拠にして，引き続き刑罰を要請するような措置がとられる可能性がないわけではない。例えば，まだ欧州委員会の提案の段階であるが，刑事法の手段によるEUの財政上の利益にかかわる詐欺に対する対処に関する指令案は，EU運営条約83条2項ではなく，EU運営条約325条4項を法的根拠にしている。EU運営条約325条は，詐欺への対処を定め，同条4項がそのための措置をとる法的根拠となっている[118]。EU運営条約325条4項には，緊急停止条項はなく，通常立法手続により採択される。EU運営条約83条2項は，他の刑罰的措置を排除する性質のものなのか否か，EU運営条約83条2項とEU運営条約325条4項ではどちらが特別法になるのかなどは，今後の判例の発展を待たなければならない[119]。

また，EU運営条約83条3項に基づく措置は指令に限定されている。上述したようにある措置の実効性を確保するために，あらかじめ規定違反に対し構成国に刑罰（criminal penalties）と明示的に規定されていない刑罰（penalties）も定めるように義務づける形が増えている。このような措置は規則の

---

(117) BVerfG, 2 BvE 2/08 vom 30.06.2009, Rn. 361 ; Satzger, Art. 83 AEUV, Rn. 23, note (98); Suhr, Art. 83 AEUV, Rn. 27 und 28, note (98).

(118) COM (2012) 363, Proposal for a Directive of the European Parliament and of the Council on the fight against fraud to the Union's financial interests by means of criminal law.

(119) この問題に触れているものとして，Frank Meyer, „Das Strafrecht im Raum der Freiheit, der Sicherheit und des Rechts", *EuR*, (2011), 169, 184 ; Böse, Art. 83 AEUV, Rn. 30-31, note (98).

175

第 5 章　個別的分野に付与された EU 権限の範囲

形でも採択可能である[120]。

　今後 EU 運営条約 83 条 3 項に基づく措置と個別的分野における法的根拠条文に基づく措置の使い分けが注目される。

---

[120] アザラシ製品の取引に関する規則 1007/2009 の 6 条（OJ 2009 L 286/36）；またリスボン条約発効以降に採択された例として，いわゆる木材規則 995/2010 の 19 条が挙げられる（OJ 2010 L 295/23）。

第6章 欧州司法裁判所による適合解釈の義務づけの発展

◆はじめに◆

　ドイツ国内裁判所における伝統的な法解釈は，文言解釈（Wortsinn），歴史的解釈（Regelungsabsicht, Zwecke und Normvorstellungen des historischen Gesetzgebers），目的的解釈（objektiv-teleologische Kriterien）および体系的解釈（Bedeutungszusammenhang des Gesetzes）の4つである[1]。しかし，西ドイツ（現ドイツ）がEC（現在ではEU）に加盟してから，その構成国の立場から，これらの解釈にEU法の適合解釈（consistent interpretation, Konformauslegung）が付け加わった[2]。EU法の適合解釈とは，問題となっているEU法に照らして，その目的・主旨に合うように，国内法を解釈することを意味する。1980年半ばから1990年代初期の判例において，欧州司法裁判所は，国内裁判所に国内法をEU法に適合させて解釈することを義務づけ，その義務を確立した。もっとも，最近になって，欧州司法裁判所の適合解釈の義務づけをめぐってドイツにおいて批判が高まり，それに関連してドイツ連邦憲法裁判所に憲法異議がだされるなどさらなる進展が見られる。

　他方，欧州司法裁判所は，国際条約（特にWTO協定）の直接効果が問題

---

[1] Karl Larenz/Claus-Wilhelm Canaris, *Methodenlehre der Rechtswissenschaft*, 3. Aufl., (Springer, 1995), 141-159. そこに,憲法適合解釈（Das Gebot verfassungskonformer Auslegung）を加えると，5つとなる。

[2] EU法の適合解釈が解釈規則においてどのような位置を占めるかについて，議論したものとして，Wolfgang Dänzer-Vanotti, „Methodenstreit um die den EG-Richtlinien konforme Auslegung", *DB*, (1994), 1052-1055.

第6章　欧州司法裁判所による適合解釈の義務づけの発展

となる事件において，一連の判決で発達させてきた EU 法の適合解釈というツールを国際法に対し用い始めた。すなわち，国内裁判所は，EU 法により国際法の目的・趣旨に合うように，国内法を解釈するように要請されるという定式が形成されてきた。

本章においては，それぞれの適合解釈を明らかにし，それらの EU 法上における位置づけを試みたい。なお，本章においては，国内裁判所に対する EU 法による適合解釈の義務づけを中心に扱い，国内法による適合解釈[3]及び EU 法秩序における下位規範の上位規範への適合解釈（Verfassungskonforme Auslegung）[4]は対象としない。

検討の順序としては，まず，指令の適合解釈がどのような理由で生み出され，どのように発展をしてきたのか，またどのような制約が課されているのかを明らかにしたい。また，最近の適合解釈をめぐる問題を指摘したい（1）。次に，これまで欧州司法裁判所が国際法をどのように援用してきたのかを明らかにし，その検討の上に，国際条約（特に WTO 協定）の適合解釈の義務づけがどのように確立したのかを提示する（2）。最後に結びとして，EU 法秩序における適合解釈の位置づけを行ないたい（3）。

◆ 1 ◆ EU 法の適合解釈

本節においては，まず，直接効果の発展と限界について明らかにし（(1)），次に，それとの関連で適合解釈はどのように誕生し，確立してきたのか（(2)），さらに，適合解釈はどのような制約を受けるのか（(3)），EU 法秩序における適合解釈の位置づけを行ないたい（(4)）。最後に加えて，最近の適

---

[3] EU 法による適合解釈の義務（eine EG-Rechtskonforme Auslegung kraft EG-Rechts）と国内法による適合解釈の義務（eine EG-Rechtskonforme Auslegung kraft nationalen Rechts）は区別して考えなければならない。Hans D. Jarass, „Richtlinienkonforme bzw. EG-Rechtskonforme Auslegung nationalen Rechts", *EuR*, (1991), 211, 216 –217; ders., *Grundfragen der innerstaatlichen Bedeutung des EG-Rechts*, 1994, 89–90.

[4] 例えば，EU 法行為の規定の解釈が複数に分かれるときに，EU 諸条約に合致する解釈が優先されるという解釈方法が採られる。Case C-135/93 Kingdom of Spain v Commission of the European Communities [1995] ECR I-1651, para. 37.

1 EU 法の適合解釈

合解釈をめぐる問題がどういったものであるのかを示したい（(5)）。

(1) 直接効果の発展と限界

　欧州司法裁判所は，EU 法（以前の EC 法・共同体法）の発展に貢献してきた。欧州司法裁判所の判決の中で最も重要なものは，1960 年代に判示された「EU 法の直接効果（direct effect）」の原則[5]と「EU 法の国内法に対する優位」の原則[6]である。欧州司法裁判所は，これら 2 つの原則を示した判例において，EC 条約（現 EU 条約と EU 運営条約）が従来の国際条約とは異なり，独自の法秩序を構築するものであることを明確に打ち出した。これら 2 つの原則が確立したことにより，EU 法はその実効性を発揮することになった。

　そのうちの 1 つ，EU 法の直接効果は，欧州司法裁判所が，まず EU 諸条約の条文を個人が国内裁判所において直接適用可能であると判示したことから始まった。さらに，EU 法の直接効果は，条約条文の直接効果のみならず，EU 法行為（第二次法）の直接効果を認める方向で拡大されてきた。EU 運営条約 288 条は，EU 法行為として，規則，指令（命令），決定，勧告・意見を規定している。

　規則は，一般的適用性（general application）を有し，すべての構成国において直接適用可能である（directly applicable）と同条に規定されている。それゆえ，その直接効果（個人が裁判所において直接それに依拠し，権利を行使できること）を認めることについては，あまり大きな問題はなかった[7]。

　それに対して，決定は，名宛人に対して，拘束力を有し，また，指令は，達成すべき結果について，構成国を拘束するが，方式および手段の選択は構成国に任されているとするのみで，直接効果に関しては EU 諸条約上定めがない。それゆえ，構成国側からは規則の効力と指令・決定の効力が区別されるべきとの主張がなされた[8]。これに対して，裁判所は，Grad 事件（Case

---

(5) Case 26/62 Van Gend & Loos v Netherlands Inland Revenue Administration [1963] ECR 1.
(6) Case 6/64 Flaminio Costa v E.N.E.L. [1964] ECR 585.
(7) Case 43/71 Politi v Ministry for Finance of the Italian Republic [1971] ECR 1039.

9/70）において「規則が直接適用可能であり，それゆえその性質から直接効果を生み出しうるのは真であるが，そこから他のカテゴリーの法措置が似た効力を生み出しえないと結論づけることはできない」とし，さらに，「国民が国内裁判所で権利を主張できず，国内裁判所がそれを共同体法の一部としてそれを考慮に入れることができないのであれば，その措置の実効性は弱められてしまう」と述べ，「直接効果を生み出すか否かは，その性質，一般的枠組みおよび文言により審査される」とした(9)。裁判所は，Yvonne van Duyn 事件（Case 41/749）(10)において，指令の直接効果について，Grad 事件を引用しつつ，ある条件の下で直接効果が生じうることを確定した。また，裁判所は，Ratti 事件（Case 148/78）(11)において，指令が直接効果を有することの結果として，国内法化していない指令に違反する国内刑法を適用しないようにと判示した。なお，欧州委員会対ベルギー事件(Case 102/79)では，Ratti 事件を引用しつつ，個人が国家を指令の直接効果に依拠して訴えることができるのは，個人に対する最小限の保障（minimum guarantee）であると位置づけられた(12)。

さらに，Becker 事件（Case 8/81）(13)において，裁判所は直接効果があるか否かの基準を確立した。すなわち，規定されている義務が無条件(unconditional)でかつ十分に明確（sufficiently precise）であれば，個人が指令に規定する権利に依拠しうるとした(14)。その際，無条件と見なされるか否かは，問題となっている権利が指令の一般的枠組み，文脈から考慮されるとし

---

(8) Case 9/70 Grad v Finanzamt Traunstein [1970] ECR 825, para. 4.
(9) *Ibid.*, paras. 5 and 6.
(10) Case 41/74 Yvonne van Duyn v Home Office [1974] ECR 1337.
(11) Case 148/78 Criminal proceedings against Ratti [1979] ECR 1629, para. 23.
(12) Case 102/79 Commission v Kingdom of Belgium [1980] ECR 1473, para. 12; *cf.* Case C-433/93 Commission v Federal Republic of Germany [1995] ECR I-2303, para. 24; Case C-253/95 Commission v Federal Republic of Germany [1996] ECR I-2423, para. 13; Case C-54/96 Dorsch Consult Ingenieurgesellschaft mbH v Bundesbaugesellschaft Berlin mbH [1997] ECR I-4961, para. 44. これらの判決において，直接効果は個人に対する最小限の保障と位置づけられ，他方で直接効果を認めることは構成国の指令の国内法化の義務を免除しないと判示された。
(13) Case 8/81 Becker v Finanzamt Münster-Innenstadt [1982] ECR 53.
(14) *Ibid.*, para. 25.

た(15)。また，規定の実施に関して，構成国に裁量が与えられていたとしても，上述した条件を満たせば，直接効果が生じることを明らかにした(16)。同時に，裁判所は，構成国が，指令を期限内に国内法化・実施しないという，構成国の怠慢を個人に対して抗弁することはできないとし(17)，直接効果が生じるのは，国家の怠慢のためという，いわゆるエストッペルによる正当化（estoppel justification）という図式を提示した(18)。

続いて，Constanzo 事件（Case 103/889）(19)において，裁判所は，直接効果の条件が満たされていれば，市役所のような地方機関を含むすべての行政機関が指令の規定を適用するよう義務づけられると判示するに至った。これにより，直接効果は，国内裁判所のみならず，すべての国内機関を拘束することが確立した。

並行して，裁判所は，国家概念を EU 法上拡大解釈することで，直接効果の生じる範囲を広げた。Marshall 事件（Case 152/84）において(20)，裁判所は私人間の直接効果，すなわち水平的直接効果を否定しつつも，国家は自らの怠慢により利益を得ることができないとし，国家がどのような役割をしていようと公的機関であるとし，国家の概念を広く捉えた。そうすることによって，当該事件において，病院（Health Authority）に対して個人が指令を直接適用することを認めた。同様に，Foster 事件（Case C-188/89）(21)において，裁判所は Marshall 事件を引用しつつ，「国家が雇用者または公的機関として行動していたか否かは問題とならない。……国家は共同体法により従わなかったことにより利益を得ることを妨げられなければならない」(22)とし，

---

(15) *Ibid.*, para. 27.
(16) *Ibid.*, para. 29.
(17) *Ibid.*, para. 24.
(18) Anthony Arnull, *The European Union and its Court of Justice*, (Oxford University Press, 1999), 118; *cf.* Josephine Shaw, *Law of the European Union*, third edition, (MacMillan, 2000), 441.
(19) Case 103/88 Fratelli Constanzo SpA v Comune di Milano [1989] ECR 1839.
(20) Case 152/84 Marshall v Southampton and South-West Hampshire Area Health Authority [1986] ECR 723.
(21) Case C-188/89 Foster and others v British Gas plc [1990] ECR I-3313.
(22) *Ibid.*, para. 17.

第6章　欧州司法裁判所による適合解釈の義務づけの発展

国家概念の拡大を進めた。すなわち、裁判所は、当該事件において、私的活動を行なっているイギリス・ガス（British Gas plc.）に対して、個人が指令の規定に直接依拠できると判示した。

　このように欧州司法裁判所は、条約に直接効果を認めることから始まって、規則、決定、指令においても直接効果を認めるに至った。さらに、指令については、義務履行の主体の対象を裁判所のみならず、行政機関を含むすべての国内機関に広げ、同時に国家の概念を拡大解釈することによって、公的活動ではなく、私的活動を行なっている公的機関も国家に含めるに至った。これらの判断の根拠として、国家は自己の怠慢により利益を享受できないということが一貫して提示されている。

(2)　指令の適合解釈（Richtlinienkonforme Auslegung）の義務づけの確立 ―― 間接効果（indirect effect）の発生

　ここでは、指令の間接効果を生じさせる、国内裁判所が、国内法が指令に適合するように解釈されなければならないという、EU 法による適合解釈の義務づけ (die Pflicht zur richtlinienkonformen Auslegung; the duty of consistent interpretation[23]) を明らかにしたい。具体的には、直接効果が生じない場合において指令の実効性 (die volle Wirksamkeit; effet utile) の確保を扱った Colson 事件、次に、私人間の効果（水平的直接効果）が生じないために適合解釈の義務づけを生んだ Marleasing 事件を取り扱う。さらに、その原則を補足する判例、Miret 事件と Haberman 事件を取り上げることにする。

〔1〕Colson 事件（Case 14/83）――1984 年 4 月 10 日判決[24]

　コルソン（Colson）とカーマン（Kaman）は、刑務所で働くソーシャル・ワーカーの空きポストに申請した。彼女らは、ソーシャル・ワーカー委員会のリストに一番上に名前が挙げられていたにもかかわらず、彼女らは採用されず、代わりに男性 2 人が採用された。これを不服として、コルソンとカー

---

(23) Arnull は、適合解釈の義務づけに "duty of construction" という語を与え、説明を加えている。Note(18), 126-132. その他、duty of sympathetic interpretation, doctrine of substantive effectiveness とも呼ばれることがあると、Shaw は述べている。Note(18), 446.
(24) Case 14/83 Colson and Kamann v Land Nordrhein-Westfalen [1984] ECR 1891.

182

マンがドイツのノルドライン・ヴェストファーレン州を訴えた。本件は、ハムにあるドイツ労働裁判所が、欧州司法裁判所に「雇用、職業訓練および昇進アクセス並びに労働条件に関する男女平等取り扱い原則の実施に関する理事会指令 (76/207/EEC)[25]」の解釈に関して、先決裁定を求めた。

これに対し、当該事件において裁判所は、男女差別がなされた場合の制裁について当該指令6条が無条件でかつ十分に正確な義務を含んでいないことを明らかにした。しかし、同時に裁判所は、本件において、次のような適合解釈の義務を生み出した。すなわち、国内法、特に指令を実施するために特別に導入された国内法を適用する際、国内裁判所は、EC条約249条3項（現EU運営条約288条3項）に定める結果を達成するために、指令の文言および目的に照らして国内法を解釈することを要請されると判示した[26]。この適合解釈の義務づけに対する根拠を裁判所は、定められる結果を達成するという指令から生じてくる構成国の義務 (obligation)（EC条約249条（現EU運営条約288条））と、その義務の履行を確保するために、一般または個別的にであれ、すべての適当な措置をとるというEC条約10条（現EU条約4条3項）の下での義務 (duty) に求めた[27]。この適合解釈の義務づけは同日に判示されたHarz事件[28]においても見られる。

〔2〕 Marleasing事件 (Case C-106/89) —— 1990年11月13日判決[29]

Marleasing会社は、La Comercial会社が、Barviesa会社の債権者を欺くために、設立されたので、そのLa Comercialを設立する契約は理由がないまたは理由が不法 (without cause or whose cause is unlawful) なため、スペ

---

[25] OJ 1976 L 39, 40；ドイツ BGB 611a条が問題にされた。本判決において、ドイツにおける指令の国内法化が不十分であるとされたが、さらに、Case C-180/95 [1997] ECR I-2195により、ドイツにおける指令の国内法化が不十分であると判示され、その判決を受け、大幅に改正され、現行の611a条が誕生した。
[26] Case 14/83 Colson and Kamann v Land Nordrhein-Westfalen [1984] ECR 1891, para. 26.
[27] Ibid., para. 26.
[28] Case 79/83 Harz v Deutsche Tradex GmbH [1984] ECR 1921, para. 26.
[29] Case C-106/89 Marleasing SA v La Comercial Internacional de Alimentacion SA [1990] ECR I-4135.

イン法に基き無効になるとスペインの裁判所に訴えた。それに対して，La Comercial 会社は，「EC 条約 48 条 2 項（旧 58 条）（現 EU 運営条約 54 条）の意味における会社に対して構成国によって必要とされるセーフガードの調和についての指令（68/151）」の 11 条が会社の無効を網羅的にリストアップし，その中で理由なし（lack of cause）は，無効原因とされていないと主張した。スペインの裁判所が，この問題につき，欧州司法裁判所に先決裁定を求めたのが本件である。

欧州司法裁判所は，前述した Colson 事件（Case 14/83）を引用し，「国内法を適用する際，国内裁判所は，問題となっている規定が指令の前または後で採択されたいずれにせよ，指令によって追求されている結果を達成し，EC 条約 189 条（現 EU 運営条約 288 条）3 項を遵守するために，指令の文言と目的に照らしてできるかぎり解釈するように要請される」(30)とし，適合解釈の義務づけを行なった。

〔3〕 Miret 事件（Case C-334/92）── 1993 年 12 月 13 日判決(31)

倒産した会社において，高い地位のマネジメント・スタッフとして雇用されていた Miret は，給料保証基金（Fondo de Garantía Salarial）に対し，まだ支払われていない分の給料の支払いを求め，スペインの国内裁判所に訴えた。スペインにおいては，1980 年 3 月 10 日のスペイン雇用法により倒産の場合の保証基金を設立されていた。その後 1987 年に，会社倒産の際の被雇用者に関する理事会指令（80/987/EEC）が採択された。指令は国内法化されなければならないが，その手段と方法は構成国に任されている。スペインは既存のスペイン被雇用者法が当該指令の目的・内容を実現するものであると考え，別段の国内法を採択したりしなかった。

しかし，既存のスペイン被雇用者法では，高い地位のマネジメント・スタッフには，適用されないというのが，スペインの裁判所における一致した見解であった。他方，スペイン裁判所の中で，当該指令に依拠できるか否か

---

(30) *Ibid.*, para. 8.
(31) Case C-334/92 Teodoro Wagner Miret v Fondo de Garantía Salarial [1993] ECR I-6911.

については，見解は分かれていた。よって，本件においては，当該指令の解釈，すなわち高い地位のマネジメント・スタッフを含め，すべての被雇用者に適用されるのかについて欧州司法裁判所は，スペイン裁判所から先決裁定を求められた。

欧州司法裁判所は，まず，すべての裁判所は当該指令から生じてくる義務を果たす意図を有していたと前提しなければいけないとした。次に，Marleasing事件（Case C-106/89）を引用し，国内法を適用する際には，指令の結果を達成するために指令の文言と目的に照らしてできるかぎり解釈することを要請されるとし，これまでの適合解釈の義務を確認した。その上で，欧州司法裁判所は，特に国内裁判所が本件のように既存の国内法が指令の要求を満たしていると国家が考える場合には，この適合解釈の原則に従わなければならないとした(32)。

〔4〕 Habermann 事件（Case C-421/92）——1994年5月5日判決(33)

老人介護の資格を有する看護婦（Habermann）が施設（Arbeiterwohlfahrt）と労働契約を結んでいたが，雇用は夜間のみとなっていた。雇用が開始して約1カ月後，体調がすぐれないため，Habermann は，仕事を休んでいたが，妊娠していることが判明した。そこで雇用側は，任務の夜間労働は母性保護法8条1項で禁じられているため雇用契約を終了しようとしたが，Habermann がそれに納得せずドイツの裁判所に訴えた。ドイツ裁判所が，そのような法律が雇用アクセス，職業訓練および昇進，並びに労働条件に関する男女平等取扱い原則の実施に関する理事会指令（76/207/EEC）に違反するかについて欧州司法裁判所に先決裁定を求めたのが本件である。

雇用者側は，紛争は私人間であり，裁判所もこれまで水平的直接効果を否定してきているように，当該指令に直接効果はないと主張した。これに対して，欧州司法裁判所は，ドイツ裁判所は，すでに国内法化された指令の解釈について先決裁定を求めているゆえに，その主張は受け入れられないとした。

---

(32) *Ibid.*, paras. 20 and 21.
(33) Case C-421/92 Habermann-Betlermann v Arbeiterwohlfahrt, Bezirksverband Ndb./Opf.e.V. [1994] ECR I-1657.

第6章　欧州司法裁判所による適合解釈の義務づけの発展

　その上で，欧州司法裁判所は，Marleasing 事件（Case C-106/89）を引用し，国内法を適用する際に，その規定が指令の前または後に採択されたかどうかにかかわらず，指令により追求されている結果を達成し，EU 運営条約288条3項を遵守するために，指令の文言および目的に照らしてできるだけ解釈することが要請されるとした[34]。

〔5〕　小　括

　Colson 事件（Case 14/83）においては，指令の規定が無条件でかつ十分に明確であるという条件を満たさないために，指令の直接効果が認められず，裁判所は，指令の実効性を確保するために，間接効果(indirect effect; indirekte Wirkung)の生じる，指令の適合解釈の義務づけというツールを生み出した。他方，Marleasing 事件（Case C-106/89）においては，指令の規定は無条件でかつ条文に明確であるという条件を満たすが，国家に対する指令の直接効果（垂直的効果）ではなく，私人に対する指令の直接効果（水平的直接効果）が問題となり，その水平的直接効果を認めないスタンスをとっているために，裁判所は，指令の適合解釈の義務づけという代替案を用いた。

　すなわち，Colson 事件においては，直接効果が発生しない場合に，適合解釈が用いられたが，他方，Marleasing 事件においては，水平的直接効果がない，私人間関係に適合解釈が用いられた。これらが，適合解釈のリーディング・ケースとなっている。

　さらに，欧州司法裁判所は，Miret 事件（Case C-334/92）において，指令採択前からの既存の国内法が，指令を実現するものとして，国家が考える場合は，特に，適合解釈の原則に従わなければならないとした。

　また，Habermann 事件（Case C-421/92）では，国内法化された指令においては私人間においても直接効果をもちうることが明らかにされた。

　加えて，Marleasing 事件において明らかにされた原則，すなわち，指令の適合解釈の義務が，先に国内法が存在している場合でも生じることが Habermann 事件において確認された。この原則は，適合解釈されるべきなのは，指令実施のための国内法のみならず，全国内法(alle innerstaatlichen Rechtsvor-

---

[34] *Ibid.*, paras. 8-10.

schriften）であることを意味する(35)。さらに，この原則により，同じ法律でも，指令の発効後は，それにあわせて同規定の解釈が変わりうること，同時に，伝統的な解釈に優位して適合解釈が要請されることを意味することになると考えられる(36)。

(3) 適合解釈適用の制約

以上のように，指令の適合解釈の義務づけがどのように欧州司法裁判所によって確立されてきたかを見てきた。そこでは，国内裁判所が指令の適合解釈を要請されることが原則として確立したが，ここでは，逆に国内裁判所が指令の適合解釈を用いないよう欧州司法裁判所から要請される場合を見ておきたい。

〔1〕 Kolpinghuis 事件（Case 80/86）── 1987年10月8日判決(37)

Kolpinghuis 事件においては，「ミネラルウォーターの利用とマーケティングに関する構成国の法の接近に関する指令（80/777）」をめぐって，国家が国内法化していない指令をたてに個人に刑罰を科すことができるか否かが問題となった。

裁判所は，まず前述した Becker 事件（Case 8/81）を引用して，指令の規定が無条件でかつ十分に正確であり，国家が期限までにその規定を国内法化しなかった，あるいは，指令を適当に国内法化しなかった場合は，個人はその規定を国家に対し行使することができると，指令の直接効果を確認した。

---

(35) この原則の重要性から，Marleasing 事件を適合解釈の新たな段階を示す判決と位置づけるものとして，Winfried Brechmann, *Die richtlinienkonforme Auslegung*, (C. H. Beck, 1994), 66-69.

(36) *Cf.* Georg Ress, „Die richtlinienkonforme 'Interpretation' innerstaatlichen Rechts", *DÖV*, (1994), 489, 490.「指令が完全に国内法化されていても,同じ文言である国内法であっても,指令の意味で解釈されなければならない,すなわち,共同体法の解釈規則が国内法にも適用されなければならない。」Marek Schmidt, „Privatrechtsangleichende EU-Richtlinien und nationale Auslegungsmethoden", *RabelZ*, (1995), 569, 590-591.「国内裁判所は，構成国の機関として，法システムに存在する解釈規則を共同体法に照らして運用する権限があり，同時にそのように義務づけられている」。

(37) Case 80/86 Criminal proceedings against Kolpinghuis Nijmengen BV [1987] ECR 3969.

第6章　欧州司法裁判所による適合解釈の義務づけの発展

次に，裁判所は，この考え方が，国家に課されている義務が履行されないと指令の拘束力と合致しなくなってしまうということを前提にしていることを明らかにした。その上で，裁判所は，国内法化を怠っている構成国は，個人に対して自らの怠慢を抗弁することができないと述べ，最終的に，指令の直接効果は個人のみが依拠できるのであって，指令は個人に対して義務を課さず，国家は指令に依拠できないことを明確に判示した[38]。

続いて，裁判所は，国家が指令の適合解釈をすることで，個人に刑罰を科せるかという点について，以下のように判示した[39]。国内法の関連法規を解釈する際に指令の内容を参照する国内裁判所の義務は，EU法の一部を形成する法の一般原則，とりわけ法的安定性と不遡及の原則によって制限されるとした。国内裁判所は，指令に合うように解釈するように要請されるが，指令の規定に反して行動する個人に対し，刑法上の責任を決定したり，その責任から不利益を与えたりする効力をもち得ないとして，国内裁判所による適合解釈の援用を制約した。

〔2〕　Arcaro 事件（Case C-168/95）——1996年9月26日判決[40]

Arcaro 事件においては，「共同体の水環境に排出される危険な物質によって引き起こされる汚染に関する理事会指令（76/464）」において排出前に管轄機関の許可が必要と定める当該指令3条の直接効果およびその適合解釈の適用性が問題となった。本件は，前述した Kolpinghuis 事件（Case 80/86）と同様に国家が指令に依拠できるかということが問題にされた。まず，裁判所は，指令が完全に国内法化されていない場合，公的機関は個人に対して指令の規定に依拠できないとした[41]。

次に，本判決では，従来から確立している適合解釈の義務を確認した上で，適合解釈の制約につき，Kolpinghuis 事件を引用しつつ，以下のように判示した[42]。すなわち，適合解釈が国内法化されていない義務を個人に課すことにつながる場合，特に指令の実施のために制定された国内法が存在しない

---

[38] *Ibid.*, paras. 7-9.
[39] *Ibid.*, paras. 13-14.
[40] Case C-168/95 Criminal proceedings against Luciano Arcaro [1996] ECR I-4705.
[41] *Ibid.*, paras. 35-38.

にもかかわらず，指令の規定に違反して行動している者に対し，指令の規定に基き，刑法上の責任を決定したり，その責任から不利益をもたらす効果を有するところでは限界をみるとした。これにより，国家が適合解釈により個人に負担をかけるような場合は適合解釈が制約されることが明らかにされた。ただ，本件の場合は，国家が個人に義務を課す場合が問題となったが，本件からは，指令が個人に義務を課すような場合，個人間に適合解釈が適用されるのか否かは不明である[43]。

〔3〕 小 括

前述した Colson 事件（Case 14/83）および Marleasing 事件（Case C-106/89）では，指令の直接効果が認められないために，欧州司法裁判所は指令の実効性確保のための次善策として，国内裁判所に指令の適合解釈を義務づけるという原則を発達させた。他方，Kolpinghuis 事件（Case 80/86）および Arcaro 事件（Case C-168/95）においては，国家が指令を国内法化・実施するという義務を怠っているにもかかわらず，指令の直接効果に訴えて，個人に刑罰を加えるなどの不利益を被らせることはできないと欧州司法裁判所は考え，国内裁判所が指令の適合解釈を用いることを禁じた。上述したように，国家が指令の直接効果を個人に対して援用できない根拠と同じく，ここにおいても，国家が自らの怠慢から利益を受けることはできないという欧州司法裁判所の認識が貫かれている。

(4) 適合解釈の義務づけの EU 法上の位置づけ

欧州司法裁判所は，1984 年の Colson 事件（Case 14/83）において，指令の適合解釈の義務づけという EU 法の実効性確保のツールを発展させた。さらに，1991 年，裁判所は，Francovich 事件（Joined cases C-6/90 and C-9/90）[44]において，指令が期限内に国内法化・実施されないために，損害を被った個人が国家に対し，損害賠償を請求できるという画期的な判決を下す

---

(42) *Ibid.*, paras. 41-42.
(43) なお，適合解釈が適用されるという説を採るものとして，Arnull, note(18), 132.
(44) Joined Cases C-6/90 and C-9/90 Francovich and others v Italian Republic [1991] ECR I-5357.

189

第6章　欧州司法裁判所による適合解釈の義務づけの発展

にいたった。本節では，適合解釈の義務づけと損害賠償請求（国家責任）という2つのツールがどのような関係にあるのかを明らかにしたい。

〔1〕　Miret 事件（Case C-334/92）── 1993年12月13日(45)

Miret 事件では，前述したように，既存のスペイン被雇用法が，会社倒産の際の被雇用者に対する理事会指令の目的・内容を実現するものとスペインにより考えられていたが，両者を解釈する際相違がでてくるため，欧州司法裁判所は指令の文言と内容にあわせて国内法を解釈するようにと適合解釈を義務づけた。しかし，既存のスペイン被雇用法は，当該指令の異なり，高い地位のマナジメント・スタッフには，どのように解釈しても適用できないという認識があらわされた。これに対して，欧州司法裁判所は，Francovich 事件を引用して，当該構成国は指令を実施するのを怠った結果として引き起こされた損害を補償する義務があるとした(46)。すなわち，裁判所は本件において，適合解釈のツールが機能しない場合のセーフティ・ネットとして，国家に対する損害賠償請求が用いられることを示唆した。

〔2〕　Dori 事件（Case C-91/92）── 1994年7月14日(47)

Dori 事件において，原告 Dori は，イタリアのミラノ駅でキャッチ・セールスにあい，英語通信コースを受講する契約を Recreb 会社と結んだ。後日，Dori は，「ビジネス・プレミス（business premises）から離れて交渉された契約についての消費者保護に関する指令（85/577/EEC）」に基くキャンセルの権利に依拠し，同契約の解除の意思を示す手紙を Recreb 会社に送付した。Recreb は，イタリア裁判所に Dori が利子をつけて同意された費用の合計を支払うよう求めた。イタリア裁判所は，当該指令の解釈について，欧州司法裁判所に先決裁定を求めた。

欧州司法裁判所は，①当該指令の規定が無条件でかつ十分に明確か否かという問題，②私人間に適用されるかという問題に分けて，検討を行なった。①の検討では，欧州司法裁判所は，指令の規定が無条件でかつ十分に明確で

---

(45) Case C-334/92 Teodoro Wagner Miret v Fondo de Garantía Salarial [1993] ECR I-6911.
(46) *Ibid.*, para. 22.
(47) Case C-91/92 Dori v Recreb Srl [1994] ECR 1994 I-3325.

あると認定した。

②の検討に当たっては，まず，Marschall 事件（Case 152/84）を引用し，指令は，それ自身個人に義務を課すことができない，それゆえ個人に対してはそこに依拠することができないとした。そこでは，裁判所は，国家に対して指令に依拠する可能性についての判例法は，EC 条約 249 条（現 EU 運営条約 288 条）の下で指令が名宛人としている国家に対してのみ拘束力があるという事実に基いていると述べ，判例法は，国家が EU 法を遵守しないことから利益を得ることを妨げようとしていることを強調した[48]。同時に，私人間に直接効果の判例法を拡大することになれば，規則を採択する以外に，EU に個人の義務を設定する権限を認めることになってしまうとし，本件において水平的直接効果を否定した[49]。

次に，欧州司法裁判所は，Colson 事件（Case 14/83）を引用し，指令の義務と EC 条約 10 条（現 EU 条約 4 条 3 項）からの義務は，司法機関を含み，すべての構成国の機関を拘束することを確認し，さらに Marleasing 事件（Case C-106/89）を引用し，構成国が指令の適合解釈をするよう要請されるとした[50]。

加えて，欧州司法裁判所は，解釈によって指令に規定される結果が達成されえないときは，Francovich 事件（Joined cases C-6/90 and C-9/90）で認められたように，指令の国内法化・実施を怠った構成国に対し，損害賠償を請求できることを提示した[51]。

〔3〕小　括

Miret 事件（Case C-334/92）においては，適合解釈に対する関係では，適合解釈が機能しない場合の次善策として，個人の国家に対する損害賠償の請求が位置づけられることが明らかにされた。Dori 事件（Case C-91/92）では，さらに踏み込んで，直接効果，適合解釈，損害賠償請求（国家責任）の関係が明確にされた。

---

[48] *Ibid.*, para. 21-22.
[49] *Ibid.*, para. 25.
[50] *Ibid.*, para. 26.
[51] *Ibid.*, para. 27.

第6章　欧州司法裁判所による適合解釈の義務づけの発展

　Dori 事件において，法務官 Lenz により，私人間の直接効果（水平的直接効果）を認める意見が出されていたが，裁判所は，直接効果の条件，すなわち指令の規定が無条件でかつ十分に明確であるという条件を満たしていても，私人間には指令が直接効果を有さないことを改めて明確に示した。また，同事件において，水平的直接効果を認めないことの次善策として，指令の適合解釈のツールを提示し，さらにこのツールが機能しない場合には，第3の策として，国家に損害賠償を請求するという手段（国家責任）を示唆した。すなわち，欧州司法裁判所は，EU 法の実効性確保のために，三重のツールを発展させてきたということができる。

　1997年の Dorsch 事件（Case C-54/96）においても関連する国内法が指令に適合する形で解釈できないときは，損害賠償を請求できると判示されている[52]。また，国内裁判所（スペイン）が国内法を指令に適合させて解釈できないと前もって認識を示していた El Corte Inglés 事件（Case C-192/94）[53] では，欧州司法裁判所は，水平的直接効果が生じることを否定した後，適合解釈の義務に言及することなく，直接，損害賠償（国家責任）請求のツールを提示した。

(5)　適合解釈義務をめぐる諸問題
〔1〕　適合解釈義務の発生時期

　国内裁判所は，指令の国内法化の期限経過前においては，EU 法上適合解釈を義務づけられないと考えられた。しかし，国内裁判所が国内法化されていないが，まだ国内法化の期限がすぎていない，指令に照らして国内法を解釈することが，議会の立法主権を侵害しないか否かという議論が存在した[54]。近年，指令の適合解釈を EU 法の一般原則の補強手段として用いて推し進める欧州司法裁判所の判例がだされている。構成国の義務違反は，指令の国内法化・実施の期限が過ぎたときに発生する。指令の直接効果が認められる条件として，指令の国内法化・実施の期限が過ぎたことが挙げられる

---

[52] Case C-54/96 Dorsch Consult Ingenieurgesellschaft mbH v Bundesbaugesellschaft Berlin mbH [1997] ECR I-4961, para. 45.
[53] Case C-192/94 El Corte Inglés SA v Cristina Blázquez Rivero [1996] ECR I-1281.

1　EU法の適合解釈

のもそれに関連している。

　Mangold 事件（Case C-144/04）[55]においては，指令の国内法化・実施の期限がまだ過ぎていない場合，すなわち構成国の義務違反がまだ発生していない場合の国内裁判所の義務が問題となった。同事件においては，任期付き労働に関する枠組協定に関する理事会指令 1999/70 により効力をもった 1999 年 3 月 18 日に締結された任期付き契約に関する枠組協定の 2,5 及び 8 条並びに雇用及び職業における平等取扱いに対する一般枠組を設定する理事会指令 2000/78 の 6 条の解釈について先決裁定が求められた。

　具体的には，指令 2000/78 の 6 条(1)が，労働者が 52 歳に達した場合任期付き契約の締結を許容する国内法の規定を排除すると解釈されるか否かということについて先決裁定が求められた。指令 2000/78 の 6 条(1)は，もし正当な目的により客観的に正当化されるのであれば，年齢に基づく異なる取扱いは許容されるとしていた。なお指令 2000/78 の国内法化の期限は，2003 年 12 月 2 日となっていたが，場合によりそこから 3 年延長ができること，つまり 2006 年 12 月 2 日まで可能となっていた。ドイツでは，関連法として雇用促進法律及び指令 1999/70 を国内法化したパートタイム労働及び任期付き契約に関する法律（以下 TzBfG）が存在した。TzBfG の 14 条 3 項は，任期付き契約は，客観的な理由がないと締結できないが，任期付き雇用関係が開始される時までに労働者が 58 歳を越えている場合には客観的な正当化を必要としないと規定していた。しかし，2002 年 12 月 23 日の労働市場に関するサービスの規定についての法律により修正され，2006 年 12 月 31 日までは，58 歳に代えて 52 歳と読まれるとなっていた。Mangold は 2003 年 6 月 26 日に弁護士の Helm と契約をかわした。契約日は，2003 年 6 月 26 日

---

(54) 国内裁判所による期限前の指令の適合解釈を批判するものとして，Ulrich Ehrike, „Die richtlinienkonforme Auslegung nationals Rechts vor Ende der Umsetzungsfrist einer Richtlinie", *EuZW*, (1999), 553-559；ドイツ連邦裁判所が，期限が過ぎる前に指令の効果を考慮して UWG 1 条を解釈した判例が存在した（EuZW 1998, 474；BGHZ 138, 55；BGH, Urteil v 5.2.1998）。
(55) Case C-144/04 Mangold [2005] ECR I-9981；橋本陽子「年齢差別の成否と平等指令への国内法の強行的適合解釈義務——指令の水平的直接効果と同然の結果の達成」『貿易と関税』54 巻 9 号（2006 年）75-70 頁。

でまだ指令 2000/78 の国内法化の期限は過ぎていなかった。また，契約当時 Mangold は 56 歳であった。契約書の 5 条では，雇用関係は 2003 年 7 月 1 日から 2004 年 2 月 28 日までとなっていた。Mangold は，任期付き契約の締結を許容する TzBfG 14 条 3 項は枠組協定及び指令 2000/78 に合致しないと主張した。

　欧州司法裁判所は，次のように判示した[56]。指令の国内法化の期限の期間，構成国は指令により定められている結果の達成を損なわせる可能性のある措置をとることを慎まなければならない。TzBfG 14 条 3 項の規定が，構成国が指令を国内法化しなければならない期限よりほんの数週間後であるという事実は，決定的ではない。本件のように例外的に期間の延長が認められていることは，構成国が，指令 2000/78 により定められる結果に国内法を漸進的に近づけていくべきことを含意している。構成国にこの実施猶予期間の間に指令の目的と両立しない措置を採択することが許容されれば，その義務は余分なものとなってしまうであろう。指令は，それ自体雇用及び職業の分野における平等取扱い原則を定めていない。年齢に基づく非差別の原則は，EU 法の一般原則としてみなされなければならない。平等取扱い，とりわけ年齢に関する一般原則の遵守は，年齢に基づく差別に対処する一般枠組を設定することを意図している指令の国内法化に対し構成国に許容している期間が過ぎていることを条件とすることができない。EU 法と抵触しうる国内法の規定を排除することによって，個人が EU 法の法規から引き出す法的な保護を個人に与え，そのような法規が十分に効果的になるように確保するのは国内裁判所の責任である。指令の国内法化に定められる期間がまだ到来していない場合でさえも EU 法と抵触しうる国内法の規定を排除することによって，年齢に関する非差別の一般原則の十分な実効性 (full effectiveness) を確保するのは，国内裁判所の責任である。

〔2〕　適合解釈が不可能な場合の義務——国内法の排除

　欧州司法裁判所は，私人間の訴訟において指令の適合解釈ができない場合に，指令に反する国内法を適用しないように国内裁判所により明確に義務づ

---

[56] *Ibid.*, paras. 67-78.

けたのが，Mangold II 事件とも呼ばれる Kücükdeveci（Case C-555/07）事件[57]である。この義務は適合解釈義務の派生的義務あるいは広義の適合解釈義務と捉えられる。

　Kücükdeveci（以下「K」）は，18歳の時から Swedex 社に勤務していたが，解雇された。解雇通告は，約1カ月前であった。K は，1996年6月4日に雇用されてから10年以上勤務していた。10年以上勤務している場合には，ドイツ民法622条2項によると解雇は，通告から4カ月経った月の末日となるはずであったが，同項は同時にこの規定が，被雇用者が25歳になるまでの期間は考慮に入れられないと定めていたため，25歳までの勤務期間は考慮の対象とはならなかった。そこで K は，ドイツ裁判所に訴えを起こし，同法律は EU 法に反しており適用できないと主張した。ドイツの裁判所は，国内法が年齢に基づく差別の禁止の共同体法，とりわけ第一次法または雇用及び職業における平等取扱いのための一般原則を設定する理事会指令2000/78に違反するか否か，さらに国内裁判所は，共同体法に反する国内の規定を適用してはならないかについて先決裁定を求めた。同指令は，Mangold 事件のときに取り扱われたのと同じ指令であるが，解雇のときには指令の国内法化の期限は過ぎていた。

　欧州司法裁判所は，Mangold 事件に言及しながら，裁判所は EU 法の一般原則としてみなされるべき，年齢に基づく非差別の原則の存在をこれまで認識してきたとした。その上で，裁判所は，指令2000/78は，その原則に個別に表現を与えるものであるとした（21段）。EU 法，特に，指令2000/78により表現（具体化）された年齢に基づく非差別の原則は，25歳に達しない被雇用者による雇用期間を解雇の通知期間の算定において考慮しないと定める国内法を排除するものとして解釈されなければならないとした。もっとも Mangold 事件及び Mangold II 事件（Kücükdeveci 事件）に関して指令に反する国内法が不適用になるとも解されるが，欧州司法裁判所は，同指令が EU 法の一般原則である非差別の禁止原則を具現化したものであるという点を強

---

[57] Case C-555/07 Kücükdeveci [2010] ECR I-365；橋本陽子「年齢差別禁止原則の水平的効果」『貿易と関税』58巻10号（2010年）87-83頁．

調しており，一般的な指令に反する国内法がすべて不適用になるわけではなく，指令がEU法の一般原則と密接に結びついている場合にのみ国内法が不適用になると捉えられる。

〔3〕 指令の前効果とドイツ連邦憲法裁判所判決

Mangold事件は，私人間の訴訟で指令の国内法化・実施の期限がまだ到来していない時期のものであったにもかかわらず，指令に一定の効果を認めた。これに関連して，ドイツ連邦憲法裁判所のHoneywell事件が存在する。原告の自動車下請け会社（Honeywell会社）は，原訴訟の原告と期限付き労働契約を締結した。原告は，リューベック労働裁判所において労働契約の期限設定の無効を主張した。同裁判所及びシュレースビッヒ・ホルシュタイン州労働裁判所は原告の主張を棄却したので，原告はドイツ連邦労働裁判所（以下BAG）に上告した。同裁判所は，上述したMangold事件判決に依拠しつつ，労働契約に期限を付けたことは無効であるとした。そこで，H会社は，BAGの判決，間接的には欧州司法裁判所のMangold判決に対してドイツ連邦憲法裁判所において憲法異議を行ったのがHoneywell事件[58]であった。

この事件において，憲法裁判所は，次のように判示した[59]。欧州司法裁判所の判例法は，発効した指令の国内法化実施期限が過ぎる前においても指令に定められている目的に重大な疑問を投げかけるような規定を採択しないように構成国に義務づけている。Mangold判決は，指令の国内的効果に関する欧州司法裁判所のこれまでの一連の判例の中に分類される。欧州司法裁判所は，指令は「個人に義務を根拠づけることはできず，それゆえ指令そのものに依拠することは可能ではない」と何度も判示してきているが，他方で指令に反して公布された国内規範は私人間の訴訟において適用されてはならないと認定してきた。欧州司法裁判所は，Mangold判決において指令の前効果（Vorwirkung）を承認したことにより，指令のいわゆる「消極的」効果（„negative" Wirkung）[60]のカテゴリーの中にさらなる分類項目を生みだした。

---

(58) BVerfG 2 BvR 2661/06 vom 6. Juli 2010, para. 77；中西優美子「ドイツ連邦憲法裁判所によるEU機関の行為に対する権限踰越コントロール」『自治研究』89巻4号（2013年）147-155頁。

(59) *Ibid.*, paras. 76-77.

1 EU 法の適合解釈

　もっともこの指令の前効果は，指令の「消極的」効果に関する判例と同様に構成国の既存の法的義務を実施することのみに寄与するのであり，権限付与原則を侵害する，構成国に対する新しい義務を創設するものではないと。
　ドイツでは，Mangold 事件に対する批判が多かったが，ドイツ連邦憲法裁判所は，当該ドイツ法律は指令 2000/78 の国内法化・実施期限の前に制定されていたが，その適法解釈の義務，ひいては抵触する国内法の不適用を求める Mangold 事件判決がドイツ基本法違反であるという判断は下さなかった。

(6) 補足：Grimaldi 事件（Case C-322/88）──1989 年 12 月 13 日判決[61]

　ここでは，補足として，EU 法行為の 1 つ，勧告の適合解釈の例を示しておきたい。指令とは異なり，EU 運営条約 288 条は，勧告は拘束力を有しないと規定している。
　イタリア人の Grimaldi は，1953 年から 80 年の間ベルギーで働いていた。1983 年 Grimaldi は，職業病基金に，わずらっているデュピュイトラン拘縮（Dupuytren's contracture）が，職業病であることの認定を求めた。しかし，同基金はベルギーの職業病表に載っていないとして，拒否した。デュピュイトラン拘縮は，EU の職業病表によると，それも含まれるとの解釈可能であったため，Grimaldi は，ベルギー裁判所に訴えた。EU の職業病表は，1962 年の勧告により国内法に導入されるべきとされていたものである。
　欧州司法裁判所は，まず，勧告がだされて 25 年以上経っている事実は，法的効果（legal effect）を変更しないとした。その上で，裁判所は，次のように展開させた。しかしながら，勧告が何らの法的効果（legal effect）も有さないと見なされてはならないとし，さらに，国内裁判所は，特に勧告を実施するために採択された国内措置の解釈する場合，または，拘束力ある共同体法規を補足するために勧告がだされた場合は，紛争を解決するために勧告

---

(60) ドイツ連邦憲法裁判所は，指令の私人間の直接効果が認められない場合に欧州司法裁判所が認めてきた付随的水平的効果などを「消極的」効果として捉えている。
(61) Case C-322/88 Salvatore Grimaldi v Fonds des maladies professionnelles [1989] ECR 4407.

第6章　欧州司法裁判所による適合解釈の義務づけの発展

を考慮に入れることが義務づけられるとした(62)。

指令の適合解釈とは異なり，考慮に入れるという控えめな義務にとどまっているが，欧州司法裁判所は，このような形で構成国が勧告に従うように仕向けている。

◆2◆　国際法の適合解釈の義務づけ

1において，欧州司法裁判所が指令の適合解釈の義務づけをどのように発達させてきたかをみた。本節においては，欧州司法裁判所がそのツールを国際法の解釈においてどのように，また，なぜ用いるのかについて明らかにしていきたい。国際法の適合解釈が問題となった事件においては，①国際法の位置づけ，②国際法の直接効果，③統一的適用，④裁判管轄権，並びに，⑤国際法の援用が複合的に関連してくるため，国際法の適合解釈が確立するまで，欧州司法裁判所がそれぞれの事項について，どのような判断を下してきたのかを前提としてみておきたい(63)。その上で，欧州司法裁判所による国際法の適合解釈の義務づけを検討することにする。

(1)　考察の前提
〔1〕　EU法における国際法の位置づけ

1974年のHaegeman事件（Case 181/73）(64)において，欧州司法裁判所は，EUとギリシャ（当時非加盟国）との間で締結された連合協定の解釈につき，先決裁定をベルギー裁判所から求められた。欧州司法裁判所は，まず，当該協定がEEC条約228条（現EU運営条約218条）とEEC条約238条（現EU運営条約217条）を法的根拠にして理事会決定によって締結されていることを確認した。そのことから裁判所は，当該協定がEUに関するかぎり，EEC条約177条1項（現EU運営条約267条1項）に定められるEU機関の行為で

---

(62) *Ibid.*, paras. 17-18.
(63) 条約の効果について，Dominik Lasok/John William Bridge, *Law & Institutions of the European Union*, Seventh Edition, (Butterworths, 2001), 93-98参照。
(64) Case 181/73 R. & V. Haegeman v Belgian State [1974] ECR 449.

あると認定した。その上で，裁判所は，よって当該協定は発効後EU法の一部 (an integral part)(65)を形成すると判示した(66)。

Demirel事件 (Case 12/86) においても，欧州司法裁判所は，Haegeman事件を引用しつつ，現EU運営条約218条と現EU運営条約217条のもとで締結された協定は，EU機関の行為であるとし，EU法のシステムの一部となるとした(67)。Sevince事件 (Case C-192/89)(68)においても同様に確認されている。

〔2〕 国際法の直接効果(69)

1972年のInternational Fruit Company事件 (Joined cases 21 to 24/72)(70)は，直接効果を認めるか否かの基準を示した，リーディング・ケースである。同件においては，欧州委員会規則の有効性，すなわち委員会規則がGATT11条に違反するか否かの審査につき，オランダ裁判所から欧州司法裁判所に先決裁定が求められた。これを審査するに当たって，欧州司法裁判所は，検討対象を2分した。第1に，国際法の規定とEU法規の不一致がEU法行為に影響を与えることができるためには，まずEUが国際法の規定によって拘束されていなければならない。第2に，個人が国内裁判所においてEU法行為の無効に依拠しうるためには，国際法の規定が個人に裁判所で行使できる権利を与えていなければならないとした(71)。

第1の問題について，以下のように判示した。EEC条約（現EU運営条

---

(65) 協定は，EU法の一部と判示した他の判例として，Ruling 1/78 Ruling delivered pursuant to the third paragraph of Article 103 of the EAEC Treaty [1978] ECR 2151, para. 36; Case 30/88 Hellenic Republic v Commission of the European Communities [1989] ECR 3711, paras. 12-13.
(66) Case 181/73 R. & V. Haegeman v Belgian State [1974] ECR 449, paras. 3-5.
(67) Case 12/86 Demirel v Stadt Schwäbisch Gmünd [1987] ECR 3719, para. 7.
(68) Case C-192/89 Sevince v Staatssecretaris van Justitie [1990] ECR I-3461, para. 8.
(69) 国際条約の直接効果に関する先行研究として，須網隆夫「ECにおける国際条約の直接効果——『条約の自動執行性』と『EC法の直接効果』」『早稲田法学』76巻3号 (2001年) 53-110頁参照。
(70) Joined cases 21 to 24-72 International Fruit Company NV and others v Produktschap voor Groenten en Fruit [1972] ECR 1219.
(71) *Ibid.*, paras. 78.

第6章　欧州司法裁判所による適合解釈の義務づけの発展

約）が締結されたときに，構成国はGATTの義務に拘束されていたとし，EEC条約の下でGATT協定によって規律される分野において，構成国によって行使されていた権限をEUが有していると考えるかぎり，GATTの規定は共同体を拘束する効力を有しているとした[72]。第2の個人に対する直接効果の問題については，欧州司法裁判所はまず，GATTの精神（spirit），一般的枠組み（general scheme）および文言（terms）が考慮に入れられなければならないとした。次に，裁判所は，GATTの前文によると，相互的かつ互恵的な取極を基礎としてなされる交渉の原則に基いており，規定が，特に逸脱の可能性を認める規定，例外的な困難に対処するときにとられる措置，締結当事者間の紛争解決に柔軟性を残していることによって特徴づけられるとした上で，いくつかの条文を挙げ，直接効果の発生を否定した[73]。

1973年のSchlüter事件（Case 9/73）においても，GATTとEU法行為との合致性が問題となったが，欧州司法裁判所は，International Fruit Company事件と同じく，EU法行為の有効性審査には，問題となる法規がEUを拘束し，かつ，直接効果を有していなければならないことの2つが前提とされるとし，その上で，GATTの直接効果を否定した[74]。

他方，国際協定の直接効果を肯定した事件を挙げておくことにする。Kupferberg事件（Case 104/81）[75]では，EC（現EU）とポルトガル（当時非加盟国）との間で締結された協定21条1項[76]の解釈が問題になった。欧州司法裁判所は，協定の規定が直接効果を有するのに規定が無条件で十分に明確であるかどうかという問題は，協定の文脈で検討されなければならないとした。そこで具体的には，直接効果が問題となっている規定を協定の目的とその文脈に照らして分析する必要があるとの基準を示した[77]。その上で，

---

[72] Ibid., paras. 10-18.
[73] Ibid., paras. 20-27.
[74] Case 9/73 Schlüter v Hauptzollamt Lörrach [1973] ECR 1135, paras. 27-29.
[75] Case 104/81 Hauptzollamt Mainz v Kupferberg & Cie KG a.A. [1982] ECR 3641.
[76] Agreement between the European Economic Community and the Portuguese Republic, OJ 1972 L 301/165.
[77] Case 104/81 Hauptzollamt Mainz v Kupferberg & Cie KG a.A. [1982] ECR 3641, para. 23.

裁判所は，同協定は，セーフガード条項を含んでいたが，その適用は特別な場合に限定されており，直接効果には影響を与えるものではないと判断し，同協定 21 条 1 項の直接効果を認めた[78]。Sevince 事件（Case C-192/89）において，欧州司法裁判所は，EC（現 EU）とトルコとの連合協定に設立された連合評議会の決定も同連合協定と密接に結びついているゆえに，協定と同じように EU 法の一部をなすとし，それに対する欧州司法裁判所の裁判管轄権を認め，さらに，連合評議会の決定にも同様の直接効果判断基準を当てはめ，その直接効果を認定した[79]。その他の例としては，EC（現 EU）とモロッコ間の協力協定 41 条 1 項の直接効果を認めた Yousfi 事件（Case C-58/93）[80]，Hallouzi-Choho 事件（Case C-126/95）[81]，El-Yassini 事件（Case C-416/96）[82]，EC（現 EU）とアルジェリア間の協力協定 39 条 1 項の直接効果を認めた Banahenini 事件（Case C-113/97）[83]等が挙げられる。

　これまでは，個人が国内裁判所で国際法に依拠できるか否かという意味における直接効果を扱ってきたが，次に，欧州司法裁判所は，構成国が欧州司法裁判所で EU 法行為の合法性審査のために国際法に依拠できるか否かという問題にここで触れておきたい。欧州司法裁判所は，構成国により求められる合法性審査の問題に対しても個人に対して直接効果を認めるか否かの判断基準を用いることで対処してきた[84]。欧州司法裁判所は，いわゆるバナナ

---

[78] *Ibid.*, paras 21 and 27.
[79] Case C-192/89 Sevince v Staatssecretaris van Justitie [1990] ECR I-3461, paras. 9, 10, 15 and 26.
[80] Case C-58/93 Yousfi v Belgian State [1994] ECR I-1353, para. 16.
[81] Case C-126/95 Hallouzi-Choho v Bestuur van Sociale Verzekeringsbank [1996] ECR I-4807, para. 19.
[82] Case C-416/96 El-Yassini v Secretary of State for Home Department [1999] ECR I-1209, paras. 31-32. この事件では，EC とモロッコ間の協力協定の直接効果が認められたが，同協定と EC とトルコ間の連合協定は，文言は同じでも協定の目的が異なるので，同じようには解釈されないと判示されている。para. 42.
[83] Case C-113/97 Babahenini v Belgian State [1998] ECR I-183, para. 18.
[84] EC 条約 230 条（旧 173 条）（現 EU 運営条約 263 条）が EU 法行為の合法性審査に構成国に特権的提訴権を認めていることを欧州司法裁判所は考慮していないと批判する見解として，Ulrich Everling, "Will Europe slip on bananas? The bananas judgement of the court of justice and national courts", *CMLRev.*, (1996), 401, 422.

事件（Case C-280/93）[85]において国家に対するGATTの直接効果を，法行為がGATTの義務を実施することを目的とする場合あるいはGATT規定に明示的に言及している場合という，2つの例外的な場合を除いて，否定した。もっとも，最近，イタリア対理事会事件（Case C-352/96）において，バナナ事件を引用しつつ，この2つの例外に当たる場合，すなわち，EUがGATTの枠組みにおいて任された特別の義務を実施することを意図している，または，法行為がGATTの特別規定に明示的に言及しているときのみ，欧州司法裁判所は，GATT法規の観点から問題となっているEU法行為の合法性を審査しなければならないとし，本件においては，前者の場合に当たるとし，EU規則のGATT法規との合法性を審査した[86]。

ポルトガル対理事会事件（Case C-149/96）[87]においては，欧州司法裁判所は，WTOが特にセーフガードシステムと紛争解決メカニズムの強化により，GATTとは異なっていることを認めつつも，WTO協定から生じるシステムは当事者間の交渉に重きをおいているとして，その直接効果を否定した。同事件判決において，裁判所は，国際協定の直接効果を認めたKuferberg事件（Case 104/81）等との相違を以下のように述べた。WTO協定は，GATTと同じように相互互恵の交渉原則の上に築かれている。よって，そのことは，EUの見地から言うと，非対称な，または，Kuferbergで問題となった協定のようなEUの中に統合的な特別な関係を生み出すような，EUと第三国の義務とは異なっているとした[88]。さらに，欧州司法裁判所は，WTO協定締結当事国のいくつかがその国内において，直接効果（WTO協定に照らした

---

(85) Case C-280/93 Germany v Council [1994] ECR I-4973, para. 109；これに関する判例研究として，拙稿「共同体法秩序と国際経済法秩序の対立」『国際商事法務』29巻1号（2001年）92-96頁。

(86) Case C-352/96 Italian Republic v Council of the European Union [1998] ECR I-6937, paras. 19-21. この判例に言及したものとして，Meinhard Hilf/Frank Schorkopf, „WTO und EG: Rechtskonflikte vor dem EuGH", *EuR*, (2000), 74, 87-88.

(87) Case C-149/96 Portugal v Council [1999] ECR I-8395；この判例研究として，庄司克宏「EC法秩序におけるWTO法の位置づけ」『貿易と関税』49巻6号（2001年）90-93頁。

(88) Case C-149/96 Portugal v Council [1999] ECR I-8395, para 42.

国内法の合法性審査）を認めていないことに言及し，直接効果を欧州司法裁判所が認めれば，EUの立法機関及び行政機関から他の当事国の相当機関が享受している操作の範囲を奪うことになってしまうという理由も提示した(89)。

〔3〕 国際法の統一適用（uniform application）

1982年10月26日判決のKupferberg事件（Case 104/81）(90)においては，前述したようにEC（現EU）とポルトガルとの間で締結された協定21条1項の解釈が問題になった。具体的には，同条文が直接適用可能で個人に裁判所においてそれに依拠する権利を与えているかにつき，ドイツ裁判所より欧州司法裁判所に先決裁定が求められた。欧州司法裁判所は，まず，EC条約（現EU運営条約）がEUにEU法行為を制定することと第三国または国際機関と協定を締結する権限を付与しているとし，現EU運営条約218条に従って，締結された条約はEUと構成国を拘束することを確認した。その結果，そのような協定から生じる義務の遵守を確保することが構成国と同様にEUに課されているとした(91)。また，協定の実施に必要な措置はEUまたは構成国によってとられることになると確認した上で，欧州司法裁判所は，次のように判示した。「共同体によって締結される義務の遵守を確保するために，構成国は第三国に対してのみならず，とりわけ共同体に対しても義務を履行しなければならない。それゆえそのような協定の規定はHaegeman事件（Case 181/73）で述べたように共同体法システム（an integral part of the Community legal system）の一部を形成する(92)」。さらに続けて，裁判所は，「そのような規定の共同体性質から，共同体におけるその効力が，その適用が実際共同体機関のまたは構成国の責任なのかによって変化することを，許さないことが導かれる。それゆえ，裁判所が，協定の規定を解釈する裁判管轄権枠組みにおいて，共同体を通じての統一適用を確保することになる(93)」と

---

(89) *Ibid.*, para. 43-46.
(90) Case 104/81 Hauptzollamt Mainz v Kupferberg & Cie KG a.A. [1982] ECR 3641.
(91) *Ibid.*, para. 11.
(92) *Ibid.*, para. 13.
(93) *Ibid.*, para. 14.

した。

　SPI and SAMI 事件（Joined cases 267/81, 268/81 and 269/81）[94]においては，欧州司法裁判所のGATTを解釈する裁判管轄権の有無，GATTに定める義務の履行に関し，EUが構成国にかわり義務履行の主体者になったことの効果が明らかにされた。欧州司法裁判所は，International Fruit Company 事件（Joined cases 21 to 24/72），Schlüter 事件（Case 9/73），Haegeman 事件（Case 181/73）等に言及しつつ，GATTの規定は，EUを拘束する他のすべての協定の規定のように，EUを通じての統一的適用を受けるべきであるとした。欧州司法裁判所は，その理由として，次のように論じた[95]。第三国との関係で，EUを拘束する規定の解釈と適用における相違が生じるならば，通商政策遂行の上での統一性（unity）が侵害されることになる。また，同時に，EUと第三国の間で効力を有する協定が異なる構成国で統一的に適用されない場合，共同体内において貿易の不均衡をも生じさせることになってしまうとした。

〔4〕 欧州司法裁判所の裁判管轄権

　前述したSPI and SAMI 事件（Joined cases 267/81, 268/81 and 269/81）においては，欧州司法裁判所は，EU法の統一的解釈を確保するために付与されている裁判管轄権は，共同体におけるGATT規則の範囲と効果並びにGATTの枠組みで締結される関税議定書の効果にも及ばなければならないと結論づけた[96]。

　また，Demirel 事件（Case 12/86）においては，別の角度から裁判所の裁判管轄権を認定した。同事件において，EC（現EU）とトルコとの連合協定の解釈が問題となったが，欧州司法裁判所は，前述したように，まず，連合協定がEU法の一部を構成すると判示した。ドイツ，イタリアは，同協定が混合協定であるから，欧州司法裁判所の管轄権は構成国が義務を負っている

---

[94] Joined Cases 267/81, 268/81 and 269/81 Amministrazione delle Finanze dello Stato v Società Petrolifera Italiana SpA(SPI)and SpA Michelin Italiana(SAMI) [1983] ECR 801.
[95] *Ibid.*, para. 14.
[96] *Ibid.*, para. 15.

規定には及ばないと主張した。これに対して，裁判所は，問題となっている協定は，ある程度は EU システムに参加しなければならない非構成国との特別で特権的な関係を創設する連合協定であるゆえに，EEC 条約 238 条（現 EU 運営条約 217 条）は，EEC 条約（現 EU 運営条約）の対象となるすべての分野において非構成国に対する義務を保障する権限を EU に付与していなければならないとした[97]。

〔5〕 欧州司法裁判所における国際法の援用

EU は，独自の法秩序を形成しているが，同時に，国際共同体の一員として，特別国際法または一般国際法に拘束される。ここでは，欧州司法裁判所が判決において国際法を援用した例をまとめておきたい。

(a) 国際法に照らした EU 法の解釈事例

NTN Corporation and Koyo Seiko 事件（Joined cases T-163/94 and T-165/94）においては，反ダンピング措置に関する EU の基本規則の解釈が問題となった。EC 第一審裁判所（現一般裁判所）は，当該規則の前文によると，当該規則が既存の国際法の義務，とりわけ GATT 6 条，GATT 6 条の実施協定（1979 年アンチ・ダンピングコード）から生じる義務と合致するように (in accordance with) 採択されたと認定し，それゆえ，当該基本規則の規定は GATT 6 条，GATT 6 条の実施協定に照らして解釈しなければならないと判示した[98]。

また，Poulsen 事件（Case C-286/90）において，漁業資源の保護に対する技術的措置を定める規則 3094/86 の 6 条の解釈が問題とされた。まず，欧州司法裁判所は，EU が権限を行使する際に，国際法を尊重しなければならないとし，当該規則 6 条は，国際海洋法の関連法規に照らして解釈され，その適用範囲が制限されることを確認した[99]。次に，欧州司法裁判所は，領海および接続水域に関する条約，公海に関する条約，漁業及び公海の生物資源

---

(97) Case 12/86 Demirel v Stadt Schwäbisch Gmünd [1987] ECR 3719, para. 9.
(98) Joined cases T-163/94 and T-165/94 NTN Corporation and Koyo Seiko Co. Ltd v Council of the European Union [1995] ECR II-1381, para. 65.
(99) Case C-286/90 Anklagemyndigheden v Poulsen and Nivigation Corp. [1992] ECR I-6019, para. 9.

第6章　欧州司法裁判所による適合解釈の義務づけの発展

の保存に関する条約は，それらが国際慣習法によって認められる一般法規を法典化したものであるかぎり，考慮に入れられなければならないとの見解を示した。さらに，国連海洋法条約についても，国際司法裁判所 (ICJ) の海洋に関する諸判決に言及し，同条約は発効していないまでも，その規定の多くは国際慣習海洋法の現在の状況を表現したものと見なされるとした[100]。以上のような国際法に対する認識の下，本件において，欧州司法裁判所は，EU 法の解釈が国際法，特に一般国際慣習法により制約を受け，国際法に照らして EU 法が解釈されることを明らかにした。

さらに，Racke 事件 (Case C-162/96) では，EC (現 EU) とユーゴスラビア間の協力協定により与えられた貿易譲許 (trade concessions) を一時停止する理事会規則の有効性が争われた。同事件においては，ウィーン条約法条約 62 条に規定された事情の変化による条約の終了および一時停止が問題になった。欧州司法裁判所は，この規定が既存の国際慣習法を法典化しているものであると捉えた上で[101]，前述した Polsen 事件 (Case C-286/90) を引用しつつ，「EC はその権限行使に当たって，国際法を尊重しなければならない。それゆえ，第三国と締結した協定によって与えられる貿易譲許を一時的に停止する EC 規則を採択する際は，国際慣習法の法規に従うことを要請される」と判示した[102]。

(b)　EU 法の解釈補強のために国際法を援用した事例

いわゆるワロンごみ事件 (Case C-2/90) では，廃棄物に関する指令 (75/442/EEC) 及び有害廃棄物の国境を越える輸送の EU 内における管理とコントロールに関する指令 (84/631/EEC)，並びに EEC 条約 30 条 (現 EU 運営条約 34 条) 及び EEC 条約 36 条 (現 EU 運営条約 36 条) に違反しているとして，欧州委員会がベルギーを訴えた。この事件判決の中で，欧州司法裁判所は，EEC 条約 130 r 条 (現 EU 運営条約 191 条) に定める環境損害は先ず原因において是正されなければならないという原則に言及した後で，この原則が，EU が

---

[100] *Ibid.*, para. 10.
[101] Case C-162/96 Racke GmbH & Hauptzollamt Mainz [1998] ECR I-3655, para. 24.
[102] *Ibid.*, para. 45.

署名者となっている有害廃棄物の国境を越える移動及びその処分の規制に関するバーゼル条約に定められる自己充足性と近接性の原則（principles of self-sufficiency and proximity）に合致するとし，判決理由を補強した(103)。

また，欧州司法裁判所は，Leifer 事件（Case C-83/94）において，EU 輸出規則 1 条の解釈をめぐり，「数量制限の一般的排除」と題される 1947 年の GATT 11 条が数量制限のみならず，同等の効果を有する措置も規制の対象としていることを挙げ，議論を補強した(104)。

(c) EU 法の国際法への適合解釈（Völkerrechtskonforme Auslegung）

欧州委員会対ドイツ事件（Case C-61/94）において，国際法に対する解釈姿勢が示された。GATT の下で締結された一連の多角協定を EU が理事会決定（80/271）によって承認したが，その協定の 1 つが乳製品分野に関する取極（International Dairy Arrangement : IDA）であった。委員会は，関税評価（customs value）が同取極で設定された最低価格よりも低い乳製品の国内加工免除取極（inward processing relief arrangements）の下での輸入を許可したことにより，ドイツが IDA に違反したとして，欧州司法裁判所に訴えた。ドイツは，加工に関する理事会規則（1999/85）を実施するための委員会規則 2228/91 の 16 条に言及しつつ，EU の国内加工免除取極自体が IDA に定められた措置の適用を除外していると主張した。

これに対し，欧州司法裁判所は，次のようにこの主張を退けた。まず，EU 法第二次法の文言が複数の意味に解釈されうるとき，EU 諸条約と合致する解釈ができるかぎり優先されるべきであるとし，次に，同様に実施規則（an

---

(103) Case C-2/90 Commission v Kingdom of Belgium [1992] ECR I-4431, paras. 34-35.
(104) Case C-83/94 Criminal proceedings against Peter Liefer and others [1995] ECR I-3231, para. 24. この点につき，拙稿「汎用品輸出における EC と構成国間の権限配分」『国際商事法務』28 巻 6 号（2000 年）706, 708 頁参照。Case C-70/94 Werner Industrie-Ausrüstungen GmbH v Federal Republic of Germany [1995] ECR I-3189 ; 適合解釈の例として，Werner 事件と Leifer 事件に言及しているものとして，Thomas Cottier, "The Impact of the TRIPs Agreement on Private Practice and Litigation", in James Cameron and Karen Campbell(eds.), *Dispute Resolution in the World Trade Organisation*, (Cameron May, 1998), 111, 124 ; Piet Eeckhout, "The domestic legal status of the WTO Agreement : interconnecting legal systems", *CMLRev.* 34, (1997), 11, 40-41. GATT に対する適合解釈の他の例，*ibid.*, 40, note (92)．

第6章　欧州司法裁判所による適合解釈の義務づけの発展

implementing regulation) は，可能であれば，基本原則（basic regulation）と合致する解釈がなされなければならないと判示した。さらに，裁判所は，同様に，EU 法によって締結される国際協定は，第二次法に優位し，それらの規定はできるかぎり国際協定に合致するような方法で解釈されなければならないと結論づけた(105)。

(2)　国際法の適合解釈の義務づけの確立

以上の検討を前提として，ここでは，欧州司法裁判所がどのように国内裁判所に EU 法によって国際法の適合解釈を義務づけるに至ったかについて明らかにしたい。

〔1〕　Hermès 事件（Case C-53/96）――1998 年 6 月 16 日判決(106)

Hermès 事件では，商標権に関し，WTO 協定の付属書である TRIPs 協定 50 条(6)の解釈につき，オランダ裁判所は欧州司法裁判所に先決裁定を求めた。オランダ，フランス及びイギリスは，EU は，問題となっている分野における調和措置をまだ採択していないゆえに，同条は共同体法の適用範囲に入らず，欧州司法裁判所はそれを解釈する管轄権を有さないと主張した。これに対し，欧州司法裁判所は，裁判管轄権をふたつに（① TRIPs 協定 50 条を解釈する裁判管轄権と②国内裁判所からの先決裁定の求めに応じる裁判管轄権）に分けて，判示した。

①の裁判管轄権に関し，まず，欧州司法裁判所は，WTO 協定が構成国と共同体の間で義務を配分することなしに，EU によって締結され，構成国によって批准されているとした。共同体商標権に関する規則（40/94）の 99 条に定める措置および関連手続法規が国内法によって規律されることを認めつつも，欧州司法裁判所は，次のように判示した。EU が TRIPs 協定の締結当事者であり，かつ，同協定が共同体商標に適用されることを根拠に，共同体商標の下で生じる権利の保護のための仮処分を命令するように国内法規の

---

(105) Case C-61/94 Commission v Federal Republic of Germany [1996] ECR I-3989, para. 52.
(106) Case C-53/96 Hermès International v FHT Marketing Choice [1998] ECR I-3603.

2　国際法の適合解釈の義務づけ

適用が求められるとき，欧州司法裁判所は，共同体商標権規則99条に定める国内裁判所は，前述したPoulsen事件（Case C-286/90）と委員会対ドイツ事件（Case C-61/94）からの類推により，できるかぎりTRIPs協定50条の文言と目的に照らして解釈することが要請されるとした[107]。よって，欧州司法裁判所は，いずれにしても，TRIPs協定50条を解釈する裁判管轄権を有するとした。

次に，②の裁判管轄権につき，以下のように判示した。まず，先決裁定を求められた事項が解釈権限を有する規定に関係するところでは，欧州司法裁判所は，先決裁定を原則的に与えなければならないとした。その上で，ある規定が国内法の範囲に入る状況にも共同体法の範囲に入る状況にも適用されうるところでは，将来の解釈の相違を防ぐために，適用される状況が何であっても，規定が統一的に解釈されるべきことは，EUの利益であるとした。結果，TRIPs協定が国内商標と共同体商標に適用される本件において，裁判所は，先決裁定をおこなう，裁判管轄権を有すると判示した。

〔2〕 Parfums Christian Dior 事件（Joined cases C-300/98 and C-392/98）
　　　――2000年12月14日[108]

Dior事件においては，Hermès事件（Case C-53/96）と同様に，TRIPs（知的所有権の貿易関連の側面に関する）協定50条(6)の解釈が問題となったが，本件においては，商標権のみならず，意匠も含めた知的財産権に関して，欧州司法裁判所の裁判管轄権について判断が下された。また，Hermès事件では，WTO協定の直接効果の有無は，国際裁判所から先決裁定を求められた事項ではなかったが，本件においては，TRIPs協定50条(6)が直接効果を有するか否かについて，先決裁定がオランダ裁判所から求められた。

裁判管轄権に関して，Hermès事件を引用し，TRIPs協定の範囲に入るEU法行為の下で生じる権利保護のための仮処分を命令するように国内法規の適

---

[107] Ibid., para. 28. 山根裕子「WTO紛争処理制度へのEUの対応――国際条約の相互性と直接効果」『日本国際経済法学会年報』（1998年）134, 153頁参照。
[108] Joined cases C-300/98 and C-392/98 Parfums Christian Dior v TUK Consultancy BV [2000] ECR I-11307. これに関する判例研究として，拙稿「TRIPs協定50条の解釈権限と適合解釈」『国際商事法務』29巻8号（2001年）976-981頁。

209

第6章　欧州司法裁判所による適合解釈の義務づけの発展

用を求められている国内裁判所の先決裁定の要請に答えるために，TRIPs協定50条を解釈する権限を有するとし，また，同様に，TRIPs協定50条のように国内法の範囲に属する状況にもEU法の範囲に属する状況にも適用されるところでは，将来における解釈の相違を防ぐために同条を解釈する権限を有することを確認した。そこで，欧州司法裁判所は，TRIPs協定50条が国内法によって規律される状況にも，EU法により規律される状況にも適用され，その範囲において，同じ状況に同じ方法で適用されるべき手続き規定と位置づけ，さらに，構成国の裁判所と協力して活動する欧州司法裁判所のみが統一解釈を確保する立場にあると判示し，商標権以外の知的財産権の分野に裁判管轄権を認めた。

WTO協定の直接効果については，スペイン対理事会（C-149/96）を引用し，否定した。そこで，欧州司法裁判所は，Hermès事件を引用しつつ，次のような適合解釈の原則を確立した。「TRIPs協定が適用される分野でかつ共同体がすでに立法を行なっている場合，構成国の司法機関が，そのような分野に入る権利の保護に対する暫定措置命令につき国内法規を適用することを求められた際には，構成国の司法機関は，できるかぎりTRIPs協定の文言と目的に照らして国内法規を適用するように共同体法によって要請される」[109]。他方，「共同体法が立法を行なっていない，すなわち構成国の権限に属する分野においては，司法機関による知的財産権の保護およびそのために採択される措置は，共同体法の範囲には入らない。従って，この場合，共同体法は，構成国の法的命令がTRIPs協定50条(6)に定める規則に基き個人に直接依拠できる権利を与えること，または，裁判所に職権で規則を適用するように義務づけることに対し，要求もしないし，また禁止もしない」[110]とした。

〔3〕 Schieving-Nijstad vof 事件（Case C-89/99）——2001年9月13日[111]
　Schieving事件においてもTRIPs協定50条(6)の解釈が問題となり，オラ

---

(109) Joined cases C-300/98 and C-392/98 Parfums Christian Dior v TUK Consultancy BV [2000] ECR I-11307, para. 47.
(110) *Ibid.*, para. 48.
(111) Case C-89/99 Schieving-Nijstad vof and others v Groeneveld [2001] ECR I-5851.

ンダ裁判所から欧州司法裁判所に先決裁定が求められた。欧州司法裁判所は，TRIPs協定1条1項が「加盟国は，国内の法制及び法律上の慣行の範囲内でこの協定を実施するための適当な方法を決定することができる」と規定していることを挙げ，EU法規がない場合は国内裁判所が知的財産権の執行のための訴訟に関し，詳細な手続ルールを定めることになるとした。

他方，TRIPs協定が適用され，EUがすでに立法している分野においては，構成国は，EU法によってその分野に属する権利を保護するための暫定措置を命令するように国内法規を適用することを求められる際には，できるかぎりTRIPs協定50条の文言と目的に照らして解釈することを要請されるとした(112)。Schieving事件においても，TRIPs協定50条(6)の直接効果が先決裁定を求められた際の1つの事項であったが，欧州司法裁判所はDior事件（Joined cases C-300/98 and C-392/98）を引用しつつ，直接効果を否定し，また同時に，Dior事件に言及しつつ，単に否定するだけでは，国内裁判所の直面している問題に回答を与えられないとして，適合解釈の義務づけというツールを提示した(113)。その際，Dior事件になかった文言「権利保持者（原告）と防御者（被告）の間の競合する権利と義務の間のバランスが保たれることを確保するために事件のすべての状況を考慮に入れて」(114)が付け加えられた。

〔4〕小括

以上，いずれの事件もWTO協定の付属書TRIPs協定50条(6)が問題となった。WTO協定のEU法の位置づけについては，GATTの直接効果が争われたInternational Fruit Company事件（Joined case 21 to 24/72）で，EUがGATTの義務を負い，GATTがEUを拘束することが明らかにされた。GATTそしてWTOになってからも，また個人が訴える際の直接効果だけではなく，構成国が訴える際の合法性審査手段としての直接効果も上述したように否定されている。GATTに関しては，EUは排他的権限を有していた

---

(112) *Ibid.*, paras. 33-35.
(113) *Ibid.*, paras. 53-54.
(114) *Ibid.*, para. 54.

が，WTO協定は，物の貿易（GATT 1994）のみならず，サービス貿易に関する協定（GATS），知的所有権の貿易関連の側面に関する協定（TRIPs）も包含しているため，欧州司法裁判所は，裁判所意見1/94[115]において権限が構成国とEUに分かれて存在するとの見解を示した。よって，WTOに関する事件では，まず，それを最初に扱ったHermès事件（Case C-53/96）で，裁判所の裁判管轄権が上述したように問題とされた。

欧州司法裁判所は，Hermès事件においても，また，それを引用したDior事件（Joined cases C-300/98 and C-392/98）においても，裁判管轄権の理由づけにあたって，統一的解釈はEUの利益とし，将来における解釈の相違を防ぐことを一つの理由として挙げた。前述したSPI and SAMI事件（Joined cases 267/81, 268/81 and 269/81）においても，EU法を拘束する協定の統一的適用・解釈の確保から裁判管轄権の存在を導いているが，相違が存在する。SPI and SAMI事件においては，統一的適用（uniform application）と統一的解釈（uniform interpretation）が区別しないで用いられたのに対し，Hermès事件，Dior事件においては，統一的解釈が適用からは区別されている。すなわち，欧州司法裁判所は，TRIPs協定50条の解釈は示したものの，他方でTRIPs協定が構成国の権限に入る分野も規定しているために，EU法によって規律されていない事項については，構成国に同協定の適用が任されているとした。結果として，TRIPs協定に直接効果を認める構成国もでてくることになり，その意味において，TRIPs協定の統一的適用はEU法上は確保されないことになる。

次に，適合解釈と国際法の尊重解釈の相違を明らかにしておきたい。Hermès事件においては，Poulsen事件（Case C-286/90）と委員会対ドイツ事件（Case C-61/94）判決の類推から，国内裁判所が国内法を国際法に照らして解釈することを要請されるとした。類推適用されたPoulsen事件においては，欧州司法裁判所は，EU規則を国際慣習海洋法に照らして解釈した，また，委員会対ドイツ事件（C-61/94）においては，EU法行為が国際協定

---

[115] Opinion 1/94［1994］ECR I-5267；これに関する判例研究として，拙稿「EC対外通商政策と協定締結権」『国際商事法務』27巻6号（1999年）682-686頁。

に合致する形でできるかぎり解釈されなければならないとし，そのように EU 法行為を解釈した。すなわち，欧州司法裁判所（主体）が EU 法行為（客体）を国際法に照らして（参照客体）解釈した。他方，Hermès 事件においては，欧州司法裁判所は，国内裁判所（主体）が国内法（客体）を国際法に照らして（参照客体）解釈することを要請されるとした。

さらに，Hermès 事件と Dior 事件の相違も明らかにしておきたい。Hermès 事件においては，国内裁判所は国内法を国際法に照らして解釈することを要請されると判示されたが，それは，適合解釈の原則の萌芽として捉えられる。Hermès 事件においては，前述したように，欧州司法裁判所の裁判管轄権を理由づける際に，そのような文言が用いられた。その文脈からすると，国家が国内法を国際法に照らして解釈すべきという，一般的な原則（Völkerrechtskonforme Auslegung）(116)をそこで欧州司法裁判所が確認したものと考えられる。

他方，Dior 事件において，裁判管轄権の問題とは切り離されて，適合解釈が提示された。国内裁判所は，構成国の司法機関は，できるかぎり TRIPs 協定の文言と目的に照らして国内法規を適用するように EU 法によって要請されると欧州司法裁判所は判示した。Hermès 事件においては，要請する主体が明らかではなかったが，この文言から，Dior 事件においては，国内裁判所が適合解釈を要請するのは EU 法であることが明確になった。よって，Dior 事件において初めて，TRIPs 協定が適用される分野でかつ EU がすでに立法を行なっている場合における，欧州司法裁判所による EU 法に基く適合解釈の義務づけが確立したと捉えられる。

また，WTO 協定の直接効果に関しては，上述したポルトガル対理事会 (C-149/96) 事件を引用し，Dior 事件，Schieving 事件においてもその直接

---

(116) イギリスの裁判所では，EU 法のみならず，国際法に照らした解釈がなされているとする。Trevor C. Hartley, *The Foundations of European Community Law*, fourth Edition, (Oxford University Press, 1998), 212, note 113；Garland v British Rail [1983] 2 AC 751, 771；ドイツ基本法 25 条は，国際法の一般規則は，連邦法の一部であり，前者は法律に優位すると規定していることもあり，ドイツ裁判所においても，国際法の適合解釈がなされている。*Cf.* Albert Bleckmann, „Die Völkerrechtsfreundlichkeit der deutschen Rechtsordung", *DÖV*, (1979), 309, 311.

第6章　欧州司法裁判所による適合解釈の義務づけの発展

効果が否定された。Dior 事件において，適合解釈の義務がだされたのは，欧州司法裁判所による WTO 協定の直接効果の否定の後である。このことから，適合解釈の義務づけは，WTO 協定の直接効果を認めないことの代替措置として捉えられる。このような位置づけは，その後に出された Schieving 事件でも同様に行なわれた。

◆ 3 ◆　結　語

欧州司法裁判所は，判例において，条約のみならず，EU 法行為（第二次法，派生法）である規則，決定，さらに指令（命令）の直接効果を認めてきた。指令に直接効果を認めることは，指令の履行確保のための第 1 のツールと考えられる。その後，欧州司法裁判所は，直接効果の発生の条件を満たさない事例や私人間の効果（水平的直接効果）が問題となる事例では，指令の適合解釈という第 2 のツールを確立した。他方，Francovich 事件において，個人による構成国に対する損害賠償（国家責任）請求を認める判決を出した後は，指令の適合解釈では対処できないケースにおいて，この損害賠償請求に第 3 のツールとしての役割をもたせるようになった。これらの期限までに指令を適切に国内法化しないまたは不十分しか国内法化しないということにより，構成国が義務の履行を怠った場合における，指令の履行確保手段としての 3 つのツールによって，EU 法における実効性確保が三重に担保されていることになる[117]。

欧州司法裁判所は，水平的直接効果を認めることを一貫して否定してきて

---

(117) Arnull は，国家概念の拡大，適合解釈，損害賠償請求，並びに付随的効果（incidental effect）を直接効果が認めらないことによる結果を緩和する措置（mitigating factors）として捉えている。note(18), 126. Craig も裁判所は,水平的直接効果の限界に面し，他の方法（Arnull と同じ）で指令の国内的適用を高めるために多くの戦略を発展させたとしている。Paul Craig, *EU law*, second edition, (Oxford University Press, 1998), 193. なお，本章では直接効果，適合解釈，損害賠償請求を一連のものとして捉え，それらが三重のセイフティ・ネットになっていることを示したかったため，Arnull および Craig にみられる CIA Security 事件に認められる付随的効果を検討していない。Shaw は，EU 法が国内裁判所において実施されることを確保するための技術として，直接効果，損害賠償,適合解釈，EU 法の優位の 4 つを挙げている。Note(18), 426, 450.

3 結語

いる。これは，直接効果が生じることの前提に，構成国の怠慢としているからである。また，国家は自分の怠慢から利益を得ることができないとの前提に立って，裁判所は，一方で国家概念を拡大し，他方で，国家は，個人に対してその不利となるような，国内法化されていない指令の直接効果を求めることができず，また，適合解釈もしてはならないと判示してきた。逆に個人が，国家に対して指令の直接効果に依拠することができるのは，個人に対する最小限の保障であると位置づけている。このような前提に立つかぎり，水平的直接効果はこれからも認められないであろう[118]。もっとも，法務官は，水平的直接効果を認める意見をだすようになってきているが[119]。

他方，国際法の適合解釈は，将来における解釈の相違を防ぐために，EUの中で統一的に解釈されることが，EUの利益であるという認識の下で，生まれた。また，欧州司法裁判所による適合解釈の義務づけは，GATTが紛争解決メカニズムを有するWTOに変化を遂げたにもかかわらず，GATTと同様にWTO協定の直接効果を認めないスタンスをとる，欧州司法裁判所の苦肉の代替策である。

指令の適合解釈の義務づけに対する根拠として，欧州司法裁判所は，EC条約10条（現EU条約4条3項）とEC条約249条（現EU運営条約288条）と列挙したが，国際法の適合解釈の義務づけに対しては，EU法により要請されるというのみで具体的な法的根拠を挙げていない。

指令の適合解釈と国際法の適合解釈の共通点は，いずれも直接効果（または水平的直接効果）がないことから生じる不都合を回避するために，間接効果を生じさせる次善の策であるということが言える[120]。指令の適合解釈は，

---

[118] 最近の判例として，「付随的」水平的直接効果を認めたとも解されるCIA Security事件は，水平的直接効果を認めたものではないとして，改めて水平的直接効果を否定した。Case C-443/98 Unilever Italia SpA v Central Food SpA [2000] ECR I-7535, paras. 35 and 50. なお，CIA Security事件（Case C-194/94 [1996] ECR I-2201）を「付随的」水平的直接効果かという項目で取り上げているものとして，Craig, note(117), 206-210. 付随的効果と題して取り上げているものとして，Arnull, note(18), 140-142；庄司克宏「欧州司法裁判所とEC法の直接効果」『法律時報』74巻4号（2002年）14-15頁，注15及び16参照。

[119] 例えばLenz, Case C-91/92 Dori v Recreb Srl [1994] ECR I-3325；水平的直接効果に関する法務官の意見の発展について，Arnull, note(18), 137-140.

第6章　欧州司法裁判所による適合解釈の義務づけの発展

欧州司法裁判所が，国内法化されていない指令の私人間効力を認めないかぎり，用いられることになる。他方，WTOに関しては，WTOの他の日本，アメリカなどの主要な通商相手国がその国内においてWTO協定の直接効果を認めないかぎり，欧州司法裁判所は，その直接効果を否定しつづけると考えられる。また，連合協定や協力協定とは性質の異なるWTO協定のような相互主義的な国際協定で，かつ，EUが排他的権限を有さず，権限が構成国とEUに分かれているような場合においては，国際法の適合解釈というツールが欧州司法裁判所によって将来においても用いられていく可能性がある(121)。

---

(120) 別の角度から，指令の適合解釈と国際法の適合解釈における間接効果を比較したものとして，Eeckhout, note(104), 47.
(121) WTO協定の文脈における適合解釈の重要性を指摘するものとして，Cottier, note(104), 125. また，WTO協定に関し，間接効果に訴える例が増えると推測するものとして，Hilf/Schorkopf, note(86), 88.

216

◆ 第7章 ◆ EUと構成国間の協力義務の展開
──マーストリヒト条約以後の黙示的条約締結権限法理の制限解釈──

◆はじめに◆

　GATT ウルグアイ・ラウンドの多角的自由化交渉の結果として，1994年，新たにサービス及び知的所有権に関する規定を盛り込んだ WTO 協定が日本，アメリカ，ヨーロッパ諸国等の参加の下に成立した。しかし，ここで欧州共同体（現 EU）が独自に同協定を締結することができるかをめぐり，1つの問題が生じた。旧 EEC 条約 111 条及び 113 条が規定していた過渡期間経過後共同体が構成国から権限の移譲を受け，実質上 GATT の義務を負うようになった後も，GATT は協定締約当事者を国家に限定していた。そのため共同体は形式的な締約当事者とはなれず，事実上の (de facto) 締約当事者にとどまった。それに対して WTO 協定は，その 11 条において，共同体を他の個別国家と並んでその原加盟国の1つと定め，その地位を承認するに至った。実際にも，欧州委員会はウルグアイ・ラウンド交渉において単独の主体として行動していた。そして同委員会は，通商政策分野における共同体のより拡大された包括的排他的権限の存在を明確化する絶好の機会として，WTO 協定調印の数日前，欧州司法裁判所に対し，共同体が単独で WTO 協定を締結することができることを確認すべく，裁判所意見を求めた。ところが，欧州司法裁判所は，WTO 協定の1部である 1994 年版 GATT に対して EC 条約 113 条に基づく共同体の排他的権限を認めたものの，他の協定（GATS 及び TRIPs 協定[1]）については，当初の予期に反し，共同体と構成

---

(1) 後述，1(3)〔2〕及び(4)。

国間に締結権限が分属しているとして，委員会の主張を退けた（裁判所意見1/94）(2)。

この裁判所意見 1/94 は委員会に衝撃を与え，学説上も大きな議論を巻き起こした。この後も，同裁判所に対してWTO協定に関する事件が相次いで係属することになった(3)。

マーストリヒト条約A条（アムステルダム条約1条）には，EU条約が，「連合を創設する過程の新たな段階を画するもの」であることが規定されている。このことは，構成国から欧州連合への権限移譲過程が完了したわけでなく，これから先も欧州連合が発展していかなければならないことを意味する。マーストリヒト条約は，EU条約を起草するのみならず，EC条約にも改正を加え，これまでより広い範囲でEUに権限を与えるものであった。注意しなければならないのは，権限といってもその種類（強度）には，相違があることである。例えば，EUは，通商政策の分野において，EC条約113条(4)（現EU運営条約207条）(5)に基づき，排他的権限（ausschließliche Zuständigkeiten, exclusive competences）(6)を付与されている。すなわち，この分野では，

---

(2) Opinion 1/94 [1994] ECR I-5267.
(3) 例えば，1998年6月16日のHermès判決（Case C-53/96 [1998] ECR I-3603）。
(4) EC条約113条の性格については，大谷良雄「ヨーロッパ経済共同体の共通々商政策と通商協定締結権」『商学討究』25巻3号（1974年）56頁。
(5) EEC条約113条は，マーストリヒト条約による改正でEC条約113条となり，アムステルダム条約による改正でEC条約133条となり，リスボン条約による改正でEU運営条約207条となった。
(6) 排他的権限（専属的立法権限）及び共有権限（競合的立法権限）の概念は，ドイツ法における連邦と州の権限配分を規律するために発達してきた。ドイツ基本法70条以下において，それら権限の適用される分野及び条件が定められている。EU法上における概念はドイツ法上の概念と類似しているが，同一のものとは言えない。排他的権限について，ドイツ法においては，ドイツ基本法73条にその権限に対する適用分野カタログが規定されているのに対して，共同体法においては，その判例の発展に従って次第に認められていくという生成過程をとっている。例えば，EC条約第113条が排他的権限であることは，判例（Opinion 1/75 [1975] ECR 1355）で明言された。また，ドイツ法における競合的権限は，それが連邦によって行使された後も競合的権限と称されるのに対して，EU法においては，競合的権限が完全に行使された場合，排他的権限と呼ばれるようになる。この現象は，裁判所の判例（Opinion 2/91 [1993] I-1061）によって明示的に確認された。

はじめに

EU のみが権限を行使することができる。これは，対外通商関係においては，EU のみが，第三国または他の国際組織と通商協定を締結し得るということを意味する。また，環境保護の分野においては，EU は共有権限（geteilte Zuständigkeiten, shared competences）を有するとされる。この分野では，補完性原則（Subsidiaritätsprinzip）に基づき，EU の行動が必要であり，かつ，その行動が構成国のそれより効果的であると判断される場合にのみ，EU は規則，指令（命令），決定等の措置を執ることが可能である。そういった権限の移譲が見られる一方で，原則的に構成国の側に権限が保留されている場合が存在する。

1987 年発効の単一欧州議定書，1993 年発効のマーストリヒト条約，1999 年発効のアムステルダム条約，2002 年発効のニース条約，さらに 2009 年発効のリスボン条約により構成国から EU に権限が広範囲の分野において移譲されている。しかしリスボン条約を経た現在でさえ，EU はすべての分野において包括的な権限を有するわけではないと解される。先に述べた WTO 協定事件及び後述する裁判所意見 1/08[7] は，まさにその証左である。WTO 協定事件に見られる制限解釈的傾向が，特にマーストリヒト条約以後の欧州司法裁判所の判例の主流を占めることになった。マーストリヒト条約は，一方では EU に付与される権限の分野（文化，消費者保護，経済通貨同盟等）を拡大させたが，他方，EU 機関，特に裁判所の行う解釈に関して，EC 条約 3 b 条（現 EU 条約 5 条）における権限に関する 3 原則（権限付与の原則，補完性原則及び比例性原則）により足枷をはめたと考えられる。その結果，これまでの解釈方法に従えば EU が単独で行動できたであろう場合にも EU が単独で条約を締結できないとされ，構成国の協力が必要となる事態が増えている。本章では，欧州司法裁判所の黙示的条約締結権限法理の制限解釈を踏まえ，対外関係における EU と構成国間の協力義務を検討することにしたい。

---

(7) Opinion 1/08 [2009] ECR I-11129.

第7章　EUと構成国間の協力義務の展開

◆ 1 ◆　条約締結の部分的権限

(1)　部分的権限とは

最初に，EUと構成国間の協力がどのような場合に必要となるのか，明らかにしたい。

EUが，権利能力としての国際法人格(international legal personality, Völkerrechtspersönlichkeit)を有し，さらに，行為能力としての条約締結能力(treaty-making capacity, Vertragsschlußfähigkeit) を有することに関しては，EU条約47条の存在によりもはや争いはない[8]。しかし問われるのは，どの分野にどのような条約締結権 (treaty-making competence, Vertragsschlußkompetenz) を有するのかということである。

ある条約の規定事項に対して，EUが排他的かつ包括的な権限を有する場合は，EUは，単独で条約を締結することができる。この場合，構成国の協力は原則的に必要とされない[9]。EUと構成国間の協力が特に問題となるのは，EUが締結しようとする条約の規定事項に対して，部分的にEUに，部分的に構成国に権限が属している場合である。なぜなら，EUのみでは，権限の欠如のためにその条約を締結できず，かといって構成国だけでも，同じ理由で不可能であるからである。このような場合は，EUと構成国のそれぞれが条約の規定事項に対して部分的に権限[10]を有する状態になっている。部分的権限[11]は，例えば，EUが締結しようとする条約規定の1部にしか，排他的または共有権限を有さず，他の部分に対しては構成国が権限を保留している場合を指す[12]。

---

[8] かつてこの問題は，EEC条約210条をめぐって，学説において争われてきたが，いわゆる「AETR事件」(Case 22/70 [1971] ECR 263(274)) において，裁判所は共同体が国際法人格及びに条約締結能力を有することを判示した。大谷良雄「ヨーロッパ共同体の対外的権能」『国際法外交雑誌』75巻5号 (1977) 10頁。
[9] ただ，例外的に，ある国際条約が国家にしかその参加を認めていない場合には，たとえEUが権限を有したとしても，その条約を自ら締結できず，構成国が，EUの代わりに条約を締結することになり，その際構成国の協力が不可欠とされる。GATT，以前のFAO, ILOなどがその例である。

(2) 部分的権限の発生理由

部分的権限が発生するのは，構成国から EU へ排他的権限を含む権限が移譲されていることによる。まったく権限が移譲されていなければ，国家はすべての分野で包括的権限を有し，すべての条約を自分の意思だけで締結することが可能である。部分的権限の存在は，ある分野においては，EU が単独で行動できるほどには，権限移譲がなされていないことを表している。このような事態が生ずる理由としてはいかなるものが考えられるであろうか。

第 1 の理由として挙げられるのは，条約に基づく国家による EU への権限移譲の躊躇である。しかし，権限を移譲するかどうかは，国家の意思に依存するが故に，それを法律問題として，ここにもちだすことはできない。第 2 の理由として挙げられるのは，EU が権限を有する分野と EU が締結しようとする条約の規定事項が一致しない場合である。それは，締結される条約が国際社会の発展により，EU 諸条約の予定するところを越え，内容が複雑・広範囲化してきたことより生じる。後に問題とする WTO 協定をとってみても，以前の GATT に比べて，単なる物の移動に伴う関税障壁の除去のみで

---

(10) 部分的権限については，他の見解も存在する。例えば，Neuwahl によると，「部分的権限（joint competence）」は，管轄権の配分を意味するというよりも，それぞれの決定が共同体と構成国で共同でなされなければならないことを示すのだと述べている。N. Neuwahl, "Case Law", *CMLRev.30*, (1993), 1193. See also, Andrea Appella, "Constitutional aspects of opinion 1/94 of the ECJ concerning the WTO agreement", *ICLQ*, (1996), vol. 45, 460-1, note 79. このような理解は，英語版の判決を用いて分析した結果だと考えられる。英語版の裁判所意見 2/91 では，"The conclusion of the ILO Convention No 170 is an matter which falls within the joint competence of the Member States and the Community." (Opinion 2/91 [1993] ECR I-1084) とあり，また，裁判所意見 1/94 では，"The Community and its Member States are jointly competent to conclude GATS." (Opinion 1/94 [1994] ECR I-5422) となっている。それゆえ，分配（割）された（ドイツ語で geteilte, フランス語で partagé）というよりも共同の（joint）権限と解釈されたのであろう。なお，部分的権限の問題性を扱ったものとして，Jean Victor Louis, "Les relations extérieures de l'Union européenne : unité ou complémentarité", *RMUE*, (1994), 9-10. がある。

(11) 部分的権限は，上述した権限の種類「排他的権限」，「競合的権限」及び「並行的権限」とは，レベルを異にする概念である。部分的権限は，これらの権限を前提とした上で，条約を締結する際，個々の条約の規定事項に応じて，結果として生じてくるものである。

(12) 後述，1(4) を参照。

第7章　EUと構成国間の協力義務の展開

はなく，サービスや知的財産権を貿易対象として捉えている。また，経済に関わるといっても，開発政策に関するもの，環境政策に関するもの等，経済分野における権限の行使だけでは包括できない条約が増加している。これは具体的には，混合条約（gemischtes Abkommen, mixed agreement）[13]の形をとるEC条約の増加となって現れている。例えば，東ヨーロッパ諸国と締結されたヨーロッパ協定が，それに当たる。また，アフリカ，カリブ，太平洋地域（ACP）諸国と締結されるコトヌー協定も，開発援助政策と財政事項を含んでいるため混合条約の形をとっている。第2の理由とも関連し，第3に問題となるのは，構成国が明示的にEUに権限を移譲しているが，後にその条文の解釈が争われる場合である。EU諸条約によって一度移譲された権限は，その適用の段階において，EU機関，特に裁判所によって解釈される。その際裁判所が，条約を拡大解釈し，または黙示的権限法理を積極的に適用すれば，部分的権限の発生を防ぐことができる。例えば，EUは，これまでにも①通商政策における権限，EC条約113条（現EU運営条約207条）[14]，②「権限を補足する権限（Lückenerfüllungskompetenz）」と呼ばれる，EC条約235条（現EU運営条約352条）[15]，並びに，③黙示的条約締結権限法理[16]を駆使して，EUの権限拡大を図ってきた。国際社会の発展に合わせてEU諸条約を解釈する場合に，例えば通商政策分野の権限にサービスや知的財産権の貿易に関する権限も含められると解釈すれば，EUは新たな権限の付与を構成国からうける必要はない。逆に裁判所がこのような先例においてみられた拡大解釈的方向に従わない場合，部分的権限が生じうることになる。そのような帰結を生じさせた例が，冒頭に挙げたWTO協定に関する裁

---

(13) 混合条約とは，EUが単独ではなく，構成国と共に条約を締結する際の条約のことを意味する。
(14) *Cf.* Opinion 1/78 [1979] ECR 2871.
(15) EC条約235条は，かつて権限権限（Kompetenzkompetenz）とも称されたほど，共同体法において重要な役割を果たした。Dietrich-W. Dorn, *Art. 235 EWGV*, (N.P. Engel, 1986). 西谷元「条約締結権限としてのEEC条約第235条」『広島法学』17巻2号（1993年）215頁。現在は，235条の解釈において，「共同体の目的に必要な」という条件が，厳格に解釈されることによって，適用が制限されている。例えば，EuGH, 28.3.1996 -Gutachten 2/94-Slg. 1996, I-1759.

判所意見1/94である。そこで，黙示的条約締結権限法理がどのように制限解釈され，その結果その法理の適用が否定されたかを以下に示し，そのうえで部分的権限の発生を提示したい。また，最近の判例裁判所意見1/08を用い，条文を制限的に解釈すれば，どのように条文を改正しても，結果的に混合条約になってしまうことを示したい。

(3) 黙示的条約締結権限の制限解釈と部分的権限の発生
〔1〕 マーストリヒト条約以前の黙示的条約締結権限法理の発展
① AETR定式の登場

EUにおける黙示的条約締結権限 (stillschweigende Abschlußkompetenzen, implied external powers, pouvoirs implicités externes) の法理は，1970年代に発達した。裁判所は，いわゆるAETR事件[17]において，EUの広範な権限の承認につながりうる法理を生み出した。当時学説において，共同体が黙示的条約締結権を有するかどうか意見が分かれていたが[18]，本件において裁判所はこの問題に関し，次のように判示した。「個々の対外権限は，条約の体系及び実質的な規定に依拠しなければならない。……そのような権限は，条約によって明示的に与えられている場合だけではなく，他の条約規定及びその枠組みから執られる共同体機関の法行為によっても導き出されうる。[19]」こうして裁判所は，条約の制限解釈を退け，黙示的条約締結権を導く可能性を示したのである。同時に裁判所は，どのような場合にそれが可能となるのかという点についても判示した。すなわち，「とりわけ，共同体が，

---

(16) 例えば，西谷元「EECの黙示的条約締結権限」『一橋論叢』95巻5号（1986年）714頁。
(17) Case 22/70 [1971] ECR 263. 代表的なものとして，Robert Kovar, "L'affaire de l'AETR. devant la cour de justice des communautés européennes et la compétence de la C.E.E.", *AFDI*, vol. 17, (1971), 386; Christoph Sasse, „Zur auswärtigen Gewalt der Europäischen Wirtschaftsgemeinschaft", *EuR*, vol. 6, (1971), 208; 大谷良雄 注(8)，4頁，同「ヨーロッパ共同体の国際協定締結権に関する1考察——A.E.T.R.事件を中心に」『商学討究』27巻3・4号（1977年）135頁。
(18) *Cf.* Pierre Pescatore, "Les relations extérieures des Communautés Européennes", *RCADI*, (1961 II, vol. 103), 96; Gino Lörcher, *Der Abschluß völkerrechtlicher Verträge nach demRecht der drei Europäischen Gemeinschaften*, (H. Bouvier, 1965), 120.
(19) Case 22/70 [1971] ECR 263, para. 16.

条約によって定められる共通政策の実現のために共通の法規範を定める規定をいずれかの形態で立法した分野において[20]」である。この文言は,「AETR定式 (AETR-Formel)」と呼ばれるものである。この判決直後の学説においては, EU 機関が, ある何らかの法行為 (措置) をなせば, EU は, 排他的黙示的条約締結権限を有するのか[21], それとも, 措置を執るだけでは十分ではなく, その措置により, 対内権限が排他的になっている場合のみ, 排他的対外権限が導かれうるのかということが議論された[22]。しかし後の判例, 後述する裁判所意見 2/91 や裁判所意見 1/94 で問題とされるような法規範の侵害と排他的権限の関係は, 議論の中心とはされなかった[23]。

② **Kramer 判決**

AETR 判決で未解決とされたのは, 法行為がなされない, すなわち, EU 機関がまだ措置を執っていないときにも, 条約の条文から排他的でないにしても, 黙示的条約締結権が導かれうるのかどうかということであった。この問いに答えることとなったのが, 1976 年 7 月 14 日に下された, いわゆる Kramer 判決[24]である。裁判所は, 旧 EC 条約 3 条, 38 条 3 項, 39 条, 40 条及び 43 条 2 項, 1972 年の加入議定書 102 条並びに規則 Nr. 2141/70 及び規則 Nr.2142/70 に依拠し, EU が, 対内漁業関係において海洋生物保護に関するあらゆる措置を執ることができる旨を宣言した。その上で裁判所は,

---

(20) *Ibid.*, 17.

(21) Kovar, note (17), 415.

(22) Albert Bleckmann, „Die Kompetenz der Europäischen Gemeinschaft zum Abschluß völkerrechtlicher Verträge", *EuR*, vol. 12, (1977), 115; Rodolf Geiger, „Vertragsschlusskompetenzen der Europäischen Gemeinschaft und auswärtige Gewalt der Mitgliedstaaten", *ZaöRV*, vol. 37, (1977), 654.

(23) 1986 年に出された Lang の論文で初めて, 排他性と共同体措置の侵害が結びつけて論じられるようになる。See, J. Temple Lang, "The ERTA Judgment and the Court's Case-law on Competence and Conflict", *YBEL*, vol. 6, (1986), 197; *cf.* Antti Maunu, "The Implied External Competence of the European Community after the ECJ Opinion 1/94", *LIEI*, (1995/2), 118-9.

(24) Joined cases 3, 4 und 6/76 [1976] ECR 1279. 判例評釈として, Bleckmann, note (22), 109; Geiger, note (22), 640; Albert WolterKoers, "The External Authority of the EEC in regard to Marine Fisheries", *CMLRev*.14, (1977), 269; Kenneth R. Simmonds, "The Evolution of the External Relations Law of the European Economic Community", *ICLQ*, vol. 28, (1979), 644.

EU法が対内関係においてEU機関に課している義務及び付与している権限から、海洋生物保護の目的で国際法上の義務を負うEUの管轄権が生じてくるとして、EUの対内権限から対外権限を導く理論構成を示した。これは、対内権限と対外権限の並行性原則（die Parallelität zwischen Innen- und Außenkompetenz）と呼ばれる。

③　裁判所意見1/76定式

並行性原則をさらに1歩進めたのが、1977年4月26日の裁判所意見1/76[25]である。この意見の中で裁判所は、たとえその権限が未だ行使されていなくとも、条約に規定されている対内権限から直接に条約締結権が導き出されうることを明らかにした[26]。こうして対内権限と対外権限の並行性原則が確立したのである。その際裁判所は、国際協定へのEUの参加が共同体の目的の1つを達成するために必要であることのみを同原則の適用条件とした[27]。これは、「裁判所意見1/76定式（Gutachten 1/76-Formel）」と呼ばれる。

〔2〕　マーストリヒト条約以後の黙示的条約締結権限法理の制限解釈

上述した裁判所の条約締結権限法理に関する拡大解釈は、マーストリヒト条約を境に変遷していく。

①　裁判所意見2/91

裁判所意見2/91[28]は、マーストリヒト条約署名後、発効前に提出されたもので、拡大解釈から制限解釈への過渡期として捉えられる。この裁判所意見で、さきのAETR定式を解釈する際に裁判所は、排他的権限とEU機関によって執られた措置の関係に焦点を当て、排他的黙示的条約締結権の有無をEU機関の措置が侵害されるかどうかによらしめた[29]。このことは、た

---

(25) Opinion 1/76 [1977] ECR 741.代表的なものとして、Robert Kovar, "Note", *JDI*, (1978), 939; H. Weis, „Anmerkung", *EuR*, vol. 12, (1977), 278.
(26) Opinion 1/76 [1977] ECR 741, 755-6.
(27) *Ibid.*, 756.
(28) Opinion 2/91 [1993] ECR I-1061.代表的なものとして、Josiane Auvret-Finck, "L'avis 2/91 relatif à la convention n⁰ 170 de L'OIT", *CDE*, vol. 31, (1995), 443; Nicholas Emiliou, "Towards a clearer demarcation line", *ELR*, vol. 19, (1994), 76; Neuwahl, note (10), 1185; J. Raux, "L'avis de la cour du 19 mars 1993", *RMCUE*, vol. 374, (1994), 45.
(29) Opinion 2/91 [1993] ECR I-1061, Para. 18.

とえ EU が排他的対内権限を有していたとしても，EU 機関の措置が侵害されないと判断されれば，EU は排他的対外権限を持ち得ないことを意味する。またこの場合，何を侵害とするかによっても，黙示的条約締結権限の適用は大幅に制限されることになる。

② 裁判所意見 1/94 と「完全な調和」要件

冒頭にも述べた WTO 協定に関する裁判所意見 1/94[30]は，マーストリヒト条約発効後公表されたものであるが，そこではさらに制限解釈が強化された。まず AETR 定式の解釈としては初めて，「完全な調和（vollständige Harmonisierung, complete harmonization, harmonisation complète）」[31]という概念が用いられた。AETR 定式によれば，共同体は，次の 2 つの場合にのみ，黙示的条約締結権を有しうる。第 1 に，共同体機関が執った措置が第三国との交渉に関する条項を含んでいる場合，つまり第二次法において条約締結権は明示的に移譲されていないが，交渉権が EU に明示的に移譲されている場合。第 2 に，条約を締結しようとする分野で完全な調和が実現されている場

---

(30) Opinion 1/94 [1994] ECR I-5267. 代表的なものとして，Appella, note(10), 440 ; J. Auvret-Finck, "Avis 1/94 de la cour, du 15 novembre 1994", *RTDE*, vol. 31(2), (1995), 322 ; Jacques Bourgeois, "The EC in the WTO and advisory Opinion 1/94", *CMLRev.*, vol. 32, (1995), 763 ; Oliver Dörr, „Die Entwicklung der ungeschriebenen Außenkompetenzen der EG", *EuZW*, vol. 7(1996), 39 ; J. Dutheil de la Rochère, "L'ère des compétences partagées", *RMCUE*,vol. 390, (1995), 461 ; Editorial Comments, "The Aftermath of Opinion 1/94 or how to ensure unity of representation for joint competence", *CMLRev.*, vol. 32, (1995), 385 ; Nicholas Emiliou, "The Death of Exclusive Competence?", *ELR*, vol. 21, (1996), 294 ; P. Gilsdorf, „Die Außenkompetenzen der EG im Wandel", *EuR*, vol. 31, (1996), 145 ; M. Hilf, "The ECJ's Opinion 1/94 on the WTO", *EJIL*, vol. 6, (1995), 245. 入稲福智「EC 共通通商政策の分野における権限と EC 裁判所における「意見」（Advisory Opinion）手続」『法学研究』68 巻 12 号（1995 年）605 頁，山根裕子「EC の対外権限について EC 裁判所意見」『時の法令』1490 号（1995 年）32 頁．須網隆夫・坂田通孝「共通通商政策の範囲」『横浜国際経済法学』3 巻 2 号（1995 年）299 頁．

(31)「完全な調和」は，主に EC 条約 100 条（現 EU 運営条約 115 条）及び 100 a 条（現 EU 運営条約 114 条）に基づいた EU の措置により国内法規を EU レベルで接近・平準化させることによって実現される。横田凡子「「公の利益」を追求する共同体政策——欧州司法裁判所による法的根拠の確定とその方法・理由づけの検討」『広島法学』22 巻 1 号（1998 年）276-281 頁参照。

合である[32]。この解釈は，AETR 定式の範囲を逸脱するものではないが，非常に厳格である。

WTO 協定で特に問題となったのが，GATS（サービスに関する一般協定）と TRIPs 協定（知的所有権の貿易関連の側面に関する協定）の締結であるが，欧州委員会の主張とは異なり，裁判所は，「完全な調和」はこれらの分野では実現されていないと判断し，ここから EU の排他的権限が否定された。また，EU 機関の措置の侵害の可能性がないことも，あわせて理由とされた。

また，かつて Kramer 事件及び裁判所意見 1/76 では，上述したように対内権限と対外権限の並行性原則が広く認められていたのに対し，裁判所意見 1/94 において裁判所はこれらの事件を制限的に解釈し，対内権限と対外権限の並行性原則を適用しなかったのである。すなわち裁判所は，Kramer 事件で対外権限が認められたのは，海洋生物保護の分野では，対外権限なしには，内部の措置が効果的にならなかったためであると述べ，裁判所意見 1/76 については共同体の対外権限が認められたのは，自律的な（対内的な）EU の措置によっては，目的を達成することが不可能であったからだと理由づけた。その上で，今回の GATS について，構成国国民のための居住の自由移動とサービスの自由移動の実現と，EU における第三国の国民又は第三国にいる構成国国民の扱いとは，不可分ではないと述べ，域内市場における居住の自由移動とサービスの自由移動に対する対内権限に並行して，この分野でも共同体の対外権限を認めることを拒否した。TRIPs 協定については，以下のように判断を下した。裁判所意見 1/76 において，裁判所は，協定への共同体の参加が EU の目的の達成に必要な場合，EU は対外権限を有すると述べていた。しかし裁判所意見 1/94 では，共同体の枠組みにおいて知的財産権保護の実現が効果的になるためには，第三国との協定を必要としないと理由づけ，黙示的条約締結権の発生を否定したのである。

〔3〕 その後の展開

この後，1995 年 3 月 24 日の OECD の決定に関する裁判所意見 2/92[33] に

---

(32) Opinion 1/94 [1994] ECR I-5267, para. 96.
(33) Opinion 2/92 [1995] ECR I-521.

第7章　EUと構成国間の協力義務の展開

おいても，また，1996年3月28日の欧州人権条約加入に関する裁判所意見2/94(34)においても黙示的条約締結権限法理の適用は否定されている。これらの判例を受け，黙示的条約締結権限法理は，実際にはもはや適用されないのかと考えられたが，その後，再び同法理が適用され，黙示的条約締結権限が認められる判決が下されている。

① C-467/98事件（オープンスカイ協定事件）

C-467/98事件（オープンスカイ協定事件）(35)では，フライト頻度，許可される航空会社数などの量的制限の撤廃を目的とする「オープンスカイ」政策のための二国間協定が問題となった。1993年から1994年にかけて，アメリカは，できるだけ多くのヨーロッパ諸国と，同政策の下で二国間協定を締結しようとした。これに対し，1994年11月17日に，欧州委員会は，構成国にそのような二国間協定は共同体立法に悪影響を与えうるものであるという意見を送付した。しかし，構成国は，アメリカとの交渉を続け，7カ国がアメリカとオープンスカイ協定を締結した。委員会は，このオープンスカイ協定の締結がEC条約（現EU運営条約）及びEC法行為（現EU法行為）に違反するとして，旧EC条約169条（現EU運営条約）に基き，欧州司法裁判所に提訴した。

欧州委員会は，オープンスカイ協定（これまでの二国間協定に修正を加えたもの）が，旧EC条約5条（現EU条約4条3項），EC条約52条（現EU運営条約49条），並びに，複数の理事会規則に違反するとした。その際，理事会規則違反の主張の根拠として，委員会は，1/76定式(36)とAETR定式(37)に基く黙示的条約締結権限の存在を挙げた。

欧州司法裁判所は，1/76定式に関して以下のように判断した。

まず，裁判所は，共同体（現EU）が国際義務を負う権限は，明示的に条約に付与されている場合のみならず，条約の規定から黙示的にも生じうるこ

---

(34) Opinion 2/94 [1996] ECR I-1759.
(35) Case C-467/98 [2002] ECR I-9519；拙稿「ECの黙示的対外権限の範囲──オープンスカイ協定事件」『貿易と関税』51巻3号（2003年）75-71頁。以下，オープンスカイ協定事件に関する記述は，拙稿から抜粋したものに修正を加えたもの。
(36) Opinion 1/76 [1977] ECR 741
(37) Case 22/70 [1971] ECR 263.

と，さらに，そのような黙示的対外権限は，域内権限が共通政策の実施に対し措置を採択するためにすでに用いられている場合のみならず，国際協定の締結と実施に当たってのみ域内措置がとられる場合にも存在しうるとした。その上で，第三国に対して共同体を拘束する権限は，国際協定における共同体の参加が共同体の目的の一つの達成にとって必要な場合に，域内権限を設定する条約規定から黙示的に生じるとして，裁判所意見1/76の文言をそのまま確認した[38]。

次に，裁判所は，裁判所意見1/94に言及しつつ，裁判所意見1/76で示された事件は，同時に対外権限を行使されるときのみしか域内権限が効果的に行使されえない場合であり，その際に，国際協定の締結が自律的措置をとることによっては達成されえない条約の目的を達成するために必要となることを明らかにした[39]。

その上で，アメリカに対して，共通法規の形で協調的行動を取り決めることを共同体機関に妨げたり，アメリカと構成国がオープンスカイ協定を締結することで生じうる差別や競争の歪みを減ずるために構成国によってとられるべきアプローチを定めることを同機関に妨げたりするものは，条約上何もないと述べ，自律的措置をとることによっては航空運輸における条約の目的が達成され得ないということにはなっていないとした[40]。

裁判所は，さらに，理事会が，共同体レベルでアメリカと交渉することを必要と見なさず，1996年6月まで委員会にアメリカと交渉する権限を付与しなかった事実を挙げ，論を補強し，1995年の時点においては，共同体が1/76の意味における排他的対外権限を有していなかったと結論づけた[41]。

他方，AETR定式に関しては，裁判所は次のように判示した。

まず，裁判所は，国際協定を締結する共同体の権限が，条約の明示的付与からのみならず，条約の他の条文又はそれらの規定の枠組みで採択された措置からも同様に生じること，特に，共通政策の実施のために，共同体が共通

---

(38) Case C-467/98 [2002] ECR I-9519, para. 56.
(39) *Ibid.*, para. 57.
(40) *Ibid.*, para. 59.
(41) *Ibid.*, paras. 60 and 63.

法規を定める措置を採択する際は，構成国は，共通法規に影響を与えたり，その範囲を歪めたりする，第三国に対する義務を個別にでも集団においてさえも引き受ける権利をもはやもたないこと，共同体のみが共同体の法システムの適用範囲に影響を与える義務を第三国に対し，引き受け，実施する立場にあることを述べ，AETR 定式を再確認した[42]。

次に，裁判所は，どのような状況において共同体が域内権限の行使により対外権限を獲得するのかについて，これまでの判例を列挙して，まとめた。第1に，国際的義務が共通法規の範囲に入る場合（AETR 判決），第2に，国際的義務の大部分が共通法規によってすでに規定されている分野に入る場合（意見2/91）を挙げた。後者の場合には，たとえそのような義務と共通法規の間に齟齬が存在しないとしても，構成国は共同体の機関の外側で国際的義務を引き受けることはできないとしたことを確認した。第3に，意見1/94 と意見2/94 に言及しつつ，共同体が域内立法行為において，第三国の国民の取扱に関する規定又は第三国と交渉する権限を共同体機関に明示的に付与している場合においても，共同体がそれらの行為の規定対象となっている分野において排他的対外権限を獲得することを確認した。第4に，第三国と交渉することを機関に権限づける明示的な規定がない場合においてさえ，共同体が完全な調和を達成している場合には，共同体が排他的権限を獲得することを同じく意見1/94 と意見2/92 に基き確認した[43]。

このように裁判所は，AETR 定式をまとめた上で，理事会により採択された次に掲げる4つの規則により，共同体が排他的対外権限を獲得しているか否かの審理に移った。

　［1］航空会社のライセンスに関する理事会規則2407/92 及び共同体内航空ルートへの共同体航空会社のアクセスに関する理事会規則2408/92

裁判所は，規則2408/92 は，共同体航空会社に対する共同体における飛行ルートへのアクセスに関するものであるとし，他方，規則2407/92 に対しても，共同体において設立された航空会社へのライセンスの構成国による許可

---

[42] *Ibid.*, para. 77.
[43] *Ibid.*, paras. 82–84.

基準を定めたものであり，非構成国の航空会社のライセンスを規律するものではないとして，問題となっている国際的義務が両規則の規定対象となっている分野には入らないとした[44]。

　[2] 航行旅客サービスの運賃に関する理事会規則 2409/92

　裁判所は，規則 2407/92 の 1 条 3 項が，共同体航空会社のみが，新しいプロダクトを導入し又は同一プロダクトに対して既存のものよりも安い運賃を設定することができると規定していることを挙げ，そのことにより同規則が間接的にではあるが，明確に共同体内において活動する非構成国の航空会社に新プロダクト又はより低い運賃を導入することを禁じていると判断した。よって，裁判所は，同規則の発効後，構成国は，運賃に関する国際義務を引き受ける権限はないとし，構成国が同規則から生じる排他的対外権限に違反したと判示した[45]。

　[3] コンピュータ化された予約システム（CRS）に対する行為コードに関する理事会規則 2299/89

　裁判所は，規則 2299/89 の 1 条及び 7 条により，非構成国の国民が共同体の領域において CRS を提供又は利用する場合には，同規則が，非構成国国民にも適用されることになることを認定した。これまでの二国間協定に修正を加えたオープンスカイ協定の CRS に関する付属書 III には，同規定が共同体規定と対立しないかぎりにのみ適用されうることが規定されていたが，裁判所は，CRS に関して国際的義務を負うこと自体が共同体の義務に違反しているとした[46]。

　[4] 共同体飛行場におけるスロットの配分に対する共通法規を定める理事会規則 95/93

　裁判所は，規則 95/93 が非構成国の航空会社にも適用されることを認め，その限りにおいて排他的権限を共同体が有していることを認定した。しかし，裁判所は，オープンスカイ協定のどの部分がこの権限に違反しているのかを

---

(44) *Ibid.*, paras. 90-91.
(45) *Ibid.*, paras. 97-100.
(46) *Ibid.*, paras. 104-105.

欧州委員会が立証していないため，この規則に対する構成国の違反は根拠づけられないとした(47)。

以上のことから，裁判所は，旧EC条約10条，旧EC条約43条，理事会規則2409/92及び2299/89の義務に構成国が違反したと判示した。すなわち，AETR定式に基づく黙示的条約締結権限の法理を適用した上で，排他的黙示的条約締結権限の存在を認めた。この結果，関連する共通運輸政策分野の権限は，EUの排他的権限ではないが，同分野で措置が採択された限りで，措置の規定事項につき専占効果が生じ，構成国は条約締結権限を行使ができなくなった。もっとも，オープンスカイ協定の規定事項すべてについてEU措置の採択による専占効果が生じているわけではないので，EUがオープンスカイ協定を締結する排他的権限をもっていたことは意味しない。

② 裁判所意見1/03

裁判所意見1/03(48)では，1988年9月16日に締結された，EU構成国がアイスランド，ノルウェー，スイスと結ぶ，民事および商事事項における管轄，判決の承認および執行に関する条約（以下ルガノ条約）を改正する，新ルガノ条約を締結するECの権限が排他的権限なのかあるいは共有権限なのかが問題となった。

裁判所は，これまでのAETR事件及び裁判所意見1/76等の関連判例を踏まえたうえで，裁判所意見1/94とC-467/98（オープンスカイ協定）事件に言及し，排他的権限が認められる場合を示した。その上で，裁判所は，以下のような追加的な審査準則を提示した。第1に，国際条約によって規律される分野と共同体法規の一致につき，①完全な一致は必要とされないこと，②裁判所意見2/91で用いられた基準「共同体法規によって大部分がすでに規律されている否か」が適用される場合，その審査は，問題となる分野における共同体法の現状のみならず，分析時において予想できる限り，将来の発展

---

(47) *Ibid.*, paras. 106-109.
(48) Opinion 1/03 [2006] ECR I-1145；中西康「新ルガノ条約についてのECの対外権限の排他性」『貿易と関税』54巻12号（2006年）72-65頁；拙稿「EUにおける権限の生成──民事司法協力分野における権限を素材として」『国際法外交雑誌』108巻3号（2009年）31, 54-57頁。

も考慮に入れることが必要であること，③審査には，規律される分野のみならず，共同体法規の性質と内容を含まなければならないこと[49]。第2に，共同体法の十分な効果（full effectiveness）を維持するために共同体法規の統一的でかつ一貫した適用並びに確立された制度の円滑な機能を確保することが不可欠であること[50]。これらの審査準則は，裁判所意見1/94でAETR定式が厳格化され黙示的条約締結権限の導入が困難になっていたものを緩和するものであると捉えられる。

これらの追加的な審査基準に則り，裁判所が新ルガノ条約の内容を検討した結果，次のような結論に至った。ブリュッセルI規則により確立されている管轄の抵触法規の制度が統一的でかつ一貫性（unified and coherent）がある。新ルガノ条約は，裁判所の管轄並びに判決承認および執行に関する共同体法規の統一的でかつ一貫的な（uniform and consistent）適用に影響を与える。よって，EC（現EU）が新ルガノ条約締結に対し排他的条約締結権限を有すると[51]。

③ 小 括

マーストリヒト条約発効黙示的条約締結権限の法理の制限的解釈が続いていたが，C-467/98事件（オープンスカイ協定事件）において，同条約発効後初めて黙示的条約締結権限の存在が認められた。さらに，裁判所意見1/03においては，裁判所意見1/94で行われたAETR定式の厳格化が緩和されることになり，黙示的条約締結権限の存在が認められやすくなった。さらに，2009年12月1日発効のリスボン条約により，黙示的条約締結権限の法理が明示化された（EU運営条約3条2項，216条1項）。

(4) 部分的権限の発生

〔1〕 裁判所意見1/94における部分的権限の発生

WTO協定問題に関する裁判所意見1/94において裁判所は，GATSとTRIPs協定の締結に対するEUの排他的条約締結権を否定し，権限はEUと

---

(49) *Ibid.,* paras. 126–127.
(50) *Ibid.,* para. 128.
(51) *Ibid.,* paras. 172–173.

構成国の間に配分されていると，すなわち，EUと構成国のそれぞれが部分的に権限を有すると結論した[52]。ここで，次にどのように権限が配分されているのかが問題となる。GATSに関しては，裁判所は，構成国の排他的対外権限を明示的には否定しなかった。それ故，その協定の規律対象に対しては，1部は共同体に，他の部分は構成国にいずれも排他的に権限が属していると考えられる。他方，TRIPs協定に関して裁判所は，ある一定の分野（例えば商標の関するもの）において「調和の実現」を確認した[53]。イギリスを含むいくつかの構成国は，TRIPs協定のある分野（例えば特許に関するもの）に対して排他的権限を有すると主張した[54]。が，裁判所はこの主張を退け，EUはこの争いのある分野においても国内規定を調和させるための権限（対内権限）を有すると述べた[55]。これらのことから，裁判所は，EUがある一定の分野においては排他的対外権限を有し，他の残りの分野においては，共有的な対内権限を有することを認めたと解される[56]。ただ，後者の分野では，未だ「完全な調和」が存在しないので，EUは黙示的に対外権限を導き得ない。しかし，EUが対内権限を行使し，この分野での「完全な調和」を達成した場合には，EUは，そこから黙示的に対外権限を導き出しうると理解できる。換言すれば裁判所の論理に従えば，すでに対内権限がEUに移譲されており，かつ将来的にその権限が行使され「完全な調和」が達成されれば，新たな条約改正を経ることなく対外権限も移譲される余地が残されている。

〔2〕 裁判所意見1/08における部分的権限の発生

裁判所意見1/08[57]では，裁判所意見1/94と同じくWTO協定に関係す

---

(52) Opinion 1/94 [1994] ECR I-5267, para. 105.
(53) Ibid., para. 103.
(54) Ibid., para. 104.
(55) Ibid., para. 104. TRIPs協定については，構成国は，排他的対外権限を有さないことになる。
(56) See, Editorial Comments, note (29), 386; Emiliou, note (29), 308.
(57) Opinion 1/08 [2009] ECR I-11129；拙稿「共通通商政策分野におけるEUの排他的対外権限の範囲」『国際商事法務』38巻8号（2010年）1140-1146頁。裁判所意見1/08についての記述は，右拙稿から1部抜粋したものに修正を加えている。

る問題が取り扱われた。具体的な事実概要は，以下の通りである。

　WTO 協定締結時には，EU 構成国は 12 カ国であったが，その後オーストリア，デンマーク，フィンランド，さらに東欧諸国が EU に加盟することに至った。そのため，GATS に定められる約束表の修正が必要となり，欧州委員会は，それらの国の加入により影響を受ける他の WTO の加盟国と交渉した。欧州委員会は，交渉された合意（agreement）に署名し，EU とその加盟国の約束表を認証のために WTO 事務局に提出する権限を理事会により与えられていた。その合意は，日本の他，アルゼンチン，オーストリアなど 17 の国と地域により署名された。2007 年 3 月 27 日に欧州委員会は，理事会に当該合意を締結する決定の提案を理事会に提出した。その際，委員会は，同決定の法的根拠条文を EC 条約 133 条(1)～(5)（現 EU 運営条約 207 条）とした。つまり，当該合意の締結は EC の排他的権限分野に入る事項であるとした。他方，理事会およびその中で会合する構成国は，当該合意を締結する権限は EC（現 EU）と構成国の共有権限に属するとした。

　このような意見の対立の中，欧州委員会は，①当該合意の締結は，EC の排他的権限に入るかまたは EC（現 EU）と構成国の共有権限に属するか，② EC 条約 133 条(1)および(5)は，当該合意を締結する適切な法的根拠を構成するかという 2 つの事項について EC 条約 300 条 6 項（現 EU 運営条約 218 条 11 項）に従い欧州司法裁判所に意見を求めた。

　欧州司法裁判所は，EC 条約 133 条 6 項 3 段が「運輸の分野における国際協定の交渉及び締結は，引き続き第 5 編及び 300 条の規定により規律される」と定められていることに関して，次のように述べた。対外権限を EC に付与する条約規定が，EC 条約 133 条 6 項 3 段のように，条約の別の規定が優先されると特別に規定することによって潜在的な法的根拠争いを未然に解消すべきとしていることは非常にまれである[58]。「運輸分野における国際協定」という表現は，なかんずく運輸サービスに関する貿易分野を対象とすることには疑いがない。運輸サービスの貿易に関係しない運輸の分野における協定が運輸政策に入り，共通通商政策に入らないという意味であれば，共通

---

(58) *Ibid.*, para. 157.

通商政策に関する規定の中で規定されることが意味をなさなくなる⁽⁵⁹⁾。運輸サービス貿易に専らまたは顕著にかかわる協定のみがEC条約133条6項3段の対象となるという委員会の解釈をとれば，同規定からその実効性を奪ってしまうであろう。そのように解釈すれば，協定の当事者が運輸サービス貿易のみを取り扱うかまたは同時にその貿易と他のタイプの貿易もしくは一般サービス貿易を取り扱うかを決定するかによって運輸政策になりあるいは共通通商政策となったりすることになる⁽⁶⁰⁾。よって，上述した合意を締結する共同体行為は，EC条約300条2項および3項1段に連結した，EC条約133条1項，5項及び6項2段並びにEC条約71条および80条2項に依拠しなければならない。すなわち，裁判所は，合意には共通通商政策の法的根拠条文のみでは不十分で運輸政策の法的根拠条文が必要であると判示した。

　本意見に従えば，ニース条約によりサービス貿易および知的財産の貿易的側面にEUの権限が拡大されたものの，締結される協定に運輸の分野等が少しでも関係すれば，共有権限となり，EUは単独で協定の交渉あるいは締結をできなくなる。クレンツラー等の言葉を借りれば，グラスを濁らせるためにはペルノー一滴で十分である⁽⁶¹⁾。つまり，共有権限とするには，規定対象に例外となっている事項を1つ含ませれば十分であるということである。現在，通商関係の交渉は，物の貿易に限定されることはまれで，複数の分野が一緒に交渉されている⁽⁶²⁾。このような状況の中で，裁判所のような立場がとられると，EUは永遠にWTO関連の協定を単独で交渉し，締結することが不可能になってしまうであろう。

　この裁判所意見後，リスボン条約による改正で，EC条約133条はEU運営条約207条になったが，通商政策はどのように変化したか。「運輸の分野

---

(59) *Ibid.*, para. 158.
(60) *Ibid.*, para. 160.
(61) Horst Günter Krenzler/Hermann da Fonseca-Wollheim, „Die Reichweite der gemeinsamen Handelspolitiknach dem Vertrag von Amsterdam", *EuR*, 33. Jahrgang, Heft 3, (1998), 223, 229.
(62) Krenzler/da Fonseca-Wollheim, note(61), 229.

における国際協定の交渉および締結は，第3部第6編および218条に従う」と定められており，上述した「引き続き……規律される」とした規定からは若干変更されたものの，実質的には変わっていない。よって，本件の解釈が引き続き有効である可能性が高い(63)。とすれば，現行のEU運営条約207条によっても運輸サービスは共有権限となり，WTO関連の協定締結権限がEUと構成国に分属する可能性は残る。

◆2◆ 協力義務の法的根拠と展開

(1) 法的根拠

　裁判所意見1/94の論理によると，「完全な調和」が実現されていない現時点においては，EU単独でのWTO協定の締結は不可能となる。これは，上述したように裁判所意見1/03により若干緩和されたが。また，裁判所意見1/08の論理によると，締結される国際協定に運輸の分野等が少しでも関係すれば，つまり，規定対象に共通通商政策以外の事項を1つ含ませば，共有権限となり，EUは単独で協定の交渉あるいは締結をできなくなる。しかし，EUが単独で行動できないとすると，多方面において困難が生じうることも否定できない。この点は欧州委員会が力説したところであった。

　裁判所は，この点について，黙示的条約締結権限法理の適用や拡大解釈ではなく，EUと構成国に協力を義務づけること（Verpflichtung von Mitgliedstaaten und Gemeinschaftsorganen zur Zusammenarbeit, the duty of the cooperation between the Member States and the Community institutions, l'obligation de coopération entre États membres et institutions communautaire）(64)によって応じた。そこで，このような協力がどのように義務づけられるか，その法的根拠が問題となる。EU法の中で，その根拠となりうるのは，旧EC条約5

---

(63) *Cf.* EleftheriaNeframi, "The Duty of Loyalty", *CMLRev.* 47, (2010), 323, 358.
(64) 「共同体と構成国間の協力義務」の概念は，裁判所意見1/94で用いられているが，学説上定まっていない。また，判例の中でもそれが具体的に何を意味するのかは明らかにされていない。本書では，共同体と構成国が対外関係において相互に協力し，そのために必要な措置を執る義務と理解している。

条（現EU条約4条3項）及びEUへの忠実義務（Gemeinschaftstreue）である。同条（同項）前段は、構成国の行為義務、後段は構成国の不作為義務を定めると理解される。この条文が、単に国際法上の「条約は守られなければならない（*pacta sunt servanda*）」との原則に相当するにすぎないのか、それともそれ以上のものを意味するのか議論が分かれていた[65]。当初、裁判所は、EC条約5条（現EU条約4条3項）に独立した法的効果を認めなかったが[66]、その義務内容が判例において具体化されることによって、5条（現EU条約4条3項）は今日では独立した法的根拠になったと解される[67]。現在、5条（現EU条約4条3項）を根拠として、構成国側のEUに対する作為不作為義務の他に、構成国間の連帯義務（die Pflicht zur Solidarität der Mitgliedstaaten untereinander）、あるいはEU機関と構成国間の誠実な協力義務（die Pflicht zur loyalen Zusammenarbeit zwischen den Unionsorganen und den Mitgliedstaaten）等が、導かれている。

　EUへの忠実義務（Unionstreue）は、ドイツにおいて発達した連邦への忠実義務（Bundestreue）の概念と対比されるものである。この概念は、州の連邦への忠実義務、州間の相互尊重義務、及び、州と連邦の相互尊重義務を包含している。これに関連して旧EC条約5条（現EU条約4条3項）とEUへの忠実義務の関係が議論されたが[68]、同条の内容が具体化・拡張化されるに従って、同様の概念として捉えられるようになった[69]。そのため、このような対立はもはや過去のものとなりつつある。しかし、対外関係におけるEUと構成国の協力義務の根拠をどこに求めるかに関しては、いまだ不明確なままである[70]。以下では対外関係におけるEUと構成国の協力義務を

---

[65] Albert Bleckmann, „Art. 5 EWG-Vertrag und die Gemeinschaftstreue", *DVBL.*, vol. 91, (1976), 483.

[66] Manfred Zuleeg, Art. 5, Rdnr. 2, in Hans von der Groeben/Jochen Thiesing/Claus-Dieter Ehlermann, *Kommentar zum EG-Vertrag*, Band 1, 5. Aufl., (Nomos, 1997).

[67] EC条約5条を法的根拠とした重要な判決としてFrancovich判決（Joined cases C-6/90 and C-9/90, [1991] ECR I-5357）が挙げられる。Marc Blanquet, *L'article 5 du Traité C.E.E.*, (LGDJ, 1993).

[68] Michael Lück, *Die Gemeinschaftstreue alsallgemeines Rechtsprinzip im Recht der Europäischen Gemeinschaft*, (Nomos, 1992), 92.

[69] *Cf.* R. Streinz, *Europarecht*, Rdnr. 143, 3. Aufl., Heidelberg, 1996.

2 協力義務の法的根拠と展開

裁判所がどのように発達させてきたかをみていきたい。

(2) 協力義務の展開と浸透

対外関係における EU と構成国間の協力義務の前段階として，EU に対する構成国への一方的な義務づけが考えられる。このような義務づけは，黙示的条約締結権限の法理を創設した AETR 事件[71]にさかのぼる。この判決において，共同体（現 EU）が排他的条約締結権限を有する際の構成国の義務が明らかにされた。裁判所は，EC 条約 5 条（現 EU 条約 4 条 3 項）に基づき，対外関係における構成国の不作為義務を課した[72]。これは，構成国が第三国と協定を結び国際法上の義務を負うことを禁ずるものであり，いわば義務を負わない義務とでもいうべきものである。同時に裁判所は，共同体がその権限を行使する前に構成国が例外的に行動することが許される場合，構成国は同条に基づく義務に従い，共同体の利益を追求し，かつ，共同体のために行動しなければならないとした[73]。また，Kramer 事件[74]において裁判所は，共同体が競合的条約締結権限を有する場合における構成国の義務を示した。この場合，構成国は，原則的に国際法上の義務を負うことができるが，共同体が後にその権限を行使する際に障害となるような義務を負うことは慎まなければならない[75]。同時にそのような義務を負う際，構成国は共同の行動（gemeinsames Vorgehen）を取らなければならない[76]。そのうえ，共同体がある国際条約の規定上協定主体となれない場合（なおこの事件では，北大西洋漁業協定が問題となっていた），それが変更されるようにできる限り法的政治的手段を行使しなければならない[77]。これらは，それぞれ共同体

---

(70) EC 条約 5 条以外に法的根拠を挙げるものとして，Auvret-Finck, note(30), 335, Gilsdorf, note(30), 158-9 ; Hilf, note(30), 256.
(71) Case 22/70 [1971] ECR 263.
(72) *Ibid.*, para. 22.
(73) *Ibid.*, paras. 81-90.
(74) Joined cases 3, 4 and 6/76 [1976] ECR 1279.
(75) *Ibid.*, paras. 44-45.
(76) *Ibid.*
(77) *Ibid.*

239

第 7 章　EU と構成国間の協力義務の展開

が包括的排他的もしくは包括的競合的権限を有する場合にあたり，構成国の一方的な義務のみが問題となった。続いて裁判所は，欧州原子力共同体 (Euratom) 条約の解釈が問題となった事件（決定 1/78)[78]において，共同体と構成国のそれぞれが部分的権限を有する場合の協力義務を発達させた。この事件で裁判所は，共同体が国際原子力機関（IAEA）の協定の 1 部に排他的権限を有することを根拠に[79]，協定締結には構成国だけではなく，共同体の参加が不可欠であると宣言した[80]。これが，対外関係における共同体と構成国間の協力義務を宣言した最初の例である。ただし，当時の論調としては，共同体と構成国の双方というよりは，むしろ構成国への一方的義務づけという性格が強かったと理解される。

　マーストリヒト条約署名後，発効前に出された裁判所意見 2/91[81]では，国際法上，条約が国際組織の加盟を予定していないため，共同体（現 EU）が加盟できないという場合の協力義務が扱われた。そこで裁判所は，決定 1/78 を引用しつつ，共同体と構成国間の協力義務は欧州原子力共同体だけでなく，欧州共同体（狭義の）にも妥当すると述べた。その際，裁判所は，対外関係上の共同体の統一的な行動が不可欠であることにより協力が義務づけられるとした。さらにこの事件において，共同体が協定を自ら国際法上締結できないゆえに[82]，構成国と共同体間の協力が必要であり，それを確保するために構成国及び共同体は，あらゆる措置を執らなければならないと裁判所は明言した[83]。

　WTO 協定に関する裁判所意見 1/94 は，上述したように制限的な解釈に基づく権限の EU と構成国への分属を根拠に EU の包括的対外権限を否定したものであった。しかし，同意見は，協力義務についても検討を怠ってはいない。この事件では，EU と構成国がそれぞれ，関連する協定に対して，部

---

[78] Ruling 1/78 [1978] ECR 2151.
[79] *Ibid.*, para. 14 und para. 31.
[80] *Ibid.*, 2182.
[81] Opinion 2/91 [1993] ECR I-1061.
[82] この事件では，国際労働機関の協定 Nr.170 の締結が問題となっているが，これを締結できるのは，国際法上国家に限定されている。
[83] Opinion 2/91 [1993] ECR. I-1061, para. 38.

2 協力義務の法的根拠と展開

分的権限を有する場合の協力義務が問題となった。裁判所は，まず，部分的権限の存在に触れた後，決定 1/78 及び裁判所意見 2/91 に言及しつつ，協力義務が，対外関係上共同体の統一的な行動にとって不可欠であると述べた[84]。さらに，WTO 協定に含まれる種々の協定が相互に密接に関連しており，紛争解決メカニズムなどのために，共同体と構成国間の協力がより一層強制的であると強調した[85]。

その後，FAO に関する 1996 年の 6 月 19 日の C-25/94 事件[86]でもまた，EU と構成国がそれぞれ部分的権限を有する場合の協力義務が問題となった。そこでは，裁判所は，さらに踏み込んで，「共同体機関と構成国は，協力が最善な方法で (in bestmöglicher Weise) 確保されるようにあらゆるすべての必要な措置 (erforderliche Maßnahme) を執らなければならない。」と判決した[87]。

2003 年発効のニース条約により EC 条約 133 条が改正され，その 6 項 2 段は次のような規定となった。「……協定は，共同体と構成国の共有権限に属する。したがって，300 条の関連規定に従って行われる共同体の決定に加えて，この協定の交渉には，構成国の共通の合意が必要とされる。このようにして交渉される協定は，共同体と構成国が共同で締結する。」この条文を受けた，WTO の約束表に関する合意について 2009 年の裁判所意見 1/08 では，協力義務について次のように判示された。EC 条約 133 条 6 項 2 段は，包括的で，一貫性がありかつ効率的な対外通商政策を設定する共同体の利益が追求されることを可能にし，同時に，同規定により定められるセンシティブな分野において構成国が防禦したいと考える特別な利益が考慮に入れられることを可能にする。共同体が国際的な代表を務める際の統一性の要請は，協定の交渉と締結の過程における構成国と共同体機関の密接な協力 (close cooperation) を要求する[88]。裁判所は，裁判所意見 1/94 では，密接な協力が対

---

(84) Opinion 1/94 [1994] ECR I-5267. para. 108.
(85) Ibid., para. 109.
(86) Case C-25/94 [1996] ECR I-1469.
(87) Ibid., para. 48.
(88) Opinion 1/08 [2009] ECR I-11129, para. 136.

外関係上共同体の統一的な行動にとって不可欠であると述べており[89]，この裁判所意見1/08もそれに従ったものであると捉えられる。ニース条約によりEUの権限は拡大されたものの，引き続きこの構成国とEU機関の密接な協力に依る必要性が確認された。混合協定の形をとる限り統一性の問題に対処するためにこのような密接な協力が不可欠となる[90]。

(3) 協力義務の発生時期の明確化と原則化

構成国とEU機関間の協力義務は，C-246/07事件[91]において，その発生時期が明確化され，同時に原則として位置づけられるようになった。なお，本件は，2007年5月22日に付託されたが，判決は，リスボン条約発効後（2009年12月1日）の2010年4月20日に下された。その事実概要は以下の通りである。残留性有機汚染物質（Persistent Organic Pollutants：以下POPs）に関するストックホルム条約（以下ストックホルム条約）は，2001年5月22日に採択され，2004年5月17日発効した。EUにおいては，理事会が2004年10月14日の決定により，ストックホルム条約を承認した[92]。また，POPsに関して，長距離越境大気汚染条約の下でデンマークのオーフスにおいて議定書が1998年6月24日に採択された（以下「オーフス議定書」）。EUにおいては，ストックホルム条約およびオーフス議定書に服する物質の生産，上市および利用の禁止，可能な限りの段階的廃止または制限をすることによってPOPsから人間の健康および環境を保護することを目的とする規則（いわゆるPOPs規則）が2004年4月29日に採択された[93]。

2004年8月4日，欧州委員会はオーフス議定書および／またはストック

---

(89) Opinion 1/94 [1994] ECR I-5267, para. 108；中西優美子「欧州共同体と構成国間の協力義務の展開」『一橋論叢』122巻1号（1999年）69，80頁。

(90) *Cf.* EleftheriaNeframi, "The Duty of Loyalty: Rethinking its scope through its application in the field of EU External Relations", *CMLRev.* 47, (2010), 323, 354.

(91) Case C-246/07 Commission v Sweden [2010] ECR I-3317；拙稿「混合協定の場合におけるEUと構成国間の誠実協力義務」『専修ロージャーナル』No. 6(2011年)259-269頁。C-246/07に関する記述は，拙稿からの抜粋に修正を加えたものである。；Valérie Michel, "190 Violation du devoir de coopération loyale", *Europe*, (juin 2010), 9-10.

(92) 理事会決定 2006/507/EC, OJ 2006 L 209/1.

(93) 欧州議会と理事会規則 850/2004, OJ 2004 L 158/1.

ホルム条約の関連付属書に含まれるべき物質の追加につき EC（現 EU）と EU 構成国を代表して提出するための許可に関する理事会決定の提案を行った[94]。委員会の同提案は，オーフス議定書に関しては，ヘクサクロロブタジエン，オクタブロモジフェニルエーテルおよびペンタクロロベンゼンが付属書Ⅰに，ポリ塩化ナフタレンが付属書ⅠおよびⅢに，短鎖塩素化パラフィンが付属書Ⅱに含まれるようにすること，ストックホルム条約に関しては，オーフス議定書と同様の物質に加えてクロルデコン，ヘクサブロモビフェニルが付属書Ａに，ポリ塩化ナフタレンが付属書ＡおよびＣに，短鎖塩素化パラフィンが付属書Ｂに含まれるように交渉をすすめることを定めていた。しかし，本件で問題となるパーフルオロオクタンスルホン酸（以下PFOS）の付属書への包含は同提案の対象となっていなかった。

理事会の国際環境問題に関する作業部会の会合が 2004 年 9 月 8 日に開かれた。そこでスウェーデンは，ストックホルム条約の関連付属書のリストに PFOS を追加する共通提案に賛同を示したが，同時に，提案をストックホルム条約の事務局に一方的に提出する可能性も示唆した。2005 年 3 月 10 日に理事会は，ストックホルム条約の付属書のリストに追加する物質に関する共通の立場を含む決議を採択した。2005 年 5 月 2〜6 日にストックホルム条約の第 1 回締約国会議が開催され，そこでは，共同体と構成国によって 2 つの物質クロルデコンとヘキサブロモビフェニールがリストに追加されるよう提案された。また，その会合において，補助機関である残留性有機汚染物質検討委員会（POPRC）の設置が決定され，同年 11 月に初会合が開かれることになった。

2005 年 7 月 6 日，理事会の国際環境問題に関する作業部会は，オーフス議定書とストックホルム条約の付属書に追加する物質についての前述した欧州委員会の提案を検討した。オーフス議定書に関しては，欧州委員会の提案通りの 5 物質に合意し，ストックホルム条約については，第 2 回締約国会議の際にいくつかの物質のリストへの追加が提案されるべきことが合意されたが，どの物質かについては合意に至らなかった。PFOS については，共同体

---

(94) COM (2004) 537.

第7章　EUと構成国間の協力義務の展開

レベルで管理措置の明確化について作業が進行中であり，欧州委員会が管理措置に関する提案をした時点でPFOSがオーフス議定書に包含されるよう提案すべきであることが確認された。2005年7月14日，スウェーデンは，ストックホルム条約の事務局に同条約付属書AリストにPFOSを追加する提案を一方的に提出した。

このスウェーデンの一方的な提案の提出を受け，欧州委員会は，そのような行為は，共同体が国際的な代表を務めること（international representation）を困難にさせ，統一性を損なうことになり，EC条約10条（現EU条約4条3項）の下での義務を怠ったことになるとして，2005年12月9日にEC条約226条（現EU運営条約258条）に従った条約違反手続を開始した。この手続の中で，スウェーデンは，共同体レベルではPFOSに関する措置は存在せず，それに関して提案する権限は維持しており，EC条約10条（現EU条約4条3項）の義務違反はなかったと回答した。欧州委員会は，この回答に満足せず，2007年5月22日，事件を欧州司法裁判所に付託した。これが，本件である。

欧州司法裁判所は，EC条約10条（現EU条約4条3項）の誠実協力義務について，これまでの判例を引用しつつ，以下のように確認した[95]。

条約の目的に一致するすべての分野において，EC条約10条は，構成国に共同体の任務の達成を容易にし，条約の目的の達成を危険にさらしめるようないかなる措置もとらないように要請する。真の協力の義務は，一般的な適用であり，関係する共同体の権限が排他的であるか，あるいは，第三国に対して義務を負う構成国の権利なのかには依らないと判示してきた。ある協定または条約の規定対象の一部が共同体に，残りが構成国に属することが明らかである場合，交渉および締結の過程ならびにその義務の履行の両方において構成国と共同体機関間の密接な協力を確保することが不可欠である。共同体の国際的レプレゼンテーションにおける統一性の必要性から協力する義務が生じる。構成国は，理事会によりまだ採択されていないものの，委員会が理事会に提案を提出した場合，特別な作為と不作為の義務に服すると判示

---

[95] C-246/07 [2010] ECR I-3317, paras. 69-75.

244

してきた。同様に，共同体を代表して委員会に多角的交渉を行うことを許可する理事会決定の採択は，国際的平面での協調共同体行動(concerted Community action) の開始を表し，それがたとえ構成国の不作為義務を根拠づけなくとも，共同体の任務達成を容易にし，共同体の行動および共同体が国際的代表を務める際（international representation）の一貫性を確保するために，少なくとも構成国と共同体機関間の密接な協力の義務を要請すると判示してきたと。

裁判所は，このようにこれまでの判例を確認したうえで，本件において，スウェーデンがストックホルム条約の付属書AにPFOSの追加を要請する提案を行ったとき，理事会は，いかなる形式的決定も採択していなかったとして，共同体戦略（Community strategy）が存在したか否かの検討をした(96)。

まず，裁判所は，誠実協力義務違反の訴訟の枠組における共通の立場の存在およびその考慮にとっては，共通の立場の内容が法的に十分明確である限り特定の形態を示していることは必要とされないということを出発点とした。

次に，裁判所は，2005年3月の理事会の決議において，PFOSは当時オーフス議定書の付属書に含まれておらず，EUにおいてPOPsとして規律されていなかったため，同議定書またはストックホルム条約の付属書リストに追加すべき物質として考慮される必要がなかったこと，また，ストックホルム条約付属書に追加すべき物質の数を制限しているのは経済的考慮が共同体戦略の一部であったという主張を支持するものであることを示した。さらに，裁判所は，PFOSに関する管理措置について委員会がEU立法を提案すれば，PFOSがオーフス議定書の中に入れられよう提案することが予定されていたこと，2005年7月6日の理事会の国際環境問題に関する作業部会の会合ではストックホルム条約の第2回締約国会議でいくつかの物質が追加提案されるべきことが合意されたものの，どの物質が追加されるかについては合意に至らなかったことを挙げ，意思決定における真空（vacuum）あるいは決定の不在に相当する待機期間はなかったように見えるとした。

以上のことから，裁判所は，ストックホルム条約の付属書Aリストに

---

(96) *Ibid.,* paras. 77-91.

第7章　EUと構成国間の協力義務の展開

PFOS を追加するという提案をしないという共通戦略が存在したと認定した。以上のことから，裁判所は，一方的な提案によりスウェーデンは理事会における協調共通戦略（concerted common strategy）から自ら逸脱したと判断した。この本判決により対外関係における誠実協力義務は，理事会による委員会に対する交渉許可決定が存在する場合に限定されず，理事会における共同体戦略（現在ではEU戦略）が存在すると認定されうる場合にも発生することが明らかにされた。その義務の違反には，構成国の行動が協調共通戦略からの逸脱を意味するものなのか否かがネックとなっていることも明確にされた。

また，対外関係における共同体と構成国間の協力義務については，上述したように共同体機関と構成国の協力義務が，国際的代表を務める際における統一性の必要性（requirement of unity）から生じるということが裁判所意見 2/91 事件以降，繰り返し判示されてきた。これは，上述した裁判所意見 1/08 においても見られた[97]。

本件では，裁判所は，本件のような状況の中でのスウェーデンの一方的な提案が，EU とその構成国の国際的代表を務める際における統一性の原則を損ない，関連条約の締約国に対する交渉力を弱めることになりうるとした（判決104段）。本件では，連合と構成国が国際的な代表を務める際における統一性の原則（the principle of unity in the international representation of the Union and its Member States, der Grundsatz der Einheit im internationalen Auftreten der Union und ihrer Mitgliedstaaten, le principe d'unité dans la représentation internationale de l'Union et de ses États membres）という言葉が用いられた。これまでEU機関と構成国の協力の義務が統一性の不可欠性から導かれるという文脈で表現されていたものが，本件では，法的には強化されたと捉えられる「原則」という文言が用いられ，構成国の提案行為が同原則を損ない，EC 条約 10 条（現 EU 条約 4 条 3 項）に違反するとされた。これにより，EU 機関と構成国の協力の義務が EU 法の原則の 1 つとして認められ，それに独立した法的な価値を認められたと捉えられるであろう。

---

(97) Opinion 1/08 [2009] ECR I-11129.

◆3◆ 結 語

　以上の分析から浮かび上がるのは，かつて広範な定式化がなされていた黙示的権限の法理が，制限的解釈を通じてその実質的妥当範囲を縮小させてきた反面，かつて萌芽的にのみ主張されてきた協力義務の法理が次第に重要性を増し，原則として位置づけられるまで発展してきたことである。
　WTO問題に関する裁判所意見1/94における，共同体の対外権限の制限解釈に対しては，批判も強かった。とくに，そのような解釈が，旧EU条約第B条5に定められる共同体の既得権事項（acquis communautaire, gemeinschaftlicher Besitzstand)[98]保護の精神に反するのではないかとの指摘がなされた[99]。しかし，同時に，制限解釈をした理由として，①マーストリヒト条約による，とりわけEC条約3b条（現EU条約5条）に定められる権限に関する三原則（(a) 権限付与の原則（das Prinzip der beschränkten Einzelermächtigung)[100]，(b) 補完性原則（das Subsidiaritätsprinzip)[101]及び(c) 比例性原則（das Verhältnismäßigkeitsprinzip)[102]）の尊重，②ドイツ連邦憲法裁判所のマーストリヒト判決の考慮[103]，③問題となった協定分野が，包括的であり，また国家利益にとって重要なものであるとの認識[104]などが考えられる。

---

(98) 共同体既得事項とは，共同体設立条約，単一欧州議定書，マーストリヒト条約等の第1次法と，規則，指令，決定などの第二次法，裁判判例，国家実行等のことを意味する。
(99) See, Vlad Constantinesco, "Accord instituant l'Organisationmondiale du commerce", *JDI*, (1995), 417 ; Dörr, note (30), 43.
(100) 裁判所意見1/94と権限の制限列挙の原則の関連性を考慮しているものとして，Alan Dashwood, "The Limits of European Community Powers", *ELR*, vol. 21, (1996), 124 ; Hilf, note (30), 258.
(101) 裁判所意見1/94と補完性原則の関連性を考慮しているものとして，Gilsdorf, note (29), 151.
(102) 比例性原則につき，須藤陽子「ヨーロッパ行政法における「比例原則」の意義と展開――マーストリヒト条約以前を中心に」『東京都立大学法学会雑誌』39巻1号（1998年）411頁。

裁判所が GATS 及び TRIPs 協定に対する共同体（現 EU）の排他的条約締結権限を認めなかったことにより，共同体は単独で WTO 協定を締結できず，構成国と共に混合条約 (gemischtes Abkommen, mixed agreement) の形でそれを締結することになった。しかし裁判所は，上述したような部分的権限の存在をそのままにしておくことには，問題があるとし，その結果対外関係における構成国と EU 機関間の協力義務を強調した。言い換えれば，裁判所は，制限解釈の代償 (Kompensation) として，EU と構成国に対外関係における協力を義務づけたのである[105]。このような協力義務の要請は，国際協定が混合協定である限り続いていく。また，国際協定が複雑化包括化していく傾向にある中で，EU が単独で国際協定を締結する場面は減少していく傾向にあると考えられる。たとえば，自由貿易協定 (FTA) という通商が主要な規定事項である協定においてさえさまざまな要素が含まれ現実には混合協定という形で締結されている[106]。

(103) BVerfGE 89, 155. 判例評釈として，例えば，Doris König, „Das Urteil des Bundesverfassungsgerichts zum Vertrag von Maastricht", ZaöRV, vol. 54, (1994), 44； Hans Peter. Ipsen, „Zehn Glossen zum Maastricht-Urteil", EuR, vol. 29, (1994), 11； Jochen Abr. Frowein, „Das Maastricht-Urteil und die Grenzen der Verfassungsgerichtsbarkeit", ZaöRV, vol. 54, (1994), 9. 岡田俊幸「欧州統合とドイツ憲法」憲法理論研究会編『国際化のなかの分権と統合』（敬文堂, 1998 年) 135 頁。この判例において，ドイツ連邦憲法裁判所は，解釈による法創造と条約の改正は明確に分けなければならないとし，欧州司法裁判所の黙示的権限法理を含む拡大解釈に警鐘を鳴らした。1 構成国の裁判所判例が，共同体を拘束するかどうかという問題は別にして，欧州司法裁判所は，このドイツのいわゆるマーストリヒト判決を無視できなかったのではないかと考えられる。cf. Dörr, note (30), 40； Albert Bleckmann/Ulrich Pieper, „Maastricht, die grundgesetzliche Ordnung und die Superrevisionsinstanz", RIW, vol. 39, (1993), 976-7.
(104) Christoph Vedder/Hans-Peter Folz, "Opinion 1/94", EJIL, vol. 7, (1996), 134.
(105) Yumiko Nakanishi, Die Entwicklung der Außenkompetenzen der EG, (Peter Lang, 1998), 122.
(106) たとえば，EU と韓国の FTA は，EU 運営条約 207 条の他に，運輸政策に関する 91 条及び 100 条 2 項並びに文化に関する 167 条 3 項を法的根拠にして，混合協定の形で締結された (Council Decision 2011/265/EU, OJ 2011 L 127/1)。

第2部

権限の生成と発展

第8章　EUにおける権限の生成
――民事司法協力分野における権限を素材として――

◆はじめに◆

　EUは国家ではないため，構成国から権限を条約により明示的あるいは黙示的に移譲されることによって，権限を有することになる。換言すれば，EUは，条約により構成国が権限を移譲した範囲においてのみ行動することができる。これを権限付与の原則と言う（EU条約5条）。構成国は，EUに全権あるいはあらゆる分野にわたる包括的な権限を移譲しているのではなく，原則的に分野ごとに権限を条約条文に定めることによって移譲している。よって，EUは，原則的に特定の分野に対し個別的な権限を有する。現在，EUは，広範囲の分野において権限を有しているが，当初からこのような権限が付与されていたわけではなかった。

　EC条約（別名ローマ条約）は，1957年に締結された。同条約締結当時は，EEC（すなわち欧州経済共同体）を設立する条約が正式名称であり，その目標は，共同市場を設立することにあった。当時，EC（現EU）[1]に付与されていた個別的な権限は，関税同盟，物，労働者，サービス及び資本の自由移動，農業政策，運輸政策，競争法，通商政策等，経済を中心とするものに限定されていた。

　1970年代に2度にわたって起こった石油ショックから欧州経済を立ち直らせるために単一欧州議定書が起草された。同議定書は，1987年に発効し，

---

(1) リスボン条約によりECは消滅し，EUがそれにとってかわった。本文中，必要に応じて，ECまたは共同体（Community）の語を用いている。

第8章　EUにおける権限の生成

鍵概念として，域内市場「物，人，サービス及び資本の自由移動が確保されるところの域内に境界がない領域」が導入された。1992年末までに統一市場を完成させることが目標とされ，それを推進する域内市場の確立と運営にかかわる国内法を調和させていく権限が追加された（EEC条約100条〔現EU運営条約115条〕）[2]。同時に，環境（EEC条約3部7編〔現EU運営条約4部20編〕），研究・技術開発分野（EEC条約3部6編〔現EU運営条約4部19編〕）等の個別的権限もECに付与された。

1993年発効のマーストリヒト条約は，EUを設立した。EUは，3本柱構造，すなわち，これまでのECを中心とする第1の柱，共通外交及び安全保障政策を対象とする第2の柱，並びに，司法内務協力を対象とする第3の柱から構成された。加えて，同条約により，欧州連合市民という概念が誕生し，また，EEC条約は，EC条約に名称が変更され，経済通貨同盟（EC条約3部7編〔EU運営条約4部8編〕），文化（EC条約3部12編〔EU運営条約4部13編〕），公衆衛生（EC条約3部13編〔EU運営条約4部14編〕），消費者保護（EC条約3部14編〔EU運営条約4部15編〕），開発協力（EC条約3部20編〔EU運営条約5部3編1節〕）など，新たな個別的権限がECに付与された。

さらに，1999年発効のアムステルダム条約は，「自由，安全及び司法の領域」という新たな鍵概念を創出した。また同時に，同条約は，第3の柱に定められていた事項の一部を第1の柱に移行させた（いわゆる共同体化）。具体的には，ビザ，庇護，移民及び人の自由移動に関する他の政策が，新たに追加されたEC条約3部4編（EU運営条約3部5編）に定められた。

このようにEUは権限付与の原則に基づきながらも，条約改正を通じて，新たな権限を付与され，その行動範囲を拡大してきている。

本章では，このように多くの追加されてきた権限の中で，民事司法協力分野の権限を取り上げることにする。民事司法協力分野の権限は，その発展が独特であり，まだ，現在においても発展過程にあるというユニークな性質をもっている。また，民事司法協力分野の権限は，発展途上にある権限であり，

---

[2] EEC条約は，EC条約になり，現在はEU運営条約となっている。条文数も変化しているため，必要に応じて，旧条文と現行の条文を書き分けている。

後述するようにアムステルダム条約により初めて，ECに付与されたという後発の権限であるにもかかわらず，欧州司法裁判所の判例において，その対外権限の一部が排他的権限であることが認められた。このような民事司法協力分野の権限を素材にすることで，EUにおける権限の生成について検討していきたいと考える。検討の順序としては，第1に，民事司法協力分野における立法権限の生成，第2に，民事司法協力分野における黙示的排他的条約締結権限の生成とする。なお，個別的権限に分類されるものの，一般的権限の要素を含む，域内市場の確立及び運営を目的とし，構成国法を調和させる権限を定めるEU運営条約114条，並びに，一般的な権限であり，EUの目的を実現するために必要な権限が定められていない場合に適用可能なEU運営条約352条は，広義の意味における国際私法及び手続法，あるいは，統一私法に関連する措置の採択の法的根拠となりうるが，本章では，検討の直接的な対象とはしない[3]。

◆1◆ 民事司法協力分野における立法権限

(1) EEC条約調印からマーストリヒト条約以前

民事司法協力分野における立法権限は，EEC設立当初から，ECに付与されていたわけではない。ただ，当初から，EEC条約220条（その後，EC条約293条〔EU運営条約では削除〕）は，「構成国は，必要な限り，その国民のために次の事項を保障する目的で，相互に交渉を行うものとする。……裁判判決及び仲裁判断の相互承認及び相互執行に関する手続の簡素化」と定めていた。そこで，1968年に，民事及び商事事件における裁判管轄及び判決執行に関するブリュッセル条約が調印された[4]。もっともこれは，ECの措置

---

(3) *Cf.* EU運営条約114条（旧EC条約95条）を法的根拠とした国際私法に関する法規について，Jürgen Basedow, "The communitarization of the conflict of laws under the Treaty of Amsterdam", *CMLRev.* 37, (2000), 687, 696-699.

(4) 1968 Brussels Convention on jurisdiction and the enforcement of judgments in civil and commercial matters, OJ [1972] L 299, 32-42 ; Dirk Besse, „Die justizielle Zusammenarbeit in Zivilsachen nach dem Vertrag von Amsterdam und das EUGVÜ", *ZEuP*, (1999), 107, 117.

ではなく，構成国間の国際条約であった。ただ，1971年に同条約の欧州司法裁判所による解釈に関する議定書が締結され，それにより欧州司法裁判所は，同条約につき統一的な解釈をする権限を与えられた[5]。よって，欧州司法裁判所は，ブリュッセル条約の解釈について判決を下してきた[6]。また，1988年には，同条約の適用範囲をEFTA諸国に拡大するルガノ条約が調印された[7]。なお，これは，後述する新ルガノ条約の前身である。

単一欧州議定書によるEEC条約の改正では，民事司法協力分野における権限に関して変更はなされず，関連規定としては，前述したEEC条約220条のみが存在した。

(2) マーストリヒト条約

マーストリヒト条約により，前述したように，EUは3本柱構造に変化した。ECを中心とする第1の柱は，法の共同体と呼ばれ，超国家性を有する組織であるのに対し，第2及び第3の柱は，政府間協力を中心とした組織として位置づけられた。

第3の柱（司法内務協力）におかれた旧EU条約K.1条（現在は削除）は，連合の目的，特に自由移動を実現するために，構成国が庇護政策，対外国境管理，移民政策，麻薬対策，詐欺対策，民事事項における司法協力，刑事事項における司法協力，税関における協力，警察協力等を共通利益として見なすことを定めた[8]。つまり，民事事項における司法協力が第3の柱において明示的に定められた[9]。もっとも，旧EU条約K.1条は，民事事項におけ

---

(5) Protocol concerning the interpretation by the Court of Justice of Convention, OJ [1975] L 204, 28-31.
(6) Oliver Remien, "European Private International Law, the European Community and its emerging area of freedom, security and justice", *CMLRev.* 38, (2001), 53, 55.
(7) 88/592/EEC: Convention on jurisdiction and the enforcement of judgments in civil and commercial matters – done at Lugano on 16 September 1988. OJ [1988] L 319, 9-48；ブリュッセル条約からルガノ条約まで簡潔にまとめたものとして，Burkhard Heß, „Die 'Europäisierung' des internationalen Zivilprozessrechts durch den Amsterdamer Vertrag –Chancen und Gefaren–", *NJW*, (2000, Heft 1), 23, 24-25.
(8) Rolf Wagner, „EG-Kompetenz für das Internationale Privatrecht in Ehesachen?", *RabelsZ*, Bd. 68, (2004), 119, 124-125.

る司法協力と言及するのみにとどまっており，単に構成国が共通利益と見な
す事項の1つとしての位置づけでしかなかった。さらに，列挙されたこれら
の分野では，理事会は，共通の立場を設定したり，あるいは，共同行動を採
択したり，条約を締結したりすることができたものの（旧EU条約K.3条），
政府間的な協力に留まり，この時点においては，民事司法協力分野の権限は，
EUに移譲されておらず，構成国の側に残されていた。

(3) アムステルダム条約

1999年発効のアムステルダム条約は，EU条約及びEC条約を改正する条
約であったが，主な改正事項は，第3の柱に定められていた事項の一部を第
1の柱に移行させた（いわゆる共同体化）ことであった。また，同時に，「自
由，安全及び司法の領域」という新たな概念を導入したことにあった。具体
的な改正としては，「ビザ，庇護，移民及び人の自由移動に関する他の政
策」が，新たに追加されたEC条約第4編に定められた。民事司法協力分野
は，この政策の一部として，EC条約65条に定められることになった。こ
れにより，ECは民事司法協力分野において権限を有するようになった。

もっとも，アムステルダム条約発効以降5年間は欧州委員会のみならず，
構成国にも立法提案権を与えることになっていた（EC条約67条1項）。また，
EC条約68条においては，特別な先決裁定手続が定められており，EC条約
234条に定められる通常の先決裁定手続きとは異なり，最終審以外の裁判所
が先決裁定を求める手続は定められておらず，また，法と秩序の維持及び域
内の安全の維持に関わる措置または決定については，欧州司法裁判所の管轄
権は及ばないものとされた[10]。さらに，イギリス，アイルランド及びデン
マークは，EC条約第4編において採択された措置が原則適用されないとい
うオプト・アウトという特別の地位を認められた（EC条約69条）。つまり，
EC条約第4編は，多段階統合が認められた特別な分野でもあった。先決裁
定及びオプト・アウトに関する条文は，ニース条約においても変更が加えら

---

(9) K.1条の下での実施について，Heß, note(7), *NJW*, (2000), 25-27.
(10) Besse, note(4), *ZEuP*, (1999), 112-113; Basedow, note(3), *CMLRev.* (2000), 695.

255

れなかった。

　このように、この第4編は、第3の柱から第1の柱に移されて共同体化したものの、第3の柱の性質も残すものとなった[11]。

(4) ニース条約時点での民事司法協力分野の立法権限

　アムステルダム条約によるEC条約の改正により、EU（厳密にはEC）に初めて民事司法協力分野の権限が付与された。この付与された民事司法協力分野の立法権限をEC条約条文から検討していくことにする。共同体化はされたものの、EC条約第4編の特別性のために、条文解釈の問題が生じた[12]。以下において、いくつかの観点から民事司法協力分野の権限の特別性を提示したい。なお、アムステルダム条約により改正されたEC条約は、後述するように、その後、ニース条約により、EC条約67条に定める立法手続に関する規定が若干変更されたが、以下で取り上げていく、EC条約65条には変更は加えられていない。

〔1〕 権限が置かれている位置

　アムステルダム条約によるEU及びEC条約の改正により、EU条約K.1条に定められていた、庇護、対外国境管理、移民政策、民事事項における司法協力等が、EC条約第4編（61条〜69条）にまとめて、「ビザ、庇護、入国及び人の自由移動にかかわる他の政策」として、挿入された。よって、民事司法協力分野の権限は、個別的分野の権限としての位置づけはされずに、人の自由移動にかかわる政策分野の権限の1つとして、この編の中に入れられる形となった。すなわち、民事司法協力分野の権限は、第4編の題字においては明示的に言及されず、「人の自由移動にかかわる他の政策」の中に含められるものとされた。

　ここから、民事司法協力分野の立法権限は、人の自由移動に関係しないといけないか否かという以下のような議論が生じた。

---

[11] Besse, note(4), *ZEuP*, (1999), 110-117；中西康「アムステルダム条約後のEUにおける国際私法――欧州統合と国際私法についての予備的考察」『国際法外交雑誌』100巻4号（2001年）31, 38-48頁。

[12] *Cf.* Basedow, note(3), *CMLRev.* (2000), 707.

第1に，民事司法協力分野が，EC条約第4編「ビザ，庇護，入国及び人の移動にかかわるその他の政策」に入れられていることを重要視し，EC条約65条は人の自由移動を法の移動の簡素化により容易にするという目的をもった措置を採択する権限をECに与えているとして，人の自由移動に関連性をもつことが要請されるという説である[13]。第2に，EC条約第4編に置かれていることから人の自由移動にかかわるという制約に服するということを認めつつ，人の自由移動を広く捉えるべきだという説である[14]。この説は，制約が存在することを認めつつも，人の自由移動概念を広く解することによってその制約による権限行使の範囲縮小を防ごうとするものである。その際，人の自由移動概念を1987年の単一欧州議定書により創出された単一市場のための域内市場概念の中，すなわち経済統合の文脈の中に包含させるのではなく，マーストリヒト条約により導入された欧州連合市民概念に結びつけて捉えようとする[15]。第3に，EC条約65条の広範囲な分野を定める規定と人の自由移動への制約という不一致を指摘し，第4編の題字自体が不完全で問題であるとする説である[16]。この説は，歴史的な発展の経緯からも制約そのものを次のように批判する[17]。マーストリヒト条約の時点では，EU条約K.1条において人の自由移動に限定されず，連合の目的，特に自由移動の実現のために，民事司法協力を共通利益として構成国がみなすと

---

(13) Thomas Wiedmann, Art. 65 EGV, Rn. 9, in Jürgen Schwarze(Hrsg.), *EU-Kommentar*, 1. Aufl., (Nomos, 2000); *cf.* Ludwig Schmahl, Art. 65 EGV, Rn. 4, in Hans von der Groeben/Jürgen Schwarze(Hrsg.), *Kommentar zum Vertrag über die Europäische Union und zur Gründung der Europäischen Gemeinschaft*, Band 1, 6. Aufl., (Nomos 2003).
(14) Remien, note(6), *CMLRev.*, (2000), 74.
(15) Volker Röben, Vor Art. 61 EGV, in Eberhard Grabitz/Meinhard Hilf(Hrsg.), *Das Recht der Europäischen Union*, Band II, (Beck, 2008); *cf.* 歴史的発展を考慮して，人の自由移動を広く解釈する説として，Heinz-Peter Mansel, „Anerkennung als Grundprinzip des Europäischen Rechtsraums", *RabelsZ*, Bd. 70, (2006), 653, 658-659.
(16) Christian Kohler, „Der europäische Justizraum für Zivilsachen und das Gemeinschaftskollisionsrecht", *IPRax*, (2003, Heft 5), 401, 403; *cf.* 4編につけられた題が4編に定められる内容すべてを包含していないとする。Peter E. Herzog, Chapter 142, 142-3, (Ref.1-12/05 Pub. 623), in *the law of European Community: Commentary* (Matthew Bender, 2005).
(17) Kohler, note(16), *IPRax*, (2003), 404.

第8章　EUにおける権限の生成

定められていたと。

〔2〕　文言からの制約

次に，文言からの民事司法協力分野の権限への制約をみていきたい。EC条約61条は，「自由，安全及び司法の領域を漸進的に確立するために，理事会は，次のことを採択する」と定める。列挙されている (a)〜(e) の(c)において，「65条に規定されているような民事事項における司法協力分野における措置」と定められている。従って，民事司法協力分野における措置は，法的根拠条文となるEC条約61条(c)ではなく，EC条約65条に定められる内容を見なければならない。

EC条約65条は，
「67条に従ってとられかつ域内市場の円滑な機能に必要な限りにおいて，越境にからむ民事事項における司法協力の分野における措置は，次のものを含む。
(a) 次のことの改善と簡素化
　　―裁判及び裁判外の文書の越境サービスのシステム
　　―証拠収集における協力
　　―裁判外決定を含む，民商事事件における判決の承認と執行
(b) 法及び管轄の抵触に関する構成国において適用される法規の両立性の促進
(c) 必要な場合には，構成国において適用される民事手続に関する法規の両立性を促進することにより，民事訴訟手続が効果的に機能することの妨げとなるものの除去」
と定めている。

よって，民事司法協力分野の権限には，EC条約61条に定められているように，EC条約65条の前半に定められている，「越境にからむこと (cross border implication, grenzüberschreitende Bezügen, une incidence trans-frontière)」という条件と，「域内市場の円滑な機能に必要な限り」という条件が付けられていると解される。

以下においてこの2つの条件「越境にからむこと」と「域内市場の円滑な機能に必要な限り」を見ていくことにする。

(a) 越境にからむこと

「越境にからむこと」という制約は，イギリスの要望で条約交渉の最後の段階で挿入されたとされる[18]。「越境にからむ」ということは，構成国の国境を越える事項にかかわるという意味である。主には，国際私法及び国際民事手続法がかかわってくる[19]。この条件は，容易に満たされる，あるいは，追加的な条件を付すものとは捉えられないと考える説が多い。具体的には，構成国の国境外の人または物への法的関連が存在すれば満たされるという説[20]，あるいは，「越境にからむこと」は，抵触法の場合，常に外国の要素を含んでいるため，追加的な条件を付加するものではないという説に代表される[21]。同じく，国際私法の法規を調和させる措置は，そのような法規の目的が2以上の法システムと結びつく状況とかかわるから，「越境にからむこと」という要請は何も付け加えないだろうという説等が挙げられる[22]。もっとも，個々の場合において審査されるべきであるという見解もある[23]。

(b) 域内市場の円滑な機能

EC条約65条は，「域内市場の円滑な機能に必要な限り」という条件をつけている。この条件は，「越境にからむこと」の条件と並び，イギリスの要望で条約交渉の最後の段階で挿入されたとされる[24]。この条件が何を意味するのか，これまで複数の角度から説が提示されてきた。ここで，簡単にまとめておきたい。

第1に，条件は容易に満たされるという説である。例えば，他の構成国にいる人または物に関する関係が存在する場合にはいつも満たされるという説である[25]。同様のものとして，ある人の私的な事柄が国境を越えると，異

---

(18) Andrew Dickinson, "European Private international law", *Journal of Private International Law*, (2005), 208; Stefan Leible, Art. 65, Rn. 21, in Rodolf Streinz (Hrsg.), *EUV/EGV*, (Beck, 2003).
(19) Schmahl, note(13), Rn. 4; Wiedmann, note(13), Art. 65, Rn. 9.
(20) Schmahl, note(13), Art. 65, Rn. 4.
(21) Remien, note(6), *CMLRev.* (2001), 74.
(22) Dickinson, note(18), *JPIL*, (2005), 209.
(23) Malte Graßhof, Art. 65, Rn. 10, in Jürgen Schwarze(Hrsg.), *EU-Kommentar*, 2. Aufl., (Nomos, 2009).
(24) Dickinson, note(18), JPIL, (2005), 208; Leible, note(18), Art. 65, Rn. 21.

なる私法秩序に服すことになり、域内市場を損なう摩擦が生まれるため、要件は容易に満たされるとする説である(26)。第2は、「域内市場」という文言を厳格に受けとめて、それを制約と解する説である。第2の説は、さらに大きく分けて、2つの観点から議論されてきた。1つは、域内市場の経済統合の観点に注目し、域内市場に家族法の事項も含まれるのか否かという点である。もう1つは、域内市場の域内（internal）という文言に注目し、欧州連合の域内事項のみならず、第三国と結びつく法律関係も規定対象としうるのかという点である。

ここで、これら2つの論点、家族法並びに第三国と結びつく法律関係をさらに見ていくことにする。

① 家 族 法

新しく民事司法協力の権限を付与したアムステルダム条約が発効した頃、公表された説の中には、家族法は、域内市場の円滑な機能に必要でないため、その範囲に含まれないと明確に断言するものも存在した(27)。しかし、同時にあるいはそれ以降、家族法まで立法権限が及ぶか否かということを問題認識した上で、理論的に家族法も域内市場の円滑な機能に必要と唱える説が見られた。例えば、域内市場の円滑な機能に対する必要性が次のように理由づけられた。家族や相続の事項に関する抵触法は、ある者、ある夫婦、ある家族が異なる国に滞在しているあるいは財産が海外にある場合に適用されることになり、それらは自由移動や居住の自由と関係する。ヨーロッパにおける法の多様性が偶発的で不適切な結果に導かれることもあるため、家族法や相続に関する抵触法の統一は域内市場とって必要であると(28)。また、別の角度から理由づけたものとして、次のようなものもある。1998年5月28日、すなわち、アムステルダム条約発効前に、夫婦事項における裁判管轄、判決

---

(25) Schmahl, note(13), Art. 65, Rn. 4.
(26) Wiedmann, note(13), Art. 65, Rn. 10.
(27) Haimo Schack, „Die EG-Kommission auf dem Holzweg von Amsterdam", *ZEuP*, (1999), 805, 807.
(28) Remien, note(6), *CMLRev.* (2001), 74; *cf.* Erik Jayme/Christian Kohler, „Europäisches Kollisionsrecht 2002: Zur Wiederkehr des Internationalen Privatrechts", *IPRax*, (2002, Heft 6), 461, 462.

の承認と執行に関する条約（ブリュッセルⅡ条約）[29]が，既にマーストリヒト条約における政府間司法協力の下で調印されている。それにもかかわらず，その後アムステルダム条約により挿入されたEC条約61条が国際家族法を排除しているとは受け容れがたいと[30]。また，域内市場を経済統合という文脈のみで理解すべきでないという理由づけも存在する。すなわち，EC条約14条は，域内市場は，物，人，サービス及び資本の自由移動が保障されると定めるが，この定義は人の自由移動を含んでいるため，EC条約の域内市場は，財産法的な問題に限定されないと[31]。

2003年発効のニース条約によりEC条約65条そのものには変更は加えられていないが，EC条約67条に変更が加えられた。EC条約67条は，第4編の措置を採択する際の立法手続を定めている。もともと同条1項において，アムステルダム条約発効後5年の移行期間においては欧州委員会の提案に基づき，欧州議会と協議した後，理事会の全会一致により決定するという諮問手続が定められていた。ニース条約による改正により，第5項「1項とは別に，251条に定める手続に従って次の措置を採択する。……家族法に関する側面を例外とした65条に規定される措置」が追加された。これにより，移行期間終了を待たず，民事司法協力分野にEC条約251条に定められる手続，すなわち理事会と欧州議会の共同決定手続が用いられ，理事会の議決は全会一致ではなく特定多数決が用いられることになった。それと同時に，家族法に関する側面を定める措置には，移行期間に有効な手続，理事会の全会一致が用いられることが明らかになった。これは，裏を返せば，民事司法協力分野に家族法が含まれることを示している。よって，ニース条約によるEC条約67条の改正により，家族法に関し議論されていた問題が解消した[32]。

---

(29) Council Act of 28 May 1998 drawing up, on basis of Article K.3 of the Treaty on European Union, the Convention on Jurisdiction and the Recognition and Enforcement of Judgments in Matrimonial Matters, OJ [1998] C 221, 1.
(30) Wagner, note(8), *RabelsZ*, (2004), 135.
(31) *Ibid.*, 136-137.
(32) Rolf Wagner, „Zur Kompetenz der Europäischen Gemeinschaft in der justiziellen Zusammenarbeit in Zivilsachen", *IPRax*, (2007, Heft 4), 290, 291.

② 第三国と結びつく法律関係

もう一つの論点「第三国と結びつく法律関係」を見ていくことにするが，これに関し参考になるのが，加盟国間の経済関係と第三国との経済関係の規定を区別する考え方である。

EC条約が加盟国間の経済関係の規定に対する権限のみを与えられていると考えられるときに，第三国との経済関係の規定の権限がECに与えられていると捉えることはできないという説が存在する[33]。例えば，ECは域内市場の1つとしてサービスの自由を定めているが，これは，加盟国間のサービスの自由を定めているのであって，この権限によりEUにいるアメリカ人とアメリカにいるEU市民間のサービスの自由を定めることはできないとする[34]。このような考え方を採用したのが，サービス貿易に関する協定締結に対するECの排他的対外権限を否定した，欧州司法裁判所の裁判所意見1/94であると捉えられる[35]。

それでは，民事司法協力分野の権限はどのように捉えられるべきか。域内市場の域内にこだわり，純粋に域内事項に限定されるのか，あるいは，第三国との関係がある法律関係でも規定することができるのかが問題となる。「域内」という文言に固執する説に対し，どのように解釈することによって第三国と結びつく法律関係を規定事項とすることができるのか。それに関し，いくつかの説を挙げることにする。

第1に，条件をつけて適用範囲を拡大する説がある[36]。この説では，第三国の関連を有する状況の場合でも，事項に対してある構成国における裁判管轄が存在する場合は，域内市場にかかわると捉える。なぜなら，その場合は，法的問題がヨーロッパにおいて統一的に解決されることが正当化されるからであるとする。第2は，政府間条約をEC規則にすることが不可能に

---

(33) Albert Bleckmann, „Die Kompetenz der Europäischen Gemeinschaft zum Abschluß völkerrechtlicher Verträge", *EuR*, (1977), 114.
(34) *Ibid.*
(35) Opinion 1/94 [1994] ECR I-5267, para. 81；中西優美子・須網隆夫「40 ECの排他的対外権限の範囲」361, 366頁。中村民雄＝須網隆夫編『EU法基本判例集（第2版）』所収（日本評論社，2010年）。
(36) Jayme/Kohler, note(28), *IPRax*, (2002), 462.

なってしまうことを指摘する説である[37]。すでに締結された抵触に関する政府間条約は構成国の法あるいは第三国の法を区別していないことを指摘し，第三国関連事項が規定されることによって初めて域内市場が円滑に機能することになるとする。第 3 に，実際の EC 規則を根拠として挙げる説がある[38]。婚姻及び親の責任についての裁判管轄並びに裁判の承認及び執行に関する 2003 年 11 月 27 日の理事会規則（以下ブリュッセルⅡ規則）は，抵触法の権限を共同体の域内の事項に限定していない。なぜなら同規則は，国際管轄に関する国内規定がわずかな役割しか果さず，事項がある構成国との結びつきより第三国との結びつきがより強い関連を示すときでさえブリュッセルⅡ規則が適用されるからであるとする。

さらにこのような解釈を後押しするのが，2005 年の Owusu 事件[39]である。同事件において，欧州司法裁判所は，ブリュッセル条約 2 条が第三国との関連を有する紛争にも適用されることを明確にした[40]。その際，複数の構成国がかかわるという基準によって域内市場の機能と真のかつ十分な関連が存在する状況にのみ適用されることを意味するのではなく，事項に関する国内法間での差異から生じうる域内市場の機能に対する障害を除去することを意図することで十分であるとした[41]。

〔3〕 調和措置の可能性

EC 条約 65 条に定められる民事司法協力の権限は，体系的な規定の採択を可能にするものと解されているが，実体的な民事法の調和については，同条に依拠することができないと捉えられている[42]。

より細かな議論としては，国内抵触法の調和が排除されているか否かとい

---

[37] Leible, note(18), Art. 65, Rn. 25.
[38] Wagner, note(8), *RabelsZ*, (2004), 140-141.
[39] Case C-281/02 Andrew Owusu v N.B. Jackson [2005] ECR I-1383.
[40] *Cf.* マーク・ファロン／長田真里訳「EU 法と国際私法との相互作用の枠組（二・完）」『阪大法学』56 巻 (2007 年)(5-167)1235, (5-170), 1238.
[41] Case C-281/02 [2005] ECR I-1383, para. 34.
[42] Z.B., Leible, note(18), Art. 65, Rn. 18; Wienfried Brechmann, Art. 65, Rn. 1, in Christian Calliess/Matthias Ruffert(Hrsg.), *Kommentar zu EU-Vertrag und EG-Vertrag*, 2. Aufl. (Luchterhand, 2002).

うものがある。

EC 条約 65 条(b)は,「法及び管轄の抵触に関する加盟国において適用可能な法規の両立性の促進」と定めており,その中で「両立性の促進 (promoting the compatibility, Förderung der Vereinbarkeit, favoriser la compatibilité)」の文言が問題となってきた。すなわち,これは,法の接近あるいは法の統一を排除していると解されるのか否かという問題である。

EC 条約 95 条〔EU 運営条約 115 条〕では,「接近のための措置をとる (adopt the measures for the approximation)」と明確に定められており,構成国法を調和する措置をとることが求められている。他方,文化の分野に関する EC 条約 151 条〔EU 運営条約 167 条〕において明示的に「構成国の法と規則の調和を除く (excluding any harmonisation of the laws and regulations of the Member States)」と定められており,調和措置が排除されている。

EC 条約 65 条(b)は,どちらでもない。フランス語の文言のゆるさにこだわり,ソフト・ローのようなものしか採択されないとする説[43],明示的な制限がないことから排除されていないとする説[44],あるいは,effet utile を確保する解釈方法により,調和措置あるいは法の統一を可能であるとする説[45]が存在する。

〔4〕 小 括

アムステルダム条約により初めて EU に民事司法協力分野の権限が付与されたが,ニース条約時点の下では,同権限には,条約上の位置及び文言から複数の制約に服していると考えられた。

アムステルダム条約の共同体化によって,民事司法協力分野に関する権限が EC に新たに付与されたものの,民事司法協力分野に対して個別の権限が付与された訳ではない。あくまでも民事司法協力分野の権限は,「ビザ,庇護,入国及び人の自由移動にかかわる他の政策」の中の「人の自由移動にかかわる他の政策」に属する権限にすぎない。

---

(43) *Cf.* Peter E. Herzog, Chapter 146, 146-7, Rel.4-3/2007(Pub.623), in *the Law of the European Community : Commentary* (Matthew Bender, 2007).
(44) Wiedemann, note(13), Art. 65, Rn.16.
(45) Leible, note(18), Art. 65, Rn. 26.

このことは，次のことからも示される。EC 条約 3 条には，共通通商政策，農業政策，環境分野の政策など共同体の政策が列挙されているが，民事司法協力分野という文言は存在しない。存在するのは，「(d) 第 4 編に定める人の参入と移動に関する措置」という文言である。つまり，ニース条約時点の下では，第 4 編の枠組の中に入れられている。また，民事司法協力分野における法的根拠条文が EC 条約 65 条ではなく，第 4 編全体に対して与えられた 61 条(c)であることからも，ニース条約時点における民事司法協力分野の権限の特別性，換言すれば，発展途上性を読み取ることができる。もっとも，上述したように，EC 条約 65 条の文言の解釈によって，制約をできるだけ縮小し，その適用範囲を広げる説が学説上多数となっている。

(5) 改正の動きと欧州憲法条約

民事司法協力分野における EU の動きは，マーストリヒト条約から始まり，アムステルダム条約によって初めて同分野に関する権限が付与された。また，ニース条約により EC 条約 67 条における立法手続に関し改正が加えられた。この分野は発展が目覚しい分野であり，さらなる条約改正の対象になっている。同時に，この民事司法協力の分野は，構成国が権限を包括的に移譲することを躊躇している分野でもある。ここでは，ニース条約による EC 条約改正後の民事司法協力分野の権限をめぐる動き及び発展をみていきたい。

〔1〕 作業部会 X

ニース条約により EU 条約及び EC 条約が改正されたが，同条約は東方拡大のための機構改革のものと位置づけられ，抜本的な条約改正は行われなかった。そこで，残された課題を解決するために，欧州憲法条約の起草へと至った。同条約を起草するに当たって，憲法諮問会議（コンベンション）が組織された。憲法諮問会議の中には，複数の作業部会が設定された。そのうち，作業部会 X は，「自由，安全及び司法」をテーマとする部会であった。なお，「自由，安全及び司法」領域の概念は，前述したようにアムステムダム条約により導入された新しい概念であり，改正作業に当たっては，これを実現することが目標とされていた。

この「自由，安全及び司法」作業部会は，最終報告書を 2002 年 12 月 2 日

に提出した(46)。同報告書の中では，次のようにまとめられた(47)。EC条約65条については，前述した「越境にからむこと」及び「域内市場の円滑な機能に必要な限り」の文言が議論の対象として取り扱われ，幾人かはこれらの制約に批判的な意見を述べたものの，過半数は維持すべきであるという考え方であったことが示された。また，民事司法協力分野の法的根拠条文をビザ，庇護，移民政策から分離する可能性が示された。加えて，裁判判決の相互承認の原則が条約の中に挿入されるべきことが示された。さらに，家族法についても理事会の特定多数決制度が用いられるべきか否かが議論され，幾人かは家族法のすべての側面につき，特定多数決制度を採用すべしとしたが，作業部会の過半数は，親の責任の問題に関してのみ適用可能であるという意見を示した。

〔2〕 欧州憲法条約草案

前述した作業部会の最終報告書を受け起草され，2003年7月18日に公表された欧州憲法条約草案では，欧州憲法条約草案第Ⅲ部Ⅳ編「自由，安全及び司法」において国境管理，庇護及び移民に関する政策から分離し，独立した章「民事事項における司法協力」がおかれた。EC条約65条に相当する欧州憲法条約草案Ⅲ-170条においては，前述したEC条約65条に定められる「越境にからむこと」という文言は維持されたものの，議論の対象となっていた「域内市場の円滑な機能に必要な限り」という文言は，削除された(48)。また，裁判及び裁判外事件における決定の相互承認原則に基づくことが明文化された。

〔3〕 欧州憲法条約

欧州憲法条約草案を基礎にし，政府間会議を経て2004年10月29日に調印された欧州憲法条約においては，民事事項における司法協力は，同草案と同じく独立した章が設けられ，欧州憲法条約Ⅲ-269条に定められた(49)。

---

(46) CONV 426/02.
(47) *Ibid.*
(48) Erik Jayme/Christian Kohler, „Europäisches Kollisionsrecht 2003: Der Verfassungskonvent und das Internationale Privat- und Verfahrensrecht", *IPRax*, (2003, Heft 6), 485, 486.

もっとも，同条においては，草案とは異なり，EC条約65条に定める「域内市場の円滑な機能に必要な場合」という文言が残された。しかし，EC条約65条とも異なり，「域内市場の円滑な機能に必要な場合」という文言の前に，「とくに，」という文言が挿入された。これは，EC条約65条の適用範囲が「域内市場の円滑な機能に必要な場合」に限定されないことを認めたものと捉えられる(50)。

また，裁判及び裁判外事件における決定の相互承認原則に基づくことが草案と同様に明文化された。

〔4〕 ハーグプログラム

1997年10月3日にアムステルダム条約が調印され，1999年5月1日に同条約が発効した。2001年2月26日にニース条約が調印され，2003年2月1日に同条約が発効した。2004年10月29日に欧州憲法条約が調印された。このような条約改正の大きな動きと並行して，欧州首脳理事会，理事会及び欧州委員会の行動が活発化した。

1998年12月3日に自由，安全及び司法の領域に関するアムステルダム条約の規定をどのように最善に実施するかについての理事会と欧州委員会の行動計画，いわゆるウィーン行動計画が公表された(51)。また，1999年10月15, 16日に開催されたタンペーレ欧州首脳理事会では，相互承認原則がEUの民事司法協力及び刑事司法協力の礎石となるように促進されるべきこと，また，同原則が司法機関の判決と決定に適用されるべきことが合意された（33段）。さらに，民事事項において，決定または判決の承認及び執行を可能にするのに必要な中間手続の省略のための提案をするように欧州委員会に求めた（34段）。

タンペーレ欧州首脳理事会から5年後，欧州首脳理事会は，2009年末を期限とする，EUにおける自由，安全及び司法を強化するハーグプログラムと呼ばれる新しい複数年次計画を採択した(52)。それは，欧州憲法条約に表

---

(49) Ulrich G. Schroeter, „Europäischer Verfassungsvertrag und Europäisches Privatrecht", *ZEuP*, (2006), 515, 536-543.
(50) Wagner, note (32), *IPRax*, (2007), 292; Schroeter, note (49), *ZEuP*, (2006), 538.
(51) OJ [1999] C 19/1.

第 8 章　EU における権限の生成

された野心を反映したものとなり，その発効の準備となるものと位置づけられた。2005 年には，ハーグプログラムを実施する理事会及び欧州委員会の行動計画がだされた(53)。その計画の中では，民事司法協力について，今後とられるべき具体的な措置が列挙された。その後，2006 年には，「ハーグプログラムを実施する」と題する欧州委員会の COM 文書(54)並びに「自由，安全及び司法に関する EU の政策の評価」と題する COM 文書(55)が発表された。また，2007 年には，2006 年におけるハーグプログラムの実施に関する報告が欧州委員会の COM 文書(56)として発表された。そこでは，民事司法協力の分野では他の分野よりも順調に目標の 70% が達成されたと報告された。

　このことから，欧州憲法条約の発効に向けて準備されたハーグプログラムであったが，欧州憲法条約が未発効にとどまっていることから，そこからは独立して，順調に 2009 年末の期限に向けて，実施がなされていると捉えることができる。ニース条約では，民事司法協力は，前述したように，EC 条約 4 編「ビザ，庇護，移民及びその他の人の移動にかかわる政策」の中に入れられているが，ハーグプログラムにおいては，すでに欧州憲法条約を受け，自由，安全及び司法の領域の枠組の中，特に欧州司法領域の中で，重要な地位を占めている。なお，ハーグプログラムに続くものとして，2010 年から 2014 年の 5 年間に対しストックホルムプログラムが考えられている。これに関連し，欧州委員会は，2009 年 6 月 10 日に，「市民に供する自由，安全及び司法の領域」と題する COM 文書を公表した(57)。

(6)　リスボン条約

〔1〕　EU 運営条約 81 条

　欧州憲法条約はオランダとフランスにおける国民投票で否決され，その後，

---

(52) OJ［2005］C 53/1.
(53) OJ［2005］C 198/1.
(54) COM(2006)331.
(55) COM(2006)332.
(56) COM(2007)373.
(57) COM(2009)262.

欧州憲法条約の実質を残した形での新条約，リスボン条約が調印された。リスボン条約は，新たに条約を創出するのではなく，既存の条約に変更を加える改正条約の形をとっている。リスボン条約は，2009年12月1日に発効し，それにより，EU条約は，新EU条約となり，EC条約はEU運営条約に変更された。そのEU運営条約の第5編に「自由，安全及び司法の領域」と題される新しい編が設けられた。同編1章は「一般規定」と題され，同編67条4項では，「連合は，特に民事事項における裁判及び裁判外の決定の相互承認により，司法へのアクセスを容易にする」と定められた。さらに，同編において，「民事事項における司法協力」と題される，独立した章「第3章」が設けられた。なお，「国境管理，難民及び移民の分野の政策」は同編第2章におかれた。

「民事事項における司法協力」を構成する第3章は81条の1か条からなる。条文は以下の通りである。

「第3章　民事事項における司法協力
第81条【民事事項における司法協力に関する措置】
1. 連合は，裁判及び裁判外事件における決定の相互承認原則に基づき越境にからむ民事事項における司法協力を発展させる。同協力は，構成国の法及び規則の接近のための措置の採択を含むことができる。
2. 第1項のため，欧州議会及び理事会は，通常立法手続に従い，以下のことの確保を目的とし，とくに，域内市場の円滑な機能に必要である場合，措置を採択する。
　(a) 裁判及び裁判外事件における決定の構成国間における相互承認と執行
　(b) 裁判及び裁判外文書の国境を越えるサービス
　(c) 法律及び裁判権の紛争に関し構成国において適用可能な法規の両立性
　(d) 証拠調べにおける協力
　(e) 裁判への効果的なアクセス
　(f) 必要な場合，構成国における適用可能な民事手続に関する法規の両立性を促進することによる民事手続の適正な機能への障害の除去
　(g) 紛争解決代替方法の発展

(h) 裁判官及び裁判所職員の訓練の支援
3. 第2項にかかわらず，国境を越える関連を有する家族法に関する措置は，特別立法手続に従い，理事会によりとられる。理事会は，欧州議会と協議した後全会一致で決定する。

　理事会は，委員会の提案に基づき，通常立法手続により採択される行為の対象になりうる国境を越える関連を有する家族法の側面を定める決定を採択することができる。

　第2段に定める提案は，国内議会に通知される。国内議会が同通知から6カ月以内に反対を表明する場合，決定は採択されない。反対がない場合は，理事会は決定を採択することができる。」

　このEU運営条約81条においては，前述した，欧州憲法条約草案でも維持された「越境にからむ」ことという文言がそのまま残された。この条件については，ニース条約の条文に対する解釈では上述したように大きな制約とは捉えない説が多数を占めているが，リスボン条約により国内議会による補完性原則審査がなされるようになるため，無視できない制約となるという考え方もだされている[58]。

　「域内市場の円滑な機能に必要」という文言については，欧州憲法条約の条文と同じく，「とくに，域内市場の円滑な機能に必要である場合」と変更された。これにより，前述したように解釈において問題となっていた，EU運営条約81条の適用範囲が「域内市場の円滑な機能に必要である場合」に限定されないことになったと捉えられる[59]。

　また，上述したように若干の議論のあった，国内法を調和させることができるか否かという点に関し，EC条約65条(b)「両立性の促進」の文言について，「促進」が消え，「両立性」となった。これにより，法の接近あるいは法の統一が可能であることが明らかになった。

　さらに，裁判及び裁判外事件における決定の相互承認原則に基づくことが明示的に定められた。相互承認原則自体は新たな権限をEUに付与するもの

---

[58] Aude Fiorini, „I. Evolution of European Private International Law", *ICLQ*, vol. 57 (2008), 969, 977.

[59] *Cf. Ibid.*, 976 ; Wagner, note(32), *IPRax*, (2007), 292.

ではないが，この原則を通じて，民事司法協力の広範囲の分野が EU レベルで規律されていくことになると考えられる。

また，民事司法協力分野については，上述したようにニース条約の下では残っていた第3の柱的要素は取り去られた。EU 立法には，家族法を除いて通常立法手続が用いられ，先決裁定については，他の分野にも適用される通常の先決裁定手続を定める EU 運営条約 267 条が適用されることになった(60)。なお，イギリス，アイルランド及びデンマークのオプト・アウトを定めた EC 条約 69 条に相当する条文は，リスボン条約において削除された。もっとも，イギリス及びアイルランドについては，自由，安全及び司法の領域に関する立場に関する議定書（No. 21）とデンマークについては，議定書（No. 22）において，同諸国のオプト・アウトに関して，規定が存在する(61)。ただ，条約本文からオプト・アウト条項が削除されたことにより，オプト・アウトという例外が目に見えにくくなっており，同時に，条約本文を改正することなく，多段階統合を解消することが可能になると捉えられる。

〔2〕 リスボン条約と民事司法協力分野の権限

欧州憲法条約の実質はリスボン条約により変更されていないことから，方向性は決まっていると考えてよいだろう。また，ハーグプログラムにおける民事司法協力の位置づけから見てもその方向性は肯定される。

アムステルダム条約により，「自由，安全及び司法の領域」概念が導入され，ハーグプログラムでこの領域の強化をする方向が示された。リスボン条約では，この変化をさらに強化すべく，リスボン条約による EC 条約の改正で，EU 運営条約に新しく「第5編　自由，安全及び司法の領域」が設定された。経済的論理の象徴である，「域内市場」は EU 運営条約第1編におかれた。このことは，経済的論理と並んで脱経済的論理が単に萌芽ではなく，重要な位置づけをもつようになったことを意味する。

また，リスボン条約により改正された EU 条約3条は，EU の目的を定めている。同条3項が「連合は，域内市場を設立する。……」と定めている。

---

(60) Fiorini, note (58), *ICLQ*, (2008), 978.
(61) *Ibid.*, 979-981.

その条項よりも前にある．同条 2 項は，「連合は域内国境のない自由，安全及び司法の領域を市民に供する」(62)と定める。同時に，第 5 編「自由，安全及び司法の領域」の最初におかれている，EU 運営条約 67 条は，「連合は，基本権，加盟国の異なる法制度及び伝統を尊重し，自由，安全及び司法の領域を構築する。」と定めている。これらのことから，欧州連合市民に感じられるメリットをもたらす，欧州司法領域の創設がこれまで以上に強く意識されていると捉えられる(63)。

　このような変化を大きく受けているのが，民事司法協力分野の権限である。リスボン条約による改正により，これまで議論されてきた，民事司法協力分野の権限が人の自由移動に限定されるのか否かという問題が，第 5 編「自由，安全及び司法の領域」において民事司法協力分野に対して独立した章「第 3 章」を与えられたことによって解消することになった。また，独立した章が設定されることにより，ニース条約の下では民事司法協力分野に権限が単に付与されているにとどまっていたものが，リスボン条約により民事司法協力分野に個別的な権限が移譲されることになった。また，「域内市場の円滑な機能に必要な限り」という文言が，「とくに，域内市場の円滑な機能に必要な場合」と変更されることにより，権限行使の制約条件から消えることになった。

◆2◆ 民事司法協力分野における対外権限とその排他性の認容

(1) 序

　民事司法協力分野の権限は，基本的にはマーストリヒト条約以降の条約改正により，学説による条文解釈あるいは欧州首脳理事会の合意に後押しも受けながら，発展してきた。民事司法協力分野の権限は，前述したように，現在はまだ発展過程にある権限であり，位置づけや文言から制約を受け，リスボン条約による改正でようやく名実ともに独立した個別的権限となったと捉

---

(62) 傍点は筆者による。
(63) *Cf.* Leible, note (18), Art. 65, Rn. 5.

えられる。

　また，前述したように，民事司法協力分野の権限は，1999年発効のアムステルダム条約により初めて EC に付与されたものである。その後のニース条約は，東方拡大に向けた機構改革にとどまり，とりたてて新たな権限は EU・EC には付与されなかったため，民事司法協力分野の権限は新しい権限の1つと位置づけられる。民事司法協力分野の権限は，そのような発展途上的性質を有し，かつ，新しい権限にもかかわらず，欧州司法裁判所は，民事司法協力分野の権限の一部に対し，排他性，精確にはその対外権限の一部が排他的権限であることを認定した。もちろん，EC 条約61条，65条は，民事司法協力分野の立法権限が排他的権限であるとは規定しておらず，共有権限であると捉えられた[64]。それでは，どのように民事司法協力分野の権限の一部が排他的権限になったのか，逆に言えば，欧州司法裁判所が，どのように民事司法協力分野の一部の対外権限が排他的権限であることを認定したのかを検討していきたい。

(2) 前　提

　民事司法協力分野の黙示的排他的条約締結権限を検討する前に，権限の種類，排他性，対内権限と対外権限等を確認しておきたい。

　EC（EU）は権限付与の原則に基づいて行動するが，付与される権限は，すべて同じではなく，性質が異なっている。EC 条約は，権限の種類について明示的に定めていなかった。しかし，欧州司法裁判所の判例の中で，排他的権限と呼ばれる権限が共通通商政策[65]，海洋生物資源の保護の分野[66]等において認められてきた。欧州憲法条約及びそれを実質的に引き継いだリスボン条約は，権限の種類と性質を明らかにし，それぞれの権限が属する分野を列挙した[67]。

　リスボン条約に従った EU 運営条約2条において，EU に付与される権限

---

[64] *Cf.* Erik Jayme/Christian Kohler, „Europäisches Kollisionsrecht 2000: Interlokales Privatrecht oder universelles Gemeinschaftsrecht?", *IPRax*, (2000, Heft 6), 454, 455.
[65] Opinion 1/75 [1975] ECR 1355.
[66] Case 804/79 Commission v U.K. [1981] ECR 1045.

は，主に排他的権限，共有権限，並びに，支援，調整及び補足的権限となった。EU が排他的権限を有する場合，EU のみが立法することが可能である。EU が構成国との共有権限を付与される場合は，EU と構成国の両方が立法することが可能である。しかし，構成国は EU が権限を行使していない限りで権限を行使することができる。支援，調整及び補足的権限を付与されている場合は，構成国のもとに権限はとどまり，EU は構成国の行動を支援，調整あるいは補足することに限定される。

リスボン条約により明示的に付与される排他的権限分野は，これまで判例で認められてきたものを含み，関税同盟，競争法の規定，金融政策，海洋生物資源の保護及び通商政策の 5 つの分野のみである。それに対して，EU に付与されている権限の大半は，共有権限である。本章で問題にしている民事司法協力分野は，EU 運営条約においては，「自由，安全及び司法の領域」政策に属し，結果共有権限の一つとして列挙されている（EU 運営条約 4 条 2 項(j)）。このことから，民事司法協力分野の立法権限は，排他的権限ではなく，共有権限であることが明らかである。

しかし，立法権限が排他的権限である場合は，条約締結権限は排他的権限となるが，立法権限が共有権限である場合に，条約締結権限が共有権限となる訳ではない。その理由は，後述する。また，民事司法協力分野の立法権限が共有権限に属するからといって，常に構成国が権限を行使できるわけではない。EU がいったん権限行使をすれば，その事項について構成国は権限を行使できなくなる。これは専占効果（preemption effect, le jeu de la préemption）あるいは遮断もしくは阻止効果（Sperrwirkung）と呼ぶ[68]。なお，こ

---

(67) 拙稿「リスボン条約——EU と構成国の権限関係を中心に」『海外事情』56 巻 4 号（2008 年）21, 26-30 頁；拙稿「欧州憲法条約草案における権限配分規定」『専修法学論集』89 巻（2003 年）107, 123-132 頁。
(68) Eugene Daniel Cross, "Pre-emption of Memer State Law in the European Economic Community", *CMLRev.* 29, (1992), 447, 459 ; Marise Cremona, "4 External Relations and External Competence", 137, 153, in Paul Craig/Gráinne du Búrca, *The Evolution of EU Law*, (Oxford Univerisity Press, 1999) ; Hans D. Jarass, „Die Kompetenzverteilung zwischen den Europäischen Gemeinschaft und den Mitgliedstaaten", *AöR*, (1996), 173, 186-188.

の効果は条約上や判例の中で用いられているものではなく，学説の中で創り出されたものである。この効果のため，EUが措置を採択後は，構成国は立法ができなくなる。結果，権限が排他的な性質をもつことになる。

　EUの立法権限が排他的であるか共有権限かあるかによる相違は，実際の立法においてあまり大きな相違を生じさせない。支援，調整及び補足的権限の場合は，EUがとることができる措置が限定され，国内法を調和させる措置などはとることができないが，共有権限の場合は，とる措置の内容は限定されないため，補完性原則（EU条約5条）が適用されることを除いては排他的権限と大きな相違はないと捉えることができる。

　他方，条約締結に当たって，EUの権限が排他的であるか共有権限であるかは大きな結果の相違を生じさせる。EUが排他的条約締結権限を有する場合，EUが単独で（EUが締約者になることを認めている場合）国際条約を締結することが可能である。それに対して，EUが共有権限を有する場合は，EUは単独で条約を締結できず，構成国と共同して条約締結しなければならない。すなわち，混合協定の形で条約を締結することになる。

(3) 黙示的排他的条約締結権限の生成

　前述した前提を確認したうえで，民事司法協力分野の条約締結権限がどのような性質をもつのかを明らかにしていきたい。民事司法協力分野に対しては明示的な対外権限は付与されていない。明示的な対外権限が付与されていなくとも，黙示的条約締結権限を付与されている。民事司法協力分野の立法権限は，共有権限であるが，条約締結権限が共有権限であるというわけではない。黙示的に付与されている条約締結権限が排他的権限である場合がある。よって，まず，これまでの黙示的条約締結権限の法理を簡単に振り返り，なぜ立法権限が共有権限であっても，条約締結権限が排他的権限になるのかを押さえたうえで，民事司法協力分野に直接関係する現ルガノ条約締結に関する裁判所意見1/03を見ていくことにする。

〔1〕 黙示的条約締結権限に関する諸判例

　黙示的条約締結権限が認められた判例は，複数存在するが，その中で，立法権限が排他的権限でなくとも，対外権限が排他的権限であると認められた

275

判例をみていくことにする[69]。

  (a)　AETR 事件[70]

　黙示的条約締結権限が初めて認められたのは，1971 年判決の AETR 事件であった。同事件において，裁判所は，条約締結権限が明示的な付与からのみ生じるのではなく，EC 条約の他の規定及び規定の枠組みの中で共同体（現 EU）の機関により採択された措置からも導かれることを明らかにした。それと同時に，共同体が，共通の法規を採択する場合，構成国は，個別的にもあるいは集団的にでも，これらの法規に影響を与える第三国との義務を負う権利を失うと判示した（判決 17 段）。

　同事件では，関連する共通運輸政策分野の権限は排他的権限ではないが，同政策の枠組みの中でとられた措置の存在を根拠に，排他的条約締結権限が認められた。その際，用いられたメカニズムは，EC の措置が一旦とられれば，そこに専占（preemption）が起こり，その措置が対象とする事項については EC の対外的な権限は排他的権限になるというものであった[71]。また，採択された共同体の措置が，構成国が第三国と条約を締結することにより影響を受けてはならないということが理由として存在した。

  (b)　裁判所意見 1/76[72]

　AETR 事件では，既に EC 法規が採択されていたが，同じく 1970 年代にだされた裁判所意見 1/76 においては，既存の EC 法規を前提とせず，「対内

---

(69) 拙稿「欧州共同体と構成国間の協力義務の展開——マーストリヒト条約以後の黙示的条約締結権限の制限解釈」『一橋論叢』122 巻 1 号（1999 年）71, 73-77 頁；cf. Burkhard Hess, "Les compétences externes de la Communauté européenne dans le cadre de l'article 65 CE", 81, 87-89, in Angelilka Fuchs/Horatia Muir Watt/Etienne Pataut (eds.), *Les conflicts de lois et le système juridique communautaire*, (Dalloz, 2004); Michael Wilderspin/Anne-Marie Rouchaud-Joët, "La compétence externe de la Communauté européenne en droit international privé", *Rev. Crit. DIP*, 93(1), (2004), 1, 6-11; Jörg-Marcus Leisle, „Außenkompetenzen und Konkurrenzen nach Vergemeinschaftung der Brüsseler Übereinkommen", *ZEuP*, (2002), 316, 320-330.
(70) Case 22/70 [1971] ECR 263；大谷良雄「ヨーロッパ共同体の国際協定締結権に関する一考察——A.E.T.R.事件を中心に」『商学討究』27 巻 3・4 号（1977 年）135-153 頁.
(71) Jean-Victor Louis, "La Cour et les relations extérieures de la Communauté", CDE, 2006, 285, 286；拙稿「38 EC の黙示的条約締結権限」345, 350 頁, 中村＝須網編・注(35)）.
(72) Opinion 1/76 [1977] 741.

2 民事司法協力分野における対外権限とその排他性の認容

権限が行使されていなくとも、条約の目的を達成のために必要な限り、ECが対外権限を有する」ということを裁判所は明らかにした。この裁判所意見1/76では、認められた対外権限が排他的権限なのか共有権限なのかは明らかではなかった。なお、後述するように、リスボン条約では、裁判所意見1/76の定式からも排他的権限が認められることが明示的に定められた。

　(c)　裁判所意見2/91[73]

　裁判所は、ILO条約No.170の第III部がすでに共同体法規によって大部分規律されていること (covered to a large extent by Community rules) から、同条約から生じる義務が指令に定められた共同体の法規に影響を与えることになるとし、ECの排他的権限を認めた（意見25段）。

　本意見では、すべてが共同体法規によって規律されていなくとも大部分が規律されていれば、共同体法規に影響を与えることという基準が提示された。後述する裁判所意見1/03事件では、この「大部分」という箇所が取り上げられた。

　(d)　裁判所意見1/94[74]

　WTO協定を締結に対し、EC（現EU）が排他的権限を有するか否かが問題となった。裁判所は、AETR事件判決の意味における共同体法規が影響を受けるか否かについては、調和が部分的であり、否定した（意見102-103段）。裁判所は、この際、共同体法規により構成国国内法の完全な調和 (complete harmonization) が達成されているか否かを基準とした（意見96段）。

　同事件においては、ATER事件を引用しつつも、影響を受けるか否かの審査基準が、調和が完全になされているか否かの基準に取って代わっており、排他的条約締結権限が認められなかった。なお、この変化は、マーストリヒト条約により権限付与の原則がEC条約5条に改めて規定されたことにより、裁判所がこの原則を厳格に適用したためと考えられる[75]。

　本事件では、締結しようと考える条約の規定対象すべてについて、共同体

---

[73] Opinion 2/91 [1993] ECR I-1061.
[74] Opinion 1/94 [1994] ECR I-5267.
[75] Yumiko Nakanishi, *Die Entwicklung der Außenkompetenzen der Europäischen Gemeinschaft*, (Peter Lang, 1998), 117-120.

の調和措置により専占効果が生じていることが前提条件とされたと捉えられる。具体的には，TRIPs協定（知的所有権の貿易関連の側面に関する協定）の規定事項につき，知的財産権分野に対しては個別的な権限が付与されておらず，関連するEUの措置がいくつか採択されているにすぎなかった。よって，対内権限が排他的権限ではなく，また，条約規定事項に対する専占効果も発生していなかったため，排他的条約締結権限が認められなかったと捉えられる。

(e) オープンスカイ事件[76]

EU構成国がアメリカと結ぶオープンスカイ協定がEU法に違反するか否かが争われた事件である。本件では，条約を締結できるか否かが審査されたのではなく，オープンスカイ協定がEU法に違反したか否かが問題となった。それゆえ，裁判所意見1/94で提示された完全な調和が存在するか否かの基準は適用されず，既存の共同体法規が侵害を受けないかが問題となった。EU規則が第三国の国民の取扱い及び域外の航空会社に関する明示的な規定を定めており，その点において，EUの法規が，AETR事件の法理の意味で，「影響を与え」られる（＝「影響を受ける」）として，排他的対外権限の存在を認めた（判決101-106段）。

同事件が裁判所意見1/94事件と異なり，排他的権限を認めたのは，以下の2つの理由による。第1に，航空運賃に関する理事会規則2409/92号が域内航路について新規商品の導入や既存の同一商品についてより安い運賃設定ができるのは共同体航空会社に限ると規定していたため，この点につき，構成国が国際的な義務を負うことはできないこと（判決理由97-100段）。第2に，オンライン予約システム（CRS）の運用申し合わせに関する理事会規則2299/89号につき，域外国の国民がEC域内においてCRSを提供または利用する場合には，同規則が当該国民にも適用されることになるから，この事項については，構成国は国際的義務を負うことができないこと（判決理由102, 105段）。

---

(76) Case C-467/98 [2002] ECR I-9519; 拙稿「ECの黙示的対外権限の範囲——オープンスカイ協定事件」『貿易と関税』51巻3号（2003年）75-71頁。

関連する共通運輸政策分野の権限は，前述の AETR 事件でみたように，排他的権限ではないが，同分野で措置が採択された限りで，措置の規定事項につき専占効果が生じ，構成国は条約締結権限を行使ができなくなった。もっとも，オープンスカイ協定の規定事項すべてについて EU の措置採択による専占効果が生じているわけではないので，EC がオープンスカイ協定を締結する排他的権限をもっていたことは意味しない。

(f) 黙示的排他的条約締結権限の明文化

ATER 事件をリーディング・ケースとし，EU が排他的立法権限を付与されていない分野においても，EU の措置が採択され，同 EU の措置が影響を受ける場合は，構成国は条約を締結できないということが判例で確立した。換言すれば，EU の措置が採択されたことにより，専占効果が生じ，その限りにおいて，共同体は排他的対外権限を有するということが確立した。その際，共同体が条約を締結するためには，条約規定対象が，EU の措置により網羅されていないとならない。また，裁判所意見 1/76 をリーディング・ケースとし，EU の措置が採択されていなくとも，条約の目的に必要である場合には，対外権限が認められることが確立した。

このような裁判所の判例の確立を受け，2004 年 10 月 29 日に調印された欧州憲法条約 I-13 条 2 項は黙示的排他的権限を明文化した。その内容をほぼそのままの形でとりいれたリスボン条約は，「連合は，その締結が連合の立法行為に定められる，対内権限の行使を連合に可能にするために必要である，あるいは，その締結が共通法規に影響を与えるもしくは範囲を変更しうる限り，国際協定の締結に排他的対外権限を有する。」と定めた（EU 運営条約 3 条 2 項）。裁判所意見 1/76 定式の明文化は前半部分，AETR 定式の明示化は後半の部分に当たる。

〔2〕 裁判所意見 1/03――新ルガノ条約の締結権限

(a) 背　景

このように対内権限が共有権限であっても，対外権限の排他性が認定される諸判例をみてきた。それでは，本章で問題にしている民事司法協力分野の対外権限はどのように捉えられるのか。それを明らかにしたのが，以下に取り上げる，新ルガノ条約締結に関する裁判所意見 1/03 である。なお，同意

279

見は，欧州憲法条約が締結された後にだされた。

ルガノ条約は，1988年9月16日に締結された，EU構成国がアイスランド，ノルウェー，スイスと結ぶ，民事及び商事事項における管轄，判決の承認及び執行に関する条約である。ルガノ条約は，上述したようにEEC条約220条（その後，EC条約293条）〔リスボン条約では削除〕に関連して，EUの構成国が締結した民事及び商事事項における管轄，判決の承認及び執行に関する，1968年9月27日に締結されたブリュッセル条約の適用をアイスランド，ノルウェー及びスイスに拡大したものである。

アムステルダム条約が発効し，上述したようにEUは民事司法協力の分野において立法権限を有するようになった。そこで，2000年12月22日に理事会は，ブリュッセル条約をEC規則に置き換える，民事商事事項における管轄，判決の承認及び執行に関する規則（別名ブリュッセルI規則）（44/2001）を採択した[77]。この際，法的根拠条文は，EC条約61条（c）及び67条1項であった。この採択を受け，ルガノ条約が改正されることになった。理事会は，ルガノ条約を改正する，新ルガノ条約を締結するECの権限が排他的権限なのかあるいは共有権限なのかを明確にするためにEC条約300条6項〔現EU運営条約218条11項〕に基づき，2003年3月5日に欧州司法裁判所に意見を求めた[78]。裁判所は，その後3年弱の期間を経て，2006年2月7日，全員法廷（Full Court）で裁判所意見1/03をだした[79]。

(b) 裁判所意見1/03

裁判所は，まず，これまでの諸判例を次のように確認した。裁判所意見1/76に言及しつつ，自律的措置を設定することによっては達成されない条約の目的を達成するために国際条約の締結が必要であり，対内権限は対外権限が同時に行使されるときのみ効果的に行使されうる場合にのみ排他的権限になること[80]。AETR事件を引用しつつ，共通の法規が採択され，それらの

---

[77] Council Regulation No 44/2001 of 22 December 2000 on jurisdiction and the recognition and enforcement of judgments in civil and commercial matters, OJ [2001] L 12, 1.

[78] 欧州委員会が新ルガノ条約交渉に対する授権を理事会から得ることの提案をした頃から，議論が生じていた。同時に，欧州司法裁判所がこの問題につき，管轄権を有するか否かということも議論になっていた。Jayme/Kohler, note(28), *IPRax*, (2002), 469.

法規に影響を与える第三国との義務を引き受ける権利を構成国はもたないこと(81)。裁判所意見 2/91 に言及しつつ，締結する国際条約の規定事項が共同体の法規によって大部分規律される場合に，共同体の法規が影響を受けることになり，構成国が共同体の枠組の外で義務を負えないこと(82)。その上で，裁判所意見 1/94 とオープンスカイ事件に言及し，次の場合に排他的権限が認められるとした。加盟国による国際条約の締結が共同市場及び共同体法の統一適用に適合しない場合，並びに，非加盟国の国民の取扱いあるいは特定事項の完全な調和に関する条項を含む立法措置のような既存の共同体措置があり，同分野の協定が AETR 事件の意味における共同体法規に影響を与える場合に，排他的な権限が存在することを確認した(83)。他方，共同体法規が存在してもそれが最小限の基準のみを規定している場合は，排他的権限とならないことを明らかにした(84)。

このようにこれまでの判例をまとめた上で，裁判所は，以下のような追加的な審査準則を提示した。第1に，国際条約によって規律される分野と共同体法規の一致につき，①完全な一致は必要とされないこと，②裁判所意見 2/91 で用いられた基準「共同体法規によって大部分すでに規律されている否か」が適用される場合，その審査は，問題となる分野における共同体法の

---

(79) Opinion 1/03 [2006] ECR I-1145; Hesse, note(69), 94-95; Jean-Victor Louis, note(71), 285-288; Nokolaos Lavranos, "Case Law, Opinion 1/03", *CMLRev.* 43, (2006), 1087-1100; Eleftheria Neframi, "Cour de justice, 7 février 2006, Avis 1/03", *Revue des affaires européennes*(2006), 113-125; Jan Asmus Bischoff, „Besprechung des Gutachtens 1/03 des EuGH", *EuZW*, (2006, Heft 10), 295-301; Thalia Krugar, Opinion 1/03, The Columbia Journal of European Union Law, 2006, 189-199; T. Uyen DO, "Avis 1/03", *RDUE*, (2/2006), 472-478；裁判所意見 1/03 については，その他多数の判例評釈が存在するが，これをテーマとしたシンポジウムが書籍化されたものとして，Fausto Pocar (ed.), *The External Competence of the European Union and Private International Law* (CEDAM, 2007)；邦語論文としては，中西康「新ルガーノ条約についての EC の対外権限の排他性」『貿易と関税』54巻12号（2006年）72-65頁。
(80) Opinion 1/03 [2006] ECR I-1145, para. 115.
(81) *Ibid.*, para. 116.
(82) *Ibid.*, para. 120.
(83) *Ibid.*, paras. 121-122.
(84) *Ibid.*, para. 123.

現状のみならず，分析時において予想できる限り，将来の発展も考慮に入れることが必要であること，③審査には，規律される分野のみならず，共同体法規の性質と内容を含まなければならないこと[85]。第2に，共同体法の十分な効果（full effectiveness）を維持するために共同体法規の統一的でかつ一貫した適用並びに確立された制度の円滑な機能を確保することが不可欠であること[86]。

このように裁判所は，排他的権限か否かの判断基準を明確にした上で，新ルガノ条約の内容を検討した。その結果，ブリュッセルⅠ規則により確立されている管轄の抵触法規の制度が統一的でかつ一貫性 (unified and coherent) があることを指摘した上で，新ルガノ条約は，裁判所の管轄並びに判決承認及び執行に関する共同体法規の統一的でかつ一貫的な (uniform and consistent) 適用に影響を与えることを認定し，ECが新ルガノ条約締結に対し排他的条約締結権限を有すると判示した[87]。

(c) 裁判所意見1/03以後

裁判所意見1/03において，新ルガノ条約に対するECの黙示的排他的条約締結権限が認められた。この意見を受け，2007年10月30日にECは，スイス，アイスランド，ノルウェー，デンマークと新ルガノ条約を締結した[88]。なお，デンマークは，EC条約第4編からオプト・アウトしているため，ブリュッセルⅠ規則はデンマークには適用されず[89]，デンマークはECとこの分野で条約を締結することになった[90]。イギリス及びアイルランドもEC条約第4編からオプト・アウトしているが，個々の事項につきオプト・インすることになっており，ブリュッセルⅠ規則及び新ルガノ条約につ

---

(85) *Ibid.*, paras. 126-127.
(86) *Ibid.*, para. 128.
(87) *Ibid.*, paras. 172-173.
(88) 新ルガノ条約の署名に関して，Council Decision of 15 October 2007, OJ [2007] L 339/1；新ルガノ条約の批准に関して，Council Decision of 27 November 2008, OJ [2009] L 147, 1.
(89) OJ [2001] L 12, 1, 2-3, preamble(21)；Peter Arnt Nielsen, "Brussels I and Denmark", *IPRax*, (2007, Heft 6), 506-509.
(90) OJ [2007] L 339, 1, preamble(5)；OJ [2009] L 147, 1, 2, preamble(5) and (11)；Wagner, note (32), *IPRax*, (2007), 292.

いては，オプト・インしている[91]。

　ブリュッセルⅠ規則は，管轄，判決の承認及び執行という，民事司法協力分野における一つの事項にかかわる。裁判所意見1/03において確かにECの排他的対外権限が認められたが，これは，民事司法協力分野における対外権限がすべて排他的権限であることを意味しない[92]。また，民事司法協力分野において措置がとられた場合，すべての対外権限が排他的になるわけではなく，裁判所1/03を含む諸判例に従い，それぞれ個別的に判断されることになる。民事司法協力分野において措置がまだとられていない場合，ECは対外権限を有さないのではなく，共有権限としての対外権限を有する[93]。よって，その場合は，構成国と共同で条約を締結することになり，混合条約の形をとることになる。なお，2007年1月1日，新ハーグ規程が発効し，同年4月3日，ECが正式メンバーとして加入した。今後は，民事司法協力分野において立法権限を付与され，裁判所意見1/03において民事商事事項における管轄，判決の承認及び執行分野での排他的条約締結権限を認められたことを踏まえ，民事司法協力分野に関するEUの行動範囲は，EU域内を越えて，世界に広がることになる[94]。

◆3◆ 結　語

　以上，条約改正による権限の生成及び欧州司法裁判所による黙示的排他的

---

(91) ブリュッセルⅠ規則につき，OJ［2001］L12, 2, preamble(20)；新ルガノ条約締結署名につき，OJ［2007］L339, 2, preamble(8)；新ルガノ条約批准につき，OJ［2009］L147, 2, preamble(10)；Wagner, note(32), *IPRax*, (2007), 292.
(92) *Cf.* Hesse, note(69), 99.
(93) Jan Asmus Bischoff, „Die Europäische Gemeinschaft und die Haager Konferenz für Internationales Privatrecht", *ZEuP*, (2008), 334, 341 and 347.
(94) Erik Jayme/Christian Kohlet, „Europäisches Kollisionsrecht 2006：Eurozentrismus ohne Kodofokationsidee?", *IPRax* (2006, Heft 6), 537, 550；ファロン／長田訳・注(40), (5-171-172), 1239/1240；*cf.* Opinion 1/03を反映した，規則の前文の例として，Council Regulation No. 664/2009 of 7 July 2009, OJ［2009］L200, 46, preamble(5)and(6)；ECの国際的な行動を示したものとして，COM(2009)262, 14, 3.5 Increasing the EU's international presence in the legal field.

第8章　EUにおける権限の生成

条約締結権限の生成を民事司法協力分野の権限を素材にしてみてきた。

条約改正による権限の生成では，EEC条約発効時点からリスボン条約に至るまで民事司法協力分野の権限がどのように付与され，それが発展していくのかという権限の生成過程を見てきた。EUに農業政策，競争政策分野の権限のように当初から付与されていた権限もあり，また，環境政策分野の権限のように，後からEUに追加された権限も存在する。

しかし，そのような権限の中で，民事司法協力分野の権限は，単なる構成国の交渉事項（EEC条約）から，第3の柱における構成国の共通利益の1つ（マーストリヒト条約）であることを経て，初めて，EC条約第4編「ビザ，庇護，移民及びその他の人の自由移動にかかわる政策」の1部（アムステルダム条約）として権限を付与され，そして，EU運営条約第5編「自由，安全及び司法の領域」の第3章「民事事項における協力」（リスボン条約）に定められる個別的権限へと発展してきている[95]。この権限の生成過程は，他の権限と比べて動態的である。この民事司法協力分野の権限は，一括でかつ包括的に付与されたものではなく，EEC条約発効から複数の条約改正を経て徐々に付与されてきたものである。

このような発展は，権限付与の原則に服しつつも，上述したような「域内市場の円滑な機能に必要な限り」という文言の学説による条文解釈からの要請あるいは解釈における見解の一致による議論の熟成にも依ると考えられる。また，リスボン条約による改正を受けた，民事司法協力分野の権限の位置づけの変化は，上述した条文解釈，憲法諮問会議の作業部会の議論並びに欧州首脳理事会の合意等を背景にしていると捉えられる。

他方，黙示的排他的条約締結権限の生成では，これまでの黙示的条約締結権限に関する諸判例を踏襲しつつも，追加的な審査準則を提示した裁判所意見1/03事件をみた。

マーストリヒト条約発効以降にだされた裁判所意見1/94意見では，権限

---

[95] 本章では，権限の観点から民事司法協力分野の発展を見たが，段階的な統合（stufenweise Integration）という観点から同分野の発展を検討したものとして，Heß, note (7), *NJW*, (2000), 23.

付与の原則が厳格に適用されたため,黙示的条約締結権限の生成は否定された。オープンスカイ事件では,構成国がオープンスカイ協定をアメリカと締結する場合,既存のEU法規が影響を受けるため,同協定の締結はEU法違反になるとされたものの,共同体が自らオープンスカイ協定を締結する排他的権限を有すると判示されたわけではない。裁判所意見1/03事件では,マーストリヒト条約発効以降初めて,国際条約を締結する黙示的排他的条約締結権限が認められた。

裁判所は,裁判所意見1/94事件で提示した基準に,上述した,裁判所意見1/03事件において第1及び第2の審査準則を付け加えることで,黙示的排他的条約締結権限の生成条件を満たしているとした。

裁判所意見1/03事件の判示により,民事司法協力分野のうち,民事商事事項における管轄,判決の承認及び執行に関する分野については,共同体が排他的条約締結権限をもつことが明らかになった。これは,上述した理事会規則44/2001の採択により,この分野に専占効果が発生し,そこに黙示的条約締結権限の法理が適用されたと捉えられる。換言すれば,このメカニズムが,新しい権限であり,また,発展途上にある権限である,民事司法協力分野の権限にも適用されることが明らかになったと捉えられる。

以上のことから,条約改正による権限,また,判例による黙示的排他的条約締結権限に関し,学説による解釈あるいは裁判所による解釈が,解釈の限界と権限付与の原則に服しつつも,その生成に重要な役割を果たしていると捉えられる。

このような権限の生成は,今後も起きるのであろうか。リスボン条約により,EU条約は新EU条約に,EC条約はEU運営条約に変更されることになった。その際,また,新たな権限が付与された。知的財産(EU運営条約118条),スポーツ(EU運営条約165条),領域的結合(EU運営条約174条),宇宙(EU運営条約189条),エネルギー(EU運営条約194条),観光産業(EU運営条約195条),市民保護(災害保護)(EU運営条約196条),行政協力(EU運営条約197条),人道援助(EU運営条約214条),第三国への緊急援助(EU運営条約217条),連帯条項(EU運営条約222条)などが挙げられる[96]。従って,この条約改正により,新たにEUの立法権限が生成された。

それでは，黙示的排他的条約締結権限も同様に生成されていくだろうか。これは，すべての分野には当てはまらない。民事司法協力分野の立法権限は，排他的権限ではないが，共有権限に位置づけられる。共有権限の場合には，EUが立法措置をとることによって，その分野に専占効果が生じる場合がある。そのような専占効果が生じることで，黙示的排他的条約締結権限が認められる。支援，調整及び補足的権限の場合には，専占効果は生ぜず，いくらその分野で措置がとられたとしても，排他的条約締結権限は発生しない。

　また，共有権限であったとしても，調和措置があらかじめ排除されている場合あるいは環境政策等の一部のように，最小限の基準しか立法措置によって定められない場合も専占効果が生じないため排他的条約締結権限は発生しない。他方，民事司法協力分野以外の権限であっても，同権限が共有権限に属し，調和措置が排除されておらず，また，最小限の基準ではない規定を定めるEUの立法措置が採択される場合，今後も黙示的排他的条約締結権限が認められていく可能性がある。その際には，これまでの黙示的締結権限に関する諸判例で確立してきた基準及び裁判所意見1/03で提示された追加的審査準則が用いられることになると考える。

---

(96) 拙稿・注(67)『海外事情』(2008年), 31.

第9章 リスボン条約と対外権限
——CFSP分野を中心に——

◆ はじめに ◆

　リスボン条約によって既存のEU条約及びEC条約に大きな変更が加えられた。対外関係にかかわる条文もその例外ではない。共通外交安全保障政策分野に関してEU条約は、その第5編において既存の条文に改正を加えるというよりはむしろ新たな条文によって同政策を実施することを定めた。また、これまでEC条約において定められていた対外関係にかかわる政策は、EU運営条約に定められることになった。単に定められる条約の名称が変更されただけではなく、EUの対外政策の位置づけが変わった。

　これまでCFSP分野の法的な研究は、その重要性にもかかわらず、政府間協力的な性質が強く、例外的な場合を除いて裁判管轄権の対象にならないこともあり、第1の柱にかかわるEC法と比べ、マージナル的にしか取り扱われてこなかった[1]。本章では、リスボン条約による変更の幅がもっとも大きかった共通外交安全保障政策 (Common foreign and security policy, 以下CFSPとする)、特に同分野の権限にかかわる問題を法的な観点から検討・分析していきたい。Pechsteinは、リスボン条約発効後のCFSPを次のように分析している。CFSPの措置には直接効果や優位性が認められず、措置は国際法的な拘束力しかもたず、政治的にはコントロールされても司法的にはコ

---

(1) CFSP分野も含めEUの対外関係法を扱った邦語論文としては、中村民雄「第1章 法的基盤」植田隆子編『EUスタディーズ1　対外関係』(勁草書房, 2007年) 1-54頁, 同「リスボン条約によるEU対外関係の法と制度の改革」森井裕一編『地域統合とグローバル秩序——ヨーロッパとアジア』(信山社, 2010年) 27-68頁。

ントロールされないものであり，また，主要機関は構成国を代表する欧州首脳理事会と理事会であり，全会一致が原則である。このようなCFSP分野に残る特別性からリスボン条約による改正をもってしても，CFSPには依然として政府間協力的な性質が残っていると[2]。確かに政府間協力的な点がCFSPに残っている。しかし，本章では，逆にリスボン条約により変更され，より超国家的な組織に近づいた点に焦点をあて，CFSP分野の権限にとってのリスボン条約の意義を明らかにしたい。

　検討の順序としては，まず，リスボン条約における対外行動の枠組を対象とし，それを踏まえた上で，CFSP分野の権限がどのように位置づけられるのかを次の4つの角度から取り扱う。第1に，CFSP分野の権限の性質・特徴，第2に，CFSP分野の権限行使としての結果であるCFSP分野の措置，第3に，CFSP分野と他の分野との権限の交錯，第4に，CFSP分野の権限行使と個人の権利保護である。なお，対外権限は，狭義の意味では，条約締結権限を表すが，本章では，対外関係分野の権限（competence of external relations）という広い意味で用いることにする。また，本章におけるCFSP分野の権限の検討に当たっては，特に構成国との関係で問題となる垂直的権限配分を問題とし，EU組織間の水平的関係での権限配分については必要な限りにおいてのみ触れることにとどめておく。加えて，EU法の優位に関し，CFSPの措置がそれに含まれるのか否かは，重要な問題であるが，今後の判例及び学説の発展を待ち，別稿にゆずることにしたい。

◆ 1 ◆ リスボン条約における対外行動の枠組

(1) 対外行動のための新しい枠組

　リスボン条約により対外行動に対する特別の枠組が設定された。EU条約には，「連合の対外行動に関する一般規定及び共通外交安全保障政策に関する特別規定」と題される5編がおかれた。また，これまで通商政策，開発協

---

[2] Matthias Pechstein, „Die Intergouvernementalität der GASP nach Lissabon", 65 *JZ*, (2010), 425, 427-428.

1 リスボン条約における対外行動の枠組

力, 技術的援助など, EUの対外関係に関する政策がEC条約の中に散在していたのに対して, EU運営条約においては, 第5部「連合の対外行動」という新たな部が創られ, そこに体系的にまとめられた。このように対外行動に対し特別の枠組が設定されたのは初めてである。

ニース条約のときには, CFSPはEU条約5条に定められていて, 他の対外政策は, EC条約の中に定められていた。CFSPは第2の柱, 警察・刑事司法協力は第3の柱と呼ばれ, 政府間協力を基礎とするものであり, 他の対外政策は第1の柱とされ, 超国家的な組織と称された。リスボン条約においても, CFSPの特別性は残っているが, この3本柱構造自体は解消した。

対外行動に対する枠組は, EU条約21条及び22条並びにEU運営条約205条によって設定された。EU条約5編1章は, 21条と22条の2カ条からなり, EUの対外行動における一般規定を定める。まず, EU条約21条において, EU自らの創設, 発展及び拡大を支える諸原則として, 民主主義, 法の支配, 人権と基本的自由の普遍性及び不可分性, 人間の尊厳の尊重, 平等及び連帯の原則, 並びに, 国連憲章及び国際法の諸原則の尊重が列挙された。これらの諸原則は, EUの政策一般に適用されるEU条約2条の諸価値と重複するものもあるが, 対外行動のための諸原則と位置づけられる[3]。かつて開発協力政策を定めた旧EC条約177条 (ニース条約) においては,「……政策は, 民主主義及び法の支配の発展と強化, 並びに, 人権及び基本的自由の尊重という一般的目的に寄与しなければならない」という規定があった。しかし, リスボン条約においては, これに相当する規定が開発協力を定めるEU運営条約208条から消えており, このEU条約21条1項1文に集約されたと捉えられる。また, 統一的な目的としては, 前述した諸原則を共有する第三国及び地域組織または国際組織との関係を発展させ, 連携を構築するとし, より具体的には, EU条約21条2項に (a) EUの価値, 基本的利益, 安全, 独立及び不可侵を保護することなど, (a)〜(h)までの8つの項目が列挙された。このようにリスボン条約により広範囲にわたる目的が設定され

---

(3) *Cf.* Christoph Vedder, „Außenbeziehungen und Außenvertretung", in Waldemar Hummer/Walter Obwexer(Hrsg.), *Der Vertrag von Lissabon*, (Nomos, 2009), 283.

た。次に，EU条約22条においては，欧州首脳理事会が，EU条約21条の諸原則及び目的に基づき，EUの戦略的利益と目標を定めることになっている。さらに，EU運営条約205条においては，EUの対外行動が，EU条約5編1章に定める一般規定に従って実施されるとある。これらの3カ条によりEUの対外政策は統一的な外交政策の諸原則と目的に沿って形成される政策分野として位置づけられる[4]。このような対外行動に対する統一的な枠組みの設定がリスボン条約によるEU諸条約改正の1つの意義としてまず挙げられる。

(2) EUの法人格

リスボン条約以前は，ECには明示的に法人格が与えられていたものの(旧EC条約281条)，EUに対しては相当する条文が定められていなかった。EUは，マーストリヒト条約（EU条約）により設立され，その後，アムステルダム条約，さらにニース条約によりEU条約が改正されたものの，法人格については追加規定がおかれなかった。しかし，アムステルダム条約においてEUの条約締結権限に関わる旧EU条約24条が追加された。その後，旧EU条約24条に基く条約締結の実行が積み重なってきた[5]。そのような中で，EUには，法人格は明示的に付与されていないものの，その実行から黙示的に法人格を与えられているという解釈が肯定されるようになってきた[6]。ニース条約によりさらなる条文の改正がなされたが，「理事会が協定を締結する」という文言については，誰に代わって理事会が協定を締結するのか，つまり，理事会はEUを代表しているのかまたは理事会に集まった構成国の代表を代表しているのか，という議論に決着は見られずにいた[7]。

---

(4) Rudolf Geiger, Art. 21, Rn. 5, in Rudolf Geiger/Daniel-Erasmus Khan/Markus Kotzur, *EUV/AEUV, Kommentar*, (C. H. Beck, 2010).
(5) Panos Koutrakos, *EU international relations law*, 2006, Hart Publishing, 408 ; Aurel Sari, "The Conclusion of international agreements by the European Union in the context of the ESDP", *ICLQ*, vol. 57, (2008), 53, 54-55.
(6) Delano Verwey, *The European Community, the European Union and the International Law of Treaties*（T.M.C.Asser Press, 2004), 71 ; 庄司克宏『EU法 政策篇』（岩波書店，2003年）145-149頁。

このような中で，リスボン条約発効後，EU 条約 47 条により EU に明示的に法人格が付与された。それと同時に，EC は消滅し，EU が EC を継承することになった。このことは，単に，黙示的に EU に付与されていた法人格が条約改正により明示的に付与されることになったということを意味するのではない。この改正は，むしろ CFSP においても EU がこれまでの EC と同様な法人格をもつこと，その結果，その条約の締結主体が理事会に集合した構成国の代表ではなく，EU であることが明確にされたことに意義がある。このことは，後述する EU 運営条約 5 部 5 編におかれた条約締結手続を定めた 217 条によっても裏打ちされる。

(3) CFSP の特殊性

共通通商政策，開発協力，人道援助など他の対外政策は，EU 運営条約 5 部に定められている。それに対して，CFSP は，EU 条約 5 編 2 章に定められており，さらにその中の EU 条約 24 条 1 項 2 段 1 文は，CFSP が特別の規則と手続に服すると定めている。よって，Cremona が言うように，リスボン条約によってもこれまでの第 1 の柱 (EC) と第 2 の柱 (EU) の分離は維持されたとも捉えられる[8]。

また，CFSP 分野には適用されないと明示的に定める条文，EU 運営条約 352 条が存在する。同条は，EU の目的の 1 つを達成するために EU の行動が必要であると考えられる場合には，適切な措置を決定すると定める。この条文は，もともと EEC 条約 235 条が後に EC 条約 308 条となり，現在の形に至っているが，この条文に基づく条約改正によらない EU の実質的な権限拡大が懸念されてきた。EC 条約 308 条の規定においては，その適用範囲は EC の目的に限定されていた。しかし，相当する EU 運営条約 352 条は，「EU の目的の 1 つを達成するため」と変更されたため，CFSP 分野にも適用され

---

(7) Verwey, note(6), 72-77; Sari, note(5), 74 and 79-80.
(8) Marise Cremona, "Defining competence in EU external relations", in Alan Dashwood/ Marc Maresceau (ed.), *Law and Practice of EU External Relations*, (Cambridge University Press, 2008), 63; similar, Panos Koutrakos, "Primary law and policy in EU external relations", *ELRev.*, vol. 33, (2008), 666, 669.

る可能性があった。そこで，同条4項は，CFSPの目的を実現するための法的根拠として用いられえないと明示的に定めた。また，同時に，EU条約352条により採択された行為がCFSPに影響を与えないよう同行為が制限に服すると規定されている。このように条約起草者である構成国は，CFSP分野のEUの権限拡大を警戒し，構成国の権限維持のために条約上の担保をつけたと捉えられる。

確かにこれらからも示されるようにCFSP分野に対しては他の対外政策と比較し特別な規定が残っている。しかし，CFSPが他の対外政策とは全く別物というわけではない。CFSPについてはEU条約においてだけでなく，EU運営条約にも規定がある。たとえば，後述するEUの権限に関する規定（EU運営条約2条4項）及び条約締結手続に関する規定（EU運営条約218条）である。さらに，Elsuwegeのように，CFSPは，EU法秩序において特別な地位を占めているが，対外安全保障政策が特別な地位を占めるのは，国家においても稀なことではないという指摘もある[9]。確かにCFSPには特別な規定が適用されるが，特殊性にのみ注目し，統一的な枠組におかれたことの意義を軽視してはならないであろう。

◆ 2 ◆ CFSP分野の権限

(1) 権限の性質・特徴

EUの権限の種類は，大きく分けて次の3通りである。①排他的権限，②共有権限及び③支援，調整または補足的権限である。EUの対外政策における権限は，一様ではない。たとえば，共通通商政策に対するEUの権限は，排他的権限に属し（EU運営条約3条），他方開発協力及び人道援助の分野の権限は，共有権限のカテゴリーに入ると明示的に定められている。もっとも後者の分野の権限は典型的な共有権限ではない（EU運営条約4条4項）。これに対してCFSP分野の権限は，いずれのカテゴリーにも属するとは定め

---

(9) Peter van Elsuwege, "EU external action after the collapse of the pillar structure", *CMLRev.* 47, (2010), 987, 999.

られていない。EU 運営条約は，CFSP のために，個別に「連合は，欧州連合条約の規定に従い，共通防衛政策の漸進的な策定を含めて，共通外交安全保障政策を定め，かつ実施する権限を有する」と定める(10)。

CFSP 分野の権限は，このように別個に規定されているため，特別な権限（*sui generis*）だと捉えられるが，この特別性には 2 つの考え方がある。

1 つは，CFSP 分野の権限は，共有権限と支援，調整または補足的権限の間にあるような権限として位置づける説である(11)。共有権限のカテゴリーに入れると原則的に専占効果（pre-emption effect）が生じてしまう。つまり，もし EU が権限を行使すれば，構成国はその限りにおいて権限を行使できなくなる。共有権限のカテゴリーに入れることで生じるそのような結果を避けたかったという構成国側の理由があると。かといって，支援，調整または補足的権限のカテゴリーに入れると，CFSP 分野での EU の行動が期待できなくなる。よって，CFSP の権限は，共有権限と支援，調整または補足的権限のどちらの性質も合わせもつ特別なもの（*sui generis*）であるとされる。

2 つ目の説は，CFSP 分野の権限は，他の政策分野の権限とは異なり，そもそも EU に権限が移譲されていないと捉えるものである(12)。CFSP 分野の権限は，EU 条約 2 条 4 項に定められているが，それは宣言的なものであり，他の権限カテゴリーとは異なる性質のものであるとする(13)。その根拠としては，リスボン条約付属する CFSP に関する宣言 13 と 14 が挙げられる。特に，宣言 14 は，「……CFSP を含む規定は，……各構成国の既存の法的基礎，責任及び権限（powers）に影響を与えない……」としている。なお，

---

(10) 欧州憲法条約においても CFSP の権限は，別個に定められていた。それについて，Andreas Metz, *Die Außenbeziehungen der Europäischen Union nach dem Vertrag über eine Verfassung für Europa*, (Duncker & Humblot, 2007), 229.
(11) ex. Marise Cremona, "The draft constitutional Treaty : External Relations and external action", *CMLRev.* 40, (2003), 1347, 1353-1354 ; Cremona, in Dashwood/Maresceau, note (8), p. 65 ; Elsuwege, note (9), 991.
(12) *Cf.* Pechstein, note (2), 426-427 ; Matthias Herdegen, *Europarecht*, 12. Aufl. (C. H. Beck, 2010), 477-478 ; ニース条約のときの CFSP の権限について，Piet Eeckhout, *External Relations of the European Union*, (Oxford University Press, 2004), 144.
(13) Markus Kotzur, Art. 2 AEUV, Rn. 8, in Geiger/Khan/Kotzur, note (4).

第9章　リスボン条約と対外権限

宣言は，議定書とは異なり条約の一部ではないが，解釈において拘束力をもつとされる[14]。このような宣言から，構成国はニース条約時点で構成国が有していた権限をリスボン条約時においてもそのまま維持していると捉える。ただ，この説をとると，EUが独自の権限をもたないことになり，後述するEUの措置や条約締結と矛盾が生じる。

CFSP分野の権限は，別の観点においても他の政策分野の権限と異なっている。対外政策の共通通商政策にしても開発協力分野の権限にしても個別的な権限であり，それぞれの関連条文においてより具体的な目的が定められている。たとえば共通通商政策につき，リスボン条約による改正により知的財産の商業的側面などにもEUの権限が拡大されたが，EUは共通通商政策分野に対し包括的な権限を有しているわけではない。

それに対してCFSP分野の権限について，「共通外交安全保障事項に関する連合の権限は，外交政策のすべての分野及び共同防衛に至りうる共通防衛政策の漸進的な確定を含む連合の安全保障政策に関するすべての問題をふくむ」(傍線は筆者)[15]と定められている（EU条約24条1項1段）。一見すると，CFSP分野の権限は，特定の目的に限定されず，すべての分野にわたり包括的なものとなっている[16]。これを受け，De Baereは，権限が詳細かつ個別的に付与されていないことは，権限付与の原則がCFSPの法秩序においては異なる意味で適用されることを示していると捉えた[17]。また，EU条約24条1項1段に見られる包括的な権限付与は，ニース条約の中でも見られたが（旧EU条約11条1項），それについて，Metzは，EUと構成国の権限の境界

---

(14) Geiger, Art. 51, Rn. 5, in Geger/Khan/Kotzur, note (4).
(15) "The Union's competence in matters of common foreign and security policy shall cover all areas of foreign policy and all questions relating to the Union's security, including the progressive framing of a common defence policy that might lead to a common defence."
(16) Cremona, in Dashwood/Maresceau, note (8), 42；中村はCFSP分野の権限は，EUの対外行動から非CFSP権限の活動事項を除いた残余であるという控除的定義の形で定められているとする。中村・注(1)「リスボン条約によるEU対外関係の法と制度の改革」46頁。
(17) Geert De Baere, *Constitutional Principles of EU External Relations*, (Oxford University Press, 2008), 105 and 157.

線は，構成国の意思に依っており，権限付与の原則の不適用は，CFSP 分野においては構成国の自律性の制限が進行していないことからも説明できるとしていた[18]。

　他方，CFSP の権限について別の捉え方もある。旧 EU 条約 11 条 1 項（現 EU 条約 24 条 1 項 1 段）につき，Dashwood は，次のような見解を示した。確かに「すべての分野」（旧 EU 条約 11 条 1 項）と定められているが，その規定の直後で「その目的は，次の通りである。——共通の価値，基本的利益，連合の独立と領土保全を，国際連合憲章の諸原則に従って守ること……」など，より具体的な目的が定められているから，CFSP 分野において目的が特定されていない訳ではないと[19]。

　リスボン条約による EU 条約 24 条においては，旧 EU 条約 11 条 1 項にあるような目的規定はないが，EU の対外政策を定めた EU 条約 21 条 2 項にそれに相当するものが定められていると捉えることが可能である。さらに，欧州首脳理事会が決定する戦略的利益と目標，並びに CFSP の目的及び一般的指針を踏まえて，理事会は CFSP を形成し，それを実施するための決定を行うことになる。加えて国際情勢に対処するための理事会の決定（EU 条約 28 条），連合の立場を決める決定（EU 条約 29 条）など，個別的な条文がおかれており，EU に丸投げされているわけではない。また，「すべての分野」という文言は，防衛政策を含む外交安全保障政策という時に緊急で柔軟な迅速な対応を迫られる特殊な政策分野であることを踏まえてのものであるとも捉えられる。包括的に付与されているからという理由だけで権限移譲がなされていないという証拠にはならない[20]。また，CFSP 分野の権限に特別の規定が設定されているものの，CFSP 分野の権限が，EU 運営条約における EU 権限に関する規定の 1 つとして他の権限と並んで定められていること自体にも意味があると考えられる。

---

(18) Metz, note(10), 156.
(19) Alan Dashwood, "Article 47 TEU and the relationship between first and second pillar competences", in Dashwood/ Maresceau, note(8), 70, 75.
(20) たとえば，ドイツやアメリカにおいては，分野ごとに連邦へ包括的な権限が移譲されている。

(2) CFSP 分野の措置
〔1〕 措置の種類

CFSP 分野の権限行使の結果として，法行為が採択されたり，あるいは，条約が締結されたりする。ニース条約のときは，CFSP の手段として，決定以外にも，①共通戦略（common strategy），②共同行動（joint action），③共通の立場（common position）と特別な名称のついた手段が存在した。このような手段は，旧 EC で用いられていた規則（regulation），指令（directive），決定（decision）とは名称が異なっていた。このような相違が第 1 の柱と第 2 の柱の差異を表していた。

これに対し，リスボン条約では，①連合によりとられる行動及び②連合によりとられる立場を内容とする決定をとることが定められているが（EU 条約 25 条），これらの行為の形式は，EU 運営条約 288 条に定める「決定（Beschluss）」と同じ文言の「決定（Beschluss）」のみとなっている。つまり，形式上は，EU 運営条約に定める政策においてとられる措置と同じものとなった。なお，「決定」は，ニース条約のときは，「それが向けられた者に対し，全体として拘束力を有する」と定義されていたのに対して（旧 EC 条約 249 条），リスボン条約では，「決定は，そのすべての部分が拘束力をもつ。名宛人を特定した決定は，名宛人のみを拘束する」と条文が変更された。また，英語版では変更はないが，ドイツ語版では，ニース条約のときは，「決定（Entscheidung）」という文言であったのが，リスボン条約では「決定（Beschluss）」に変更された。なお，ドイツ語の「決定（Beschluss）」は，EU 法上では，閣僚理事会の „Beschluss" が EC 条約 173 条（後の 230 条，現 EU 運営条約 263 条）にいう取消訴訟の対象となるか否かが問題となった AETR (22/70) 事件のときに用いられた語である[21]。これらの変更は，EU 司法裁判所の判例をまたないといけないが，EU 運営条約 288 条の決定に CFSP の決定も包含されるという解釈の可能性を示していると捉えられる[22]。

---

(21) 中西優美子・中村民雄「38 EC の黙示的条約締結権限」中村民雄=須網隆夫編『EU 法基本判例集（第 2 版）』（日本評論社，2010 年）335, 341 頁; „Beschluss" と „Entscheidung" のニュアンスの相違については，Ricardo Gosalbo Bono, "Some Reflections on the CFSP legal order", 43 *CMLRev.* (2006), 337, 361, footnote 66.

〔2〕 意思決定手続

　EU 運営条約に定められている EU 法行為手続とは，CFSP の意思決定手続は異なっている。他の政策分野においては，原則的に独占的な提案権をもつ欧州委員会であるが（例外は EU 運営条約 76 条〔旧第 3 の柱の分野〕），CFSP 分野においては，欧州委員会自体には提案権はなく，上級代表と共同で提案できる場合があるにすぎない。欧州議会にも立法権限が付与されていない。CFSP 分野においては，欧州首脳理事会と理事会のみが意思決定権限をもっている。このような位置づけには，大きな変化はない。ただ，リスボン条約により，欧州首脳理事会は，欧州委員会，欧州議会，理事会などと並んで EU の機関となり，立法機関ではないものの，正式の決定機関としての位置づけられるようになったことが変化として挙げられる[23]。

　CFSP 分野における意思決定は，原則的には，欧州首脳理事会によるもののみならず，理事会によるものも，全会一致とされる。しかし，リスボン条約による改正により欧州首脳理事会の意思決定において例外的ではあるが，一定の場合に初めて特定多数決が導入されることになった。また，理事会による決定については，ニース条約においても一定の場合において特定多数決で意思決定がなされることが規定されていたが，リスボン条約においては，次のように特定多数決の適用範囲が拡大された。① EU 条約 22 条 1 項に定める戦略的利益と目標に関する欧州首脳理事会の決定に基づく場合，②理事会自らの発議または上級代表の発議に基づき，欧州首脳理事会の特別要請を受けた上級代表の提案を基礎として，EU の行動または立場を定める決定を採択する場合，③ EU の行動または立場を定める決定を実施するための決定を採択する場合，④特別代表を任命する場合は，理事会の特定多数決で十分とされ，ニース条約の時と比べ，②の場合が追加された（EU 条約 31 条 2 項 1 段）[24]。特定多数決は，超国家的性質の指標であり，それが導入または拡

---

(22) 可能性は認めるものの，どちらかというと否定的な見解として，Christian Calliess, *Die neue Europäische Union nach dem Vertrag von Lissabon*, (Mohr Siebeck, 2010), 391-392.
(23) Calliess, *ibid.*, note (22), 392-393.
(24) Elsuwage, note (9), p. 995.

大したということは CFSP 分野においても超国家的な性質が見られるようになったとも捉えられる[25]。もっとも，リスボン条約においては，国内政策のきわめて重要かつ言明された理由から，特定多数決による決定の採択に反対する意図を表明する場合には，表決を行わないという，構成国のためのセイフティネットがついている（EU 条約 31 条 2 項 2 段）。これは，いわゆる「ルクセンブルクの和議」のときに用いられた妥協の方式を明文で取り入れたものであると捉えられる。結果，構成国の意思に反しては拘束力をもたないことが確約されているとも捉えられる[26]。

条約締結については，EU 条約 37 条が，CFSP の実施のために EU は国際協定を締結することができると定めている。この条約手続には，EU 運営条約 218 条が用いられる。まず上級代表が，理事会に勧告を提出し，その後理事会が，交渉の許可をなす。理事会は，上級代表による提案に基づき協定の署名を許可する決定を，及び，必要な場合には，その発効前の暫定的適用を許可する決定を採択する。その後，理事会は，上級代表の提案に基づき協定を締結する決定を採択する。このような手続から，また，上述した EU の法人格の付与からも，CFSP 分野の国際協定が単なる構成国の集合体による締結でなく，EU 自体による締結であることが理解される。

〔3〕 措置と拘束力

CFSP 分野の措置は，拘束力があるが，国際法的性質の拘束力にとどまるという見解も存在する[27]。上述したように CFSP 分野の意思決定手続は，他の政策におけるそれとは確かに異なっており，特別の規則及び手続に服している。また，立法行為（legislative acts）（EU 運営条約 289 条）は排除されている（EU 条約 15 条，EU 条約 24 条 1 項 2 段 2 文）。しかし，上述した意思決定手続及び条約締結手続が示すようにリスボン条約による CFSP 分野における EU の機構化及び構造の規範化により構成国の集合体による行為では

---

[25] Damian Chalmers/Gareth Davies/Giorgio Monti, *European Union Law*, Second Edition, (Cambridge University Press, 2010), 663.
[26] T. C. Hartley, *The Foundations of European Union Law*, Seventh Edition, (Oxford University Press, 2010), 33.
[27] Geiger, Art. 28 EUV, Rn. 6, in Geiger/Khan/Kotzur, note(4).

なく，EUの権限の行使の結果としての措置であり条約締結であることが明確になった[28]。

EU条約31条1項2段は，「共通外交安全保障政策に関する特別規定」と題される2章に基づく決定につき，理事会の構成員が公式の宣言を行うことにより棄権した場合も理事会の決定がEUを拘束することを受け入れると定めている。このことから，2章の下での理事会の決定は，構成国のみならずEUも拘束すると解される[29]。CFSPの措置の拘束力は，裁判管轄権が及ばないという点において他の政策における措置に比べ弱いと捉えることはできるが，CFSPの措置が構成国とEUの機関の両方を拘束力するという点において単なる国際的合意以上の意味があると捉えられる。締結された条約についても同様のことが当てはまる（EU運営条約216条2項）。

〔4〕 実効性の確保問題と誠実協力・連帯の義務

CFSP分野の措置に拘束力があるとしても，EU運営条約の条文に基づいて採択されるEU法行為とは大きな相違が残っている。措置は，EUの権限行使の結果であるが，その措置の担保が問題となる。EU司法裁判所は，EUにおける法の支配を実現する機関として裁判管轄権を付与されているが，CFSPに関する規定及び同規定に基づいて採択された行為に関して管轄権をもたない。よってその実効性の確保が問題となる。

EU条約は，CFSPの措置の実効性を誠実協力及び連帯の義務を強調することで確保しようとしている[30]。確かに，ニース条約時においても，EU条約24条3項2段に相当する旧EU条約11条2項が存在したが，リスボン条約によりEU条約24条3項1段が追加され，4項にある遵守の確保に上級代表が加わり，また，関連条文も増加した。EU条約24条3項1段において，「構成国は，連合の外交安全保障政策を誠実と相互連帯の精神の下で積極的かつ留保なく支援し，この分野における連合の行動に従う」（傍点は筆者）[31]となっており，構成国に遵守の義務が課されている[32]。同条3項2

---

(28) *Cf.* Elsuwege, note(9), 994.
(29) Calliess, note(22), 392.
(30) *Cf.* Baere, note(17), 259, 262-263. Baereは，EU条約32条に定められる構成国の情報及び協議の原則が実効性の確保につながるのではないかと見ている。

299

第9章　リスボン条約と対外権限

段では，CFSP 分野における誠実協力の原則に基づく構成国の作為不作為義務が定められた。相互連帯については，さらに EU 条約 24 条 2 項，31 条 1 項 2 段，EU 条約 32 条及び EU 運営条約 222 条においても言及されている。

　EU 司法裁判所による，特に条約違反手続（EU 運営条約 259 条）及び判決履行違反手続（EU 運営条約 260 条）を通じた実効性確保が閉ざされているため，実効性確保は困難が予想されるが，上述してきたように構成国による誠実協力の原則及び相互連帯の原則の遵守を強調することで対処することとなっている。もっとも，たとえ CFSP 分野において条約違反手続や判決履行違反手続が導入されたとしても，構成国自体が従わなければ意味がない。この分野は，国家の外交，安全及び防衛という主権の核に近いところの政策であるため，そのような司法手続より誠実協力や相互連帯の原則という緩やかな手段を用いる方が妥当であるとも捉えられる。

(3)　CFSP 分野の権限行使と他の分野の権限行使との交錯

　リスボン条約以前において，柱間の交錯という問題が見られた。それは，第 1 の柱対第 3 の柱の法的根拠選択問題，並びに，第 1 の柱対第 2 の柱の法的根拠選択問題という形で表面化した。それらを解決する手段として旧 EU 条約 47 条がおかれていた。旧 EU 条約 47 条は，もともとマーストリヒト条約のときに EU 条約 M 条としておかれていたものである。この条文は，EC に EU という，特に第 2 の柱及び第 3 の柱が加わったことで，EC がこれまで積み上げてきたもの，いわゆる共同体既得事項（"aquis communautaire"）が侵害を受けないために挿入された。旧 EU 条約 47 条では，EU 条約により既存の条約である EC 条約が影響を受けないことが定められ，そこから EC 条約の EU 条約に対する優位が導かれた[33]。

　実際の判例では，環境刑罰立法に関する C-170/03 事件[34]において，EU 司法裁判所は，同枠組決定が，旧 EC 条約 175 条が EC に付与する権限を侵

---

(31) "The Member States shall support the Union's external and security policy actively and unreservedly in a spirit of loyalty and mutual solidarity and shall comply with the Union's action in this area."

(32) Cremona, in Dashwood/Maresceau, note (8), 67.

300

害する限りにおいて旧 EU 条約 47 条に違反したとし，同決定の無効を宣言した。さらに，船舶源汚染刑罰（C-440/05）事件(35)においても，旧 EC 条約 80 条 2 項に定める EC の権限が侵害を受けたため，旧 EU 条約 47 条に違反すると判断された。これらは，第 1 の柱対第 3 の柱の交錯を示す事件であるが，第 1 の柱と第 2 の柱の交錯を示す事件として，ECOWAS（西アフリカ諸国経済共同体）（C-91/05）事件がある(36)。EU 司法裁判所は，理事会決定 2004/833/CFSP の目的と内容を考慮した結果，同決定は 2 つの構成要素を含んでおり，どちらも付随的なものではなく，一方は，開発協力政策に入り，他方は CFSP に入るとした。よって，理事会は開発協力政策に入るにもかかわらず，旧 EU 条約 5 編に基づいて当該決定を採択したことによって旧 EU 条約 47 条に違反したと判示した。このように裁判所は，旧 EU 条約 47 条に依拠することによって EC（第 1 の柱）の権限を保護してきた。

　リスボン条約によって旧 EU 条約 47 条は EU 条約 40 条になった。旧 EU 条約 47 条は，第 1 の柱が第 2 及び第 3 の柱により侵害をされるのを防ぐ役目をもっていた。しかし，EU 条約 40 条は，CFSP 及び他の EU の政策が権限行使において相互に影響を及ぼしてはならないことが定められている。すなわち，CFSP の権限と EU の他の権限の境界づけが双方的に行われること

---

(33) Marcus Klamert, "Conflicts of Legal Basis: No Legality and No Basis but a Bright Future under the Lisbon Treaty?", *ELRev.* 35, (2010), 497, 499.

(34) Case C-176/03 Commission v Council [2005] ECR I-7879；西連寺隆行「環境侵害行為に対する刑罰導入を構成国に義務付ける構成国に義務づける EC の権限」『貿易と関税』54 巻 1 号（2006 年）74-70 頁；鈴木真澄「EU における『執行権支配』と『法の支配』(1)」環境保護枠組決定事件を素材として」『龍谷大学』38 巻 4 号（2006 年）1369-1347 頁；拙稿「個別的分野に付与された EC の権限の範囲――EU における環境刑罰権に関する事例を中心に」『専修法学論集』106 号（2009 年）81, 84-92 頁。

(35) Case C-440/05 Commission v Council [2007] ECR I-9097；中村民雄「EC の刑事立法権限の存在と限界――船舶源汚染対策立法事件」『貿易と関税』56 巻 10 号（2008 年）75-68 頁；拙稿・注(34), 95-101 頁。

(36) Case C-91/05 Commission v Council [2008] ECR I-3651；拙稿「共通外交及び安全保障政策における EU 権限と開発協力政策における EC 権限の交錯」『貿易と関税』57 巻 3 号，(2009 年) 75-69 頁；Joni Heliskoski, "Small arms and light weapons within the Union's pillar structure: An analysis of Article 47 of the EU Treaty", *ELRev.* 33, (2008) 898-912.

第9章　リスボン条約と対外権限

になる。たとえば、上述したようにEU運営条約352条に基づく措置がCFSPの権限に影響を及ぼす場合、EU条約40条違反となり無効になる可能性がある。これにより、EU条約またはEU運営条約のどちらかが他方に優位するのではなく、法的に同価値になったと捉えられる(37)。このような変化は、リスボン条約においては、共同体既得事項を維持するという規定が消滅し、条約改正（EU条約48条）においてもEUの権限拡大のみならず、EUの権限縮小も想定されるようになったこととも関連すると捉えられる。リスボン条約以前は、旧EU条約47条の文言からEC条約がEU条約に優位するという解釈が可能であったが、リスボン条約による改正で特にEU条約40条の文言からEU運営条約（旧EC条約）とEU条約は同一の価値をもつようになったと解される。

　リスボン条約により旧第3の柱がEU運営条約の枠組に移されたので、旧第1の柱と旧第3の柱の交錯の意味はなくなると考えられるが、CFSPと他のEU政策の交錯は、大きな問題として残ることになる。学説においては、CFSP分野の権限は、他の政策分野の権限よりも一般的に定められているため、「特別法は一般法を破る」という法格言が表すように、個別的権限である他の権限が優位するため、これまでと変わりない判決がでるだろうとの予想もある(38)。また、どちらが優位するかを決めるためには、重心理論（center of gravity）が適用されるという説(39)と、他方、CFSPの目的が特定されていないため同理論は適用困難であるという説(40)がある。加えて、中村は、対外行動における共通目的の設定によりCFSPと非CFSPが融合されており、目的に照らし法的根拠を選択する従来の方法とは別の新たな法理が具体化されていくのではないかと予測している(41)。今後、EU司法裁判所がEU条約40条をどのように解釈するかが注目される。

---

(37) Heliskoski, *ibid.*, note(36), 910-911.
(38) Cremona, in Dashwood/Maresceau, note(8), 45-46 ; Klamert, note(33), 514.
(39) Dashwood, in Dashwood/Maresceau, note(8), 101.
(40) Elsuwege, note(9), 1004.
(41) 中村・注(1)「リスボン条約によるEU対外関係の法と制度の改革」51頁。

302

(4) CFSP 分野の権限行使と個人の権利保護

最後に CFSP の権限行使により個人の権利が侵害された場合に，法の支配の原則からどのような形での保護が期待できるかについて見ていきたい。

国連安全保障理事会におけるテロ対策決議を履行するために，EU では，共通の立場 2001/154/CFSP が採択された。その実施のために，第1の柱，EC 条約 60 条（現 EU 運営条約 75 条）及び EC 条約 301 条（現 EU 運営条約 215 条）を法的根拠にして，アフガニスタンへの物品及びサービスの輸出の禁止，飛行禁止の強化並びに資金及び他の財政的資源の拡大に関する理事会規則 467/2001 が採択された[42]。これによりいわゆる制限的措置(restrictive measures)が同規則のリストに列挙される自然人または法人に課されることになった。Kadi (Joined Cases C-402/05 P and C-415/05 P) 事件は，そのようなリストに掲載され制限的措置を受けることになった Kadi 氏がその措置の取消を求めた上訴事件であった[43]。Kadi 氏は，基本権，特に聴聞の権利，財産権が尊重される権利及び効果的な司法的審査を受ける権利が侵害されたと主張した。このような制限的措置により自らの権利が侵害されたという訴えは複数起こっている。

Kadi 事件において（EU）司法裁判所は，効果的な司法保護の原則は共同体法の一般原則であり，EU 基本権憲章 47 条においても定められているにもかかわらず，資金凍結の措置を正当化することとなった証拠が上訴人に通知されておらず，上訴人の防御の権利が保障されていなかったため，効果的な司法の救済の権利も侵害されたとした[44]。リスボン条約により EC 条約 301 条が改正され EU 運営条約 215 条となったが，同条は，2004 年の欧州憲法条約Ⅲ-332 条を受容したものである。Kadi 事件の原訴訟（T-315/01）が EC 条約 230 条（現 EU 運営条約 263 条）に基づき付託されたのは，2001 年 12

---

[42] OJ of the EC, 2001, L 67/1.
[43] Joined Cases C-402/05 P and C-415/05 P [2008] ECR I-6351；中村民雄「42 国連の法と EC 法との関係——国連決議を実施する EC 措置の司法審査」中村=須網・注(21) 367-378 頁；同「国連安保理決議を実施する EC 規則の効力審査」『ジュリスト』1371 号(2009 年)48-59 頁；拙稿「欧州司法裁判所による EU 基本権保障の貫徹——Kadi 対 EU 理事会事件」『国際人権』20 号 (2009 年) 125-127 頁。
[44] Joined Cases C-402/05 P and C-415/05 P [2008] ECR I-6351.

月であり，その頃から制限的措置による基本権の侵害が認識されていた可能性が高い。それゆえ，Kadi 事件を受けて，欧州憲法条約において，ひいては EU 運営条約 215 条に 2 項及び 3 項が追加されたとも捉えられる[45]。2 項では，EU 条約 5 編 2 章，つまり CFSP に関する政策に従って採択された決定が経済的及び財政的な関係を部分的または完全に断絶または縮小する措置を規定する場合には，理事会は，自然人または法人及び集団，もしくは国家主体に対して制限的措置を採択することができるとされ，3 項では，EU 運営条約 215 条に定める措置には法的保護に関する必要な規定が含まれると定められた。さらに，リスボン条約の「EU 運営条約 75 条及び 215 条に関する宣言 25」では，基本権及び基本的自由の尊重が，特に関係する個人または団体の適正手続の権利（due process rights）の保護と遵守に適切な考慮がなされることを政府間会議は想起するとされた。

このように制限的措置により個人または団体の基本権が侵害されないように注意が払われている。さらにこの基本権保障の確保を決定的なものにする手段が，EU 運営条約 275 条に定められる CFSP 分野に対する裁判所の管轄権である。これは，リスボン条約により取り入れられた裁判所による法の支配の原則に基づく新たなコントロールとなる。CFSP 分野に対して，原則的に EU 司法裁判所は管轄権を有さないが，EU 条約 5 編 2 章に基づいて理事会により採択される自然人または法人に対する制限的措置を定める決定の取消訴訟に関しては EU 司法裁判所が管轄権を有することが規定された。その取消訴訟においては，裁判所の管轄権の範囲は，措置が CFSP の措置かあるいは EU 運営条約の枠組の中の措置かということではなく，個人への主観的な効果があり，それが個人の権利を侵害するものか否かということが問題になる[46]。

---

[45] Vedder, note (3), 282 ; Elsuwege, note (9), 1009.
[46] *Cf.* Dorota Leczykiewicz, "'Effective Judicial Protection' of Human Rights After Lisbon : Should National Courts be Empowered to Review EU Secondary Law?", *ELRev.* 35, (2010), 326, 336.

◆3◆ 結　語

　リスボン条約による対外行動に対する改正の意義は，第1に対外行動のための統一的な枠組が設定されたことである。第2の柱の特質が依然として残っていることは確かであるが，柱構造が消滅し，CFSP分野とそれ以外の対外政策分野に共通の諸原則及び目的が定められたことの意義は過小評価してはならない。第2は，EUに法人格を明示的に与えたことである。これにより，理事会が条約を締結するときに，理事会に集まった構成国の代表ではなく，EUが条約の主体であることが明確になった。第3の意義は，CFSP分野における機構化と規範化が進展したことである。これにより，CFSP分野の措置は，国際的な合意ではなく，EU機関の行為の措置であると位置づけられるようになった。つまり，EUの措置が構成国の権限行使の結果ではなく，EUに付与された権限のEUによる権限行使の結果であることが明らかになった。CFSP分野には，まだ政府間協力の要素が残ってはいるが，政府間協力と超国家組織の単純な対比は，もはや当てはまらないであろう[47]。

　リスボン条約によりEUのCFSP分野の権限はどのように位置づけられるか。上述したように，CFSP分野の権限は，他の対外政策とは異なる特別な性質をもっている。しかし，EUに権限付与されていないわけではなく，EUに権限が移譲されていると捉えられる。措置（決定）の採択にしろ，条約締結にしろ，構成国ではなく，EUの機関が行っていること，また，CFSP分野でとられたEUの措置及び締結された条約は，構成国のみならず，EU自体を拘束することが見過ごされてはならない。

　EUにおける権限配分は，最初から現在の形であったのではなく，必要性などにより，数々の条約改正を経て，今ある形に到達している。また，今ある形もまだ最終形態ではなく，今後も変化してしく可能性がある。そのような中で，CFSP分野の権限は，マーストリヒト条約の時から漸進的に発展してきた。リスボン条約によりCFSP分野の権限の位置づけはこれまでに比

---

(47) Elsuwege, note(9), 993.

第9章 リスボン条約と対外権限

べ明確になったが，CFSP分野の権限は，現在も発展途上にある[48]。今後裁判所の判例を通じて，また，さらなる条約の改正を通じて権限の明確化がなされることになるだろう。

リスボン条約によりCFSP分野において法の支配の浸透は確保されるようになっているか。法の支配に関連して，リスボン条約発効後の判例であるEとF (C-550/09) 事件が挙げられる[49]。同事件において司法裁判所は，EUが法の支配に基づいていること，並びに，EU機関の行為はEU法，とりわけEU運営条約及び法の一般原則と両立するか司法裁判所の審査に服することに注意が喚起されなければならないとした[50]。また，続けて，裁判所は，EU運営条約がEU司法機関にEU機関の法行為の合法性を審査する裁判管轄権を付与することを目的とした法的救済と手続の完全な制度を設定していることを強調した。このように法の支配の保障に対する裁判所の自負がみられる。

法の支配は，EU条約21条において対外行動の枠組における諸原則の1つとして挙げられている。確かに，上述したように，CFSP分野に対してEU司法裁判所は原則として管轄権をもたない。しかし，EU条約40条に定められたCFSP分野とその他の政策分野の権限の交錯については，裁判所は管轄権を有する。さらに，リスボン条約による改正で，EU運営条約263条に基づき個人または団体が制限的措置の取消を求めることができるようになった。EU条約40条及びEU運営条約263条をCFSP分野の裁判管轄権の突破口として，今後どこまでCFSP分野の司法的コントロールがなされるのかその発展に注目したい。

---

(48) Bono, note (21), 394.
(49) Case C-550/09 [2010] ECR I-6213.
(50) *Ibid.*, para. 44.

◆第3部◆

権限をめぐる法的諸相

◆ 第10章 ◆ 「連合既得事項」概念とその機能

◆はじめに◆

　現在進行する欧州統合のプロセスは，「拡大」（横軸）と「深化」（縦軸）の2つの座標軸から捉えることが可能である。ここで，「拡大（Widening）」の側面とは言うまでもなく加盟国の拡大を意味する。他方において，EUはその権限分野の拡大，権限の強化，機構改革の推進等を通じ，それ自体として「深化（Deepening）」の度合いも高めつつある。その際，従前の統合の成果をいかに保持し，更に発展させていくかが重要となる。その上で，そのような「深化」の結果達成された部分をどのように新加盟国が摂取すべきかが課題となる。ここでは，「深化」の成果を「拡大」にいかに反映させるのかが，問われるのである。いわば，欧州統合は，「拡大」と「深化」の二兎を追うべく宿命づけられている。

　このような「拡大」と「深化」に密接にかかわるのが，「連合既得事項（acquis de l'Union）」（以前は「共同体既得事項（acquis communautaire）」[1]と呼ばれていた）概念である。1995年5月1日に発効したアムステルダム条約において，この概念が段階的統合（abgestufte Integration）制度の導入に際し，重要な意味を有するようになった。

　本章では，欧州連合法秩序に内在する権限移譲プロセスにおいて，リスボ

---

(1) 「共同体既得事項」は，英語及びフランス語の条約正文では，"acquis communautaire"と規定されている。また，ドイツ語の条約正文では，„gemeinschaftlicher Besitzstand"と定められていた。

309

第10章 「連合既得事項」概念とその機能

ン条約の発効による変更を踏まえつつ，「連合既得事項」概念がどのような意味を持つのかを明らかにしたい。まず，「連合既得事項」の概念を明確にし，次にその概念の有する機能につき検討を加えたい。なお，本文中「連合既得事項」ではなく，「共同体既得事項」と書いている箇所が存在するが，マーストリヒト条約からリスボン条約発効までEU条約において「共同体既得事項」の規定があったことなど，「連合既得事項」と区別する必要性から「共同体既得事項」と書いている。

◆ 1 ◆ 「連合既得事項」概念

(1) 沿革と定義

2009年12月1日に発効したリスボン条約により，EC（共同体）が消滅し，EU（連合）がそれにとってかわった。それにより，これまで「共同体既得事項」と呼んでいたものを，「連合既得事項」と呼ぶ方がより正確なものとなった。

「連合既得事項」の前身「共同体既得事項」の概念が初めて用いられたのは，最初の欧州共同体拡大時，すなわちイギリス，アイルランド及びデンマークが共同体（当時）に加入しようとした交渉においてであった。その後，1984年に欧州議会が「欧州連合条約草案」を採択し，その草案の7条及び86条2文に「共同体既得事項」概念が規定された[2]。もっともこの草案は効力を有さないものであり，1992年に署名されたマーストリヒト条約によるEU条約B条により初めて「共同体既得事項」概念の保護が欧州連合の目的の1つとして規定されることになった。この規定は，アムステルダム条約に従ったEU条約2条1項の5に引き継がれた。

もっともこれらの条約規定は「共同体既得事項」の定義に触れていないため，これが具体的に何を意味するかは，それが用いられる文脈によって変化

---

(2) 欧州議会の「欧州連合条約草案」では，「共同体既得事項」概念は共同体法がどのように欧州連合法に吸収されていくかという文脈でのみ考慮に入れられていた。*Cf.* Francesco Capotorti/Meinhard Hilf/Francis Jacobs/Jean-Paul Jacqué, *Der Vertrag zur Gründung der Europäischen Union*, (Nomos, 1986), 60-64.

する。学説上は，欧州石炭鉄鋼共同体（ECSC）の設立時から現在に至るまで，EUが蓄積してきた統合の成果，即ち，欧州統合のこれまでの到達点を意味するものとして理解されている。

本章では，「連合既得事項」概念の機能を明確にするという観点から，広義の「連合既得事項」概念と狭義の「連合既得事項」概念を区別し，議論を進めることにする[3]。

(2) 広義の「連合既得事項」概念

本章では，広義の「連合既得事項」概念を新加盟国が加入する際，受諾しなければならないすべての達成段階と定義する。その具体的内容は，次のように分けられる。

〔1〕 加入議定書

「連合既得事項」概念は，まず，欧州連合への加入の際に問題となる。これには，加入議定書が参考になる。イギリス，アイルランド，デンマークが1972年に欧州共同体（当時）に加入しようとするとき，加入条約が締結された。その1部を成す，加入議定書2条から4条に「共同体既得事項」（現在の「連合既得事項」に当たるもの）の具体的内容が定められている[4]。

すなわち，同議定書2条は，「設立諸条約と共同体機関によって執られた措置は，加入時以降，新加盟国を拘束し，設立諸条約及び本議定書によって規定される条件の下でそれらの国々で適用可能である」と，規定している。この条文により，第一次法である欧州三共同体設立条約，並びに第二次法である規則，指令及び決定などが新加盟国の国内で効力を有し，その適用が確保されることになった[5]。同3条は，2条を補足するものであり，2条が対象としない「共同体既得事項」の尊重の確保のために設けられている[6]。

---

[3] 本書では，「連合既得事項」の性質を明確にするために，「広義」及び「狭義」という言葉を形式的に使用しているが，前者を「連合既得事項」の総体，後者を根本的な（fundamental）又は核（Kern）となる「連合既得事項」と換言可能である。

[4] Jean-Pierre Puissochet, *L'élargissement des Communautés européennes*, (éditions techniques et économiques, 1974), 178-194.

[5] 同議定書2条は，新加盟国の共同体への統合が議定書の基本的な目的であることを示している。See, Case 231/78 ECR [1979] 1449, 1459, point. 10.

そのために，3条は，2条の枠をさらに広げ，理事会に集まった政府代表によって合意された決定及び決議並びに共同体の機能・活動に関係する構成国政府間によって締結される協定[7]（1項），EC条約293条（旧220条）に規定される協定[8]（2項），理事会の立場表明，決議等[9]（3項）も「共同体既得事項」概念に含ませている。さらに同4条は，新加盟国に対する，共同体の締結した国際協定及び共同体と構成国が混合協定の形態で締結した国際協定への拘束等について規定している。

〔2〕 判例及び判例により確立された基本原則（"Judicial acquis"）

上記の第一次法・第二次法に加えて，判例及び判例により確立された基本原則もまた，「連合既得事項」である。

もっとも，加入議定書は，判例の効力について直接には言及していない[10]。判例の既得事項性について，例外的に言及された場合として，加入に際して提示された欧州委員会の意見（1972年1月19日）を挙げることができる。すなわち，「共同体設立条約によって構築された法秩序を考慮するとき，共同体はとりわけ直接適用可能性，共同体法の優位，共同体法の解釈の

---

(6) *Ibid.*, note(4), 182.
(7) 例，イタリア・フロレンスにおいてヨーロッパ大学を設立する協定(1972年4月9日)
(8) 例，会社及び法人の相互承認に関する協定（1968年2月29日），民事及び商事事項における裁判管轄権及び判決の執行に関する協定（1968年9月27日），裁判所による協定の解釈に関する議定書（1971年6月3日）など。また，ECの構成国とEFTA諸国間で締結されたルガルノ協定（1988年9月16日）が，旧EC条約220条に基づいて締結されている。
(9) 1966年1月29日にフランスに妥協する形で行われた「ルクセンブルクの和議」が，この第三項の範疇に属するかどうかにつき，議論があった（*Cf.* L. J. Brinkhorst/M. J. Kuiper, "The Integration of the New Member States in the Community Legal Order", *CMLRev.* 9, (1972), 364, 373）。結論的には，既加盟国と新加盟国の法的立場を同一にするという観点から，この範疇に入れられている。しかし，この「ルクセンブルクの和議」によって，共同体において多数決は名目上のものとなり，実質上決議は全会一致で決められることになった。これにより，共同体の発展が滞ることになった。それゆえ，この「ルクセンブルクの和議」は，「共同体既得事項」にとって「負」の財産とも言えるものである。
(10) L. J. Brinkhorst/M. J. Kuiper, note(9), 371-2; Carlo Curti Gialdino, "Some Reflections on the *Acquis Communautaire*", *CMLRev.* 32, (1995), 1089, 1098. See also, Jean-Pierre Puissochet, note(4), 105.

統一性を確保する手続きの存在によって特徴づけられる。共同体への加入は，これらの規則の拘束力の承認を前提としている。これらの遵守は，共同体法の効果性及び統一性を保障するのに不可欠である」(11)とされた。このことは，新加盟国が判例により確立された基本原理を「連合既得事項」として受け入れるべきことはむしろ当然である，との見解を欧州委員会が採っていることを示唆している。

　欧州委員会の意見は，第1次 EU 拡大実現以前に EU 法秩序が1960年代の EU 司法裁判所判例において既に形成されていたことを前提としている。すなわち，Van Gend & Loos 事件(12)における「EU 法の直接効果」の原則が，また Costa/E.N.E.L. 事件(13)において「EU 法の国内法に対する優位」の原則が確立されていたということである。

〔3〕「共同体既得事項」と「連合既得事項（acquis de l'Union）」概念

　かつて，新加盟国は共同体の第一次法，第二次法等，並びに判例及び判例により確立された原則である，「共同体既得事項」のみを受諾すればよかった。しかし，1993年欧州連合の設立後，条約上新加盟国は欧州共同体ではなく，欧州連合に加入することになった。これにより「共同体既得事項」概念とは別に新たに「連合既得事項」概念が誕生した。この「連合既得事項」とは，欧州連合条約により設立される連合の法的枠組における蓄積を意味した。連合の法的枠組は，従来の欧州三共同体条約（いわゆる第1の柱）により設定される共同体の法的枠組とは，法的性質の相違から区別されるべきものであった。なぜなら，前者は政府間協力にとどまるものであったのに対して，後者は超国家的性質を有するものであったからである。「連合既得事項」の具体的内容は，連合の目的・基本原則，さらに共通外交安全保障政策（いわゆる第2の柱）及び司法・内政分野（いわゆる第3の柱）における発展蓄積であった(14)。ただ，第11章で取り上げる先行統合に基づく措置は，それに参加する構成国にのみを拘束し，連合既得事項とはならない（EU 運営条約20条4項）。

---

(11) OJ 1972 L 73/3.
(12) Case 26/62〔1963〕ECR 1.
(13) Case 6/64〔1964〕ECR 585.

第10章 「連合既得事項」概念とその機能

もっとも，この「共同体既得事項」と「連合既得事項」を区別する実益はリスボン条約の発効によりなくなった[15]。なぜならECが消滅し，EUがそれを継承することになり，これまで「共同体既得事項」と呼ばれていたものは，「連合既得事項」と呼ばれることになったからである。当然の帰結として，この「連合既得事項」には，従来の共同体の枠組に加え，リスボン条約により「共同体化（＝超国家化）」した（EU運営条約の枠組に規定されるようになった）かつての第3の柱，さらに依然として政府間協力的な性質を残している共通外交安全保障政策（かつての第2の柱）における蓄積が入る。

(3) 狭義の「連合既得事項」概念

上述したのは，広義の「連合既得事項」概念であるが，この概念から狭義の「連合既得事項」概念を区別する必要がある。広義の「連合既得事項」の中には，新たなEUの措置の採択あるいは条約の改正手続により変更可能なものが包含されている。これに対して，ここでは狭義の「連合既得事項」を，条約改正によっても変更不可能な「既得事項」と定義する[16]。

変更不可能な「共同体既得事項」とは，具体的には次のようなものと理解される[17]。(1) 判例により確立されてきた権限の認定原則（例えば「専占（pre-emption）効果」）[18]，「排他的権限の存在」[19]，「黙示的権限の法理」[20]），(2) EUの目的保護の観点から，EUの基本原則（例えば民主主義の原則，人権の尊重，国家アイデンティティの尊重）[21]，(3) EU法秩序の形成の観点か

---

(14) 言い換えれば，厳格な意味での「共同体既得事項」は，「欧州連合既得事項」の一部でしかない。Cf. M. Dony, "acquis communautaire", in Ami Barav/Christian Philip, Dictionnaire juridique des Communautés européennes, (Presses universitaires de France, 1993), 41, 44.
(15) あえて区別するとすれば，「EU運営条約の枠組における既得事項」と「共通外交安全保障政策の枠組における既得事項」となる。
(16) Pescatoreは，acquisの中に階層があるとする。第二次法は，「acquis ordinaire」であり，上位の「acquis」に服するとする。上位の「acquis」とは，条約の観念及び原則に直接関わり，かつそれらと一体であるものを意味する。換言すれば，基本的な性質を有する（acquis fundamental），つまり憲法的な地位を有するものであるとする。Pierre Pescatore, "Aspects judiciaires de l'«acquis communautaire»", 17 *RTDeur.*, (1981), 617, 620.

314

ら,「EU 法の国内法に対する優位」,「EU 法の直接効果」などが挙げられる[22]。これらのうち,特に,EU の本質を構成し,欧州連合の存続に不可欠なものは,EU 法秩序における強行規範[23]に相当するものと考えられ,その観点からも条約改正によって変更不可能なものと捉えられる[24]。

---

(17) 変更不可能な「連合既得事項」が存在することは,学者の間で認識されているが,その具体的な内容については,統一的な見解は存在しない。Cf. Gialdino, note(10), 1113-1114; Jo Shaw, Law of the European Union, Macmillan, (1996), 100. 以前の拙稿「『共同体既得事項』概念とその機能」では,一度 EU に移譲された権限を変更不可能というカテゴリーに入れていたが,リスボン条約により明示的に変更可能と規定されたので,このカテゴリーから削除した。

(18) 共有権限とは,構成国も EU もどちらも措置を執ることができることを意味する。ただ,EU が措置を執った場合,その措置が規定する事項に対して,構成国はもはや権限を行使できなくなる。共有権限が共同体により行使され,すなわち権限が付与されている分野で措置が執られると,その後そのことによって当該分野が EU の措置により占拠(Gebietsbesetzung)されたと考えられる場合,EU の排他的権限が認められる。この効果を専占(pre-emption)効果という。cf. EuGH, 19.3.1993-Gutachten 2/91-Slg. 1993, I-1077.

(19) EuGH, 11.11.1975-Gutachten 1/75-Slg.1975, Rn. 30-33 ; EuGH, 17.10.1995-Rs. C-83/94-Slg.1995, I-3231. また,リスボン条約により明示的に排他的権限が規定された(EU 運営条約 2 条 1 項及び 3 条)。

(20) 拙稿「欧州共同体と構成国間の協力義務の展開——マーストリヒト条約以後の黙示的条約締結権限の制限解釈」一橋論叢 121 巻 1 号(1997 年)73-75 頁。また,リスボン条約により明示的に黙示的権限の法理が定められることになった(EU 運営条約 3 条 2 項及び 216 条)。

(21) 人,物,資本及びサービスの自由移動を実現する域内市場の原則,差別の禁止原則等。

(22) EU 司法裁判所は,「意見 1/91」においてこれら二つの原則が本質的な性質を有するものであるとして捉え,EU 法秩序の中で高次のレベルに位置づけた。Opinion 1/91 [1991] ECR I-6079, point 21.

(23) Mosler は,独自の法秩序を形成するすべての法共同体においては,この法共同体の維持に必要な最小限の同質性が存在しなければならないとし,その同質性を形成するもの(法価値,法原則,法規範)を共同体の公序と呼ぶ。また,その公序を強行規範の総体であるとする。Hermann Mosler, „Der 'Gemeinschaftliche Ordre public' in Europäischen Staatengruppen", 21 Revista española de derecho internacional, (1968), 52, 532-533. また,Bleckmann は,本質を侵害するような条約の変更は,共同体法の基本原則に違反することになり,無効であるとする。Albert Bleckmann, Europarecht, 6. Aufl., (Carl Heymanns Verlag, 1997), 44-45.

◆2◆ 「連合既得事項」概念の機能

(1) 加入条件としての機能——広義の「連合既得事項」概念

広義の「共同体既得事項」概念は，新加盟国がEUに加入する際のハードルの役割を果たす[25]。すなわち，加入の際に既構成国と新加盟国との条件を同一にするという機能である[26]。それゆえ，「連合既得事項」の受諾には，一切の留保が許されない。例外的に，過渡期間が設定されるのみである[27]。

新加盟国による「連合既得事項」の強制的受諾は，第1次拡大時（1972年）の直前，つまりイギリス，アイルランド，デンマークが共同体（当時）に加入する際の交渉前に決定した。1970年1月1日にEC条約に設定された移行期間が終了し，欧州統合は共同市場・関税同盟を基礎にした新たな段階に進んでいた。そういった中で，1970年7月8・9日に理事会は新加盟国との拡大交渉を決定し，同年7月30日に拡大交渉が開始された。交渉に先だって，EUの側で2つの原則が確認されていた[28]。すなわち (1) 基本諸

---

(24) *Cf.* Gialdino, note(10), 1109-1114; Opinion 1/91, note(22), point 71-72. この判例において，EC条約310条（現EU運営条約217条）は，EC条約220条（現EU条約19条1項）及び共同体の基礎と相容れない裁判所システムを設立するいかなる法的根拠にもなり得ないこと，並びにそのような設立は310条の改正によっても不可能であることが明らかにされた。EC条約の改正限界を認めた説として，Jean Boulouis, "L'avis de la Cour de justice des Communautés sur la compatibilité avec le Traité CEE du projet d'accord créant l'Espace économique européen", *RTDeur.* 28, (1992), 457, 462; José Luís da Cruz Vilaça/Nuno Piçarra, "Y a-t-il des limites matérielles à la révision des Traités instituant les Communautés Européennes?", *CDE*, (1993), 3, 24-7. 他方，改正に限界を認めない説として，Trevor C Hartley, "The European Court and the EEA", *ICLQ* 41, (1992), 841, 846; Astrid Epiney, "La Cour de justice des Communauté Européenes et l'Espace économique européen", *SIZER* 2, (1992), 275, 301-303. なお，opinion 1/91に関する判例研究として，拙稿「EEA協定とEC条約との関係」『国際商事法務』27巻11号（1999年）1356-1359頁がある。

(25) 加入するためには，「連合既得事項」の受諾の他に，政治的条件（EUの諸価値の尊重）と経済的条件を満たさなければならない（*cf.* EU条約49条）。

(26) *Cf.* case 44/84 [1986] ECR 29, point 29-30.

(27) *Cf.* case C-70/90 [1992] ECR 5159, 5179, point 19.

(28) Puissochet, note(4), 19, 23-4.

条約及びそれを基礎に採択された共同体措置の総体の受け入れを新加盟国に要求すること。(2)加入議定書の受諾の問題解決は，過渡期間を設けることによってなされ，決して既存の規定の修正によってはなされないこと。これら2つの原則は，既加盟国が共同体の継続を目指していたことを示唆している[29]。

このように既加盟国は新加盟国に「共同体既得事項」の強制受諾を要求することを交渉前に決定していたが，共同体法上加入は以下のようになっていた。「共同体既得事項」の受諾は，欧州三共同体設立条約には，規定されていない。旧EEC条約237条は，その2項1文に「受け入れ条件及びそれに必要となる本条約の変更は，構成国と加入申請国間の条約によって定められる」と規定していた。よって加入条約において既加盟国と加入申請国との間で加入条件が任意に定められる可能性が存在しないわけではなかった。極端な解釈をすれば，既加盟国が望めば，共同体がそれまで積み上げてきたものを白紙にして，拡大ECの有する性格を緩やかなもの，例えば，EU法の優位を否定し，国家主権の制限を防げたはずである。しかし，EUの構成国は，欧州統合が後退する道を選ばなかった。EUがそれまで積み上げてきたものすべてを新加盟国に受諾させようとし，「共同体既得事項」(現「連合既得事項」)の強制受諾を加入の条件とすることにした。これ以後，欧州共同体(現在はEU[30])に加入したいと考える国は，「連合既得事項」の受諾のハードルを越えないことには，加入できないことになった[31]。

---

(29) Puissochet, note(4), 19, 177.
(30) 加入の際に，EUの外交・安全保障政策を留保なく受け入れることに関する宣言が出されている。OJ 1994 C 241, 381. 中立国の加入問題を扱ったものとして，Porter Elliott, "Neutrality, the *acquis communautaire* and the European Union's search for a Common Foreign and Security Policy under the Title V of the Maastricht Treaty : The Accession of Austria, Finland and Sweden", *Ga. J. Int'l & Comp. L.* 25, (1996), 601.
(31) マーストリヒト条約が締結される際，イギリス及びデンマークは経済通貨同盟からの「opt-out」を許された。このような例外は，新加盟国には適用されない。*Cf.* Philippe Manin, *Les Communauté Européennes*, 4 édition, (Pedone, 1998), 71. オプト・アウトについては，庄司克宏「アムステルダム条約におけるEUの法構造」石川明=櫻井雅夫編『EUの法的課題』(慶應義塾大学出版会，1999年) 52-55頁。

(2) 本質変更不可原則としての機能——狭義の「連合既得事項」概念
〔1〕「後退禁止原則」と「本質変更不可原則」

拙稿「『共同体既得事項』概念とその機能——欧州統合における『後退禁止原則』」では，「後退禁止原則」とは，欧州統合は前進するのみで後退は許されない，つまり統合の不可逆性を意味すると定義した。しかし，リスボン条約により改正に関する条文が変更され，構成国がEUに移譲した権限はさらに拡大されるだけでなく，縮小されうることが明示的に規定された（EU条約48条2項）。よって，この改正をもって，「後退禁止原則」は破棄されたと捉えることも可能である。もっとも，「連合既得事項」は，加入条件としての機能とは別に，後退禁止原則とまでは言えないものの，特に上述した狭義の「連合既得事項」に関しては，EUの本質は変更できないという「本質変更不可原則」としての機能を有するのではないかと考える。そこで，「後退禁止原則」確立の歴史を振り返りながら，「連合既得事項」の「本質変更不可原則」としての機能を検討していくことにする。

〔2〕後退禁止原則の導入の前段階

まず，「共同体既得事項」概念がマーストリヒト条約に規定される以前，共同体法上どのようなメカニズムにより欧州統合が進められてきたのかについて触れておきたい。なお，「共同体既得事項」概念が条約に定められたのは，マーストリヒト条約においてであり，他方，後述するように同概念規定が削除されたのはリスボン条約においてである。

旧EEC条約5条（マーストリヒト条約発効前）は，欧州統合がスムーズに進展していくように，構成国の作為・不作為義務について規定していた。すなわち，構成国は条約及びEU機関の措置に基づく義務の履行を確保するために適切な措置を執り，EUの任務の達成を容易にしなければならない。他方，構成国は条約の目的の実現を危うくするおそれのある措置を執ってはならない。当時（すなわちマーストリヒト条約発効前），「共同体既得事項」の保護及び発展が明示的に条約に定められていなかったにもかかわらず，この規定により，構成国が「共同体既得事項」を侵害してはならないこと，その発展に貢献しなければならないという義務を間接的に負っていたと考えられる。なお，この規定に相当する規定が現在EU条約4条3項に存在し，引き続き

構成国はこれらの義務を負っている。

〔3〕 後退禁止原則の導入の理由

全構成国の合意により，1993年発効のマーストリヒト条約によるEU条約B条及びC条に「共同体既得事項」の保護と発展に関する規定が明文化された。これは，マーストリヒト条約が，EEC条約を改正し，構成国から欧州連合へのさらなる権限移譲を定め，さらに経済通貨同盟の設立と実施を規定したのみならず，欧州連合を設立することにも重点をおいていたからである。欧州連合は，第1の柱（当時）である欧州三共同体の他に，上述したように新たな連合の枠組み（当時）を設定した。この連合の枠組みは，従来からの共同体の枠組みとは，その法的性質を異にする(32)。共同体枠組みが超国家的性質を有するものであるのに対して，連合の枠組みは，政府間協力のレベルにとどまるものであった。いくつかの構成国は，この連合の枠組みの導入によって，これまで発展してきた共同体の枠組みが害されることを恐れた(33)。そこで妥協案として，全構成国は，「共同体既得事項」という概念を採用し，その保護及び発展を条約に規定した。

〔4〕 後退禁止原則の明文化の内容

旧EU条約2条及び3条（アムステルダム条約時点）（旧EU条約B条及びC条（マーストリヒト条約時点））（現行リスボン条約では削除）の2カ所において「共同体既得事項」の保護（Wahrung）と発展（Fortentwicklung）という文言が用いられた(34)。同条約2条においては，共同体の諸機構及び諸機関の実

---

(32) 現在のリスボン条約の枠組とも異なる。リスボン条約発効により，3本柱制度が廃止された。第1及び第3の柱の政策はEU運営条約に，第2の柱はEU条約に定められている。第3の柱は超国家的な性質の枠組の中に，第2の柱は，政府間協力的な性質の残る枠組みの中に規定されることになった。

(33) Jean Paul Jacqué, Art B, Rn. 6, in Hans von der Groeben/Jochen Thiesing/Claus-Dieter Ehlermann (Hrsg.), *Kommentar zum EU-/EG-Vertrag*, Band 1, 5. Aufl., (Nomos, 1997); Dony, note(14), 41-45.

(34) 「保護」と「発展」と訳したが，独語の条約正文では，„Wahrung" と „Fortentwicklung"，仏語の条約正文では，"maintenir" 又は "respectant"と "développer"，英語の条約正文では，"maintain" 又は "respecting" と "build on it" 又は "building upon" が用いられている。種々の翻訳が考えられるが本章での「保護」と「発展」の役は，それにより欧州統合の「静的」及び「動的」性質をより的確に捉え得るのではないかという趣旨からである。

319

第10章 「連合既得事項」概念とその機能

効性を確保するという観点から，「共同体既得事項」の保護と発展が欧州連合の目的の一つとして規定された。同条約3条においては，連合が，「共同体既得事項」の保護と発展という条件の下で，連合の目的を達成するために実施される活動の一貫性及び継続性を確保するような単一の制度的枠組みを用いることが定められている。

(a) 「共同体既得事項」の保護

「共同体既得事項」の保護とは，これまでの統合成果を保障 (Absicherung der bisherigen Integrationsergebnisse) することを意味する。特に，この文言規定は，旧EU条約47条（アムステルダム条約時点）(旧EU条約M条（マーストリヒト条約時点）の「本条約（EU条約のこと）のいかなる規定も，欧州三共同体を設立する諸条約またはこれらを修正もしくは補足するその後の条約及び法規に影響を及ぼすものでない」という規定と合わせて，マーストリヒト条約により導入された第2及び第3の柱が第1の柱，つまり連合の枠組が共同体の枠組みを弱体化しないことを保障するためのものであった[35]。もっとも，このことは条約条文，判例を含む，共同体の措置が変更不可能ということを示すものではない。「共同体既得事項」が保護されることは，上述した狭義の「共同体既得事項」が条約改正によっても変更不可能になることを意味する。

(b) 「共同体既得事項」の発展

マーストリヒト条約は，「共同体既得事項」の保護だけでなく，その発展も同時に規定している。「共同体既得事項」概念が「後退禁止原則」として機能する際，この保護と発展は，自転車の両輪のようなものであると考えられた[36]。一方が，「共同体既得事項」の不可侵性を保障し，他方が「共同体既得事項」の充実を促進する働きをする[37]。「共同体既得事項」の発展とは，

---

(35) Denys Simon, Art. B, 65, point 9 in Vlad Constantinesco/Robert Kovar/Denys Simon, *Traité sur l'Union Européenne*, (Economica, 1995).
(36) Bleckmann は，一方で共同体の発展のために柔軟性 (Flexibilität) が必要であるとし，他方慣習法的固定化によりこれまでの統合成果を保証しなければならないとする。Bleckmann, note (23), Rn. 566.
(37) *Cf.* Simon, note (35), 66, point 9.

「共同体既得事項」の固定化を防ぐ意義を有する。欧州連合は，常に発展している。極端な言い方をすれば，一日一日欧州連合の到達点は向上している。この到達点を「共同体既得事項」とするとき，その保護だけに目を向ければ，新条約発効時以降の欧州統合の発展が考慮されないという事態が生じる可能性がある。この可能性を回避するために，「共同体既得事項」の「保護」だけでなく，「発展」という言葉が付け加えられていた。これは，共同体の枠組み，さらに連合の枠組みでも見られる欧州統合の発展をにらんだものである。「共同体既得事項」の発展が明文化されたことにより，共同体の権限が強化される方向でのみ条約に変更が加えられるべきことになったと捉えられた。すなわち，共同体の有する権限の分野が拡大したり，より強度な権限を付与したり，機構改革が進められたり（例えば意思決定過程における欧州議会の参加の増加），連合枠組みから，共同体の枠組みに権限が移されたり（「共同体化〔Vergemeinschaftung〕＝超国家化」），連合枠組みにあるものの，その中で連合により強い権限が与えられたりといった文脈での「共同体既得事項」の発展のみが考えられた。ただ，権限拡大に関してのこの理解のような「共同体既得事項」の発展は，リスボン条約による改正規定の変更によりEU法上保障されなくなり，また，これに呼応して，「共同体既得事項」の保護と発展の文言は削除された。

〔5〕 後退禁止原則の確立

欧州連合の設立を内容とするアムステルダム条約は，マーストリヒト条約上の「共同体既得事項」の保護・発展を引き継ぐとともに（同条約2条・3条），これまで積み上げられてきた諸条約が欧州連合条約によって侵害されないことを規定していた[38]。これは，従来の共同体の枠組みが欧州連合法秩序において保護されることを意味した。さらに，旧EU条約N条2項（マーストリヒト条約時点）は[39]，1996年に条約改正のための構成国政府会

---

(38) *Cf.* Thomas C.W.Beyer, „Die Ermächtigung der Europäischen Union und Ihrer Gemeinschaften", *Der Staat* 35, (1996), 189, 215; Werner Meng, Art. N, Rn. 3, in Groeben /Thiesing/Ehlermann, note(33), Bd. 5.
(39) なお，このN条2項は，アムステルダム条約の起草のために設けられたものであったので，アムステルダム条約により削除された。

第10章 「連合既得事項」概念とその機能

議が同条約 A 条及び B 条の目的にそって行われることを規定していた。これによって，構成国が条約改正の際に B 条の 5 に定められた「共同体既得事項」の保護と発展の観点を考慮して，改正を行わなければならないことになった(40)。このことは，条約の改正によっても「共同体既得事項」が共同体・連合の発展を侵害する方向での変更ができないことを意味し，ここに欧州統合の「後退禁止原則」すなわち統合過程の不可逆性（Unumkehrbarkeit des Integrationsprozesses）が確立したと捉えられた(41)。

〔6〕 後退禁止原則の限界とリスボン条約

前述したように後退禁止原則は確立されたと捉えられたものの，その原則の強固性について疑問が残った。つまり，その時点で考えられた論点は，果たして「後退禁止原則」を侵害するような構成国の合意はたとえそれが全構成国による合意であろうと，許されないのかという点であった(42)。現在の条約法理論によれば，通常，構成国の合意さえあれば，いかなる条項をも変更することが可能であるとされる。「後退禁止原則」の不可変更性が，従来の条約の改正に関する一般理論とどのような関係に立つのかということが疑問点として残った。

リスボン条約では，「共同体既得事項」の保護と発展に関する条文が削除され，かつ，EU の権限の拡大のみならず，縮小が可能であると改正手続条文が変更された。他方，上述した，連合の枠組による共同体の枠組の侵害を恐れて挿入された旧 EU 条約 47 条（アムステルダム条約時点）は，EU 条約 40 条となり，主に現在 EU 条約 5 編 2 章共通外交安全保障政策（もともとの連

---

(40) *Cf.* Jean Paul Jacqué, note(33)；Werner Meng, Art. N, Rn. 15-7, in note(33), Bd. 5；Simon, note(35), 66, point 9.

(41) 不可逆性について，明示的に言及した文書として，マーストリヒト条約の付属書 10 「経済・通貨同盟の第三段階への移行についての議定書」が挙げられる。この中で「第三段階への移行（単一通貨の導入）に関する条約規定の署名により，経済通貨同盟の第三段階への移行は不可逆であることを宣言する」と，定められている。See, Thomas C. W. Beyer, note(38).

(42) Cruz Vilaça と Piçarra によれば，旧 EU 条約 B 条五（マーストリヒト条約時点）に定められた「共同体既得事項」の保護及び発展の明文化は，条約の改正限界を示すものであり，条約の憲法化過程のおける新たな段階に入ったこと意味するとする。Cruz Vilaça/Piçarra, note(24), 30.

合の枠組第2の柱）と現在のEU運営条約のその他の政策（もともとの共同体の枠組）が適用及び権限の範囲に相互に影響を及ぼさないことが定められた。

さらに，先行統合に関するEU条約20条は，「先行統合は，連合の目的の実現を促進し，連合の利益を保護し，連合の統合過程を強化することを目的とする」と定めており，また，EU運営条約326条は，「いずれの先行統合も両条約及び連合法を遵守する。先行統合は，域内市場または経済的，社会的及び領域的結束を損なってはならない」と定めている。連合既得事項という文言は用いられていないが，実質的に連合既得事項を損なってはならないという考え方がEU条約及びEU運営条約に受け継がれていると捉えられる。

後退禁止原則を，上述したように欧州統合は前進するのみで後退は許されない，つまり統合の不可逆性を意味すると定義すれば，リスボン条約をもち，構成国の合意により後退禁止原則が変更されたことになる。つまり後退禁止原則は，変更可能であったと理解される。ただ，リスボン条約によりこれまで構築されてきたEUの本質が変更されたわけではなく，欧州統合自体が後退したわけでもない。リスボン条約により，これまで以上にEUに権限が移譲され，権限の体系化が行われ，EUの諸価値が明確にされ，また，民主主義と基本権の保障が強化された。

〔7〕 リスボン条約と「本質変更不可原則」

狭義の「連合既得事項」の機能を後退禁止原則ではなく，本質変更不可原則と捉えることはリスボン条約発効後も可能であると捉えられる。EUの本質にかかわる，狭義の「連合既得事項」に限定して考えると，その変更は改正手続を定めるEU条約48条2項によっても変更可能になったとは考えられない。なぜなら同条文は単に権限の拡大・縮小に言及しているのであって，EUの本質の変更までもが可能であるとは解されないからである。

EU司法裁判所は，欧州経済圏（EEA）協定に関する裁判所1/91に意見において「EU法の優位」及び「EU法の直接効果」の原則がEUの本質的な性質を有するものであるとし，EU法の統一的解釈を損なう可能性のあるEEA裁判所の設立を含むEEA協定はEC条約とは合致しないとした。これは，リスボン条約発効前の判例であるが，リスボン条約発効後もEU司法裁判所のスタンスに変更はない。リスボン条約発効後，EU司法裁判所は，特

第10章 「連合既得事項」概念とその機能

許裁判所を創設する国際協定案に関する裁判所意見1/09において、同国際協定案は、EU条約及びEU運営条約がEUの機関及び構成国に付与しかつEU法の本質そのものの維持に不可欠な権限の本質的特性を変更させることになるから、EU条約及びEU運営条約と両立しないと判断した[43]。これは、EU機関が狭義の「連合既得事項」の保護を義務づけられている例と捉えられるであろう。

◆ 3 ◆ 結　語

　広義の「連合既得事項」概念は、リスボン条約発効後も加入条件として機能している。ただ、リスボン条約により権限を縮小する方向での改正の可能性が認められたため、EUへの権限の移譲を欧州統合の前進と捉えた場合は、リスボン条約以降「連合既得事項」の後退禁止原則としての機能はなくなったと捉えられる。もっとも、以下のように欧州統合の深化を捉えた場合は、後退禁止原則は機能し続けているとも言える。EU条約及びEU運営条約は、さらなる欧州統合を志向し、EU構成国はその方向性に合意している。統合の深化を単に一方通行の権限移譲と考えるのではなく、その権限がEUにとって必ずしも必要ではなく、構成国に権限を再移譲することが適当である場合には、再移譲を条約改正によって実施することは、裏を返せばそれだけ欧州統合が進んだということを意味しうる[44]。

　狭義の「連合既得事項」概念が何を意味するかは前述したように論者によって異なり明確ではないが、EUの本質的なものを構成しているものであることは共通認識として認めてよいであろう。その場合、狭義の「連合既得事項」概念が「本質変更不可原則」として機能しうるのではないだろうか。EU条約及びEU運営条約の改正を定めたEU条約48条は、改正の限界に

---

(43) Opinion 1/09 [2011] ECR I-1137；中西優美子「欧州および共同体特許裁判所を創設する国際協定案とEUおよびEU運営条約の両立性」『国際商事法務』39巻9号（2011年）1346-1352頁。
(44) これは、競争法の分野で初めは欧州委員会が権限を一手に引き受けていたが、その後各構成国に権限を再移譲したこととも共通する。

ついては定めていない。しかし，たとえ狭義の「連合既得事項」概念の変更の余地があるとしても[45]，その際には，単なる構成国の合意のみではその要件として十分でないと理解される。構成国が新たに合意して，これまでの欧州連合法秩序を侵害し，別の法秩序を形成することは理論上可能であるとしても，それを欧州連合条約の改正というルートを通じて行うことは許されないと解されるのである。このような理解は，いわば憲法（EU条約）の改正限界の有無をめぐる議論[46]とも内在的連関を有することになる。

　また，上述したようにEU条約前文において，構成国は，「欧州人民間に一層緊密化する連合を創設する過程を継続することを決意し，欧州統合を前進させるためにさらなる措置がとられることを視野に入れ」るとあり，欧州連合は，それに向けて，前進しなければならないということに合意している。

　さらに，統合を深めるために橋渡し条項と呼ばれる条文が挿入されている。例えば，EU条約48条7項は，通常改正手続よりも改正が容易な簡略改正手続を定めている。それによれば，EU運営条約またはEU条約5編に対して特定の分野または事項について全会一致によって決定することを定める場合には，欧州首脳理事会は，この分野または事項について特別多数決によって理事会が議決することを認める決定を採択することができるとし，また，立法行為が特別立法手続に従い理事会により決定されるとEU運営条約が定める場合，欧州首脳理事会は，この立法の通常立法手続による採択を認める決定を採択することができるとしている。これらは，全会一致から特定多数決へ，また特別立法手続から通常立法手続への移行の道をあらかじめ定めたものである。EU条約は，統合を前進させることに構成国が同意し，また統合を進めやすくする手続も擁している。

　リスボン条約は，いったん移譲されたEU権限の縮小を可能とする条項を盛り込んだり，あるいは12章で取り上げる脱退条項を挿入したりという，

---

(45) なぜなら，国際法秩序の中では，ユス・コーゲンスに触れない限り原則的に国家は合意の自由を有している。構成国が新たに同意して，これまでの欧州連合法秩序を侵害し，別の法秩序を形成することも理論上議論可能であるからである。*Cf.* Christian Koening/Matthias Pechstein, „Die EU-Vertrags-änderung", *EuR*, (1998), 130,132-137.
(46) 注(24)参照。

第 10 章 「連合既得事項」概念とその機能

一見すると欧州統合のさらなる前進に逆行するような条文を導入したが，それは，逆説的ではあるが，より統合を深めるためには必要な条項であったとも捉えられる。

◆第11章◆ 先行統合

◆はじめに◆

　かつて第一の柱においては，かつて社会政策についてイギリスの同意が得られず，それに関してマーストリヒト条約に付属書が付けられるという形の多段階統合が存在し[1]，また，現在，マーストリヒト条約により導入された経済通貨同盟（EMU）が経済的に基準を満たし，かつ参加を希望する構成国だけで行なわれるという，分野が限定された多段階統合がなされている。

　1999年5月1日に発効したアムステルダム条約によって，ある複数の構成国間において先行統合（補強化協力，より緊密な協力とも呼ばれる）[2]を設定することを可能にする先行統合規定が導入された。アムステルダム条約による先行統合規定の導入は，従来から議論されてきた多段階統合(differentiated Integration)（柔軟性 Flexibility)[3]を，EU法上，分野を限定せず一般的に可能にするという画期的なものであった。これまで条約の枠外において構成国間の協力でなされたシェンゲン協定（Schengen Agreement and Convention）

---

[1] 社会政策に関する付属議定書2条に従い，イギリスは，交渉および委員会の提案に基づく，理事会による措置の採択に参加する必要がなく，理事会により採択された措置はイギリスには適用可能ではなかった。Filip Tuytschaever, *Differentiation in European Union Law*, (Hart Publishing, 1999), 24-25.

[2] ニース条約により，英語版では Closer cooperation から enhanced cooperation に変更された。ドイツ語版では verstärkte Zusammenarbeit, フランス語版では coopération renforcée となっており，変更はない。英語版の変更に伴い，庄司克宏「ニース条約（EU）の概要と評価」『横浜国際経済法学』10巻1号（2001年）35-91頁において，enhanced cooperation に「補強化協力」という訳語が与えられている。

327

第 11 章　先 行 統 合

とは異なり，EU 法上の先行統合制度は条約に定められる EU の機関，手続及びメカニズムを利用して，EU の枠組みの中で構成国に先行統合を可能にするものである。

さらに，東欧拡大を目前にして，ニース条約によりアムステルダム条約で導入された先行統合制度が改正された。しかし，実際は，適用されてこなかった。その後，2009 年 12 月 1 日に発効したリスボン条約により従来の先行統合制度が改正された。この改正後，ようやく先行統合が実際に用いられるようになった。

本章では，どのように先行統合制度が改正されたかをこれまでの経緯を振り返りながら，現行の先行統合制度の仕組みを明確にすることを目的する。その上で，先行統合制度を法的な観点から検討したい。

◆ 1 ◆　先行統合制度の歴史

(1) 先行統合制度規定のできるまで

〔1〕 アムステルダム条約以前からアムステルダム条約まで

多段階統合（柔軟性）の問題は，1970 年代に，ドイツ元首相ビリー・ブラント（Willy Brandt）によるパリでの演説[4]，その後ティンデマンスによる欧州連合について報告[5]において，マルチ・スピード式[6]の多段階統合の導入が提案されたことに始まる。1980 年代の多段階統合の議論は，ドイツ・ハンブルク総合研究所を中心に発展したが[7]，多段階統合の是非とい

---

(3) アムステルダム条約に至るまでの多段階統合に関する概念を歴史的発展を踏まえながらまとめたものとして，安江則子「アムステルダム条約におけるフレキシビリテイ概念と EU の新局面」『立命館大学政策科学』5 巻 2 号（1998 年）19-27 頁；アムステルダム条約における緊密化協力規定を論じたものとして，庄司克宏「アムステルダム条約と EU の多段階統合──『緊密化協力』（柔軟性）条項の意義」『外交時報』1346 号（1998 年）4-17 頁。
(4) *Europa-Archiv*, (1974), D 33-D 38.
(5) *Europa-Archiv*, (1976), D 53 ff.
(6) 構成国すべてが目的に同意し，それへの到達が時間的にのみ異なるというもの。
(7) その成果は，Eberhard Grabitz (Hrsg.), *Abgestufte Integration—eine Alternative zum herkömmlichen Integrationskonzept?*, (N.P.Engel, 1984).

328

う観点から論じられることが多かった[8]。1986年の単一欧州議定書において，例外規定の増加（例えばEC条約95条），研究・技術開発の分野における補完計画に「ある構成国のみが参加し，その参加国が財政負担をする補完計画を決定できることができる」（EC条約168条）の規定追加など，柔軟性，多段階統合の萌芽がみられた。さらに，1992年に署名されたマーストリヒト条約では，社会政策に関してはイギリスの同意が得られず，社会政策に関する付属書が条約に付された。さらに，同時にEC条約に追加された経済通貨同盟においては，参加意思と経済的能力のある構成国のみが参加するという，分野を限定した多段階統合が導入されることになった。そのような変化を受け，多段階統合に関する議論が活発化した。

　その後，アムステルダム条約により，初めて，先行統合が制度としてEU法の中に導入された。具体的には，先行統合規定（旧EU条約40条，43条，44条，45条及びEC条約11条）が導入された。

〔2〕　アムステルダム条約以後からニース条約まで

　アムステルダム条約により先行統合制度が条約の中に導入されたが，東欧諸国がEUに加盟する前に先行統合規定を利用可能なものとしておかなければならない，というような危機感を背景とする主張を受けて，アムステルダム条約を起草した1996年の政府間会議に引き続き，2000年の政府間会議の議題に再び上ることになった[9]。

　具体的には，以下の次第である。EUの東方拡大に向けて，2000年2月14日より正式に政府間会議[10]が開始され，そこで，①欧州委員会の規模と構成，②理事会における票の加重，③理事会における特定多数決の拡大という

---

(8) Hans-Eckart Scharrer, „Abgestufte Integration", in Grabitz, note(7), 1 ff; Ulrich Everling, „Die Bundesrepublik Deutschland in der Europäischen Gemeinschaft—ihre Rolle in der siebziger Jahren und an der Schwelle der achtziger Jahre", in *Das Europa der zweiten Generation : Gedächtnisschrift für Christoph Sasse*, Bd. 1, (Nomos, 1981), 35, 51-52; Bernd Langeheine, „Abgestufte Integration", 18 *EuR*, (1983), 227-260; Bernd Langeheine/Ulrich Weinstock, „Abgestufte Integration : weder Königpfad noch Irrweg", *Europa-Archiv*, (1984), 261.

(9) 例えば，イタリアの主張，Confer 4717/00, 7；オランダの主張，Confer 4720/00, 18.

(10) 政府間会議の開始理由から途中経過までにつき，拙稿「EU機構改革の見通し」『海外事情』48巻11号（2000年）13-26頁。

第11章　先行統合

3項目が重点的に検討されていたが[11]、この政府間会議継続中に開催されたフェイラ欧州理事会において先行統合が議題として追加され[12]、その後、検討が重ねられた。政府間会議の結果、ニース条約においてアムステルダム条約の先行統合規定が全面的に修正されることになった[13]。

同政府間会議が開始される約4カ月前、1999年10月18日にvon Weizsäcker, Dehaene, Simon からなる専門家グループがEC機関の意思決定をスムーズにするという機構問題を明らかにすることを目的とした報告書[14]を欧州委員会に提出した。この報告書は、上述した3項目の他に、先行統合にも言及している。まず先行統合規定が改正されるべきであるという基本姿勢の下に、2点、①特定多数決または特別特定多数決で先行統合協力が開始できるようにすること、すなわち拒否権（EU条約40条2項2段、EC条約11条2項2段）を削除すること、②CFSP（共通外交及び安全保障政策）の分野にも適用範囲を拡大することが指摘された。同時に、①非参加国の利益の尊重、②全構成国に開かれたものであること、③柔軟性はEUの達成をさらに前に進め、強化する方法である、との原則を維持すべきであることが提案された。

---

(11) 機構改革の概要については、中村民雄「ニース条約によるECの機構改革」『貿易と関税』49巻8号（2001年）72-77頁；補強化協力（緊密化協力）に関する改正点を含めてニース条約を包括的に評価したものとして、庄司・注(2)。
(12) Confer 4750/00, 51.
(13) ニース条約の概要として部分的に先行統合に言及したものとして、Armin Hatje, „Die institutionelle Reform der Europäischen Union-der Vertrag von Nizza auf dem Prüfstand", *EuR*, (2001), 143-184；Jean Touscoz, "Un large débat", 447 *RMCUE*, (2001), 225-236；D. Vignes, "Entretien avec Pierre Moscovici", *RMCUE*, (2000), 661-664；D.Vigne, "Nice, une vue apaisée", *RMCUE*, (2001), 81-84；Thomas Wiedmann, „Der Vertrag von Nizza-Genesis einer Reform", *EuR*, (2001), 185-215；Michael Borchmann, „Der Vertrag von Nizza", *EuZW*, (2001), 170-173；Wolfgang Wessels, "Nice Results: The Millenium IGC in the EU's Evolution", *JCMS*, (2001), 197-219；Guest Editorial, "Nice-Aftermath", *CMLRev.*, (2001), 265-271；先行統合だけを取り上げ、論じたものとして、Hervé Bribosia, "Les coopérations renforcées au lendemain du traité de Nice", *RDUE*, (2001), 111-171；Stéphane Rodrigues, "Le Traité de Nice et les coopérations renforcées au sein de l'Union Européenne", *RMCUE*, (2001), 11-16.
(14) Report to the European Commission, The Institutional Implications of Enlargement, 10; http://www.esi2.us.es/~mbilbao/pdffiles/repigc99.pdf#search='The+institutional+implications+of+Enlargement'において入手可能（2013年4月18日時点）。

1 先行統合制度の歴史

　政府間会議招集にあたって理事会に提出された欧州委員会の意見（2001年1月26日）[15]においては，まずアムステルダム条約の先行統合規定が定める基本的な条件を修正することは勧めないとし，共同体既得事項（acquis communautaire：アキ・コミュノテール）[16]及びこれまで15の構成国（当時）によって発展させられた共同体政策に対する共通の基礎を維持することが不可欠であるという姿勢が示された。他方，構成国が機構枠組みの外側で先行統合をなすことを避けるために，以下の3つの改正すべき点を挙げた。①拒否権の削除，②最低必要構成国数を構成国の3分の1にすること，③共通外交及び安全保障政策の分野における先行統合制度の導入。
　欧州議会は政府間会議開始後の決議[17]では最低必要構成国数を3分の1にすること以外の条件は維持されるべきであるとの見解を示した。しかし，先行統合がフェイラ欧州理事会で正式に政府間会議の議題と決定された後の決議では，欧州議会の見解に変更が見られる。その決議は，Gil-Delgadoの報告（2000年10月12日）[18]を基にして，採択された（2000年10月25日）[19]。同報告書及び決議において，欧州委員会の提案の3点に加えて，個々の条文につき，具体的な改正の提案を行なった。
　政府間会議の開催に当たって及び開催中に，当時の構成国及び加盟申請国が，ニース条約の起草に貢献すべく，見解を示している。その中で，開催当初において，イタリア[20]，オランダ[21]，ドイツ[22]が（アムステルダム条約上の）先行統合規定は柔軟ではないとして改正を求めた。特にイタリアは，

---

[15] COM（2000）34, Adapting the Institutions to make a success of Enlargement, 33-34, 53-55.
[16] 共同体既得事項とは，具体的には法の総体，EU・EC条約等の第一次法，規則，指令，決定などのEC立法（第二次法），判例など；本書第10章参照。
[17] European Parliament resolution containing the European Parliament's proposals for the Intergovernmental Conference（14094/1999-C 5-0341/1999-1999/0825）.
[18] Committee on Constitutional Affairs, Report on reinforced cooperation, A 5-0288/2000（INI）: PR\423103 EN.doc.
[19] European Parliament resolution on closer cooperation（2000/2162/（INI））
[20] Confer 4717/00, 3 March 2000.
[21] Confer 4720/00, 6 March 2000.
[22] Confer 4733/00, 30 March 2000.

331

第11章　先行統合

アムステルダム条約の規定が改正されないと機構枠組みの外側で先行統合がなされることになり，外側にある協力を条約に戻すことは困難であるとの見解を示した。加えて，先行統合が政府間会議の正式の議題として追加された後は，単なる態度表明ではなく，幾つかの国から具体的な改正案が提出された。まず，スペイン（2000年7月14日）は第2の柱，すなわち，共通外交及び安全保障政策の分野における先行統合の起草案EU条約23b条を提出した[23]。次にベルギーが8月28日[24]に，さらに，10月4日にドイツ・イタリアが共同で改正案を提出した[25]。また，ベネルックス諸国が10月19日に先行統合に関して見解を示した[26]。

当時加盟申請していた東欧諸国も政府間会議にあたり，態度表明を行なった。ブルガリアは柔軟性が拡大プロセスのスピード・アップになるとして，先行統合のコンセプト改正を歓迎の意を表した[27]。これに対して，ハンガリー[28]，チェコ[29]，キプロス[30]は先行統合の改正に懐疑的な姿勢を示した。また，ポーランドは，政府間会議当初，さらに先行統合が正式の議題となってからも先行統合の効果的な利用に重点がおかれるべきこと，新しい協力措置から将来の構成国を排除されるべきでないことを強調した[31]。

その後，フェイラ欧州理事会への議長国報告（2000年6月14日）[32]において，前述したように，公式に先行統合を議題に付け加えることが提案された。さらにその際，先行統合には，あらかじめ決定されている先行統合（predetermined closer cooperation）と分野を限定しない一般的な先行統合（enabling clause）があることを指摘し，どの分野にどの協力を用いるのかが問題となることを明らかにした。次に，①先行統合制度の改正は時期尚早であって，

---

[23] Confer 47760/00, 14 July 2000.
[24] Confer 4765/00.
[25] Confer 4783/00.
[26] Confer 4787/00.
[27] Confer/var 3962/00, 24 February 2000.
[28] Confer/var 3952/00, 24 February 2000.
[29] Confer/var 3958/00, 24 February 2000.
[30] Confer/var 3951/00, 24 February 2000.
[31] Confer/var 3960/00, 24 February 2000; Confer/var 3967/00, 3 July 2000.
[32] Confer 4750/00.

EUの拡散につながってしまうことになる，さらに機構改革により特定多数決が拡大することにより先行統合自体不要になるという見解が示される一方，②先行統合の条件が厳格すぎる，拡大EUにおいては全会一致を得るのが難しくなり，改正が困難になる，また，条約の枠外における先行統合を防ぐために必要，先行統合は拡散の要因ではなく，より野心的な目的が構成国によって共有される限り統合の要因であるという，相反する2つの見解が示された。その上で，アムステルダム条約のシステムを緩和する2つのアプローチが提示された。

　第1は，手続の単純化である。すなわち拒否権になるような手続をなくすこと，また，先行統合を開始するのに必要とされる構成国数を減らすことである。第2は，分野によって非参加国やEU政策の一貫性に対する先行統合の危険が異なることを前提に，分野ごとに条件を見直し単純化することである。共通外交及び安全保障政策に関しては，その価値及び強さは統一性にあるため，第1の柱及び第3の柱のようなものと同じような方法では先行統合がなされないと認識した上で，ただEU条約12条の5における一般的な協力義務のようなものは考えられるとの見解を示した。

　2000年7月11日の議長国ノート[33]では，議長国から準備グループへ5つの質問が提出された。すなわち，①先行統合を許可する条件は，協力の利用を妨げる要因の一つとなっているか。②もしそうであるなら，何が優先事項と見られるべき最も制限的な条件なのか。③新条約では許可の条件は先行統合のすべての分野で同一であるべきか，また分野によって異なるべきか。④EUの機関を用いる先行統合は，CFSPの分野においても導入されるべきか。⑤機構枠組みの外側での先行統合のある一定のタイプは，連合の目的を達成することに役立ちうるか。もしそうであるなら，そのような協力と連合のリンクは検討されるべきかというものであった。これを受けて，ベルギーは，同年8月28日に先行統合について3つの部分に分けて見解を示した[34]。第1部では，拒否権の廃止と最低必要構成国の数を減らすべきということを

---

(33) Confer 4758/00.
(34) Confer 4765/00.

第11章　先行統合

示した。第2部では，先行統合の濫用に対するセーフガードとして，先行統合がEUの権限を拡大する方法で用いられてはならないこと，欧州委員会の役割を保護すること，EC条約11条1項(c)と(e)（アムステルダム条約当時）で課されている制限は共同体の中心的特長（差別の禁止，域内市場及び自由移動）を守るために維持されなければならないこと等の意見を述べた。さらに，第3部では，CFSPの分野における先行統合は，信頼と統一性から政策決定に用いることは不適当であるが，政策の実施に関しては役立つものであるとした。

その後，代表者グループ及び閣僚レベルの会議の議論を経て，議長国は2000年8月30日のノートで，具体的に改正点を明らかにした。さらに，同年10月4日のドイツ・イタリア共同案が提出された。同年10月18日の議長国ノート[35]では，初めてA条からO条までの15カ条から構成される，改正条文の形で先行統合規定が起草された。先行統合規定は，一般原則と題して，一般条件（A条），最終手段条項（B条），他の構成国の参加（C条），機構手続（D条），財政（E条），欧州議会への通知（F条）をおき，EC条約（第1の柱）における先行統合には，先行統合開始手続（G条）と後発参加手続（H条）の2条を，第V編（第2の柱）における先行統合には，一般目的（I条），先行統合開始手続（J条），事務局長・上級代表の役割（K条），後発参加手続（L条）を，第VI編（第3の柱）においては，目的（M条），先行統合開始手続（N条），後発参加手続（O条）を規定していた。（アムステルダム条約時点の）先行統合規定と比較すると，条文数が増え，かつ一般原則の中に第1,2及び3の柱に共通の部分が規定されるようになった。この段階で取り入れられた主な修正は以下の点である。A条の一般条件においては，まず，統合過程を促進するということが目指されなければならないとの文言が追加された。さらに，先行統合はEUの権限内で行なわれなければならないことが追加された。その一方で，構成国の利益に影響を与えないという文言が削除された。また，最低必要参加国数は8にされた。B条の最終手段条項においては，合理的期間という文言が追加された。第2の柱では，共通戦

---

(35) Confer 4786/00.

334

略，共同行動，共通の立場の実施に貢献するものに対する先行統合が予定された。また，K条に上級代表の役割が規定された。

その後，次々に出された議長国ノートではこの草案に修正が加えられていった。主な修正として，以下のようなものが挙げられる。11月9日の議長国ノート[36]では，C条に「委員会及び先行統合の当事者である構成国はできるだけ多くの構成国の参加が奨励されるようにする」という規定が取り入れられた。また，EC条約249条（アムステルダム条約時点）に，先行統合の実施行為は拘束し，直接適用可能であるとの文言を追加するとされた。なおこの規定は，最終的には一般規定（EU条約44条2項〔アムステルダム条約時点〕）に追加されることになった。

同年11月17日の議長国ノートでは[37]，第2の柱における先行統合に関し，これまで規定されていた共通戦略の実施は先行統合の対象から削除された。11月23日の修正要約（Revised summary）[38]では，先行統合の実施行為が連合既得事項（Union acquis：ユニオン・アキ）を構成しないことが追加された。さらに，ニース欧州首脳理事会直前，11月30日の修正要約[39]では，G条に「先行統合がEC条約251条に定める手続の対象分野に関係するときは，欧州議会の同意が必要とされる」という規定が挿入された。実際に採択されたニース条約の先行統合規定により，交渉開始当初から指摘されていた拒否権の削除，必要最低構成国数の削減並びに共通外交及び安全保障政策の分野における先行統合制度の導入がなされた。以下のように関連規定，すべての柱に共通な一般規定（EU条約43条，43a条，43b条，44条，44a条，45条）とそれぞれの柱に対する特別規定（第1の柱においては，EC条約11条，11a条，第3の柱に対しては，EU条約40条，40a条，40b条，第2の柱に対しては，EU条約27a条，27b条，27c条，27d条，27e条）がおかれた。

---

(36) Confer 4798/00.
(37) Confer 4803/00.
(38) Confer 4810/00.
(39) Confer 4815/00.

第11章　先行統合

◆2◆　リスボン条約による先行統合制度

　現行の先行統合制度は，2009年12月1日に発効したリスボン条約によりこれまでの制度が改正されたものである。リスボン条約は，未発効に終わった欧州憲法条約を実質的に引き継いでいるが，先行統合制度についても欧州憲法条約条文I-44条に定められたものが，現行のEU条約20条になっており，そのことが当てはまる。ニース条約による改正に至るまでは，上述したように東欧諸国受け入れの体制を整えるために政府間会議が開始され，その後政府間会議継続中に開催されたフェイラ欧州理事会において先行統合が議題として追加された関係で，上述したような活発な議論が見られた。これに対して，現行条約の基となっている欧州憲法条約を起草するための欧州諮問会議（コンベンション）では，先行統合の改正を議論する特別の作業部会というものは存在しなかった[40]。ただ，ベルギー，ドイツ，フランス及びルクセンブルクの4首脳会議が2003年4月に開かれ，先行統合制度が議題に挙げられた[41]。また，リスボン条約で導入されることになった共通安全防衛政策における常設の制度的協力制度について，欧州諮問会議は，条約に取り込むように要請された[42]。

　現行の先行統合制度は，まず，EU条約20条とEU運営条約326条から334条において定められている。また，先行統合制度と類似した常設の制度的協力制度がEU条約46条に定められることになった。

　以下において，現行の先行統合制度における一般原則，開始許可条件，開始手続，後発参加手続を従来の先行統合と比較しつつ見ていくことにする。

(1)　構造・体系

　ニース条約時点における先行統合制度は，アムステルダム条約時に比べよ

---

(40) Hermann-Josef Blanke, Art. 20 EUV, Rn. 17, in Eberhard Grabitz/Meinhard Hilf/Martin Nettesheim, *Das Recht der Europäischen Union*, (C. H. Beck, 2010).
(41) A.a.O., Rn. 17.
(42) A.a.O., Rn. 19.

り一般的，すなわち第 1，第 2 及び第 3 の柱に共通項を有するようになった。具体的には，EC 条約 11 条（ニース条約時）に規定されている開始許可条件すべてが EU 条約 43 条（ニース条約時）に規定されることになった。これは，欧州議会が提案していた，各柱で規定されている特定条件が単純化と透明性の観点から調和されるべきであるとの見解[43]を部分的に取り入れたものであると考えられた。ただ，ニース条約時点では，第 1 の柱のための条文規定（EC 条約 11 条と 11 a 条），第 2 の柱のための条文規定（EU 条約 27 a 条～27 e 条）及び第 3 の柱のための条文規定（EU 条約 40 条～40 b 条）と，それぞれの柱分野に対して個別の規定がおかれていた。

これに対して，リスボン条約では，まず，先行統合の概略が EU 条約第 4 編「先行統合」と題される 20 条に定められた。先行統合制度の開始許可条件など詳細な規定が EU 運営条約 6 部 3 編の 326 条から 334 条（9 ヵ条）において定められた。リスボン条約により 3 本柱構造がなくなり，第 3 の柱は EU 運営条約（旧 EC 条約）の中に規定され，第 2 の柱は EU 条約 5 編に定められているが，EU 条約 40 条と EU 運営条約 326 条～334 条に定められる先行統合制度は，旧 3 つの柱のすべてに適用されることになっている。このことから，先行統合制度がより統一的に整理された形で体系化されたと捉えることができる。

〔1〕 先行統合の目的

ニース条約時点の EU 条約 43 条 (a) は，「連合および共同体の目的をさらに進め，利益を保護し，それに寄与し，かつ統合過程を強化することを目的としている」と定めていたが，この中の「統合過程を強化すること」を目的とするという文言は，アムステルダム条約時点の条文が改正され追加されたものである。この追加は，イタリア・ドイツ共同案にあった「統合を促進し」[44]という規定を参考にしたものであると捉えられた。両国は，ヨーロッパ・アラカルト (Europe à la carte) のコンセプトを拒否し，先行統合が，EU がさらなる進歩を達成するための推進力となるべきであるとの前提に立って

---

(43) European Parliament, A 5-0288/2000, para. 10.
(44) Confer 4783/00, 11.

修正案を提案した(45)。

リスボン条約においてもこの流れを受け継ぎ，次のように規定された。「先行統合は，連合の目的の実現を促進し，連合の利益を保護し，連合の統合過程を強化することを目的とするものである」（EU条約20条1項2段）。

〔2〕 先行統合制度の適用範囲

アムステルダム条約により先行統合制度が導入されたときは，その適用が第1の柱（EC条約に定められた政策）と第3の柱である警察・刑事司法協力分野に限定され，第2の柱である共通外交安全保障政策分野に対しては用いることができなかった。

ニース条約では，共通外交安全保障政策分野にも先行統合制度を適用することが可能になった（ニース条約時点EU条約27a条〜27e条）。ただ，第2の柱に先行統合が導入されたものの，適用範囲が限定されることになった(46)。スペイン案では，共通戦略，共同行動または共通の立場の形で既に連合の特定の政策が存在する分野または地理的ゾーンを含まないものとされ，さらにその場合は，そのようなものの実施に関連するある一定の任務を実行することに限定されるべきとの見解が示されていた(47)。これは，適用範囲が非常に限定されたものと理解された。他方，安全保障及び軍事に関しては，いわゆるペータースバーク任務（Petersburg missions）(48)に適用されうるとの案が提示された(49)。ベルギー案では，共通外交及び安全保障政策の信頼と統一性を維持する必要から，第2の柱における政策決定には先行統合は適さないとしつつ，その政策実施には適用される余地があると示されていた(50)。これに対して，イタリア・ドイツ共同案では，先行統合の分野を限定するということはせず，さらに共通戦略，共同行動または共通の立場を実施するための先行統合の場合は，最低必要構成国数が5で十分とするという

---

(45) Confer 4783/00, 3.
(46) *Cf.* Bribosia, note(13), 133.
(47) Confer 4760/00, 2.
(48) 人道的および救助の任務，平和維持の任務，危機管理における実戦部隊の任務のこと，辰巳浅嗣『EUの外交・安全保障政策』（成文堂，2001年）317頁。
(49) Confer 4760/00, 4.
(50) Confer 4765/00, 4.

積極的な案が提示された[51]。政府間会議では，草案として共通戦略，共同の行動または共通の立場の実施に寄与するものと，安全保障及び防衛の分野におけるイニシアティブの促進が出ていた[52]。しかし，最終的には，第2の柱における先行統合は，共同行動または共通の立場の実施に関連するもので，また，軍事または防衛に関する事項には，関与しないものとされ，さらに限定的なものとなった。

これらに対してリスボン条約では，一定の条件の下で原則的に共通外交安全保障政策を含め，EU のすべての政策分野において先行統合制度を用いることができるようになった。

以下において，4つの項目に分けて見ていくことにする。

① EU の権限内

EU 条約20条及び EU 運営条約326条〜334条に定められた条約上の先行統合制度は，EU に付与された権限の範囲内で行われなければならない[53]。先行統合実施措置は，権限付与原則に基づいて行われる。この先行統合制度を用いて，EU の権限を拡大することはできない。もっとも，条約上の先行統合制度が権限付与の原則に服するという限界から，後述するように EU の枠外での先行統合が行われる可能性が残っている。

② 排他的権限分野でないこと

アムステルダム条約のときの EC 条約11条1項(a)においては，「排他的権限に属する分野に関係しない」とのみ定められていた。ニース条約により改正された，EU 条約43条(d)においては，先行統合が「連合または共同体の権限内にとどまり，かつ排他的権限に属する分野に関係しない」と規定されていた。つまり，連合の権限内にとどまるという個所が追加された。欧州議会の提案では，これとは逆に先行統合は「本条約により共同体に付与されている権限の範囲内にとどまる」(EC 条約11条1項(d)（アムステルダム条約時点））という規定の削除が求められていた[54]。その理由は，先行統合はそ

---

(51) Confer 4783/00, 7.
(52) ex. Confer 4798/00, 6.
(53) Armin Hatje, Art. 20 EUV, Rn. 22, in Jürgen Schwarze (Hrsg.), *EU-Kommentar*, 3. Aufl., (Nomos, 2012); Hatje, Art. 326 AEUV, Rn. 2, in A.a.O.

第11章 先行統合

もそも統合を前に進ませるためのものであるからということである。これに対して、ベルギー案では、先行統合は共同体の権限を拡大する手段として用いられてはならないとされていた[55]。ただ、いずれにせよリスボン条約発効以前は、何が排他的権限に属するかについては条約上規定が存在しなかった。先行統合の開始条件を満たすか否かの判断は第1の柱においては欧州委員会に委ねられていた。よってこの文言が広く解釈されるか狭く解釈されるかは一義的には欧州委員会の裁量によると捉えられた。

　これに対して、リスボン条約により文言が変更され、相当箇所において「連合の非排他的権限の枠内において構成国間で先行統合の実施を希望する構成国は、……連合の機関を利用し機関の権限を行使することができる」と定められた（EU条約20条1項1段）。リスボン条約により排他的権限分野は、(a) 関税同盟、(b) 域内市場の運営に必要な競争法規の制定、(c) ユーロを通貨とする構成国の金融政策、(d) 共通漁業政策に基づく海洋生物資源の保護及び (e) 共通通商政策（EU運営条約3条1項）であるとされた。よって、それらの分野では、先行統合制度が用いられえないことが明らかになった。加えて「連合の非排他的権限の枠内」という規定により、先行統合制度はEUの権限の枠内で用いられることが明確にされた。

③　EU法の遵守

　ニース条約時点のEU条約43条(c)は、「共同体既得事項および上述した諸条約の他の規定の下で採択される措置を尊重する」と規定していた。これは、いわゆる共同体既得事項（アキ・コミュノテール）（現在の連合既得事項）の維持に関する規定である。文言が「影響を与えない（not affect）」（アムステルダム条約時点のEU条約43条(e)）からニース条約により「尊重する（respect）」に修正された。この修正がどのような経緯と意図でなされたのかは、現在公開されている政府間会議資料からは不明である。参考になるのは、イタリア・ドイツ共同案である。その案によると、アムステルダム条約時のEC条約11条1項(b)は、「共同体政策、行動またはプログラムに影響を与

---

(54) European Parliament, A 5-0288/2000, para. 11.
(55) Confer 4765/00, 3.

えない（not affect）」[56]と規定しているが，この文言を厳格に捉えるとほとんど満たすことが不可能な条件になってしまうとして，「侵害を引き起こさない（does not cause any prejudice）」に変更提案がなされた。同じような考慮から，「共同体既得事項に影響を与えない」という規定では，先行統合により統合がプラスに進められる形でも共同体既得事項を修正（上方修正）することが不可能と判断されてしまうことを回避したのであろうか[57]。ドイツ語版の条文では「侵害しない（beeinträchtigen）」（アムステルダム条約時点）から「尊重する（beachten）」（ニース条約時点）に変更されている。アムステルダム条約時点の条文に対するドイツ語のコメンタールでは，「侵害しない」という概念が不明であるとしながらも，構成国が共同体既得事項を修正したりまたは廃止したりすることができないとされていた[58]。

　これらに対して，リスボン条約において文言上は大幅に変更された。「いずれの先行統合も，両条約及び連合法を遵守する」（EU運営条約326条1項）となった。10章で「連合既得事項」を取り扱ったが，リスボン条約により「共同体既得事項」あるいはそれに代わる「連合既得事項」という文言は条約から削除された。そこで，「共同体既得事項及び上述した諸条約の他の規定の下で採択される措置」に代わって「両条約及びEU法」という文言が採用された。「両条約」はEU条約及びEU運営条約を意味する。「EU法」については特に定義はされていないが，両条約規定の下で採択されるEU立法やEU法行為，EU司法裁判所の判例，EUが第三国等と締結した国際条約など幅広いものがこのカテゴリーに入ると捉えられる。よって，共同体既得事項の文言は消えたが実質的には変更されていないと考えられる[59]。また，リスボン条約においては，「侵害しない」でもなく「尊重する」でもなく，「遵守する」が採用された。

---

(56) *Cf.* Stefan Griller et al, *The Treaty of Amsterdam*, (Springer Verlag Wien, 2000), 209.
(57) 「影響を与える（affect）」という文言では，先行統合を不可能にすると批判していた見解として，Tuytschaever, note(1), 54.
(58) Hatje, Art. 43 EUV, Rn. 21, in Schwarze (Hrsg.), *EU-Kommentar*, (Nomos, 2000).
(59) Wolff Heintschel von Heinegg, Art. 326, Rn. 2, in Christoph Vedder/Wolff Heintschel von Heinegg (Hrsg.), *Europäisches Unionsrecht*, (Nomos, 2012).

第11章　先行統合

④　域内市場，経済的，社会的及び領域的結束等

ニース条約により EU 条約 43 条(e)において，「EC 条約 14 条 2 項に定める域内市場または同条約 XVII 編に従って設定される経済及び社会結合を害さない」という文言が追加された。これに関しては，加盟申請国のポーランド案[60]において，先行統合が単一市場の機能に影響を与えてはならないと提案されていたことが挙げられる。

リスボン条約では，領域的結束が加えられ，次のように定められた。「先行統合は，域内市場または経済的，社会的及び領域的結束を損なってはならない」(EU 運営条約 326 条 1 項 2 段)。

また，ニース条約により EU 条約 43 条(f)は，次のように定められていた。「構成国間の貿易における障害または差別を構成せず，構成国間の競争をゆがめない」。アムステルダム条約と比較すると，構成国間の貿易における「制限」を構成せずから「障害」を構成しないに，また「競争の条件」から「競争」をゆがめないに変更された。

リスボン条約においては，若干変更され，「先行統合は，構成国間の貿易における障害または差別を構成してはならず，また構成国間の競争を歪めてはならない」と定められた（EU 運営条約 326 条 1 項 2 段）。

〔3〕　開放原則

先行統合制度はアムステルダム条約により導入された時から現在のリスボン条約に至るまで開放原則に基づいている。すなわち，ある事項に関して先行統合がなされたときに，参加していなかった構成国は，後からいつの時点においても参加することを認められている。

現行の参加の条件としては，①先行統合を承認する決定が定める参加条件を遵守すること，および②先行統合の枠組において既に採択された法行為を遵守することが挙げられている（EU 運営条約 328 条 1 項 1 段）。

また，リスボン条約により，欧州委員会及び先行統合に既に参加している構成国は，可能な限り多くの構成国の参加を促進することを確保することが義務づけられている（Förderungspflicht）（EU 運営条約 328 条 1 項 2 段）[61]。

---

(60) Confer/var 396700, 18.

これは，すべての構成国が統一的なEU法の適用を受けることを理想としているためである。この条文は，ニース条約の改正の時に入れられた条文（旧EU条約43ｂ条）を引き継いでいる。これは，ニース条約起草に当たってのイタリア・ドイツ共同案にある「参加国は先行統合に参加したいと願う追加的な構成国の参加を奨励するものとする」(62)という規定を参考にしたものと考えられる。この提案は，イタリア・ドイツがあくまでも先行統合制度がEUをヨーロッパ・アラカルトに移行させるのではなく，マルチ・スピードの型の統合を目指していることを示し，そのような形になるような修正がニース条約で行なわれたと捉えられる。なお，後発参加手続（EU運営条約331条）については，後述する。

さらに，欧州委員会は，共通外交安全保障政策にかかわる場合上級代表は，先行統合の発展に関して欧州議会及び理事会に定期的情報を提供することを義務づけられている（Informationspflicht）。

〔4〕 最 終 手 段

先行統合が最終手段としてのみ許されているのは，先行統合制度が「全EU法の本質的な機能原則である，すべての構成国による共通の行動という中心的原則を破るものになるからである」(63)。アムステルダム条約時点での規定は，「(EU・EC条約の）目的が諸条約に定められる関連規定を適用することによっては達成されえない場合に，最終手段としてのみ用いられる」（EU条約43条1項(c)）と定めていた(64)。これに対してニース条約時点のEU条約43ａ条は，「理事会内でそのような協力の目的が諸条約の関連規定を適用することによっては合理的な期間に達成されえないことが確定されたときのみ

---

(61) Hatje, Art. 328 AEUV, Rn. 4, in Schwarze, note(53).
(62) Confer 4783/00, 5.
(63) Hatje, „Die institutionelle Reform der Europäischen Union-der Vertrag von Nizza auf dem Prüfstand", 36 *EuR*, (2001), 143, 160.
(64) この条文に関する解釈として，Griller, note(56), 209-211. どれほど長い時間かければ，この条文の条件を満たすのか結論的な答えは得られないとし，またこの条文が理事会における意思決定のみにかかわるのか，それともその他の意思決定手続すべてに（例えば委員会の提案がない場合）かかわるのかということも解釈によってわかれることを指摘していた。

343

第11章　先行統合

最終手段としてなされる」と修正された。イタリア・ドイツ案ではこの個所に関し，アムステムダム条約の規定では，政治的な裁量に委ねられる事項の問題となり，達成されえないことを確定するために司法紛争が起きる危険性が生み出されるとし，この条文を削除することが提案された[65]。ベルギー案では，最終手段ルールがボードに乗っているすべての構成国と共に進むのが不可能であると証明されるまでというような長期間の待機を意味してはならないとされた[66]。前回の修正において「合理的な期間」という文言が挿入されたことは，イタリア・ドイツ共同案，ベルギー案の主旨をくんだものと捉えることができる。先行統合制度は意思決定の不能を回避する手段としての役割を担っているものと位置づけられた。

　リスボン条約による改正により関連条文は，以下のようになった。「先行統合を許可する決定は，その先行統合の目的が合理的な期間内に連合全体としては達成させることができないことを理事会が確定し，……理事会によって最後の手段として採択される。理事会は，欧州連合運営条約329条に定める手続に従って行動する」（EU条約20条2項1文）。リスボン条約の改正により，理事会が諾否を決定することが明確になった。その開始手続については後述する。

〔5〕　最低参加国数

　ニース条約時のEU条約43条(g)「最低8構成国を含む」は，前回の改正における目玉の1つとされる条文であった。アムステルダム条約時の規定（EU条約43条1項(d)）においては，必要最低構成国数は，構成国の過半数となっていた。当時は，EU構成国は15カ国であったので，8構成国が参加すれば十分とされたが，東方拡大後27カ国となり，その過半数は14となった。この水準では，先行統合は実際困難なものになるという構成国及びEU機関の認識の下，8カ国という案と構成国の3分の1という案がでていたが，結局8カ国という案が採用されることになった。

　リスボン条約では，1カ国増え，「少なくとも9カ国」の参加が必要とさ

---

[65] Confer 4783/00, 4.
[66] Confer 4765/00, 3.

344

れることになった（EU条約20条2項1文）。

〔6〕 参加しない構成国の権限の尊重

アムステルダム条約時の「参加しない構成国の権限，権利，義務及び利益に影響を与えない」（現EU条約43条1項(f)）から，ニース条約による改正では「利益」の部分が削除され，また「影響を与えない」から「尊重する」に変更され，ニース条約時のEU条約43条1項(f)においては，「参加しない構成国の権限，権利および義務を尊重する」となった。この「利益」の削除は，イタリア・ドイツ共同案[67]及び欧州議会の提案[68]においてなされていた。「利益」という言葉が不正確で主観的であり，先行統合の開始に重大な障害になりうるからという理由が挙げられ，後者については，司法紛争を招く危険性があることが指摘されていた[69]。さらに，ベルギー案でもその削除には肯定の意が示されていた[70]。この「参加しない構成国の権限の尊重」は，EU条約4条3項にいう誠実の原則が先行統合に用いられているものであるとの説明がなされている[71]。

リスボン条約による改正では，ニース条約時のこの条文にさらに「先行統合に参加しない構成国は，参加する構成国による先行統合の実施を妨げてはならない」という文言が追加される形となった（EU運営条約327条）。

〔7〕 支 出

ニース条約時のEU条約44a条は，アムステルダム条約時のEU条約44条2項から独立し，単独で1条文を構成するようになった。修正点は，「理事会の構成員が欧州議会と協議の後全会一致により別段の旨を決定しない限り，参加している構成国により負担される」という規定における「欧州議会と協議の後」という文言であった。これによりEC法の枠組みにおいて予算に関して強力な権限を有する欧州議会の権限が考慮されることになった。

---

(67) Confer 4783/00, 4.
(68) European Parliament, A 5-0288/2000, para. 8.
(69) PR\423103 EN.doc, 12.
(70) Confer 4765/00, 3.
(71) Hermann-Josef Blanke, Art. 327 AEUV, in Eberhard Grabitz/Meinhard Hilf, *Das Recht der Europäischen Union*, Band III, (C.H.Beck, 2011).

第11章　先行統合

これに関し，リスボン条約による大きな変更はない。EU 運営条約333条は，「先行統合の実施から生じる支出は，機関に関する行政的経費を除いて，参加する構成国により負担される。ただし，理事会の全構成員が，欧州議会と協議した後，全会一致により別段の定めを決定する場合には，この限りではない」と定めている。

〔8〕　一貫性の確保

ニース条約時の EU 条約45条は，同条約によって新たに追加された条文であった。同条においては，(a) 先行統合制度を基礎としてなされる活動の一貫性と (b) 連合及び共同体の政策とそのような活動との一貫性を理事会と委員会が確保しなければならないことが規定された。リスボン条約に同様の趣旨で「理事会及び委員会は，先行統合の枠組における活動の一貫性及びこのような活動と連合の政策との一貫性を確保し，このために協力する」という規定が先行統合に関する最後の条文として入れられている（EU 運営条約334条）。

(2)　先行統合に関する手続

先行統合の手続は，共通外交安全保障政策分野とそれ以外の分野では異なっているところがある。以下において先行統合に関する手続を共通外交安全保障政策の分野とそれ以外の分野に分け，これまでの先行統合の手続と比較しながら説明していくことにする。

〔1〕　開　始　手　続

［1］　共通外交安全保障政策以外の分野

アムステルダム条約時の開始手続は次のように規定されていた。「1項で言及された権限は委員会の提案に基づき，欧州議会と協議の後，特定多数決に基づき理事会によって承認される。ある構成国が理事会で，国内政策の重要かつ明白に示された理由により，特定多数決によって許可を与えることを反対の意向を示せば投票は行われない。理事会は，特定多数決によりその問題について国家並びに政府の長からなる理事会に付託し，その決定は全会一致によってなされる。」(アムステルダム条約時 EC 条約11条2項)。

これに対し，ニース条約によって次のような修正がなされた（ニース条約

時 EC 条約 11 条 2 項「第 1 項に定める先行統合を設定する許可は，…委員会の提案に基づき，欧州議会と協議した後，特定多数決により理事会により与えられる。本条約 251 条に定める手続の対象となる分野に先行統合が関係する場合，欧州議会の同意が必要とされる。理事会の構成員は，欧州首脳理事会に事項が付託されるよう要請することができる。事項が欧州首脳理事会において取りあげられた後，理事会は本項 1 段に従って行動することができる。」)。第 1 の変更点は，最も懸案事項でかつ強く要求された，拒否権の問題であった。アムステルダム条約では，理事会の構成員が，国内政策の重要性のため，かつその理由を述べることによって，理事会の特定多数決で許可を与えることに反対しようとするとき，投票は行なわれず，理事会は，特定多数決により，事項が国家または政府の長から構成される理事会に付託され，全会一致により決定されるよう要請することになっていた。ニース条約では，理事会の構成員は欧州首脳理事会に事項が付託されるよう要請することができるが，事項が欧州首脳理事会において取り上げられた後，理事会は特定多数決で決定することができるようになった（ニース条約時 EC 条約 11 条 2 項 2 段）。この変更により，理事会は特定多数決で決定できることになり，拒否権は削除されることになった。もっとも「事項が欧州首脳理事会において取り上げられた後」の解釈，すなわち，一度取り上げられて討議されるだけでこの条件が満たされるのか，それとも審議を尽くすことを要請されるのかといった，政治的裁量の問題が残った。

　この点につき，リスボン条約によってさらなる改正がなされた。EU 運営条約 329 条 1 項 2 段は，「先行統合を進める許可は，委員会の提案に基づき，欧州議会の同意を得た後に，理事会により与える」と定める。この際，理事会は，EU 条約 16 条 3 項により，特定多数決で決定することになる[72]。拒否権は明確に削除され，また，欧州首脳理事会に事項が付託されることもなくなった[73]。これにより，開始手続においては，いわゆる「ルクセンブル

---

(72) Matthias Pechstein, Art. 329 AEUV, Rn. 6, in Rudolf Streinz (Hrsg.), *EUV/AEUV*, 2. Aufl., (C.H.Beck, 2012).

(73) Matthias Ruffert, Art. 330 AEUV, Rn. 2, in Christian Calliess/Matthias Ruffert (Hrsg.), *EUV/AEUV, Kommentar*, (C.H.Beck, 2011).

第11章　先行統合

ク の 合意」 的要素はなくなり, 理事会が特定多数決により決定するという政治的裁量の残らない手続となった。

　また, 開始手続について, 従来は柱ごとでそれぞれ別の規定がなされていた。アムステルダム条約上では, 第3の柱に対して, EU条約40条2項において, 開始許可手続にあたって, 構成国は理事会に要請することになっており, 欧州委員会は意見を述べるにとどまっていた。その後, ニース条約時の規定（EU条約40a条）においては, 委員会の権限が拡大されることになった。すなわち, 構成国は, 委員会にまず要請しなければならなくなった。その後, 委員会が理事会に提案することになった。委員会が提案をしない場合に限り, 当該構成国は理事会にイニシアティブを提出することになった。理事会が許可決定するに当たっては, 理事会は欧州議会と協議することが要請されるように変更された。

　この点について, リスボン条約により, 大きく変更された。すなわち, 第1の柱と第3の柱分野の開始手続制度が統一された。この変更は, 先行統合制度の単純化及び標準化の方向でなされた[74]。関連規定（EU運営条約329条1項）は次のように定めている。①先行統合の設定を希望する構成国が, 提案する先行統合の範囲及び目的を特定して, 欧州委員会に申請する。②欧州委員会は, 理事会に対して提案を提出する。③理事会が先行統合を進めることに対して許可を行う。2段階目の欧州委員会の提案の提出は任意となっている。ただし, 提案を提出しない場合は, 関係構成国に理由を通知しなければならない。

　また, 欧州議会の参加についても変更がなされた。ニース条約による修正で, EC条約が欧州議会と理事会の共同決定手続の対象となる分野では欧州議会の同意が必要とされるようになったが, リスボン条約による変更では, 理事会の許可が, 必ず欧州議会の同意を得てからしか与えられないことになった[75]。リスボン条約により欧州議会の権限強化が図られたが, 先行統合制度においても欧州議会の権限強化がなされ, 欧州議会の同意が不可欠と

---

[74] CONV 723/03, 3.

[75] *Cf.* CONV 723/03, 3.

なった。

　刑事分野に関し先行統合開始の特別規定が存在する。刑事分野における司法協力を定める EU 運営条約 82 条 3 項は，以下のように定める。「理事会の構成員が 2 項に定める指令案が刑事司法制度の基本的側面に影響を与えうると考える場合には，その指令案を欧州首脳理事会に付託するよう要請することができる。この場合には，通常立法手続が停止される。……この停止から 4 カ月以内にコンセンサスに至らない場合であって，少なくとも 9 カ国がその指令案に基づき先行統合を行うことを希望するときは，これらの構成国は，このことを欧州議会，理事会及び委員会に通知する。この場合には，欧州連合条約 20 条 2 項及びこの条約 329 条 1 項に定める先行統合を進める許可が与えられたものと見なされ，先行統合に関する規定が適用される。」また，同様の規定が犯罪及び制裁の定義に関する最小限の法規の設定を定める EU 運営条約 83 条 3 項にも見られる。これらの分野では措置の採択が困難であることを見越して，あらかじめ先行統合に移行することが織り込みずみになっている。

[2]　共通外交安全保障政策

　共通外交安全保障政策分野における先行統合制度は，ニース条約により導入された。同分野における開始手続に対して特別規定がおかれていた（ニース条約時 EU 条約 27 c 条）。開始許可手続としては，まず構成国が理事会に要請する。欧州委員会は特に提案されている先行統合が連合の政策と一致するか否かにつき，意見を与えることに限定されており，前述した第 1 及び第 3 の柱とは異なり，欧州委員会に提案権は付与されていなかった。

　これに対してリスボン条約では，次のように改正された（EU 運営条約 329 条 2 項）。まず，先行統合を設定することを希望する構成国が理事会に申請する。その申請は，外交安全保障上級代表及び欧州委員会に送付される。上級代表は，提案された先行統合が共通外交安全保障政策と両立するものであるか否かについて，他方，欧州委員会は，他の EU の政策と両立するか否かについて意見を表明する。他の EU の政策では，上述したように申請するのは欧州委員会に対してであるが，共通外交安全保障政策において理事会となっている。また，委員会の権限は，意見表明にとどまり，提案権は付与さ

第11章　先行統合

れていない。つまり，ニース条約時の先行統合制度とリスボン条約時のそれでは，大きくは変更されていない。換言すれば，共通外交安全保障政策分野の先行統合制度に関して特別規定がおかれ，それに引き続き服することになる。さらに，他のEUの政策では，欧州議会の同意が必要とされるが，共通外交安全保障政策では欧州議会には情報が送付されるにとどまり，その意見表明の機会も条文上は与えられていない。

〔2〕　討議への参加

先行統合制度は，あくまでも最終手段であり，かつすべての構成国に後発的な参加が開かれている。それは，統一的な統合が理想であり，統合を強化する目的で一時的に先行統合を許容するというスタンスに基づいているからである。それゆえ，理事会のすべての構成員に対して，許可を受け開始された先行統合の討議に参加することが保障されている（EU運営条約330条）。ただし，先行統合に参加する構成国を代表する理事会のみが投票に参加することになる。

〔3〕　後発参加手続

［1］　共通外交安全保障政策以外の政策

アムステルダム条約時ではEC条約11条3項に，ニース条約ではEC条約11a条に先行統合がいったん開始された後から，その先行統合に後から参加するという，後発参加手続が定められていた。両者において文言の微細な修正はあるが，実質的には変更はなかった。先行統合に後から参加したい構成国は，理事会と欧州委員会に意図を伝え，委員会は通知を受けてから3カ月以内理事会に意見を提出しなければならない。また，委員会は通知を受けてから諾否及びに必要と考える特別取極について決定しなければならない。なお，第3の柱は，後述する第2の柱と同じ手続であった。

リスボン条約による改正では，手続がより詳細に規定されるようになった（EU運営条約331条）。まず，進行中の先行統合に参加を希望する構成国は，その意思を理事会及び欧州委員会に通知する。その後，欧州委員会は，通知受理から4カ月以内にその構成国の参加を承認する。委員会は，参加条件が満たされたことを必要に応じて確認し，先行統合の枠組において既に採択された法行為の適用に関して，必要な移行措置を採択する。欧州委員会が，参

加条件が満たされていないと考える場合には，申請の再審査の期限を設定する。欧州委員会がその期限満了後再審査し，やはり参加条件が満たされていないと考える場合には，関係構成国が理事会に付託することができ，理事会はそれについて決定する。

後発開始手続においては，欧州委員会に審査・承認権限が付与されている。これは，EU の擁護者としての委員会の役割を具現したものであると考えられる。先行統合制度は EU に付与されている権限の範囲内で行なわれることからもその開始・参加には EU 機関によるコントロールは必要なものと捉えられる。

〔2〕 共通外交安全保障政策

共通外交安全保障政策の後発参加手続は，ニース条約時は第3の柱と同じであったが，上述した第1の柱の後発参加手続と異なる点は，欧州委員会が自ら諾否を決定するのではなく，理事会に意見を提出し理事会が決定するという点であった（旧 EU 条約 27 e 条，40 b 条）。

リスボン条約による改正では，上級代表が関与することになった（EU 条約 331 条 2 項）。まず，先行統合に加わりたい構成国は，その意図を理事会，上級代表及び欧州委員会に通知する。理事会は，上級代表と協議した後，必要に応じて，参加条件が満たされていることを確認したうえで，関係構成国の参加を承認する。理事会は，上級代表に提案に基づき，先行統合の枠組において既に採択された法行為の適用に関して，必要な移行措置を採択することもできる。理事会は，先行統合に参加している構成国の全会一致により決定する。

〔4〕 橋渡し条項

リスボン条約により先行統合制度において橋渡し条項が導入された。それに基づき，先行統合制度において，全会一致が必要となっているものを特定多数決に，また，特別立法手続となっているものを通常立法手続に，先行統合に参加している理事会の全会一致により変更することができる（EU 運営条約 333 条）。

(3) 常設の制度的協力

リスボン条約により共通安全保障防衛政策分野において「常設の制度的協力」が規定された。EU条約42条6項に従い，軍事力がより高度な基準を満たし，かつ，もっとも過酷な任務を視野に入れてより拘束力のある義務を相互に負っている構成国は，EUの枠組における常設の制度的協力を設定する。この常設の制度的協力は，EU条約46条により規律される。ニース条約では，共通外交安全保障政策分野における先行統合制度が導入されたが，「軍事又は防衛に関する事項には関与しないものとする」（ニース条約時のEU条約27b条）と定められており，軍事防衛分野は排除されていた。リスボン条約においては，軍事防衛分野も含めた共通外交安全保障政策分野における先行統合制度の適用が認められた[76]。同時に，リスボン条約は，軍事防衛分野において，分野を特定し，かつ特別の手続に服する，別の先行統合制度と捉えられる，常設の制度的協力を規定した[77]。

〔1〕参加国

EU条約20条及びEU運営条約326条～334条に定められる先行統合制度に参加するためには，特に構成国に対する条件というのは存在しない。しかし，軍事・防衛分野の常設の制度的協力に参加する構成国には，具体的な条件が課されている。

常設の制度的協力に参加できる構成国は，意思，能力及び義務の3つ観点を満たさなければならない。つまり，参加可能な構成国は，参加を希望するという意思を持ち，常設の制度的協力に関する基準を満たし，かつ，一定の軍事能力に関する義務を負っている構成国に限定される。常設の制度的協力に定める基準は，リスボン条約付属書10「EU条約42条により設定される常設の制度的協力」に定められる，以下の2つを満たすことである。1つ目は，防衛能力を強化すること，すなわち，多国籍軍，主要な欧州の装備計画，並びに，防衛能力の発展，研究，獲得及び軍備の分野における機関（欧州防

---

[76] Jörg Philipp Terhecte, Art. 46 EUV, Rn. 3, in Jürgen Schwarze (Hrsg.), *EU-Kommentar*, 3. Aufl., (Nomos, 2012).
[77] *Ibid.*

衛機関)の活動への国家の貢献及び参加を通じて防衛能力を発展させることを促進すること(議定書1条(a))。2つ目は,共通安全防衛政策の枠組における戦闘集団への効果的な参加可能性,すなわち,国内レベル又は多国籍軍の要素として,ミッションのために備え,戦術的に戦闘集団として構想され,支援,とくに運輸とロジスティクスを供与し,国際連合の要請に応じて5日から30日以内に初期動で30日に維持でき,少なくとも120日に延長でき,EU条約43条に定められる任務を実施することのできる能力を有すること(議定書1条(b))。

さらに,常設の制度的協力に参加する構成国は,以下の4つの義務を負わなければならない(同議定書2条)。①防衛手段に関する投資支出のレベルに関して承認された目的を達成するために協力し,これらの目的を定期的に審査すること,②軍事の必要性の明確化を調和させ,プールし,また,場合によっては防衛手段と能力を特定化し,訓練とロジスティクスの分野での協力を促進することによって,防衛装備を調整すること,③軍隊の利用可能性,相互操作性,柔軟性,配置可能性を,国内の意思決定手続を審査することを含み,軍隊のコミットメントに関する共通の目的を明確化することによって,高めるための具体的な措置をとること,④能力の発展メカニズムの枠組における欠缺を,とくに多国籍アプローチを通じて,かつ,NATOの枠組での関連する義務を損なうことなく,埋めるための必要な措置をとるという目的で協力すること。

〔2〕 開始手続

参加国としての条件を満たす構成国は,理事会及び上級代表にその意図を通知する。通知後,3カ月以内に,理事会は常設の制度的協力を設定しかつ参加構成国の一覧を確定する決定を採択する。その際,理事会は,上級代表に諮問した後に,特定多数決により決定を行う。

〔3〕 後発参加手続

後から常設の制度的協力に参加を希望する構成国は,理事会及び上級代表にその意図を通知する。理事会は,常設の制度的協力に関する議定書の1条及び2条に定める基準を満たし,義務を負う構成国の参加を承認する決定を採択する。その際,理事会は,上級代表に諮問した後に,特定多数決により

第11章　先行統合

決定を行う。

〔4〕　脱　退

通常の先行統合制度においては，脱退規定は置かれていないが，常設の制度的協力においては，あらかじめ脱退規定が置かれている。

常設の制度的協力からの脱退を希望する参加構成国は，理事会にその意図を通知し，理事会はその構成国が参加を中止することに留意する。

〔5〕　常設の制度的協力の枠組における意思決定

常設の制度的協力の枠組における理事会の決定及び勧告は，全会一致により行われる。表決は，同協力に参加している国の代表により行われる。

◆3◆　先行統合の実施における諸点

先行統合の実施措置に関する諸点を羅列的に列挙することにする。

(1)　先行統合の実施方法

ニース条約時においては，旧EU条約44条1項1段において，「先行統合の実施に必要な行為と決定の採択のために，本条約及びEC条約の関連する機構規定が準用される」と規定されていた。また，旧EC条約11条3項は，「先行統合の活動の実施に必要な行為及び決定は本条及びEC条約43条から45条に別段の定めがないかぎり，（EC条約の）すべての関連規定に服さなければならない」と規定されていた。他方，リスボン条約によると次のように定められることになった。「先行統合の実施を希望する構成国は，…両条約の関連規定を適用することにより，連合の機関を利用し機関の権限を行使することができる」（EU条約20条1項1段）。このようにEUの枠組における先行統合制度を用いる場合は，構成国は，EU条約及びEU運営条約の関連規定を適用することによって，EUの諸機関を利用し，その権限を行使し，その結果，構成国が希望する措置が採択されることになる。

まず，先行統合の実施措置が採択されるためには，前提として，措置を採択する権限がEUに付与されていなければならない。すなわち，EU条約またはEU運営条約に法的根拠条文が存在しなければならない。例えば環境政

3　先行統合の実施における諸点

策に関する先行統合であれば，EU 運営条約 192 条 1 項または 2 項がそれに当たる。

通常の EU 立法では，欧州委員会が提案を行ない，たとえば，EU 運営条約 192 条 1 項または 2 項に定められた立法手続により採択される。先行統合制度では，まず構成国が先行統合の範囲及び目的を特定して欧州委員会に申請する。それを受けて，欧州委員会が措置採択のための提案をする。理事会が欧州議会の同意を得た後で，先行統合に許可を与える。この許可後，先行統合の実施措置は，各法的根拠に規定される通常の EU 立法手続に則ってなされることを意味する[78]。たとえば，環境政策であれば，EU 運営条約 192 条 1 項または 2 項に定められる手続に則って措置が採択されることになる。その際，欧州委員会，欧州議会に関しては，非参加国の委員・議員も参加国の委員・議員と同じく通常どおり参加する[79]。理事会に関しては，非参加国の理事会構成員は交渉に参加することができるが[80]，先行統合の参加国のみが決定の採択に加わることになる（EU 運営条約 330 条）。特定多数決は，EU 運営条約 238 条 3 項に従って定められる。

リスボン条約発効後，初めて実際に先行統合の許可が求められ，措置が採られたので紹介する。まず，離婚及び法的分離に適用可能な法の分野における先行統合が理事会により許可され，開始されている。2006 年に欧州委員会は管轄権に関し規則 2201/2003 を修正し，かつ夫婦の事項における適用可能な法に関する法規を導入するための（Rome III）に対する提案を提出した[81]。提案された理事会規則の法的根拠は，EC 条約 61 条(c) と 67 条 1 項

---

(78) Hatje, Art. 11 EGV, Rn. 20–21, in Schwarze, note (58).
(79) Bribosia, note (13), *RDUE* 2001, 123 ; Gaja, "How Flexible is Flexibility under the Amsterdam Treaty", 35 *CMLRev.*, (1998), 855, 866. 不参加の欧州議会の議員も加わることに対して批判的なものとして，Griller, note (56), 231–232.
(80) マーストリヒト条約に付された社会政策に関する議定書 2 条においては，イギリスは，理事会における準備，交渉および採択する際に参加しないと明示的に規定されていたが，先行統合においては，交渉に参加できると明示的に規定されている。これは，非参加国が先行都合制度に全く関与しないことを回避し，後に参加しやすくするための配慮であると考えられる。
(81) COM (2010) 104, Proposal for a Council Decision No …/2010/EU authorizing enhanced cooperation in the area of the law applicable to divorce and legal separation.

355

第11章　先行統合

であり，全会一致を必要とした（現行の EU 運営条約 81 条 3 項に当たる）。欧州委員会の提案は，ドイツ，ポルトガル及びスロベニア議長国の優先事項であったが，2008 年 6 月の理事会の会議において，提案に対して理事会の全会一致は得られないとし，また合理的な期間中に提案の目的は達成されえないとの結論がだされた。そこで，2008 年 7 月から 8 月にかけて，9 カ国（ブルガリア，ギリシャ，スペイン，イタリア，ルクセンブルク，ハンガリー，オーストリア，ルーマニア及びスロベニア）が欧州委員会に対しこの分野で先行統合を行いたいという申請を行った[82]。なお 2009 年 1 月にフランスも類似の要請をした。リスボン条約が 2009 年 12 月 1 日に発効し，それに従い，欧州委員会は，先行統合に対する法的な条件を審査した[83]。①最終手段であり，少なくとも 9 カ国の参加があること，② EU 条約又は EU 運営条約の対象分野か否か，③ EU の目的をさらに進め，EU の利益を保護し，統合過程を強化するものか否か，④ EU 条約及び EU 運営条約並びに EU 法が遵守されているか，⑤域内市場または経済，社会的もしくは領域的結合を損なうものでないか，貿易における障害または差別はないか，競争の阻害はないか，⑥非参加国の権利，権限及び義務が尊重されているか，この 6 つの観点から審査し，法的な条件が満たされたとし，最後に基本権の尊重について審査し，最終的に欧州委員会は先行統合を許可する提案を行うことを決定した。

　理事会は，2010 年 7 月 12 日に，この欧州委員会の提案に基づき，先行統合を許可する決定（2010/405/EU）を行った[84]。なお，この決定時 14 カ国が先行統合を行いたいと希望した。

　その後，2010 年 12 月 20 日に，離婚及び法的分離に適用可能な法の分野において先行統合を実施する理事会規則 1259/2010 が採択された[85]。先行統合の実施措置は上述したように，EU 諸機関を用いて，かつ，EU 条約及び EU 運営条約の関連条文を適用してなされる。この先行統合実施措置は，EU 運営条約 81 条 3 項，つまり「外国性を有する家族法に関する措置は，

---

[82] *Ibid.*, 3.
[83] *Ibid.*, 3-12.
[84] OJ of the EU 2010 L 189/12.
[85] OJ of the EU 2010 L 343/10.

3　先行統合の実施における諸点

特別立法手続に従い，理事会によりとられる」という条文を法的根拠にし，そこに規定される手続に従い措置が採択された。また，通常の EU 立法と同じく EU 官報に公布された。ただ，通常の規則と異なるのは，当該規則は，先行統合に参加する構成国においてのみ拘束力があり，直接適用可能であるということである。

　2つ目の例は，特許に関する先行統合である。特許の分野においては，欧州委員会が共同体特許について立法提案を行うものの，理事会における採択には至らずにきた。そこで，ついに 2010 年 11 月に理事会の会合で，理事会は，全会一致を要求する EU 立法の採択には克服できない困難が存在するとし，合理的な期間内に目的を達成することはできないという結論に達した[86]。そこで，12 カ国の構成国は，単一の特許保護創設の分野で先行統合を希望するとして，欧州委員会に先行統合の申請を行った。欧州委員会は，上述したのと同じく6つの観点から先行統合の法的条件を満たすかを審査し，さらに，本件においては先行統合のインパクトの評価をした上で，最終的に理事会に先行統合の許可を与える提案を行った[87]。この提案を受け，理事会は，2011 年 3 月 10 日，単一特許保護創設の分野における先行統合を許可する決定（2011/167/EU）を行った[88]。結局，この先行統合には，EU 加盟国 27 カ国のうち，スペインとイタリアを除く 25 カ国が参加を希望した。この後，欧州委員会は，単一特許保護創設分野における先行統合を実施する規則を提案した[89]。同提案は，EU 運営条約 118 条 1 項を法的根拠条文にして，統一的な特許保護創設の領域における先行統合を実施する欧州議会と理

---

[86] COM (2010) 790, Proposal for a Council Decision authorizing enhanced cooperation in the area of the creation of unitary patent protection.
[87] Ibid., 7-19.
[88] OJ of the EU 2011 L 76/53.
[89] COM (2011) 93, Proposal for a Regulation of the EP and of the Council implementing enhanced cooperation in the area of the creation of unitary patent protection；その際，法的根拠条文は，EU 運営条約 118 条 1 項とした。なお，118 条 1 項によると，通常立法手続（つまり理事会の特定多数決）により措置が採択されるが，言語取決めに関する規則を採択するのには全会一致（118 条 2 項）が必要であるため，先行統合が選択されている事情がある。

357

事会の規則1257/2012として，2012年12月17日に採択された[90]。また，適用可能な翻訳の取決めに関しては，理事会規則1260/2012がEU運営条約118条2項を法的根拠条文にして，同日に採択された[91]。現在は，いずれの規則も発効している。

(2) 先行統合実施措置の性質

　先行統合実施措置は，どのような性質を有するのか。EU運営条約の条文に基づき採択されるEU立法（規則，指令，決定など）と同一の性質を有するのか。先行統合実施措置は，上述したように，通常の立法手続に則り，形式的にはEU立法の形式（規則，指令等）をとり得る。例えば，実際の先行統合実施措置である，上述したように離婚及び法的分離に適用される法の分野における先行統合を実施する理事会規則は，EU運営条約81条3項に則り採択された。同措置は，EU運営条約81条3項に基づき採択される措置と同様に理事会規則の形で採択されている。しかし，EU法の位置づけにおいて，EU立法と同等とはされない。その理由は，次のようなことからである。EU条約20条4項2文は，「（先行統合の枠組において採択された）法行為は，連合への加盟候補国により受け入れられなければならない既得事項（acquis）の一部とはみなされない」と定めている。通常のEU立法であれば，採択されると連合既得事項となる。連合既得事項を構成しないという点において，先行統合実施措置は，従来のEU立法とは同一の性質を有さないということを意味する。同時に，先行統合実施措置が連合既得事項を構成しないということは，新加盟国はEUに加入する際に，受諾しなくてもよいことを意味する[92]。

　それでは，先行統合の実施措置はどのように位置づけられるのであろうか。EU条約20条4項1文は，「先行統合の枠組において採択された法行為は，

---

(90) OJ of the EU 2012 L 361/1.
(91) OJ of the EU 2012 L 361/89.
(92) もっとも，シェンゲン・アキ及びその範囲内で諸機関によってとられるさらなる措置については，シェンゲン・アキをEUの枠内に統合する議定書8条に新加盟国が受諾しなければならないことが規定されている。

それに参加する構成国のみを拘束する」と規定する。先行統合の実施措置は，先行統合に参加する国を拘束し，直接適用されるとしていることから，先行統合の実施措置は連合既得事項（ユニオン・アキ）を構成しないまでも，特別第二次法（sekundäres Sonderrecht）となり，先行統合既得事項（enhanced cooperation acquis）として，その限りにおいて特別の地位を得ることになると考えられる[93]。実際の先行統合実施措置である，理事会規則1259/2010の21条は，先行統合に参加する構成国に対して，当該規則は適用されると定めた。先行統合実施規則である理事会規則1259/2010は，EU条約及びEU運営条約に従い先行統合参加国において全部において拘束力を持ち，直接適用可能であると書かれている。

　先行統合制度ではないが，多段階統合が行われている国境管理，難民及び移民に関する政策並びに民事分野における司法協力との比較が参考になる。リスボン条約発効前のEC条約第4編61条から69条までがビザ，庇護，入国及び人の自由移動に関するその他の政策を規定していたが，EC条約69条においてイギリス，アイルランド，デンマークに関してはアムステルダム条約の付属議定書に従うものとしていた。イギリス，アイルランド，デンマークに関しては付属議定書に従って受諾・参加を希望する場合を除き，適用されないことになっていた。リスボン条約発効以降も同条約の付属書21「自由，安全及び司法の領域に関するイギリス及びアイルランドの立場に関する議定書」と付属書22「デンマークの立場に関する議定書」が存在し，イギリス，アイルランド及びデンマークに関しては，自由，安全及び司法の領域に関する事項ではオプト・アウトすることが認められている。これらの分野では，これらの構成国は，オプト・インしない限り，措置の採択に加わらず，また拘束されたり，それに服したりしない[94]。もっともこれらの分野で採択された措置は，先行統合措置とは異なり，連合既得事項になるので，新規加盟国は無条件で受けいれなければならない。

---

(93) Hatje, Art. 11 EGV, Rn. 23, in Schwarze, note(58); Bribosiaは，先行統合実施措置を適用の範囲の異なるEC立法またはEU立法であるとする。Brobosia, note(13), 151.
(94) Ex. Directive 2011/82 (OJ 2011 L 288/1) の前文22段及び23段参照。

(3) 先行統合実施措置の存在形式

　リスボン条約発効前の先行統合の実施措置は，規則，指令，決定，勧告等，通常の EU 立法のあらゆる形態が可能であると解釈しえたが(95)，同条約以前は，そのような解釈に以下のような若干の疑問が生じていた。
ニース条約時点の EU 条約 44 条 2 項 2 文は，「(先行統合の実施に対して採択される) 行為及び決定はそのような協力に参加する国のみを拘束し，そのような構成国にのみ直接適用される」と定めていた。この規定から 1 つの疑問が浮かび上がってきた。すなわち，その文言は，EU 規則を想起させるものであることである。すなわち先行統合の実施措置は規則の形で，指令のような形は想定されていないのか否か。
　同じ問題が，第三の柱にも起こっていた。第三の柱における目的達成手段としては，共通の立場 (common position)，枠組み決定 (framework decision)，決定，構成国間における協定 (旧 EU 条約 34 条 2 項)(96)，第三国または国際組織との国際協定締結 (旧 EU 条約 38 条，旧 EU 条約 24 条) が条約上準備されているが，第三の柱における先行統合実施措置としては，前述した旧 EU 条約 44 条 2 項 2 文から，直接効果を明示的に否定している枠組み決定のようなものは，存在し得ないのであろうか。
　第 2 の柱には指令や枠組み決定のような手段は予定されていないので，上記のような問題はなく，拘束力があり，直接適用される措置が，先行統合実施措置としてとられると理解された。ただ，第 2 の柱における目的達成手段としては，共通戦略 (common strategy) (EU 条約 13 条)，共同行動 (joint action) (EU 条約 14 条)，共通の立場 (common position) (EU 条約 15 条)，それらを実施する決定，第三国または国際組織との国際協定の締結 (EU 条約 24 条) が条約上定められていたが，第 2 の柱における先行統合は，共同行動または共通の立場の実施することに限定されているため，先行統合実施措置としては，それらを実施するための決定または国際協定締結のみが考えられた。すなわち，第 2 の柱における先行統合は，先行統合実施措置として，共同行

---

(95) そのように解釈する例として，Hatje, Art. 11 EGV, Rn. 23, in Schwarze, note (58).
(96) 一種の多段階統合 (柔軟性) を可能にする条項，Griller, note (56), 259-260.

動または共通の立場そのものを採択することはできないという実質上の問題があった。

　リスボン条約では，これらがどのように変化したか。リスボン条約発効後は，ニース条約時点のEU条約44条2項2文に相当する条文はなくなった。EU条約20条4項1文は，ただ「先行統合の枠組において採択された法行為は，それに参加する構成国のみを拘束する」とあり，規則を想起するような文言は削除されている。他方，「法行為」という文言は，EU条約20条4項の他，EU運営条約331条1項及び2項，333条2項でも見られる。なお，リスボン条約以降の先行統合実施措置は，すでに3例あるが，いずれも規則の形式をとっている。第3の柱は，EU運営条約に定められることになったので，上述した問題点はなくなり，第2の柱については，リスボン条約により，共通戦略や共同行動などという名称の措置はなくなり，決定に一本化されたので，先行統合実施措置は，共同行動や共通の立場の実施に限定されなくなった。

(4) 先行統合実施措置とEU立法との関係

　それでは，先行統合実施措置とEU立法との関係はどのようになるのか。結論としては，もしEU立法が採択されたなら，先行統合実施措置に優位すると考えられる。それには，いくつかのアプローチが挙げられる。第1に，先行統合の機能から答えを導こうとしているアプローチが挙げられる。Hatjeは，まず，理事会の構成メンバーの相違に注目し以下のような論を展開する。異なる立法機関の規範が問題となるときは，「後法は前法を破る」または「特別法は，一般法を破る」のルールは適用されないとし，先行統合の枠組みにおける理事会は，通常のEU立法を廃止したり，変更したりできないとする[97]。次に，先行統合の実施措置とEU立法との関係については，先行統合の機能から導かれるとする。すなわち，先行統合は，最終的にはEUに

---

(97) Hatje, Art. 11 EGV, Rn. 24, in Schwarze, note(58)；Hatje, Art. 20 EUV, Rn. 34, in Schwarze, note(53)；Matthias Pechstein, Art. 20 EUV, Rn.16, in Rudolf Streinz, *EUV/AEUV*, 2. Aufl., (Beck, 2012).

第 11 章　先行統合

おける法の統一目指すものであり，同協力は過渡的措置と位置づけられるとし，先行統合実施措置は EU 立法に対し劣位するとする(98)。

　第 2 のアプローチとして，私見ではあるが，構成国と EU の権限関係における先行統合制度の位置づけが挙げられる。この手がかりとなるのが，次の 2 つの条文である。先行統合は，EU に付与された権限の範囲内で行なわれる（EU 条約 20 条 1 項）。また，排他的権限に関係しない分野で行なわれる（同条）。後者から，先行統合が行なわれる事項は，EU が権限を行使しないかぎり，構成国がそれぞれ権限を行使できる事項と解釈されうる。前者から，先行統合の行なわれる事項は，補完性原理・比例性原則に従った上で，EU が権限を行使できる事項であると捉えられる。先行統合制度というのは，構成国が権限行使可能な事項に対し，構成国に EU の機構枠組みを利用させることを許可する制度と捉えなおすことができる。従って，先行統合における構成国の権限行使による先行統合の実施措置とは，共有権限または支援，調整もしくは補足的措置をとる権限事項における個々の構成国の権限行使，すなわち国内立法に相当するものとして考えることができるのではないだろうか。そのように捉えると，先行統合の実施措置と EU 立法との関係には，後者が前者に優位するという原則が適用され，また，EU が権限を行使し，専占（pre-emption）が起これば(99)，その事項に関しては，先行統合は行なえなくなるであろう。同じようにアプローチするものとして，Bribosia の見解

---

(98) Hatje, Art. 11 EGV, Rn. 25, in Schwarze, note(58).
(99) 競合的権限の場合は，EU の権限行使，すなわち EU 立法または EU の条約締結によって，専占が生じる。しかし，EU 諸条約に規定されている権限を行使しても，専占が生じない場合がある。従来，構成国と EU の権限配分は，排他的権限，競合的権限とカテゴリー化されえたが，これらのカテゴリーには属さない権限が EU 諸条約上顕在するようになってきている。これらの権限の場合は専占は生じない。例えば，現行の EU 運営条約 4 条 3 項は，「研究，技術開発及び宇宙の分野において，連合は，活動を実施する権限，特に計画の策定と実施の権限を有する。ただし，この権限の行使は，構成国の権限の行使を妨げない」と定めている。また，支援，調整または補足的措置をとるための権限分野（EU 運営条約 2 条 5 項）では，構成国は，たとえ EU が権限行使しても，その事項につき，引き続き立法権限を有することになる。あらかじめ法の調和を排除している規定が存在する。教育（EU 運営条約 165 条 4 項），職業訓練（EU 運営条約 166 条 4 項），文化（EU 運営条約 167 条 5 項），公衆衛生（EU 運営条約 168 条 5 項）等である。

が挙げられる(100)。

(5) 先行統合実施措置と国内法との関係

　先行統合措置と国内法との関係については，先行統合措置が国内法に優位するという見解が一致をみている。しかし，その説明の仕方としては，相違が見られる。

　Bribosiaは，次のように説明している。先行統合が機構枠組みの中で行なわれ，通常の立法手続に則ってなされることから，構成国とEU間の権限配分は，参加国と先行統合の間にも適用可能であるとし，そこには，競合的権限の原則，専占の原則，優位の原則が同様に実施されるとする(101)。Hatjeは，先行統合の枠組みで決定された法が統一的に適用される場合のみ先行統合が目的を達成しうるという理由から，先行統合の実施措置の国内法に対する優位が導かれるとする(102)。Tuytschaeverは旧EU条約44条の「43条に定める先行統合の実施に必要な行為と決定のために，本条約およびEC条約の関連する機構規定が準用される」という文言から，先行統合は，参加する構成国にとってはミニ共同体（mini-Community）として，機能するとしていた。換言すれば，EU法の基本的原則（basic tenets）が，先行統合に適用される。よって，先行統合の枠組みでなされた決定は，国内法に対して優位し，その事項に対して専占が起きるとした(103)。私見では，実際の先行統合実施理事会規則1259/2010が，先行統合の参加国においてすべての点で拘束力を有し，直接適用可能であると規定していたことから，参加国は，そのような規則に違反する国内法を修正し，将来においては，それに違反する国内立法を控えなければならなくなると考える。

(6) 先行統合実施措置に対する裁判管轄権

　先行統合制度は，EUの枠内の制度であるので，EU司法裁判所は，先行

---

(100) Bribosia, note(13), 150.
(101) Ibid., 120.
(102) Hatje, Art. 11 EGV, Rn. 26, in Schwarze, note(58).
(103) Tuytschaever, note(1), 238-239.

363

第11章　先行統合

統合に関する条約規定のみならず先行統合実施措置にも管轄権を有すると考えられる。先行統合実施措置の解釈が不明の場合などは，EU 運営条約267条の先決裁定手続も利用可能であると捉えられる。先行統合措置の取消訴訟も通常の法行為と同様に考えられる。

(7)　先行統合からの脱退の可能性

さらに，先行統合実施措置と参加国の関係で提示される問題は，いったん参加した国は，先行統合から抜け出すことが可能なのであろうかということである。先行統合制度には脱退の規定はおかれていないが，もし可能あれば，法の統一的適用の観点からは複雑な問題が生じることになるだろう。もっとも，上述したように，軍事・防衛分野における特別の先行統合とも捉えられる常設の制度的協力においては，脱退規定がおかれている。

◆4◆　条約上の先行統合制度に対する評価

マーストリヒト条約締結の際に経済通貨同盟に関しイギリスがオプト・アウトするなど多段階統合が見られた。また，複数の構成国が EU の枠外において国境管理を廃止するというシェンゲン協定が締結された。このように多段階統合が広がる中で，EU の制度として先行統合制度がアムステルダム条約により導入された。その後，東方拡大を眼前にして，ニース条約が締結された。ニース条約は，アムステルダム条約の先行統合制度を容易に利用しやすくし，条約の枠外での先行統合を回避するという観点から改正した。その際，主に以下の諸点において先行統合制度の利用が容易にされた。①必要最低参加国数を減らすこと，②第1の柱及び第3の柱における拒否権の削除，③第1の柱に関して条件緩和（EC 条約11条1項(b)及び(c)の削除），④最終手段条項における「合理的期間」という文言追加，⑤共通外交及び安全保障政策の分野における先行統合の導入。これらの修正により，先行統合制度は若干利用されやすくなったと考えられた。しかし，これらの修正は先行統合制度を弾力的に利用することに対して抜本的な改正になっていなかったのか[104]，一度も利用されることがなかった。

4　条約上の先行統合制度に対する評価

　今回のリスボン条約では，先行統合制度は，上述したように，単純化と標準化する方向，また，欧州委員会と欧州議会の役割を強化する方向で改正された[105]。これまで第1の柱，第2の柱及び第3の柱における先行統合制度がばらばらに定められていたが，すべての先行統合に適用される，原則規定（EU条約20条）と詳細規定（EU運営条約326条～334条）の中に統一的に規定されることになった。第3の柱（警察・刑事司法協力分野）がEU運営条約に定められることに伴い，旧第1の柱と旧第3の柱に適用される先行統合に関する手続は同一になった。他方，旧第2の柱（共通外交安全保障政策分野）に対しては，リスボン条約により3本柱構造が解消したにもかかわらず，特別な規定がおかれているが，それに呼応して，同分野の先行統合にはその他の政策とは異なる特別の手続が上述した条文の中ではあるが設定されている。

　先行統合制度（柔軟性）の導入で最も危惧されているのは，EUの拡散であった。アムステルダム条約の締結に当たって，EUの拡散を回避するために，政府間会議において一貫して重要とされたものは，①EUの単一機構枠組みの維持，②共同体既得事項（アキ・コミュノテール）の維持，③すべての構成国に開かれたものであることであった[106]。これら3つは，ニース条約においても堅持された。ニース条約では，さらにEUの拡散を回避する条文が挿入された。以下の条文がそれにあたる。まず，①連合及び共同体の目的を進めることの他に，統合過程を強化するものであること（旧EU条約43条(a)），②欧州委員会と先行統合参加国はできるだけ多くの構成国が参加するように奨励されることを確保しなければならない（旧EU条約43a条），③理事会及び欧州委員会は先行統合の活動の一貫性及び連合及び共同体の政策とそのような活動との一貫性を確保しなければならない（旧EU条約45条），④欧州議会の権限強化（旧EC条約11条2項；旧EU条約44a条），⑤欧州委

---

(104) Hatjeは，先行統合の抜本的な容易化はなされず，その条件が厳しく，その効果はうたがわしいとの評価をしている。note(63), 160.
(105) CONV 723/03, 3.
(106) 委員会，COM (2000) 34,33；欧州議会，A 5-0288/2000, para. 1；ドイツ，Confer 4733/00, 7；ベルギー，Confer 4765/00, 3-4；イタリア・ドイツ，Confer 4783/00, 3；ベネルックス，Confer 4787/00, 5-6；Hatje, note(63), 160.

第11章　先行統合

員会の権限強化（旧EU条約40a条），⑥先行統合実施措置の拘束性。

　リスボン条約でもこの方向性が強化されている。①連合の目的の実現を促進し，連合の利益を保護し，連合の統合過程を強化するものであること（EU条約201条1項2段），②欧州委員会及び先行統合に参加する構成国は，可能な限り多くの構成国の参加を促進することを確保する（EU運営条約328条1項2段），③理事会及び委員会は，先行統合の枠組における活動の一貫性及びこのような活動と連合の政策との一貫性を確保し，このために協力する（EU運営条約334条），④欧州議会の権限強化（先行統合開始に欧州議会の同意が必要）（EU運営条約329条1項2段），⑤欧州委員会の権限強化（EU運営条約329条1項及び331項1項），⑥先行統合実施措置の拘束性（EU条約20条4項）という一連の規定にそれが表れている。条約上の先行統合制度は，EUの拡散を防ぐセーフガード措置がついた先行統合と捉えることができるであろう。

　アムステルダム条約及びニース条約による先行統合制度は，EUに付与されている権限内という制約がついている。この点については，リスボン条約によっても変更がない。先行統合がEUの権限内で行なわれるとは，いくつかの構成国がEUに構成国から既に移譲された権限を行使することを意味する[107]。すなわち，本来であれば，EUが条約上権限行使可能な事項につき，先行統合がなされることになる。この点は，先行統合の例とされるシェンゲン諸協定とは根本的に異なる。シェンゲン諸協定は，EUに権限が付与されていない分野において，つまりEUの枠外において構成国間で協力がなされた。したがって，シェンゲン諸協定がアムステルダム条約によってシェンゲン・アキとしてEUの枠組みに統合されたということは，EUの権限の拡大を意味した。他方，EU条約及びEU運営条約上の先行統合は統合を推進するものとされているがEUの権限を拡大するものではない。また，付与された権限内で行なわれるということは，先行統合をするにあたって条約上に法的根拠条文の存在が前提されることになる。同時にこのことと最終手段条項が相まって，先行統合は単に全会一致または特定多数決で採択できない場合

---

(107) *Cf.* Bribosia, note (13), 127-128.

の意思決定の不能を回避する手段でしかないという限界がある。条約が条約の枠外における先行統合を禁止していないこと[108]，上述した制約が存続していることから，条約の枠外における先行統合がなされうる可能性は残っているといえる。実際，そのような例が最近見られた。EU 諸国における債務危機に対応するために，経済通貨同盟における安定，調整及びガバナンスに関する（TSCG）条約（別名財政規律条約）は，もともとは EU 27 か国で合意して EU の条約として締結することが望まれたが，イギリス等が反対したために，EU の枠外での条約締結となった[109]。同条約 16 条は，発効後遅くとも 5 年以内に EU の枠組に本条約の実質を組み入れる目的をもった必要な措置が採られなければならないと定めている。

　先行統合制度が EU 条約及び EU 運営条約上整備され，リスボン条約発効後に初めて 2 例において先行統合の開始が許可された。条約上の先行統合制度がようやく運用可能になったと捉えられるだろう。しかし，条約上の先行統合制度は，条約において既に EU に付与されている権限が行使されえない場合に複数の構成国により「准 EU 立法」のようなものを採択することにとどまる。そこには，限界があり，EU の枠外での先行統合を妨げるものではない。しかし EU の枠外の先行統合であったとしても，次のような面をもっている。マーストリヒト条約締結においてイギリスが同意しなかったため，社会政策に関しては，イギリスを除くすべての構成国を拘束する付属議定書が条約に付けられた。その後，イギリスにおいて保守党から労働党に政党が変わり，アムステルダム条約締結においては，イギリスが同意し，EC 条約第 11 編に社会政策の規定が導入された。また，イギリスはシェンゲン諸協定に署名していないが，シェンゲン・アキを EU の枠組みに統合する付属議定書 4 条に従い，シェンゲン・アキ規定の一部（シェンゲン情報システム：

---

(108) Hatje は，条約が枠外の先行統合を許しているのは，旧 EU 条約 43 条の「構成国は……先行統合を利用できる」という文言から解釈されるとした。Hatje, Art. 43 EUV, Rn. 28, note(58); Griller, note(56), 233-235; この解釈は，現行の EU 条約 20 条 1 項においても「構成国は，……できる。」とあるので，当てはまると考えられる。
(109) 中西優美子「EU の債務危機と法制度的対応」『時の法令』1903 号（2012 年）66,74 -75 頁。

SIS) に参加するようになった(110)。これらは，先行統合に，「吸引力 (Sog-wirkung)」があることの証左でもある(111)。

---

(110) 2000/365/EC, OJ 2000 L 131/43.
(111) *Cf.* Claus-Dieter, Ehlermann, „Engere Zusammenarbeit nach dem Amsterdamer Vertrag: Ein neues Verfassungsprinzip", 32 *EuR*, (1997), 362, 370 ; ders., "Differentiation, Flexibility, Closer Co-operation : The New Provisions of the Amsterdam Treaty", 4 *ELJ*, (1998), 246, 251-252.

第 12 章　欧州憲法条約及びリスボン条約における脱退条項

◆はじめに◆

　EU の法的性質を議論するとき，国家連合（Staatenbund）なのか，連邦国家（Bundesstaat）なのかという概念が用いられることが多い。その際，国家連合と連邦国家の境界線に脱退可能か否かという観点を挙げる論者もいる[1]。リスボン条約発効以前の EU 条約および EC 条約は，脱退条項を包含していなかった。しかし，欧州憲法条約 I-60 条，その後リスボン条約による改正により EU 条約 50 条に脱退規定が挿入された。この脱退条項は，単に現時点においても可能な脱退を明示的に規定したものなのか，それとも，新たな権利を創設するものであるのか。この脱退条項は，欧州統合にとって後退を意味するのか。本章では，この問題の検討を行い，それに結論を与えることを試みたい。なお，本稿においては，ある構成国の欧州連合からの脱退（Austritt）の問題を扱うことに限定し，構成員の地位の終了（Beendigung）をもたらすことになる，別の形態，すなわち欧州連合からの構成国の除外（Ausschluß）あるいは全構成国による欧州連合の解消（Auflösung）の問題は取り扱わない。

　検討の順序としては，まず前提として，リスボン条約発効前の EU 条約および EC 条約上の脱退の可能性に関する学説を整理し（1），次に欧州憲法条約における脱退条項に関する起草過程の議論をまとめ（2(1)），その上で，

---

[1] Peter Huber, „Das institutionelle Gleichgewicht zwischen Rat und Europäischem Parlament in der künftigen Verfassung für Europa", 39 *EuR.* (2003), 591.

第12章　欧州憲法条約及びリスボン条約における脱退条項

欧州憲法条約及びリスボン条約における脱退条項を分析し（2），最後に結論を述べたい（3）。

◆1◆　欧州連合からの脱退の可能性

(1)　前　提

　1951年に署名され，翌年発効した，欧州石炭鉄鋼共同体を設立する条約（ECSC条約）は，脱退条項を含まず，同条約97条には「本条約は発効の時点から50年間有効である」と定められていた[2]。その後，欧州経済共同体を設立する条約（EEC条約）の署名に至るまで，いくつもの草案がだされたが，ECSC条約が発効した直後の1952年11月4日の「欧州国家連合のための条約草案」では，12年間の有効期間と定められた[3]。また，1953年3月10日のアド・ホック総会によって受け入れられた「欧州共同体の規則に関する条約草案」では，その1条に共同体が解消できないもの（unauflöslich）であることが定められた[4]。しかし，実際の1957年に署名されたEEC条約では，解消できないという文言はなく，EEC条約240条（リスボン条約発効前（以下リ前）EC条約312条，リスボン条約発効後（以下リ後）EU運営条約356条）において，「本条約は，無期限とする」と定められるにとどまった[5]。EEC条約は，ECSC条約と同じように脱退条項を包含していない。さらに，1992年に署名された，欧州連合に関する条約（EU条約）も脱退条項を含まず，EU条約Q条（リ前EU条約51条，リ後EU条約53条）において「本条約は，無期限とする」と定められた。

---

(2) この条文に従い，2002年7月23日にECSC条約は失効した。

(3) Vorentwurf eines Paktes für die Union der Europäischen Staaten, in Reiner Schulze, /Thomas Hoeren (Hrsg.), *Dokumente zum Europäischen Recht, Band 1*, (Springer, 1999), 446.

(4) Entwurf eines Vertrages über die Satzung der Europäischen Gemeinschaft, angenommen von der Ad hoc-Versammlung, in *ibid.*, 609-610.

(5) *Cf.* Meinhard Hilf, Artikel 240, Rn. 2, in Hans von der Groeben/Jochen Thiesing/Claus-Dieter Ehlermann (Hrsg.), *Kommentar zum EU-/EG-Vertrag*, Band 5, 5. Aufl., (Nomos, 1997).

このように，ECSC条約，EEC条約（リ前EC条約）およびEU条約には，脱退条項が定められていない（なおリスボン条約によりEU条約50条に脱退条項が定められた）。しかし，これまで脱退が問題とならなかった訳ではない。最初に脱退が問題となったのは，フランスが1965年に共同体から代表を引き上げ，空席政策を続け，ECの機能が麻痺してしまった時である[6]。この際は，翌年にルクセンブルクで妥協がなされ，再び欧州共同体が機能するようになったが，理事会の特定多数決が事実上棚上げされ，欧州統合が後退した。次に，問題となったのは，イギリスがECに加盟して3カ月後の1974年4月1日に労働党政府がECへの加盟継続の是非を問う国民投票を行うことを宣言し，翌年に国民投票が行われたときであった[7]。結果は，ECにとどまることを支持する者が67.2％，反対する者が32.8％で，イギリスはECの加盟国にとどまることになったが[8]。また，1992年署名のマーストリヒト条約（EU条約）がデンマークにおける国民投票で否決された後，ECから脱退することも選択肢の一つとして考えられた[9]。実際の脱退としては，1984年1月1日のグリーンランドの例が挙げられる[10]。もっとも，グリーンランドは，デンマークの一部であり，EC（EU）の構成国の脱退の例は存在しない。

(2) 学説における脱退の可能性
〔1〕 国際法における議論

欧州連合からの脱退の可能性の議論に入る前に，国際条約が国際組織から

---

(6) Arved Walthemathe, *Austritt aus der EU*, (Peter Lang, 2000), 22; Joseph H. Kaiser, „Das Europarecht in der Kreise der Gemeinschaft", 1 *EuR*, (1966), 22-24.

(7) Walthemathe, *ibid.*, 23; この時期の論文として，Gert Meier, „Die Beendigung der Mitgliedschaft in der Europäischen Gemeinschaft", 27 *NJW*, (1974), 391-394; Alexander Gauland, „Noch einmal: Die Beendigung der Mitgliedschaft in der Europäischen Gemeinschaft", 27 *NJW*, (1974), 1034-1036.

(8) R.E.M. Irving, "The United Kingdom Referendum, June 1975", 1 *ELR*, (1975-76), 11.

(9) Walthemathe, note (6), 25-26; Edith Glistrup, "Le traité sur l'Union européenne: la ratification du Danemark", 374 *RMCUE*, (1994), 13.

(10) Frederik Harhoff "Greenland's withdrawal from the European Communities", 20 *CMLRev.*, (1983), 27 and 30; Walthemathe, note (6), 26-27.

の脱退を定めていない場合の法的効果について，ここで，簡単にまとめておきたい。学説において次のような相違がある[11]。Bowett や Tunkin は，国家が脱退の権利を明示的にまたは黙示的に放棄しない限り脱退することは自由であると考えられなければならず，脱退権規定の不存在はそのような権利が存在しないことを意味しないという主張を著書において示してきた[12]。また，Oppenheim は，条約が永遠に続くものであることが明白に意図されているもしくは明示的に定められている場合あるいは条約が有効期限を定めている場合には，一方的な脱退はできないとした[13]。さらに，Feinberg は，国際組織に加盟するのは任意であるが，一旦ある国家が国際組織に加入すればもはや自由ではなくなるとし，また，条約に脱退規定がない場合は，任意に脱退する権利を承認する法的根拠が存在しないために脱退は可能ではないと主張した[14]。他方，ウィーン条約法条約 56 条には，条約に規定のない場合の脱退，また，同条約 61 条においては，「事情の根本的変化」が生じた場合における脱退の可能性が認められており，EC・EU 法における学説の中でも検討されてきた。

〔2〕 EC・EU 法における学説の整理

EC・EU 法においては，構成国が EC（EU）から脱退できるか否かについて議論が分かれていた。脱退に関し，他の構成国の合意による脱退（einvernehmlicher Austritt）と他の構成国の合意を得ない形での一方的な脱退（einseitiger Austritt）が区別されなければならない。合意による構成国の脱退は幅広く認められていたと言ってよいであろう。たとえば，Meier は，共

---

[11] *Cf.* Michael Akehurst, "Withdrawal from International Organisations", 32 *Current Legal Problems*, (1979), 143-154.

[12] Derek William Bowett, *The Law of International Institution*, fourth edition, (Stevens & Sons, 1982), 391-392；Grigoriĭ Ivanovich, Tunkin, *Theory of International Law*, (Harvard University Press, 1974), 349.

[13] Lassa Oppenheim, *International Law*, Vol. I.-Peace, eighth edition, (Longmans, 1967), 938；*cf.* György Haraszti, *Some Fundamental Problems of the Law of Treaties*, (Akadémi Kiadó,1973), 261.

[14] Nathan Feinberg, "Unilateral withdrawal from an international organization", *BYIL*, Vol. XXXIX, 1963, 212-213.

同体機関が改正手続に組み入れられているが，条約改正権限は構成国の側にあるとし，脱退手続には加入手続が類推適用されるとの見解を示した[15]。後述する一方的脱退を認めない，Hilf[16]，Götting[17]なども合意による構成国の脱退を認めていた。よって，以下においては，一方的な脱退が認められるか否かを中心に見ていくことにする。

(a) 合法的な一方的な脱退を不可能とする説

一方的な脱退が可能か否かという問題は，多くの論者により論じられてきた。ここでは，脱退を不可能とする代表的な論者の主張を提示する。

Akehurst は，固定された期間に対して締結された条約において脱退権は黙示的には存在しないことにつき，先に挙げた Oppenheim などを引用し，国際法学者によって認められているとした上で，ECSC 条約に対して有効期限が定められていることから，ECSC からの脱退の可能性を否定した。また，条約が一時的なものであることを意味する場合に限り，黙示的な脱退権が生じるのであり，永続を意味する条約には脱退権はないとした上で，EEC 条約に対しては，同 240 条（リ前 EC 条約 312 条，リ後 EU 運営条約 356 条）から条約の永続性の意図が明らかであるとし，脱退の可能性を否定した[18]。

Schwarze は，まず，欧州司法裁判所が Costa／E.N.E.L.事件判決[19]において，無期限の共同体が創設されたこと，主権の制限が決定的なこと，ならびに，条約による義務の引き受けを構成国が撤回できないことを判示したことを挙げた[20]。その上で，構成国はもはや「条約の主人（Herren der Verträge)」ではなく，構成国はおかれた拘束から随意には解放されず，条約上に定められた形式においてのみ改正することができるとした[21]。また，

---

(15) Meier, note(7), 394.
(16) Hilf, note(5), Rn. 7.
(17) Friedemann Götting, *Die Beendigung der Mitgliedschaft in der Europäischen Union*, (Nomos 2000), 145-146.
(18) Akehurst, note(11), 151-152.
(19) 後述 1(2)〔3〕(a)①参照。
(20) Jürgen Schwarze, „Das allgemeine Völkerrecht in den innergemeinschaftlichen Rechtsbeziehungen" 18 *EuR*, (1983), 13.
(21) *Ibid.*, 1 and 14.

第12章　欧州憲法条約及びリスボン条約における脱退条項

次のように論を進めた(22)。条約の憲法的性質および裁判所によって強調された無期限の共同体の創設は，構成国が脱退権を主張することあるいは脱退の根拠として「事情の根本的な変化」の原則に依拠することを排除する。EC条約は脱退に関して明示的な規則をもっていないので，ウィーン条約法条約56条に基づく脱退権のみが考慮の対象になるとした。それによると，「条約の性質上廃棄または脱退の権利があると考えられる場合」に脱退権が生じる可能性があるが，無期限の共同体が創設されたこと，ならびに，「欧州人民の絶えず一層緊密化する連合の基礎（die Grundlage für einen immer engeren Zusammenschluß der europäischen Völker）」を創設すること（EC条約前文）は，一方的な脱退権とは相容れないと捉えられた。また，上述したAkehurstと同じく，国際法でも一定の期間のみ有効である条約あるいは無期限の条約には黙示的な脱退権は存在しないと考えられているともした。「事情の根本的変化」の原則については，多くの学者によって国際条約の争いのない解除の理由として理解されており，ウィーン条約法条約62条は制限的に取り扱われることが必要であるとされ，よって，条約が将来の変更される状況に対し，一定の形で配慮している場合は適用できないと解されるとした。その際，Schwarzeは，EEC条約235条（リ前EC条約308条，リ後EU運営条約352条），EEC条約236条（リ前EU条約48条，リ後EU条約48条），緊急の場合の保護条項および条約違反手続の存在を挙げた。

　Everlingは，複数の論文において，脱退について論じてきた(23)。そのトーンに多少の相違はあるが，一貫して一方的な脱退を否定してきた。比較的詳しく論じられている1983年の論文では，次のようであった(24)。構成国の

---

(22) *Ibid.*, 16-18.
(23) Ulrich Everling, „Zur Stellung der Mitgliedstaaten der Europäischen Union als 'Herren der Verträge'", in Ulrich Beyerlin (Hrsg.), *Recht zwischen Umbruch und Bewahrung, Festschrift für Rudolf Bernhardt,* (Springer, 1995), 1172-1175 ; idem., „Überlegungen zur Struktur der Europäischen Union und zum neuen Europa—Artikel des Grundgesetzes", 108 *DVBl.,* (1993), 942.
(24) Ulrich Everling, „Sind die Mitgliedstaaten der Europäischen Gemeinschaft noch Herren der Verträge? ", in Rudolf Bernhardt (Hrsg.), *Völkerrecht als Rechstordnung, Festschrift für Hermann Mosler,* (Springer, 1983), 183-184.

地位の終了に対し，国際法の規則は決定的ではない。構成国は，政治的，経済的および法的に共同体システムに多重に結びついている。市民は，固有の，提訴可能な権利を得た。そのような相互の絡みつきが状況の変化に基づく一方的な解除または一方的な離脱を排除するとした。また，EEC 条約 240 条（リ前 EC 条約 312 条，リ後 EU 運営条約 356 条）の「無期限に有効である」という文言は，単に期限が定まっていないという意味に解釈すべきではないとした。その理由は，そのような解釈が共同体の構造に合致しないからであるとした。共同体は，憲法システムおよび政策，経済および社会の平面での絡みつきから生じるような性質から，また，前文に明示的におかれた「欧州人民の絶えず一層緊密化する連合」という目的設定に向けて，永続的におかれているとした。さらに，欧州司法裁判所は，1964 年の Costa/E.N.E.L 事件において無限の有効期間を共同体法の特質の根拠として提示したことも挙げた。

　脱退に関する本や論文において引用されているのが，EU/EC 条約のコメンタールにおける Hilf の見解である。Hilf は，EC 条約 240 条（リ前 EC 条約 312 条〔リ後 EU 運営条約 356 条〕，リ前 EU 条約 51 条〔リ後 EU 条約 53 条〕）の無期限（unbegrenzt）という文言からは，定まっていない（unbestimmt）と永続（ewig）の両方に解釈されるため文言解釈からは帰結を導くことができないとした[25]。しかし，EC 条約における同条文の体系的解釈においては EU 条約の前文の「欧州人民の絶えず一層緊密化する連合」という文言に言及しつつ，連合の終了に関する規定が条約におかれていないことを示した[26]。また，目的的解釈の観点からは，構成国の主権の決定的な制約（endgültige Beschränkung der Souveränitäten）により条約の法的性質が歴然となり，新しい法秩序の創設とともに構成国と人民の連合が統合過程の中でもたらされ，さらに，共同市場および域内市場の永続性への信頼が，連合が効果的に機能することの前提条件になっているとした[27]。よって，EC 条約 240 条（リ前

---

(25) Hilf, note (5), Rn. 3.
(26) *Ibid.*, Rn. 4..
(27) *Ibid.*, Rn. 5.

第12章　欧州憲法条約及びリスボン条約における脱退条項

EC条約312条，リ後EU運営条約356条）は単に締約期間の無期限性のみならず，共同体の不解消（Unauflöslichkeit）をも意味していると解した。このEC条約240条（リ前EC条約312条，リ後EU運営条約356条）の解釈を出発点として，Hilfは，たとえ重要な，例外的な理由（客観的および主観的不能）が存在する場合であっても，一方的な脱退はできないとした。その際，紛争はEC条約に定める以外の解決方法に訴えないことを義務づける，EC条約219条（リ前EC条約292条，リ後EU運営条約344条）を挙げ，他方で戦争時に構成国がとる国内措置に関するEC条約224条（リ前EC条約297条，リ後EU運営条約347条）などの保護措置に関する規定が存在し，それらの規定により対処可能であるとした[28]。また，一般国際法においては「事情の根本的変化」の原則がウィーン条約法条約62条に認められているが，共同体諸条約が将来起こりうる状況に対する適合可能性を有するので，それに依拠した脱退も認められないとした[29]。また，政治同盟に進みたくない構成国は，条約改正は構成国の全会一致を必要とするので，脱退せずともそれを妨げることができることも示した。Ehlermann[30]は論文でHilfを注で引用し，それに従っており，また，EU/EC条約のコメンタールでHilfに代わり新しい版を担当したWeber[31]もHilfの見解を踏襲した。

　脱退規定の挿入が現実的に議論される直前に書かれた著作として，Göttingの著書（2000年）が挙げられる[32]。Göttingは，本の中でEUの解消，EUからの脱退，EUからの排除の問題を取り扱った。EUからの脱退を論じた箇所では，脱退に関するこれまでの議論を踏まえた上で自説を展開した。Göttingは，脱退を一方的脱退と合意による脱退とに区別し，後者による脱退のみが許されると結論した。その理由は，次のようにまとめられる[33]。

---

(28) *Ibid.*, Rn. 9 and 12.
(29) *Ibid.*, Rn. 13.
(30) Claus-Dieter Ehlermann, „Mitgliedschaft in der Europäischen Gemeinschaft", 19 *EuR*, (1984), 124.
(31) A. Weber, Artikel 312, Rn. 7-8, in Hans von Groeben/Jürgen Schwarze (Hrsg.), *Kommentar zum Vertrag über die Europäischen Union und Vertrag zur Gründung der Europäischen Gemeinschaft*,Band 4, 6. Aufl., (Nomos, 2004).
(32) Götting, note (17).

脱退権の排除は，単に条約に脱退条項が存在しないというだけでは不十分である。しかし，一般国際法の条約終了規定を考慮しても脱退は不可能であると。ウィーン条約法条約56条は，①廃棄又は脱退の可能性を許容する意図を有していたと認められる場合，②条約の性質上廃棄または脱退の権利があると考えられる場合に限っては脱退権を認めるが，Göttingは，①に関しては，条約の準備過程に関する文書が公開されていないため，脱退の可能性を許容する意図は見つけられないとし，②に関しては，条約が無期限に有効であること，「欧州人民の絶えず一層緊密化する連合」が目指されていること，他方，内容的拡大（EU条約48条〔リ後EU条約48条〕：条約改正）および空間的拡大（EU条約49条〔リ後EU条約49条〕：加入）のいずれにおいても全構成国の同意が必要とされていることから，一方的な脱退は認められないと解した。ウィーン条約法条約62条の「事情の根本的変化」については，将来に起こりうる状況の変化に適合するための条文，保護措置，緊急措置の条文の存在を挙げるが，これらだけでは62条の適用を排除できないとし，もう一つの理由，一方的な脱退が連合と構成国の間の権限配分を最終的に決定するのが欧州司法裁判所であることに矛盾するということを挙げ，62条の適用の可能性も否定した。

　以上のように，合法的な一方的な脱退を不可能とする説は，EC条約312条（リ後EU運営条約356条）に定める「条約の無期限性」および条約の目的「欧州人民の絶えず一層緊密化する連合」から解されるECの法的性質，EC条約に備えられた柔軟性・適合性，独自の法秩序あるいは他の手段に訴えてはならないという条文を理由に，「事情の根本的変化」の原則など，一般国際法に依拠することができないとした[34]。

---

(33) *Ibid.*, 112-144.
(34) 本文では取り上げなかったが，次の者も一方的脱退を不可能としてきた。Hans Peter Ipsen, *Europäisches Gemeinschaftsrecht*, (Mohr, 1972), Rn. 4/21-26 and Rn. 9/7; Hans Smit/Peter E. Herzog, *The Law of the European Community*, release No. 46, (Lexis Nexis, 2004), Volume 6, Article 240, 6-452-6-453; J. Zimmerling, Art. 312, Rn. 6, in Carl Otto Lenz/Klaus-Dieter Borchardt, *EU- und EG-Vertrag*, 3. Aufl., (Bundesanzeiger, 2003).

第12章　欧州憲法条約及びリスボン条約における脱退条項

(b)　構成国の理由による脱退は不可能，共同体の理由による脱退は可能という説

　Meier は，構成国の国内理由による脱退と共同体側での理由による脱退を区別して論じた。前者の脱退につき，条約の無期限性と条約の目的を挙げ，条約が人民の統合，国家形態の質的変化に目標をおいていると解し，それを否定した(35)。

　他方，共同体側での理由による脱退に関しては，次の2つの場合に理解を示した(36)。まず，条約に規定した統合が前に進まず，停滞あるいは後退する場合，すなわち，条約が目的とした統合結果が達成されえない場合。次に，欧州連合の設立により，EC の性質が変わる場合である。

(c)　合法的な脱退は可能でないが，事実上の脱退は可能であるという説

　Hill は，合法的な脱退は可能ではないとするが，構成国が主権を維持する限り，脱退の行動が合法であれ非合法であれ，EEC から脱退することができ，条約に従わないでいることができるとする(37)。ある構成国が脱退を決定する場合，EEC は，条約の履行を強制する制裁手段を有していないと。また，上述したように合法的な脱退は認められないとするが，Everling は，事実上の脱退を妨げることができないことに対して次のように言った。確かに事実上の脱退を妨げることはできないということは正しいが，そのような議論は権利と権力を取り違えている。共同体は脱退という条約違反に対して自らを保護するために権力手段，共同体権力を有さないとした(38)。

　他方，Zuleeg は，後述するように，原則的に脱退を不可能とし，例外的に脱退が可能とする説を採るが，離脱する構成国に対しできることについては次のように述べた(39)。共同体は，離反した構成国を団体の中に連れ戻す

---

(35) Meier, note(7), 391.
(36) *Ibid.*, 391-392.
(37) John A Hill, "The European Economic Community : The Right of Member State Withdrawal", *GA. J.Int'L. & Comp. L.*, Vol. 12 : 335 (1982), 351-354.
(38) Everling, note(24), 184.
(39) Manfred Zuleeg, „Der Bestand der Europäischen Gemeinschaft", in Roland Bieber (Hrsg.) *Das Europa der zweiten Generation : Gedächtnisschrift für Christoph Sasse*, (Nomos, 1981), 65.

378

ための手段を有していない。すなわち，共同体はその出来事を甘受しなければならない。確かに，なされる脱退は違反ではあるが，その法的効果は限定される。まるで脱退した構成国が団体にこれまでと同様にとどまっているかのように対応するのは幻想である。よって，脱退する意思の条約当事国に対する真の障害はないと。

(d) 一方的な脱退が可能であるとする説

　一方的な脱退が可能であるという説の根拠は，論者によって相違があるが，代表的と考えられる理由を列挙していく。

　Mosler および Erler は，共同体に強制権力が存在しないという理由で次のように一方的脱退を可能とした。ただし，両者は，前述した Hill, Everling および Zuleeg とは異なり，脱退が合法的であるか否かには触れていない。Mosler は，構成国に解除権（Kündigungsrecht）が帰属していないというだけで共同体が国家の集中という意味において解消不能とみなされるのではなく，共同体の権力が離脱（Sezession）を制裁の方法で妨げることができようになって初めてそのようにみなされるだろうとする[40]。Erler は，共同体が50年の有効期間であろうと，無期限の有効期間であろうと，共同体には介入できる強制権力がないので共同体による執行を恐れることなく，期限前の離脱の実際的な可能性は個々の構成国に残っているとした[41]。

　他方，脱退権を否定する説に反論を加え，脱退権に関する論文においてよく引用されてきたのが Dagtoglou の論文である[42]。Dagtoglou は，EC からは一方的な脱退できないという説の根拠を1つ1つ否定していく方法で論を進めた。まず，EEC 条約240条（リ前 EC 条約312条，リ後 EU 運営条約356条）における無期限の有効性については，ECSC 条約の50年の有効期間は構成国の議会であまりにも長すぎるとされたという点を挙げ，また，「無期

---

(40) Hermann Mosler, „Der Vertrag über die Europäische Gemeinschaft für Kohle und Stahl", *ZaöRVR*, Band 14 (1951/52), 44.

(41) Georg Erler, „Das Grundgesetz und die öffentliche Gewalt internationaler Staatengemeinschaft", *VVDStRL*, Heft 18, (1960), 17-18.

(42) Prodromos Dagtoglou, „Recht auf Rücktritt von den Römischen Verträgen?", in Roman Schnur (Hrsg.), *Festschrift für Ernst Forsthoff zum 70. Geburtstag*, (C. H. Beck, 1972), 77-102.

第 12 章　欧州憲法条約及びリスボン条約における脱退条項

限」は，ECSC 条約に対してある一定の期間に対しては拘束されないあるいはそれに制約されないということを意味するにすぎないとした[43]。この点に関しては，「無期限（unbegrenzte Zeit）」と「永遠（für immer）」の間には本質的な相違が存在するとし，成立史において，EEC が「永遠の連邦（ewiger Bund）」として構築されたという証拠はないとした。また，脱退権の欠缺から脱退の禁止を導けるかと問いかけ，それを次のように否定した[44]。脱退権に関する条約の沈黙は，単に条約締結者がそれについて決定することができなかったことを意味すると考えられると。あるいは，脱退規定をおくと条約締結者が最初から実験の不成功を考慮すべきことを認めることになるので心理的理由からそのような規定を避けたということを意味するとも考えられるとした。締約国は欧州統合の陶酔を脱退の可能性に関する議論で覚まされたくなかった。結婚式の際に離婚のことを人は話したがらないと。さらに，共同体諸条約が改正手続を定め，条約は適合性を有しているので，脱退は不必要で，すなわち，正当化されず，許されないという主張にも次のように反論した[45]。構成国が条約の主人であり続けるということは，構成国が改正手続に拘束されないことを意味するのみならず，構成国のそれぞれの意思なしに構成国の主権を弱めることはできないことをも意味するとした。それゆえ，条約改正手続は個々の構成国の法的地位の弱体化のための根拠には用いられえず，改正手続は脱退権と合致しないとは解釈されえないとした。加えて，脱退が「統合条約（Integrationsverträge）」としての共同体諸条約の本質と合致しないという説に対しては，次のように反論した[46]。ウィーン条約法条約 56 条は条約の性質を問題とするが，共同体諸条約の目的がすべての構成国がとどまっている場合にのみ実現されうるというのは十分ではない。統合は過程である。統合過程は条約の過程（Vertragsprozeß）をも意味する。それゆえ脱退が法的に排除されるか否かは，抽象的な統合の目的に拠るのではなく，具体的な統合の到達された段階に拠るとした。

---

(43) *Ibid.*, 78-79.
(44) *Ibid.*, 84.
(45) *Ibid.*, 88-89.
(46) *Ibid.*, 94.

EC条約が脱退権を含んでいないために，原則的に構成国は一方的に脱退できないとするが，例外的に一般国際法に依拠して脱退が可能であるという説が存在する。代表的なものをここで挙げておく。

Zuleegは，ウィーン条約法条約56条の適用については「欧州人民の絶えず一層緊密化する連合」を目指す，共同体条約の本質は，共同体からの一方的な脱退の権利に反対するものであると捉える。ただし，緊急の場合においては脱退の権利が保証されることに賛成であるとした。つまり，「事情の根本的変化」が生じるときのみ，構成国の一方的な脱退が合法になるとした[47]。コメンタールにおいて，Schmalenbachは，EC条約が脱退条項を含んでいないため，原則的に構成国による一方的脱退は禁止されるとする(Pacta sunt servanda)。しかし，EC条約（リ後EU運営条約）に定められている紛争手続，保護措置および緊急措置，適合規定などが機能しない場合には，最終的な手段として，ウィーン条約法条約に定められる根拠（たとえば「事情の根本的変化」）に依拠して一方的に脱退できるとした[48]。

Hillgruberは，別の角度，すなわち，共同体機関による条約違反の場合に脱退権が生じるとした[49]。共同体を法の共同体として構成する設立条約は設定された機関が原則として自己の付与された枠組の中でかつ条約違反の機関の行為は取消訴訟の中で訂正されることを前提とする。しかし，権利保護機関自体（すなわち裁判所）が権限を越えたら，一般国際法の領域に入らざるをえないとする。共同体が自己によりなされた条約違反の存在について決定するなら，自己の事項の裁判官になることになるであろう。よって，妨げられないあるいは排除できない重大な共同体の機関の権限踰越の行為の場合

---

(47) Zuleeg, note (39), 62.
(48) Kirsten Schmalenbach, Art. 312, Rn. 3, in Christian Calliess/Matthias Ruffert (Hrsg.), *Kommentar zu EU-Vertrag und EG-Vertrag*, 2. Aufl., (Luchterhand, 2002); also, *cf.* Ulrich Becker, Artikel 312, Rn. 8, in Jürgen Schwarze (Hrsg.), *EU-Kommentar*, (Nomos, 2000)；単なる改正では排除できないような状況の場合に限り可能，Matthias Waelbroeck, Art. 240, para. 7, in *Commentaire Jacques Mégret*, (L'Université de Bruxelles, 1987) Volume 15.
(49) Christian Hillgruber, „Das Verhältnis der Europäischen Gemeinschaften und der Europäischen Union zu ihren Mitgliedstaaten", *AVR*, Band 34, (1996), 370-371.

には一方的に解除できると。BruhaとNovakは，脱退権を認めることに非常に消極的な見解をしているが，明確で継続的な共同体の否定すなわち共同体権限の踰越の場合に極限の手段（äußerstes Mittel）としてのみ脱退が正当化されうるとした(50)。

(e) 条約上（リスボン条約以前）脱退は認められないが，脱退条項を挿入すべきという説

Weilerは，伝統的な分析によると，自動的な一方的脱退権に反対する，上述したFeinbergの結論を確認するものとなるとした上で，形式的な脱退が可能ではない場合に考えられる，異なる3通りの代替選択肢を提示した(51)。すなわち，①無活動の構成員（inactive Membership），②過剰活動の構成員（overactive Membership），③選択的構成員（selective Membership）である。無活動の構成員は，形式的な構成員の地位は維持しつつ，いかなる活動にも参加しない。過剰活動の構成員は，好ましくない政策の結果を回避するために組織の内部の過程を不法に妨害しようとするために構成員の地位を用いる。選択的構成員は，単に好ましくない義務を無視することによって義務の履行を回避しようとする。Weilerは，それらを検討した結果，もし構成国が構成員としての地位を維持しつつ義務を回避する場合，EECは機能しなくなり，その根本的な目的が取り返しがつかないほど妥協されてしまうだろうとし，構成国が共同体の義務を受け入れることができない場合は，一方的にでさえも脱退を許した方がよいだろうと結論した。

〔3〕 脱退に関係する裁判判例

脱退の可否に関する議論で欧州司法裁判所のいくつかの判例が本や論文において引用されてきた(52)。関連する判例をここでまとめておきたい。

---

(50) Thomas Bruha/Carsten Novak, „Recht auf Austritt der Europäischen Union?", *AVR*, Bd. 42, (2004), p. 13; *cf.* Juliane Kokott, Art. 312, Rn. 7, in Rudolf Streinz (Hrsg.), *EUVEGV*, (C.H.Beck, 2003).

(51) Joseph H.H. Weiler, "Alternatives to withdrawal from an international organization: The case of the European Economic Community", *Is.L.R.*, Vol. 20, (1985), 284–295.

(52) *Ex.* Walthemathe, note(6), 46–52; Götting, note(17), 124; Bruha/Nowak, note(50), 10–11.

(a) 欧州司法裁判所の判例
① Case 6/64 Costa v. E.N.E.L.[53]

Case 6/64 は，欧州司法裁判所が，EC（現 EU）法の国内法に対する優位を初めて認めた，リーディング・ケースであり，もっとも重要とされている判例の一つである。その判決の中で，「通常の国際条約とは異なり，EEC 条約は，条約発効から，構成国の法体系の一部となり，かつ，構成国の国内裁判所が適用を義務づけられる独自の法体系を創設した。独自の機関，独自の人格，独自の法的能力および国際的プレゼンス能力を有し，また，さらに，主権の制限または構成国から共同体への権限の移譲から生じる実質的な権限を有する，無期限の期間有効である共同体（a Community of unlimited duration）を創設することによって，構成国は，限定された分野ではあるが，その主権的権利を制限し，それゆえ，構成国市民および構成国の両方を拘束する法の組織体（body of law）を創設した」と判示し，また，「条約の下で生じる権利と義務の国内法の体系から共同体の法体系への国家による移譲は，構成国の永続的な主権的権利の制限（a permanent limitation of their sovereign rights）をもたらし，共同体の概念に合致しない，後の一方的な行為はなされえない」とした。

② Case 7/71 Commission v. France[54]

Case 7/71 は，欧州委員会が Euratom 条約 70 条の義務を怠ったということでフランスを欧州司法裁判所に提訴した事件である。同判決において，裁判所は，「構成国は，権限の制約または構成国から共同体への権限の移譲から由来する，実質的な権限を付与された常設の機関を有する，無期限の共同体を設立することに同意した」とし，さらに「それゆえ付与された権限は，共同体から取り上げられえないし，そのような権限が関係する目的（対象）は条約の明示的な規定による場合を除き，構成国の権限の分野に返還されえない」と判示した。

---

(53) Case 6/64 Judgment of 15 July 1964 [1964] ECR 1141.
(54) Case 7/71 Commission v France [1971] ECR 1003, paras. 19–20 ; *cf.* Weiler, note (51), pp. 285–286.

第12章　欧州憲法条約及びリスボン条約における脱退条項

③　Case 106/77 Simmenthal II[55]

Case 106/77 は，EC（現 EU）法とそれより後に制定された国内法ではどちらが優位するかということが問題となった事件である。裁判所は，「共同体が立法権を行使する分野に侵食する，あるいは共同体の規定と合致しない国内立法措置は条約に従い構成国により無条件にかつ取消不可能に（irrevocably）引き受けられた義務の効果の否定につながり，そして共同体のまさに基礎を危険にさらしめることになるだろう」と判示した。

④　Opinion 1/91[56]

意見 1/91 は，EEA 協定と EC 条約が合致するか否かについて裁判所意見である。同意見において裁判所は，「EEC 条約は，国際協定の形で締結されているが，法の支配を基礎にした共同体の憲法的性質を構成する。共同体条約は新しい法秩序を設定し，そのために構成国は主権的権利を制限し，その主体は構成国のみならずその国民も含む」とした。

以上のように，欧州司法裁判所は，判決において，脱退そのものを直接には取り扱ってはいないが，共同体が他の国際条約とは異なり，独自の法秩序を構成すること，構成国の主権的権利の永続的制限を 1960 年代から現在に至るまで確認し，一方的な脱退に否定的な姿勢を示してきたと捉えられる。

(b)　ドイツ憲法裁判所の判例

欧州司法裁判所の判例は脱退不可能という説を補強する際に用いられるが，逆に脱退可能という説の一つの理由の補強として用いられるのがドイツ連邦憲法裁判所の判例である。ドイツ連邦憲法裁判所は，ドイツにおける EU 条約（マーストリヒト条約）の批准に当たって，同条約の同意法律に対する憲法異議の問題について判決を下した[57]。その中で，憲法裁判所は，EU 条約は欧州人民の（国家によって組織された）絶えず一層緊密化する連合の実現

---

(55) Case 106/77 Judgment of 9 March 1978 [1978] ECR 629, para. 18.
(56) Opinion 1/91 [1991] ECR, p. I-6079；拙稿「EEA 協定と EC 条約との関係」『国際商事法務』27 巻 11 号（1999 年）1356-1359 頁。
(57) BVerfGE 89, 155, Urteil von 12.10.1993；西原博史「ヨーロッパ連合の創設に関する条約の合憲性」ドイツ憲法判例研究会編『ドイツの憲法判例 II（第 2 版）』（信山社，2006 年）395-400 頁。

のための「国家結合（Staatenverbund）[58]」を創設するのであって，欧州人民に基づく国家を創設するのではないとした[59]。さらに，ドイツは「国家結合」における構成員である。その共同体の権力は構成国から由来し，ドイツの高権領域においてはドイツの法適用命令に基づいてのみ拘束力をもって作用しうる。ドイツは「条約の主人（Herren der Verträge）」の1（人）であり，条約は「無期限の期間」に対し締結されたEU条約の拘束性を長期間にわたって構成員であり続けるという意思をもって根拠づけたものの，これへの帰属は，最終的に逆方向の行為によって再び廃止することができる[60]。

BruhaとNovakは，この判例について，ドイツ連邦憲法裁判所は同判決において，必ずしも構成国がいつでもどのような理由からでも廃止されうると言っているのではないとし，さらに，政策と法は区別されなければならないとした。その上で，たとえ脱退を妨げることはできないとしても共同体法に反する脱退は違法であるとした[61]。

ドイツは，確かに「条約の主人」の1（人）であるかもしれないが，唯一の主人ではない。すべての構成国によるEUの廃止は可能であるかもしれないが，一国による行為は無制限のものではないと考えられる。

〔4〕 条約（リスボン条約発効以前）における脱退の可能性に関する私見

EUから脱退について上述のような諸見解を検討した結果，学説上は，依然として，構成国の合法的な一方的脱退を不可能とする説は有力であり，また，一方的な脱退を可能とする説においても，原則として脱退は許されず，例外的な場合においてのみ許容されると考えられていると捉えられた。

私見では，脱退の可能性について，次のように考えるのが，妥当であると考えた。EU条約には，加入規定は存在しても（リ前EU条約49条），脱退規定はおかれていない。EU条約51条（リ後EU条約53条）およびEC条約312

---

(58) „Staatenverbund" は，同判決によって生み出された新しい概念である。国家連合（Staatenbund）でも連邦国家（Bundesstaat）でもないという，EUの特別の性質を表している。
(59) *Ibid.*, 188.
(60) *Ibid.*, 190.
(61) Bruha/Novak, note(50), p. 9.

385

第12章　欧州憲法条約及びリスボン条約における脱退条項

条（リ後 EU 運営条約 356 条）において条約が無期限に有効であるという規定がおかれている。EU 条約 48 条（リ後 EU 条約 48 条）は改正手続を定めている。加入手続および改正手続は，全構成国の合意を前提としている。合意による脱退は，EU 条約 48 条（リ後 EU 条約 48 条）および EU 条約 49 条（リ後 EU 条約 49 条）が類推適用されて可能であると考える。しかし，一方的脱退については，それを可能にする根拠条文がないため，EU 法上は認められない。国際法上の「事情の根本的変化」の原則に依拠する一方的な脱退は，EU 条約および EC 条約が将来の変化に対応する柔軟性および適合性を可能にする条文（改正手続に関する EU 条約 48 条（リ後 EU 条約 48 条），先行統合に関する EU 条約 43 条および関連条文（リ後 EU 条約 20 条及び関連条文）[62]，保護措置および緊急措置などの例外的措置に関する EC 条約 296 条～297 条（リ後 EU 運営条約 346 条～347 条）など）を有していること，また，条約違反国に対しては，EC 条約 226 条（リ後 EU 運営条約 258 条）および EC 条約 227 条（リ後 EU 運営条約 259 条）のほかに，マーストリヒト条約で追加された EC 条約 228 条 2 項（リ後 EU 運営条約 260 条）[63]により，強制金の賦課が可能になったこと，さらに，自由，民主主義，人権および基本的自由，法治国家などの EU の基本原則に違反した構成国に対しては投票権の剥奪を含む構成国の一定の権利を停止する，制裁措置がアムステルダム条約により挿入され，ニース条約により強化されたことにより（EU 条約 7 条，リ後 EU 条約 7 条），理論上は若干の可能性（欧州司法裁判所による権限踰越の場合など）が残っていても，実際にはそれに依拠して，脱退を国際法上合法化することは困難であると考えた。ただし，合法ではないが，事実上の脱退は，EU は，脱退する国に対し，軍事力による強制措置を持たないので，妨げられないと考えた。

---

(62)　拙稿「EU 条約および EC 条約におけるより緊密な協力制度」『日本 EU 学会年報』22 号（2002 年）107-131 頁。
(63)　拙稿「EC 法の履行確保手段としての EC 条約 228 条 2 項」『国際関係の多元的研究』（東泰介教授退官記念論文集）（大阪外国語大学，2004 年）119-141 頁。

◆2◆ 欧州憲法条約及びリスボン条約における脱退条項

(1) 欧州憲法条約及びリスボン条約における脱退条項に至る経緯

2001年12月ラーケン欧州首脳理事会において欧州の将来のための諮問会議を招集することが決定された。欧州諮問会議（コンベンション）の議長にフランス元大統領 Giscard d'Estaing が指名され，諮問会議には，各構成国，国内議会，欧州議会，委員会の代表，同様に加盟申請国政府および国内議会の代表が構成員として参加した。欧州諮問会議は2002年2月28日から開始された(64)。

〔1〕欧州諮問会議における初期の脱退提案

欧州諮問会議においては，その構成員が自由に提案を行ったり，意見を述べたりすることができた。2002年10月28日に最初の憲法条約草案が提出される前に，脱退条項を含む，提案が主に3つ提出された。①イギリス政府代表の Hain によるもの，②フランス国内議会の代替代表 Badinter によるもの，③欧州議会の代表（フランス）Lamassoure によるもの3つである。それぞれの提案については，Friel が詳細に紹介し，分析した(65)。Hain の提案の27条では，次のようになっていた(66)。

「1. いかなる構成国も EU から脱退することができる。構成国は，理事会に脱退の意図を通知する。2. 国家又は政府の長から構成される理事会は，委員会と欧州議会と協議した後に，そのような脱退により必然的に伴われる本条約への機構上の調整を全会一致により決定する。
3. 本条の目的のために国家又は政府の長からなる理事会と委員会は脱退する構成国の票を考慮することなしに行動する。欧州議会はその国で選挙

---

(64) 欧州諮問会議における資料（CONV）は，すべて次のホームページにより入手可能である。http://european-convention.eu.int/bienvenue.asp?lang=EN&Content=.
(65) Raymond J. Friel, "Secession from the European Union", *Fordham Int'l L.J.* Vol. 27 (2004), 631-635 ; *idem.*, "Providing a constitutional framework for withdrawal from the EU", *ICLQ*, Vol. 53 (2004), 422-424.
(66) CONV 345/02, 15 October 2002, CONTRIB 122, 46-47.

第12章　欧州憲法条約及びリスボン条約における脱退条項

された議会の議員の立場を考慮することなしに行動する」。

さらに，それには次のようなコメンタリーが付されていた[67]。27条1項の文言は構成国が連合からの脱退の「許可」を必要としないことを明示的に示している。Friel は，Hain による提案は，イギリスの教授 Dashwood が起草したものであることを明らかにし，この提案では脱退の問題が国家の専属事項であり，いかなる構成国も脱退の許可を必要としないとし，脱退権は構成国の維持された主権的権利であるとされるために，国家優位（State Primacy）の脱退条項であると分析した[68]。

Badinter の提案の80条は，以下のようであった[69]。

「いかなる構成国も本条約の終了を宣言し，EUからの脱退の決定を通知することができる。

構成国の決定は，高いレベルの憲法上の規定の修正に必要とされる手続に従って当該国家においてなされなければならない。

当該国家の脱退は欧州首脳理事会によって決定される期間の終了後効果を有する。

この期間の間，連合と脱退しようとする国は脱退手続および連合の利益に関し起こりうる結果を定める協定を交渉しなければならない。脱退しようとする国は脱退により連合が被りうる損失に対して責任を負わなければならない。脱退しようとする国と閣僚理事会の間で協定が締結されない場合は，欧州司法裁判所は同紛争を取り扱わなければならない。欧州司法裁判所は脱退協定の解釈と執行に関するすべての訴訟をも取り扱わなければならない」。

Friel は，この条項において国家は最終的な脱退権を維持する一方で連合の協定に服さなければならないことが強調されているとし，また，脱退事項が協定もしくは欧州司法裁判所により扱われることから，Badinter による提案による脱退条項を連合コントロール（Union Control）モデルとして提示した[70]。

---

(67) *Ibid.*, 47.
(68) Friel, note (65) (*Fordham*), 632 ; *idem.*, note (65) (*ICLQ*), 422-423.
(69) CONV 317/02, 30 September 2002, CONTRIB 105, 50.

388

Lamassoure の提案は，Hain や Badinter の提案とは異なり，条文の形で示されている訳ではなく，連合モデル（Confederal Model），連邦モデルおよびその中間の共同体モデルの構想が大まかに示された[71]。共同体モデルにおいては，脱退権について，脱退権は憲法に含まれること，脱退権は厳格で抑止的な条件に服すること，しかし，すべての国家はいつでも同権利を有することを承認されるとの概略を示した[72]。Friel は，Lamassoure が，連邦モデルにおいていったん構成国が連合の構成員になったら，永遠に構成員であるということを示しているが[73]，彼自身無理だと考え，共同体モデルを提案したとコメントした[74]。

〔2〕 最初の憲法条約草案

2002年10月28日に，議長，副議長など12名から構成される幹事会(Praesidium) により起草された最初の憲法条約草案が欧州諮問会議の総会に提出された[75]。同草案は，欧州憲法条約のおおまかな骨組みを示すものであったが，その46条に「連合からの脱退」と題する項目が設けられた。そこでは，「本条は構成国の決定により連合からの任意の脱退に対する手続を設定する可能性とそのような脱退の機構上の結果に言及することになるだろう」とされた。

〔3〕 幹事会から欧州諮問会議への提案（2003年4月2日）

欧州憲法条約草案は，出来上がった部分から公開され，意見を求めるという形式が採られた。脱退条項を含む，連合の構成員という欧州憲法条約10編が幹事会から欧州諮問会議にコメントつきで提出された。憲法条約草案46条は，「連合からの任意の脱退」と題し，次のように定められた[76]。

「1. いかなる構成国も各々の憲法上の要請に従い，欧州連合から脱退を決定することができる。

---

(70) Friel, note (65) (*Fordham*), 633 ; *cf. idem.*, note (65) (*ICLQ*), 424.
(71) CONV 235/02, 3 September 2002, CONTRIB 83.
(72) *Ibid.*, 12.
(73) *Ibid.*, 6.
(74) Friel, note (65) (*Fordham*), 634-635 ; *idem.*, note (65) (*ICLQ*), 423.
(75) CONV 369/02.
(76) CONV 648/03, 5.

389

第12章　欧州憲法条約及びリスボン条約における脱退条項

2. 脱退を決定する構成国はその意図を理事会に通知する。通知がなされると、脱退の取決めを定めるために、連合との将来の関係のための枠組を考慮し、当該国と協定を交渉し、かつ、締結する。同協定は、欧州議会の同意を得た後、理事会が特定多数決により連合に代わり締結する。

　脱退する国は、それに関する理事会の議論あるいは決定に参加しない。

3. この憲法は、脱退協定の発効の日から又はそれがない場合は2項に定める通知後2年後に当該国に適用されなくなる」。

　46条については、次のように説明された[77]。構成国の連合からの任意脱退を扱う46条は、新しい規定である。それは、構成国が脱退を決定すれば、いかなる構成国も欧州連合から脱退可能であることを明示的に認めている。脱退手続はウィーン条約法条約の下での手続に部分的に基づいているが、同時に、それは脱退のための取決めをなし、将来の関係のための枠組を設定する、関係国との協定を締結することを連合のために定めるものであると。46条に対するコメントは、次のようになされた[78]。46条に定める手続はウィーン条約法条約における手続を利用している。3つのポイントとしては、①脱退の取決めおよび将来の関係に関する連合と脱退国との間に協定が締結されることが望ましいが、任意的脱退の本質的コンセプトを無効にしないために協定締結が脱退の条件を構成すべきではないこと、②連合と脱退する国の間で協定が締結されない場合、脱退の法的効果が検討されなければならないこと、③脱退協定の締結のための意思決定手続がさらに検討されなければならないことが挙げられた。

　この幹事会による46条の脱退条項に対し、多くの修正案がよせられた[79]。主な問題は脱退条項を維持するか削除すべきかであったと報告された。削除すべきであるという意見を述べたのは、ドイツ、オランダ、ポルトガル、オーストリア、ルクセンブルク政府代表、ドイツおよびギリシャの国内議会代表、ドイツ、オーストリア、ベルギー欧州議会議員等であった[80]。他の提

---

(77) *Ibid.*, 2.
(78) *Ibid.*, 9.
(79) CONV 672/03, 14 April 2003, Summary sheet of proposals for amendments concerning Union Membership, 3 and 10-12.

出された修正のほとんどは，46条を認めるものの，幹事会の草案を基にして，任意の脱退の可能性を制限および（または）その結果をより厳格にする方向になすものであったとされた[81]。具体的には，①脱退権は，例外的な状況に限定されるべき（特に憲法の改革など），②自動的に脱退が効果をもたないように修正されるべき，③理事会の意思決定を特定多数決から全会一致にし，構成国に脱退に対し事実上の拒否権を与えるべき，④脱退する国に対する連合の法的責任に関する規定が追加されるべき，⑤脱退した国がすぐには連合に加入できないように「待ち時間」を設定する規定がなされるべきことなどが提案された。脱退の要請はできるものの，自動的に脱退が可能になるのではなく，連合との協定締結が必要であるという意見であったのは，フランス政府代表，フランス国内議会代表，フランス欧州議会議員，ドイツ欧州議会議員およびフィンランド政府代表であった[82]。他方，いくつかの修正案は，脱退を容易にするための修正，特に協定がなされない場合の脱退権が効果を有するようになる期間を2年から1年に短縮することであった。そのような短縮を求めたのは，イギリスおよびハンガリーの国内議会の代表，ならびに，デンマークの欧州議会議員であった[83]。

〔4〕 2003年4月24および25日の総会

2003年4月24および25日に諮問会議の総会が開催された。総会の報告書によると，46条は注目を集めたとし，次のようにまとめられた[84]。多くのスピーカーが，いかなる構成国も連合を去ることができるべきであるとし，脱退条項が維持されるべきことを求めた。しかし，数人は，脱退権が幹事会の提案よりもより厳格な条件・手続に服すべきとした。あるいは，脱退権は一方的ではなく，連合の決定と連合を脱退する国の間での協定の締結に服すべきとされた。何人かは，連合を去った国に対して連合国（associated State）の地位を創設する可能性を挙げた。幾人かは，たとえば憲法が改正

---

(80) *Ibid.*, 10.
(81) *Ibid.*, 3.
(82) *Ibid.*, 10-11.
(83) *Ibid.*, 12.
(84) CONV 696/03, 10-11.

される場合など，例外的な場合にのみ脱退権を限定することを支持した。幾人かは，欧州首脳理事会または理事会は構成国による要請に基づき全会一致で決定すべきであることを提案した。他の者は，連合への加入に対するのと同じ手続が脱退に対しても用いられるべきであるとした。幾人かは，この規定が削除されるべきことを求めた。脱退の可能性はすでにウィーン条約法条約により存在するので，憲法条約においてそれに対し明示的に定める必要はないとした。他方，もしウィーン条約法条約が適用可能でないのであれば，この規定の挿入は連合の性質を変えるものになるだろうとの意見が述べられたとされた。

〔5〕 修正提案 2003 年 5 月 26 日

欧州憲法条約草案の第 1 部の修正された条文が 2003 年 5 月 26 日付けで幹事会から欧州諮問会議に提出された[85]。脱退条項は，同草案の I-59 条に規定された。前の草案の 46 条との相違は，主に 3 点が挙げられる[86]。1 点目は，脱退の通知先の変更と脱退手続の強化である。I-59 条 2 項は，「脱退を決定する構成国は意図を欧州首脳理事会に通知する。欧州首脳理事会はその意図を審査する。欧州首脳理事会が定める指針に照らして，連合は当該国と交渉し，協定を締結する……」と定めた。2 点目は，通知から脱退までの期間延長の可能性である。I-59 条 3 項は，「本憲法は，脱退協定の発効日からあるいはそれがない場合は，欧州首脳理事会は当該構成国の合意によりこの期間の延長を決定しない限り，2 項に定める通知から 2 年後に当該国に適用されなくなる」と定めた。3 点目は，再加入についてである。I-59 条 4 項は，「連合から脱退した国家が再加入を求める場合は，その要請は I-57 条に定める手続に服する」と定めた。

この草案に幹事会により次のようなコメントが付された[87]。憲法は，任意の脱退規定を含まなければならない。多くの者は，そのための特別の規定がない場合においても脱退できるとの見解を示すが，幹事会は脱退規定の挿入は状況を明確にし，脱退の取決めと将来の関係の枠組を定める EU と構成

---

[85] CONV 724/03.
[86] *Ibid.*, 133–134.
[87] *Ibid.*, 134–135.

国間の協定を交渉および締結する手続の導入を認めるものであると考える。さらに，そのための規定の存在は，EU を去ることが不可能な厳格な組織であると議論しがちな者に対する重要な政治的シグナルとなるとした。また，脱退協定については，多くの者が脱退権が存在すると考えているので，脱退協定の締結を脱退の条件とすることはできないとした。

〔6〕 欧州憲法条約 2004 年 10 月 29 日

欧州諮問会議は 2003 年 7 月 10 日に最終的に任務を終えた。議長は，欧州憲法を制定する条約草案を欧州首脳理事会の議長国イタリアに提出した[88]。その後，同憲法条約草案を基礎に政府間会議の交渉が開始された。2003 年 10 月には，欧州憲法条約草案の条文を明瞭にするという趣旨での全体にわたる見直しがなされた[89]。しかし，2003 年 12 月に開催された欧州首脳理事会では合意には至らなかった。欧州首脳理事会の議長国がアイルランドに交替し，引き続き政府間会議の交渉がなされた。2004 年 6 月 17,18 日に開催された欧州首脳理事会において，2004 年 5 月 1 日に EU に加盟した 10 カ国も含め，欧州憲法条約の合意に至った。最終的に，2004 年 10 月 29 日に欧州憲法条約に調印された。

脱退条項は，同条約 I-60 条に次のように定められた[90]。

「1. いかなる構成国もその憲法上の要請に従い連合からの脱退を決定することができる。

2. 脱退を決定した構成国は，その意図を欧州首脳理事会に通知する。連合は，欧州首脳理事会が定める指針に照らして，脱退の取決めを設定し，連合との将来の関係の枠組を考慮した協定を当該国と交渉しかつ締結する。同協定は，第 III-325 条 3 項に従い交渉される。この協定は，欧州議会の

---

[88] 欧州憲法条約草案についての論文として，田中俊郎「欧州憲法条約草案採択への道」『海外事情』51 巻 10 号（2003 年）2-13 頁；庄司克宏「欧州憲法条約草案の概要と評価」同 14-37 頁；拙稿「欧州憲法条約草案における EU 基本権憲章」同 38-52 頁；石村修「EU『憲法』条約草案の誕生とその法的性格」『専修法学論集』89 号（2003 年）1-30 頁；拙稿「欧州憲法条約草案における権限配分規定」同 107-141 頁等。

[89] 見直された結果の修正案は，CIG 4/1/03 REV 1, 6 October 2003, *at* http://europa.eu.int/futurum/index_en.htm.

[90] CONV 87/2/04, 61-62.

393

第12章　欧州憲法条約及びリスボン条約における脱退条項

同意を得た後，理事会は特定多数決により締結する。

3. 憲法は，脱退協定の発効日，または，それが存在しない場合には，欧州首脳理事会が当該構成国との合意したうえで期限を延長することを全会一致で決定しない限り，2項に定める通知から2年後に，その国への適用を終了する。

4. 2項および3項の適用上，脱退する構成国を代表する欧州首脳理事会または理事会の構成員は，これに関係する欧州首脳理事会または理事会の討議及び決定に参加しない。

　特定多数決は，理事会の構成員の少なくとも72％で，かつ，参加する構成国の人口の少なくとも65％を含んでいるものと定められる。

5. 連合から脱退する国家が再加入を求める場合，その要請はⅠ-58条に定める手続に服さなければならない」。

〔7〕　リスボン条約における脱退条項

　欧州憲法条約は，いくつかの構成国において批准されたものの，フランス及びオランダにおける国民投票で否決され，発効の見込みがたたなくなった。そこで，欧州憲法条約に代わる条約が政府間会議で議論され，改革条約がリスボンで締結された。リスボン条約は，2009年12月1日に発効した。リスボン条約は，未発効に終わってしまった欧州憲法条約を実質的に引き継いだものである。

　欧州憲法条約における脱退条項（Ⅰ-60条）は，リスボン条約により変更されたEU条約50条に入れられることになった。EU条約50条は，技術的な文言の修正を除いて欧州憲法条約Ⅰ-60条を実質的にそのまま引き継いでいる。

　EU条約50条は，以下のように定めている。

「1. いかなる構成国も，その憲法上の要請に従い連合からの脱退を決定することができる。

2. 脱退を決定した構成国は，その意思を欧州首脳理事会に通知する。連合は，欧州首脳理事会が定める指針に照らして，その国と交渉を行い，その国と連合との将来的な関係の枠組を考慮しつつ，その国の脱退に関する取決めを定める協定を締結する。この協定は，欧州連合運営条約218条3

項に従って交渉される。この協定は，欧州議会の同意を得た後に，理事会により特定多数決によって締結される。

3. 両条約は，脱退協定が発効した日に，または，それが存在しない場合には，欧州首脳理事会がその構成国と合意したうえで期間の延長を全会一致により決定しない限り，2項に定める通知から2年後に，その国への適用を終了する。

4. 2及び3項の適用上，脱退する構成国を代表する欧州首脳理事会または理事会の構成員は，これに関する欧州首脳理事会または理事会の討議及び決定に参加しない。

　特定多数決は，欧州連合運営条約238条3項(b)に従って定める。

5. 連合から脱退した国が再加入を求める場合には，その要請は49条に定める手続に服さなければならない。」

(2)　欧州憲法条約及びリスボン条約における脱退条項の分析

〔1〕　脱退条項の意味するところ

I-60条に脱退条項が上述した形で欧州憲法条約に挿入された。その後，リスボン条約の改正を受け，EU条約50条において，脱退条項が挿入された。

　脱退条項は，まず1項において，「いかなる構成国も，その憲法上の要件に従い連合からの脱退を決定することができる」と規定する。つまり，リスボン条約発効後，EUの全構成国は，EUからの脱退権を明示的に有している。ただ，これが，新しい権利の付与なのか否かについては議論がある。上述した幹事会は，多くの者が脱退権はウィーン条約法条約に依拠することで存在し，単にそれを目に見える形にする必要があったから，明示的に規定したと述べた。他方，BruhaとNowakはこのコメントに言及し，そのような脱退の権利は認められていなかったとし，それに批判を加えた[91]。Arnullは，脱退条項について，次のように述べた[92]。それは伝統の断絶（break）

---

(91) Bruha/Nowak, note (50), 8.
(92) Anthony Arnull, "The Member States of the European Union and Giscard's Blueprint for its future", *Fordham Int'l L. J.*, Vol. 27 (2004), 517.

を表している。これまでそのような規定は条約に含まれていなかった。それは，構成国であることが任意であることと構成国が主権を維持し続けていることを強調したものであると。また，Dörr は，脱退権が EU 条約の中に明示的に挿入されたことは，構成国の地位にとって重要な意味があるとする[93]。すなわち，EU 条約 50 条は，構成国が主権を維持していること，また，EU が国際条約に基づく主権国家からなる結合であることを確認するものであるとしている。

　脱退条項が挿入される前においても確かにウィーン条約法条約 62 条に定められる事情の根本的な変化が生じた場合には脱退可能であるという説が存在したが，リスボン条約が発効したことにより EU 条約 50 条に定められた脱退条項が適用可能になった。EU 条約 50 条は，ウィーン条約法条約 62 条に対し特別法であることから，リスボン条約が発効した現在，EU を脱退したいと考える構成国は，ウィーン条約法に依拠できず，EU 条約 50 条に定められる手続に従わなければならない[94]。また，同手続から逸脱した脱退は，EU 法上違法となる[95]。したがって，少なくとも国際法上認められる脱退権と EU 法上認められる脱退権の間には相違があると捉えられる。

　1(2)において学説を検討した限り，一方的な脱退を不可能とする説は依然有力であり，また，一方的な脱退を可能とする説についても，比較的通説的見解を提示すると考えられる複数のコメンタールにおいては，例外的な場合にのみ許容されており，必ずしも広く脱退権が認められていたとは考えられない。よって，今回の脱退条項の挿入は，単なる宣言的な意味を持つにとどまらず，新たな脱退の権利を創設したものと言わざるを得ない。また，これにより EU 法上合法的に脱退可能になったと言える。もっとも，脱退条項は，EU 内における政治的，経済的および文化的な結びつきを考慮すると，Louis

---

(93) Oliver Dörr, Art. 50, Rn. 7, 11 and 47, in Eberhard Grabitz/Meinhard Hilf/Martin Nettesheim, *Das Recht der Europäischen Union* (C. H. Beck, 2011).
(94) *Ibid.*, Rn. 12 and 43 ; *cf.* Christian Calliess, Art. 50, Rn. 13, in Christian Calliess/Matthias Ruffert (Hrsg.), *Das Verfassungsrecht der Europäischen Union mit Europäischer Grundrechtecharta*, 4. Aufl., (C. H. Beck, 2011).
(95) Dörr, Art. 50, Rn. 24, note (93).

が言うように，理論的な可能性にすぎなくかつ最終的な手段にとどまるだろうと考えられる(96)。

脱退手続としては，まず脱退を決定した構成国は，欧州首脳理事会にその意思を通知しなければならない（EU条約50条2項）。脱退の効果は，この宣言により生じる。脱退には，EU法上は特別な動機や理由は必要とされない(97)。しかし，構成国は，EUと協定を締結することを目指して交渉しなければならない。この交渉は，EU運営条約218条3項の手続に基づいてなされ，理事会により脱退協定の締結が決定される。なおこの決定については，欧州司法裁判所のコントロールに服する(98)。この脱退協定を締結する前に，欧州議会の同意が必要とされる。もっとも協定が締結されなかった場合でも脱退通知から2年経てば，交渉期間が延長されない限り，EU条約及びEU運営条約が適用されなくなり，自動的に脱退となる。よって，脱退条項は，構成国の合意を必要とせず，EU法上合法的に一方的脱退を可能にするものである。ただし，脱退しようとする構成国は，EU条約50条に定める脱退手続には服さなければならないため，一方的脱退ではなく，脱退手続を遵守した上での任意の脱退がEU法上認められたと言う方が正確であろう。

〔2〕 脱退条項の挿入をめぐる議論

脱退条項の挿入をめぐっては，学説上議論が分かれている。Schwarzeは，任意の脱退権は，特に内政の目的のための濫用される危険性をはらんでいると指摘した(99)。また，脱退権の適用が議論になるという状況があるとすれば，条約改正の際に構成国の意見が採用されない場合しか考えられないとした上で，欧州憲法条約草案は，憲法の創設の際も，条約の改正の際もすべて

---

(96) Jean-Victor Louis, "Le projet de constitution", *CDE*, Trente-neuvième année (2003), 223.
(97) Dörr, Art. 50, Rn. 13-18, note (93)； Wolff Heintschel von Heinegg, Art. 50, Rn. 4, in Christoph Vedder/Wolff Heintschel von Heinegg (Hrsg.), *Europäisches Unionsrecht*, (Nomos, 2012)； Ulrich Becker, Art. 50, Rn. 2, in Jürgen Schwarze (Hrsg.), *EU-Kommentar*, 3. Aufl., (Nomos, 2012).
(98) EU運営条約263条（取消訴訟），268条と340条2項（連合の責任），267条（先決裁定手続），218条11項（裁判所意見）の対象となる。Dörr, Art. 50, Rn. 32, note (93).
(99) Jürgen Schwarze, „Ein pragmatischer Verfassungsentwurf", 38 *EuR*, (2003), 558.

の構成国の合意を必要としているのだから，新たな一歩を進みたくない構成国に自己主張のために明示的な脱退権を付与する必要性は存在しないとの見解を示した(100)。

BruhaとNowakは，(リスボン条約発効以前当時では) 脱退権はEU法上認められておらず，脱退は違法であるとし，もし一方的な脱退がなされるとそれにより損害を被った個人が国家に対し損害賠償を請求することができるとし，他方，脱退がEU法上認められるともはや国家の脱退により個人が開業の自由，労働者の移動の自由などEU法により与えられた権利がなくなり，不利益を被ったとしても国家責任は生じないとした。脱退規定は，欧州統合の不可逆性にも反するものであると。さらに，脱退権の規定は，初めて欧州統合を後退させる意味での多段階化であり，これまでの先行統合という柔軟な統合のモデルとは異なるとし，脱退規定は間違った方向への一歩であるとした(101)。

他方，Huberは，ドイツの国家性および民主主義の保障から，最終手段として，脱退権を維持しなければならないことが結果として導きだされるとした(102)。また，脱退権または脱退の可能性は，国家連合と連邦国家を境界づける本質的な基準であるした。さらに，脱退権でもってのみ，国家は，国家の将来，国民，領域について，自ら最終的な責任をもって決定することが確保されるとの見解を示した(103)。

Perniceは，別の理由から脱退条項を支持した。彼によると，脱退条項は，EUの構成国であることは任意であるし，そうであるべきだということを確認する手段となるとし，任意に加入した者は，再び任意に出て行くことができるべきとの見解を示した(104)。

さらに，Blumannも，別の観点から脱退条項を支持する(105)。脱退権は，EUにおいて活動していない部分を除去する可能性を与えるものであると捉

---

(100) *Ibid.*, p. 559.
(101) Bruha/Nowak, note(50), 17-25.
(102) Huber, note(1), 591.
(103) *Ibid.*, 598.
(104) Ingolf Pernice, „Die neue Verfassung der Europäischen Union", *FCE Spezial* 1/03, 19, *at* http://www.whi-berlin.de/.

える。Blumannは，脱退条項のおかげで統合に懐疑的な構成国を厄介払いでき，また，共同体システムを損なう危険性のあるオプト・アウトや多段階統合の必要性を減じる効果ももつとした。

Dörrも，脱退条項を評価する(106)。EUはすでに均質性を維持し，また妥協点を見出すのが困難である点に到達したとする。このような際に脱退条項は，政治的な圧力手段として寄与するとした。なぜなら決定をブロックしがちな構成国に脱退の道を示すことができるからである。また，脱退条項はEUの決定の政治的正統性を高めるとした。なぜなら脱退は任意と定められており，構成国はほかに選択肢がなかったとは国民に言えなくなるからである(107)。また，脱退条項が脱退の手続を定めていることから，交渉，脱退協定締結過程を通じて脱退にEUの機関（場合により欧州司法裁判所も）がかかわることになり，脱退のEU化（Unionalisierung）が進むことになるとする(108)。これは，EUの利益を強化することになるとする。

Schönbergerは，経済的にも政治的にも結びついているEUからの脱退は，実際的には困難であり，国家は加入のときに持っていたような自由を脱退のときにはもっていないと述べた(109)。

〔3〕 脱退条項の挿入の理由

1(2)において上述したように学説上は必ずしも脱退の可能性を認めるものではなかった。なぜ，脱退条項が欧州憲法条約に，その後リスボン条約に挿入されたのかについて考えたい。それにはいくつかの理由が挙げられる。第1に，東方拡大である。2004年5月31日に東ヨーロッパ諸国がEUに加盟し，加盟国数が15カ国から25カ国に増加した。さらに，2007年には，2カ国増え，EU加盟国数は27カ国となった。2013年にはクロアチアが加入し，28カ国になる。また，さらなる周辺国の加入が想定されている。東方拡大は，

---

(105) Claude Blumann, "Quelques réflexions sur le projet de Constitution de l'Union européenne", *RDP*, Tome 119(2003), 1272.
(106) Dörr, Art. 50, Rn. 49, note(93).
(107) Calliessも同様に考える。Calliess, Art. 50. Rn. 21, note(94).
(108) Dörr, Art. 50, Rn. 48, note(93).
(109) Christoph Schönberger, „Die Europäische Union als Bund", *AöR*, Bd. 129(2004), 103.

これまでの拡大と異なり，旧共産主義圏諸国によるものであった。それらの諸国においてはかつて旧ソ連により強制され，抑圧され，自由が制限されていた。冷戦が終わり，1990年から1996年にかけて，EC (EU) は東ヨーロッパ諸国とヨーロッパ協定という名前の連合協定を締結した。東ヨーロッパ諸国がEUに求めたのは，強制や抑圧とは逆のもの，自由であり，国家の平等，国家主権の尊重である。Frielは，EUが「典型的なゴキブリ（ほいほい）の家」なのか否かという問題提起を行ったが[110]，東ヨーロッパ諸国がゴキブリの「家」ではなく，加入も脱退も国家の自由意思に任されるEUの「家」を望んでいたことと考えられる[111]。上に示したように，脱退条項の削除を望んだのは，ドイツ，ルクセンブルク，オランダ，オーストリア，ポルトガルの政府代表であり，東欧諸国の政府代表ではない。Oppermannは，脱退条項は，脱退を促進するものではなく，EUに加盟しようとする国に加入への決定を容易にするものであるとし，また，脱退条項の存在により，加盟を考慮する国にとってEUへの加入は「国際監獄 (Völkergefängnis)」に入ることを意味しないということが明らかになるとした[112]。Streinzも，脱退条項が明示的に条約に規定されていることは加盟を考える国に大きな価値を有するとした[113]。

　第2に，多段階統合の合法化の流れである。マーストリヒト条約の際に，イギリスとデンマークが経済通貨同盟からのオプト・アウトを認められた。また，アムステルダム条約においては，先行統合を認める「先行統合制度」が導入され，多段階統合がEU法上可能になった。また，欧州憲法条約において軍事面での多段階統合を可能にする「常設の制度的協力」が導入された。これは，リスボン条約においても引き継がれている。先行統合制度および常設の制度的協力は，先に統合を進めたい国あるいは先に統合を進める能力の

---

(110) Friel, note (65) (*Fordham*), 590.
(111) *Cf.* Louis, note (96), 222.
(112) Thomas Oppermann, „Eine Verfassung für die Europäische Union", *DVBl.*, 118. Jahrg. (2003), 1242.
(113) Streinz, Art. 50, Rn. 11, in Rudolf Streinz (Hrsg.), *EUV/AEUV*, 2. Aufl., (C. H. Beck, 2012).

ある国にそれを可能にするものであるが，すべての構成国が同じ速度で統合を進めなくてもよいということをも意味する。すなわち，統合に参加する国の数（量）ではなくて，統合の深さ（質）を重要視するものと言えるであろう。また，先行統合制度あるいは常設の制度的協力を導入せざるをえないということは裏を返せば，域内市場を完成させた現在，EUの今後の課題として挙げられるのは政治統合，欧州軍の設立，税の調和，財政同盟などであり，欧州統合がそこまで深化していることの証左でもある。そのように進んだ欧州統合の段階においては，それ以上先に共に進むことのできない構成国もでてきうるだろう。その文脈において脱退という選択肢も生じうると考えられる。

　第3に，透明性の問題である。欧州憲法条約起草に当たっては，透明性の確保が目標の一つとされた[114]。欧州司法裁判所の判例として確立していた，「黙示的条約締結権限」の法理，また，実行から認められてきた「EUの法人格」などが欧州憲法条約，その後リスボン条約において明示的に定められた。これは，市民に目に見える形で示すという，透明性の確保に寄与するものである。脱退規定もこの文脈で捉えることができる。

　第4に，第3とも関係するが，国民投票の問題が挙げられる。脱退条項の挿入は，欧州連合への加入あるいはEU諸条約の批准を躊躇する国家や市民に対し，脱退できるということをはっきりと示す目的があると考えられた[115]。加入を考える国に対して脱退条項はその決断を容易にするものであると捉えられる。

　第5に脱退条項の受け止め方の変化である。欧州統合の初期においては，まず安定性が必要であった。これまで脱退条項に「NO」と言われたのは，欧州統合の後退（Rückschritt）が恐れられていたからである。現在望まれているのは，進歩（Fortschritt）である。脱退条項の受け入れは，欧州統合の

---

(114)「EUの将来に関するラーケン宣言」Presidency Conclusion, European Council Meeting in Laeken, 14 and 15 December 2001, SN 300/1/01 REV 1. ①EUにおける権限のよりよい配分と明確化，②連合の法的文書の単純化，③連合における民主化，透明性の確保および効率化，④欧州市民のための憲法の4つが問題として挙げられた。
(115) *Cf.* Louis, note(96), 222.

第 12 章　欧州憲法条約及びリスボン条約における脱退条項

発展とともに，義務を負うことのできない構成国がでてきうる中で，脱退は統合の崩壊（disintegration）を導くのではなく，機能しやすくなることで統合のさらなる深化を導きうるという考え方が生まれてきたからでもあろう。

〔4〕 脱退条項の問題点

欧州憲法条約 I-60 条 1 項及び（リ後）EU 条約 50 条は，「いかなる構成国もその憲法上の要請に従い，欧州連合からの脱退を決定することができる」と定める。脱退条項は，脱退する構成国が同国の憲法上の要請に従って脱退を決定しうるとなっている。このことから 2 点において脱退に制限が加えられる可能性が考えられる。1 つ目は，脱退が国内憲法違反となりうるか否か，2 点目は欧州連合市民の観点から提示されうる。

1 点目は，ドイツ語で書かれたコメンタールで見られる議論である[116]。ドイツの憲法である基本法は，23 条 1 項において，EU の発展に協力するという連邦の義務を定めている。この規定がドイツの EU からの脱退を制限するものになるか否かという議論がある。EU 法上は，脱退する際に理由や動機はいらないが，Dörr, Streinz 及び Calliess は，ドイツ法上理由のない脱退は基本法 23 条 1 項に違反するとする[117]。ドイツ連邦憲法裁判所は，マーストリヒト条約判決において，一定の条件の下で共同体から離脱は可能であるとする一方で[118]，リスボン条約判決において，基本法 23 条 1 項及び前文から生じる統一されたヨーロッパの実現への国内憲法上の任務は，欧州統合に参加するか否かは連邦機関の政治的な好き勝手にはならないことを意味すると判示した[119]。もっとも脱退権の存在自体はドイツ連邦憲法裁判所により否定されていない[120]。

Verhoeven は，EU における民主主義の必要性に関する論文を書いたが，その中で以下のように脱退に触れた[121]。EU は，「新しい法秩序」の中で，

---

[116] Dörr, Art. 50 EUV, Rn. 22, note (93)；Rudolf Streinz, Art. 50, Rn. 5, note (113)；Christian Calliess, Art. 50, Rn. 4, note (94)．
[117] Dörr, Art. 50 EUV, Rn. 22, note (93)；Streinz, Art 50, Rn. 5, note (113)；Calliess, Art. 50, Rn. 4, note (94)．
[118] BVerfGE vom 23. October 1993, 2 BvR 2134/92 ua., Tz. 147.
[119] BVerfGE vom 30. Juni 2009, 2 BvE 2/08 ua., Tz. 225.
[120] BVerfGE vom 12. September 2012, 2 BvR 1390 ua., Tz. 319.

国家ではなく個人を統合している。構成員であることの終了は，脱退する構成国の国民から連合市民権を奪うことになる。それは，経済的権利および自由の損失のみならず，政治的権利，EU法の構成国の違反に対する司法的保護を求める権利をも含んでいるとし，脱退の際における連合市民の被る不利益を問題にした。これが，書かれたのは，1998年であるが，欧州連合市民の問題はリスボン条約においてさらに大きくなっていると捉えられる。

　Van Gend & Loos 事件[122]において欧州司法裁判所は個人をEC（現EU）法の権利と義務の主体としたが，その後EC法の発展によりますますそれが強化され，他方でEU条約およびその後の改正により，欧州連合市民概念が確立されてきた。欧州憲法条約は，前文において「欧州の市民と国家に代わり，憲法草案を準備した欧州諮問会議の構成員に感謝し」[123]と定めている。連合の設立を定める，同条約I-1条1項において，「共通の将来を構築するという欧州の市民と国家の意思を反映して，本憲法は欧州連合を設立する……」[124]と定められた。また，EU基本権憲章も同条約II部に定められた。欧州憲法条約によって欧州連合市民が国家並んで前面にでてきていると言えるであろう[125]。このことは，リスボン条約により改正されたEU条約にも相当程度当てはまる。EU条約6条1項は，EU基本権憲章にEU条約及びEU運営条約と同等の法的価値を与えた。また，EU条約2編は「民主主義の原則に関する規定」と題され，EUにおける意思決定への欧州連合市民の参加を強化している。よって，連合からの脱退には，国家が「条約の主人」であるから国家の意思のみが要請されるのではなく，脱退する構成国の国民及びEUに残る構成国の国民が受ける影響（特に脱退する国に居住している欧州連合市民としての地位など）も考慮されなければならないであろう。

---

(121) Verhoeven Amaryllis, "How Democratic Need European Union Members Be？", *ELR*, Vol. 23, (1998), 223.
(122) Case 26/62 Van Gend & Loos v Netherlands Inland Revenue administration [1963] ECR 1.
(123) 傍点部は筆者による。
(124) 傍点部は筆者による。
(125) *Cf.* J. Schwarze, „Der Verfassungsentwurf des Europäischen Konvents", in *idem*.

第12章　欧州憲法条約及びリスボン条約における脱退条項

◆3◆　結　語

　最後に脱退条項が欧州統合を後退させるものか否かについて私見を述べていきたい。

　マーストリヒト条約において、「共同体既得事項（アキ・コミュノテール）」という概念が導入された。この導入の理由は、マーストリヒト条約が既存の共同体の枠組に加えて、政府間協力を基礎にした第2の柱（共通外交および安全保障政策）ならびに第3の柱（司法内務協力）という、3つの柱からなるEUを設立するにあたって、いくつかの構成国が、このEUの新たな枠組の導入により、これまで発展してきた共同体の枠組が害されることを恐れたためである(126)。当時、「共同体既得事項の保護および発展」をEU条約B条1項（現EU条約2条1項）に明示的に定めることで欧州統合の後退を防ごうとされた。

　かつてHeintzenは、共同体既得事項の保護および発展ならびに共同体のメカニズムと機関の効果の確保はEU条約N条2項（修正されて、リ前EU条約48条）に基づく条約改正の際の実質的基準値（Vorgabe）であり、この基準値と合致しない条約改正は共同体法違反であるとした(127)。2000年に書いた拙稿において、EU条約N条2項が条約改正のための構成国政府が共同体既得事項の保護と発展の観点を考慮しなければならないことから、条約改正によっても「共同体既得事項」が共同体あるいは連合の発展を侵害する方向で変更できないことを構成国が承認したことを意味し、ここに欧州統合における「後退禁止原則」すなわち統合過程の不可逆性が確立したと述べた(128)。

　(Hrsg.), *Der Verfassungsentwurf des Europäischen Konvents*, (Nomos, 2004), 492-493.
(126) 拙稿「『共同体既得事項』概念とその機能」『一橋論叢』124巻1号（2000年）59-62頁。
(127) M. Heintzen, „Hierarchisierungsprozesse innerhalb des Primärrechts der Europäischen Gemeinschaft" 29 *EuR*, (1994), 47；憲法改正の限界について言及するものとして、Y. Petit, article N, paras. 21-23, in Constantinesco, V./Kovar, R./Simon, D., *Traité sur l'Union Européenne*, (Economica, 1995)；逆に変更できない共同体既得事項は存在しないという説もある。たとえば、Hillgruber, note(49), p. 365.

404

それゆえ，最初の欧州憲法条約草案に脱退条項が挿入されたのを知り，もっとも気になったのは，同項の挿入が「共同体既得事項の保護と発展」という後退禁止原則と合致するのか否かであった。

しかし，上述した公開されている欧州諮問会議資料の中では，脱退条項と共同体既得事項との関係を議論するものは見当たらない。欧州諮問会議においては，共同体既得事項自体，あまり議論の対象とならず，欧州諮問会議が提出した欧州憲法条約草案の中には，「共同体既得事項の保護と発展」に関する文言さえ定められていなかった。その後，政府間会議法律専門家の作業グループによりだされた「欧州憲法条約草案に関する編集および法的コメント」と題される文書において，「『共同体既得事項』として知られるものが何なのかについて言及がない。新しい EU が現在の EU と EC の法的継承者であることを最初に明らかにすることが有用である」と，欧州憲法条約の前文にコメントがつけられた[129]。そこでようやく，欧州憲法条約前文において，「欧州諸共同体を設立する条約および欧州連合に関する条約の枠組の中で達成された業績を共同体既得事項の継続を確保することによって，続けていくことを決意し」という文が挿入されたにとどまる。欧州憲法条約を引き継いだリスボン条約では，「共同体既得事項」ないし「連合既得事項」という文言は条約から削除された。また，「共同体既得事項の保護と発展」という文言も見られない。

これまで上述してきた，脱退が共同体側に理由がある場合認められるとする Meier，脱退条項が存在すべきという Weiler，脱退条項をめぐる議論の中で，脱退条項を支持した Bluman の意見ならびに脱退条項挿入の理由を検討した結果，脱退条項は統合を進ませる働きももっており，脱退は必ずしも欧州統合にとって後退を意味しないと考える。

そこで，生じうる危惧に対しても回答しておかなければならない。脱退権が明示的に規定されると，EU は単なる国際組織になり，連邦になる可能性はなくなるのか。脱退条項の存在は，その組織の法的性質を決定するもので

---

(128) 拙稿・注(126) 62頁。
(129) CIG 4/1/03 REV 1, note(89), p. 29.

第12章　欧州憲法条約及びリスボン条約における脱退条項

はない。連邦国家になると脱退は不可能になると主張される場合があるが(130)，連邦国家においても脱退は可能である。カナダは，連邦国家であるが，カナダ最高裁判所は，カナダ憲法が州の脱退に関する規定をおいていないものの，ケベックの市民の過半数が脱退を求め，かつ，他の州の権利を尊重する限り，ケベック政府の脱退権を否定することはできないと判示した(131)。EUが連邦的要素を基礎に構成されていることは事実であり，さらに，欧州憲法条約，その後のリスボン条約における構成国とEU間の権限配分規定の体系化などにより，連邦的要素が強化された。すなわち，EUの中に入れば，連邦的な要素が適用される。入るか出るかについては，連邦とは直接には関係しないと言えるであろう。

欧州憲法条約IV-446条並びに（リ後）EU条約53条及び（リ後）EU運営条約356条は，（リ前）EU条約51条および（リ前）EC条約312条と同じく条約が無期限に有効であることを定めた。Oppermannは，無期限条項に言及した上で，EUは，脱退条項が挿入された後も単なる国際組織に戻るのではなく，より国家に類似した，より強化された国家結合にとどまるとした(132)。たとえ構成国が脱退したとしても，EUが解消されるわけではない。脱退条項を定めたEU条約50条は，EUの解消規定ではない(133)。もっとも，Calliessに見えられるようにすべてのEU構成国がEU条約50条を用いれば，解消は可能であるとする説も存在するが(134)。解消に関しては，EU条約53条とEU運営条約356条との関係が特に問題となる。EU自体の永続性と構成国の脱退は区別されなければならないと考える。

---

(130) *Ex. Ibid.*, p. 203；ドイツ連邦（1815-1848年）では，脱退は法的に許されなかった。ドイツ連邦議定書1条は，不変の連邦（beständiger Bund）であることを定めていた。E.R.Huber, *Deutsche Verfassungsgeschichte seit 1879*, Band I, 2. Aufl., (Kohlhammer, 1957), 588；idem.(Hrsg.), *Dokumente zur Deutschen Verfassungsgeschichte*, Band I, 3. Aufl., (Kohlhammer, 1978), 85；*cf.* Manfred Zuleeg, „Vertragskonkurrenz im Völkerrecht: Teil I", GYIL, Vol. 20, (1977), 254.
(131) [1998] 2 S.C.R. 217, August 20, 1998, para. 92；石川一雄「パワー・シェアリング型ガバナンスと民主主義の赤字」『専修大学法学研究所所報』29号（2004年）21-22頁；Friel, note(65) (*ICLQ*), 418-419.
(132) Oppermann, note(112), 1242.
(133) Dörr, Art. 50, Rn. 44, note(93)；Streinz, Art. 50, Rn. 13, note(113).
(134) Calliess, Art. 50, Rn. 14, note(94).

あとがき

　EU(当時EC)法の研究を始めてから20年以上が経過した。この間，たくさんの人にお世話になってきた。
　東泰介先生には，大阪外国語大学のときに国際法の魅力を教えていただいた。ドイツ・ミュンスター大学での指導教官(Doktorvater) Albert Bleckmann先生には，「研究者」とはどのようなものであるかを，身をもって示してもらった。一橋大学大学院の指導教官の大谷良雄先生には常に時宜にかなった助言をもらってきた。一度フランスのストラスブールで再会したときに(先生は学会，私は留学中)，ある教会を見学した。先生は，その教会について，何百年残る仕事とはこういうものですよと言われた。それが今も心の中に残っている。また，夫のおかげで研究者になれたと言っても過言ではない。大学院生の頃から折にふれて，どのように研究テーマを選ぶか，研究者とはどうあるべきかなどについて助言をもらった。今でも論文のテーマを選択するとき，論文を執筆しているとき，それらの言葉を反芻している。
　自分の研究を支えているのが判例研究であるが，大学院生の頃から成城大学の今野裕之先生にEC企業法判例研究(『国際商事法務』)を通じ，また，早稲田大学の中村民雄先生と須網隆夫先生を中心とする東京EU法研究会において，貴重なご指導を受けている。専修大学に就職した頃から何年にもわたり梅本吉彦先生(民事訴訟法)には信山社から本を出版するように勧められてきた。今回，それが実現したことは大変うれしいことである。一橋大学に移った後も研究会等を通じて，専修大学の森川幸一先生(国際法)，石村修先生(憲法)及び矢澤昇治先生(国際私法)には引き続きお世話になり，有難いと思っている。
　2012年4月に12年間勤めた専修大学から母校の一橋大学に移った。この1年，EUSIの執行委員，大学院副専攻EU研究共同プログラムの設置，役員補佐(社会貢献・EU大学院担当)など，大学行政にもかかわってきた。いずれもEUに関わるので，仕事ではあるが，楽しんで取り組んできている。そ

あとがき

の中で，特にメンター的な存在である，川崎恭治先生(国際法)並びに「EUワークショップ」を共同担当している小川英治先生(副学長・国際金融)，大月康弘先生(西洋経済史)及び秋山晋吾先生(ヨーロッパ社会史)には大変お世話になっている。また，修士論文や博士論文の審査等で佐藤哲夫先生(国際法)とご一緒し，研究に取り組む際の真摯さを再認識し，刺激を受けている。さらに，一橋大学では，多くの方にお世話になっており，全員の名前を挙げることはできないが，特に，山内進先生(学長・西洋法制史)，ジョン・ミドルトン先生(英米法・メディア法)，部屋が近く私が大学院生の頃から知っている助手の岩月律子さん，私と同期に就職された助手の吉田望さん，国際法・国際関係助手の上條陽子さん，並びにEU関係でアンドレア・オルトラーニ先生(比較法)，林秀毅氏及びEUSI事務局の皆さんを挙げたいと思う。居心地がよく，また大学院生であった自分を採用していただいた専修大学から一橋大学に移るのには大きな決断が必要であったが，1年して一橋大学にも慣れ，この環境に身をおけることを大変有難く思っている。

　自分にとって研究は，なくてはならないもの。研究者が自分のBeruf(職業)であることに心から感謝している。まだまだ未熟であるので，少しでもよりよい研究者になれるようにこれからも精進したいと思う。

　最後に本書の編集をつとめられた信山社の今井守さんと，いつも私を支えてくれている家族に感謝したい。

2013年4月

松の木が見える研究室にて

中西優美子

判例索引

■ EU（欧州）司法裁判所（事件の付託年〔事件番号末尾2桁〕順）

Case 8/55 [1956] ECR 292 ···*34*
Joined Cases 7/56, 3/57 to 7/57 [1957] ECR 39 ···*28*
Case 26/62 Van Gend & Loos v Netherlands Inland Revenue Administration [1963] ECR 1
···*171, 179, 313, 403*
Case 6/64 Flaminio Costa v E.N.E.L. [1964] ECR 585 ················*171, 179, 313, 383*
Case 9/70 Grad v Finanzamt Traunstein [1970] ECR 825·······························*180*
Case 22/70 Commission v Council [1971] ECR 263 ············*14, 34, 135, 167, 220, 223, 223, 228, 276*
Case 7/71 Commission v. France [1971] ECR 1003·······································*383*
Case 43/71 Politi v Ministry for Finance of the Italian Republic [1971] ECR 1039 ················*179*
Joined Cases 21 to 24-72 International Fruit Company NV and others v Produktschap voor
 Groenten en Fruit [1972] ECR 1219 ···*199*
Case 9/73 Schlüter v Hauptzollamt Lörrach [1973] ECR 1135·······························*200*
Case 181/73 R. & V. Haegeman v Belgian State [1974] ECR 449 ··················*198, 199*
Case 41/74 Yvonne van Duyn v Home Office [1974] ECR 1337 ··················*180*
Joined Cases 3, 4 and 6/76 Kramer [1976] ECR 1279 ················*14, 34, 167, 224, 239*
Case 50/76 Amsterdam Bulb [1977] ECR 137···*143*
Case 106/77 Simmenthal [1978] ECR 629···*384*
Case 83/78 Pigs Marketing Board v Redmond [1978] ECR 2347·················*110*
Case 148/78 Criminal proceedings against Ratti [1979] ECR 1629 ···················*180*
Case 177/78 Pigs and Bacon Commission v McCarren [1979] ECR 2161 ··················*110*
Case 102/79 Commission v Kingdom of Belgium [1980] ECR 1473·················*180*
Case 804/79 Commission v UK [1981] ECR 1045 ··*87*
Case 203/80 Casati [1981] ECR 2595···*143*
Case 8/81 Becker v Finanzamt Münster-Innenstadt [1982] ECR 53·················*180*
Case 104/81 Hauptzollamt Mainz v Kupferberg & Cie KG a.A. [1982] ECR 3641 ············*200, 200, 203*
Joined Cases 267/81, 268/81 and 269/81 Amministrazione delle Finanze dello Stato v Società
 Petrolifera Italiana SpA (SPI) and SpA Michelin Italiana (SAMI) [1983] ECR 801 ···········*204*
Case 14/83 Colson and Kamann v Land Nordrhein-Westfalen [1984] ECR 1891 ··········*182, 183*
Case 79/83 Harz v Deutsche Tradex GmbH [1984] ECR 1921····························*183*
Case 152/84 Marshall v Southampton and South-West Hampshire Area Health Authority
 [1986] ECR 723 ···*181*
Jointed Cases 281, 283, 284, 285 and 287/85 Germany and others v Commission [1987]
 ECR 3203 ···*34, 102*
Case 12/86 Demirel v Stadt Schwäbisch Gmünd [1987] ECR 3719···············*199, 205*
Case 45/86 Commission v Council [1987] ECR 1493 ·······················*103, 104, 105,113*
Case 68/86 United Kingdom of Great Britain and Northern Ireland v Council [1988] ECR 855
···*104, 106, 110, 111, 137*
Case 80/86 Criminal proceedings against Kolpinghuis Nijmengen BV [1987] ECR 3969 ···········*187*
Case 131/86 United Kingdom of Great Britain and Northern Ireland v Council [1988] ECR 905
···*104, 105, 111, 137*
Case 299/86 Drexl [1988] ECR 1213 ···*143*

409

判例索引

Case 131/87 Commission v Council [1989] ECR 3743 ·················· *104, 111*
Case 165/87 Commission v Council [1988] ECR 5545 ················ *104, 106, 108*
Case 242/87 Commission v Council [1989] ECR 1425 ················· *112*
Case 30/88 Hellenic Republic v Commission of the European Communities [1989] ECR 3711 ······ *199*
Case 56/88 Great Britain v Council [1989] ECR 1615 ················ *113*
Case 68/88 Commission v Greece [1989] ECR 2965 ················ *144*
Case 103/88 Fratelli Constanzo SpA v Comune di Milano [1989] ECR 1839 ·············· *181*
Case C-2/88 Imm. [1990] ECR I-3365 ················ *144*
Case C-11/88 Commission v Council [1989] ECR 3799 ················ *111*
Case C-62/88 Greece v Council [1990] ECR I-1527 ················· *116, 137*
Case C-70/88 EP v Council [1991] ECR I-4529 ················ *119, 135*
Case C-322/88 Salvatore Grimaldi v Fonds des maladies professionnelles [1989] ECR 4407 ······ *197*
Joined Cases C-51/89, C-90/89 and C-94/89 United Kingdom, France and Germany v Council [1991] ECR I-2757 ················ *113, 137*
Case C-106/89 Marleasing SA v La Comercial Internacional de Alimentacion SA [1990] ECR I-4135 ················ *183*
Case C-188/89 Foster and others v British Gas plc [1990] ECR I-3313 ················· *181*
Case C-192/89 Sevince v Staatssecretaris van Justitie [1990] ECR I-3461 ············· *199, 201*
Case C-300/89 Commission v Council [1991] ECR I-2867 ················ *105, 108, 118, 119, 135*
Case C-2/90 Commission v Kingdom of Belgium [1992] ECR I-4431 ················· *207*
Joined Cases C-6/90 and C-9/90 Francovich and others v Italian Republic [1991] ECR I-5357 ················ *171, 189*
Case C-240/90 Germany v Commission [1992] ECR I-5383 ················ *143*
Case C-286/90 Anklagemyndigheden v Poulsen and Nivigation Corp. [1992] ECR I-6019 ········ *205*
Case C-295/90 EP v Council [1992] ECR I-4193 ················ *135*
Case C-155/91 Commission v Council [1993] ECR I-939 ················ *119, 135*
Case C-316/91 EP v Council [1994] ECR I-625 ················ *135*
Case C-334/92 Teodoro Wagner Miret v Fondo de Garantia Salarial [1993] ECR I-6911 ··· *184, 190*
Case C-359/92 Germany v Council [1994] ECR I-3681 ················ *137*
Case C-405/92 Establissements Armand Mondiet v Armement Lslais [1993] ECR I-6133 ········· *117*
Case C-91/92 Dori v Recreb Srl [1994] ECR I-3325 ················· *190, 215*
Case C-421/92 Habermann-Betlermann v Arbeiterwohlfahrt, Bezirksverband Ndb./Opf.e.V. [1994] ECR I-1657 ················ *185*
Case C-58/93 Yousfi v Belgian State [1994] ECR I-1353 ················ *201*
Case C-187/93 EP v Council [1994] ECR I-2857 ················ *135*
Case C-280/93 Germany v Council [1994] ECR I-4973 ················· *111, 137, 202*
Case C-360/93 EP v Council [1996] ECR I-1195 ················ *135*
Case C-426/93 Germany v Council [1995] ECR I-3723 ················ *120, 137*
Case C-433/93 Commission v Federal Republic of Germany [1995] ECR I-2303 ············· *180*
Case C-25/94 Commission v Council [1996] ECR I-1469 ················ *241*
Case C-58/94 Netherland v Council [1996] ECR I-2169 ················ *137*
Case C-61/94 Commission v Federal Republic of Germany [1996] ECR I-3989 ············· *208*
Case C-83/94 Criminal proceedings against Peter Liefer and others [1995] ECR I-323 ······ *114, 207*
Case C-84/94 United Kingdom v Council [1996] ECR I-5755 ················ *106, 121, 137*
Joined Cases T-163/94 and T-165/94 NTN Corporation and Koyo Seiko Co. Ltd v Council of the European Union [1995] ECR II-1381 ················ *205*

410

判例索引

Case C-192/94 El Corte Inglés SA v Cristina Blázquez Rivero [1996] ECR I-1281 ················ *192*
Case C-233/94 Germany v EP and Council [1997] ECR I-2405 ······························ *114, 137, 138*
Case C-268/94 Portugal v Council [1996] ECR I-6177································· *113, 137, 138*
Case C-271/94 EP v Council [1996] ECR I-1689 ··································· *106, 120, 135*
Case C-126/95 Hallouzi-Choho v Bestuur van Sociale Verzekeringsbank [1996] ECR I-4807 ···*201*
Case C-168/95 Criminal proceedings against Luciano Arcaro [1996] ECR I-4705 ···················· *188*
Case C-253/95 Commission v Federal Republic of Germany [1996] ECR I-2423 ················*180*
Case C-22/96 EP v Council [1998] ECR I-3231 ··· *115, 135*
Case C-53/96 Hermès International v FHT Marketing Choice [1998] ECR I-3603 ············*208, 218*
Case C-54/96 Dorsch Consult Ingenieurgesellschaft mbH v Bundesbaugesellschaft Berlin mbH
  [1997] ECR I-4961 ··*180, 192*
Case C-149/96 Portugal v Council [1999] ECR I-8395 ···*202, 202*
Case C-162/96 Racke GmbH & Hauptzollamt Mainz [1998] ECR I-3655································*206*
Case C-170/96 Commission v Council [1998] ECR I-2763 ··*135*
Case C-180/96 UK v Commission [1998] ECR I-2265 ··*137, 138*
Case C-352/96 Italian Republic v Council of the European Union [1998] ECR I-6937 ···············*202*
Case C-416/96 El-Yassini v Secretary of State for Home Department [1999] ECR I-1209·········*201*
Case C-42/97 EP v Council [1999] ECR I-869 ···*135, 138*
Case C-106/97 Dutch Antillian Dairy Industry and Douane-Agenten v Rijksdienst [1999]
  ECR I-5983 ··*112*
Case C-113/97 Babahenini v Belgian State [1998] ECR I-183 ···*201*
Case C-164/97 and C-165/97 EP v Council [1999] ECR I-1139································*122*
Jointed Cases C-164/97 and C-165/97 [1999] ECR I-1139 ··*135*
Case C-189/97 EP v Council [1999] ECR I-4741 ···*135*
Case C-209/97 Commission v Council [1999] ECR I-8067 ··*135*
Case C-269/97 Commission v Council [2000] ECR I-2257 ··*107, 135*
Case C-36/98 Spain v Council [2001] ECR I-779 ···*137*
Case C-186/98 Nunes and Matos [1999] ECR I-4883 ··*144*
Joined Cases C-300/98 and C-392/98 Parfums Christian Dior v TUK Consultancy BV [2000]
  ECR I-11307 ··*209, 210*
Case C-376/98 Germany v EP and Council [2000] ECR I-8419 ························*39, 128, 137, 138*
Case C-443/98 Unilever Italia SpA v Central Food SpA [2000] ECR I-7535 ·······················*215*
Case C-467/98 Commission v Denmark [2002] ECR I-9519 ·····························*228, 229, 278*
Case C-89/99 Schieving-Nijstad vof and others v Groeneveld [2001] ECR I-5851 ················*210*
Case C-224/01 Kübler v Austria [2003] ECR I-239 ··*40*
Case C-281/02 Andrew Owusu v N.B. Jackson [2005] ECR I-1383 ································*263*
Case C-304/02 Commission v France [2005] ECR I-6263 ··*40*
Case C-94/03 Commission v Council [2006] ECR I-1108··*108, 124*
Case C-176/03 Commission v Council [2005] ECR I-7879 ···································*40, 131, 142, 301*
Case C-178/03 Commission v EP and Council [2006] ECR I-107 ································*109, 125*
Case C-144/04 Mangold [2005] ECR I-998··*140, 193*
Case C-91/05 Commission v Council [2008] ECR I-3651··*132, 301*
Joined Cases C-402/05 P and C-415/05 P [2008] ECR I-6351 ···*303*
Case C-440/05 Commission v Council [2007] ECR I-9097 ···································*40, 132, 142, 301*
Case C-411/06 Commission v EP and Council [2009] ECR I-7585 ················*105, 109, 125, 136*
Case C-155/07 EP v Council [2008] ECR I-8103 ··*109*

411

判例索引

Case T-183/07 Poland v Commission [2009] ECR II-3395 ……………………………… *51, 52*
Case C-246/07 Commission v Sweden [2010] ECR I-3317 …………………………… *242, 244*
Case C-555/07 Kücükdeveci [2010] ECR I-365 ………………………………………………… *195*
Case C-504/09 P Commission v Poland [2012] ECR I-nyr. ……………………………………… *52*
Case C-550/09 [2010] ECR I-6213 ……………………………………………………………… *306*
Case C-490/10 Parliament v Council [2012] ECR I-nyr. ……………………………………… *130*
Case C-370/12 Pringle v Irland [2012] ECR I-nyr. ……………………………………………… *88*

Ruling 1/78 [1978] ECR 2151 ……………………………………………………………………… *240*

■ EU（欧州）司法裁判所意見
Opinion 1/75 [1975] ECR 1355 …………………………………………………………………… *218*
Opinion 1/76 [1977] ECR 741 …………………………………………… *14, 34, 35, 167, 225, 228, 276*
Opinion 1/78 [1979] ECR 2871 …………………………………………………………………… *222*
Opinion 1/91 [1991] ECR I-6079 ………………………………………………………… *315, 323, 384*
Opinion 2/91 [1993] ECR I-1061 ………………………………………………… *218, 225, 240, 277*
Opinion 2/92 [1995] ECR I-521 …………………………………………………………………… *227*
Opinion 1/94 [1994] ECR I-5267 ………………………………… *38, 218, 226, 227, 234, 241, 242, 277*
Opinion 2/94 [1996] ECR I-1759 ………………………………………… *23, 38, 102, 127, 228*
Opinion 2/00 [2001] ECR I-9713 ………………………………………………………………… *124*
Opinion 1/03 [2006] ECR I-1145 ………………………………………………………… *232, 280, 281*
Opinion 1/08 [2009] ECR I-11129 ………………………………………………… *217, 219, 234, 241, 246*
Opinion 1/09 [2011] ECR I-1137 ………………………………………………………………… *324*

■ ドイツ連邦憲法裁判所
BVerfGE 73, 339 [1986]〔Solange II 判決〕……………………………………………………… *46, 47*
BVerfGE 89, 155 [1993]〔マーストリヒト条約判決〕………………………………… *248, 384, 402*
BVerfGE, 2 BvR 2134/92 [1994] ………………………………………………………………… *49*
BVerfGE 123, 267 [2009]〔リスボン条約判決〕………………………………………………… *402*
BVerfGE, 2 BvR 2661/06 [2010]〔Honeywell 事件〕……………………………………… *52, 196*
BVerfGE, 2 BvE 2/08 [2009] ……………………………………………………………………… *42*
BVerfGE, 2 BvR 1390 [2012] …………………………………………………………………… *402*

412

事件名索引

イタリア対理事会事件（Case C-352/96） ……………………………………………… 202
オープンスカイ協定事件（Case C-467/98 事件） ……………………………………… 228
オープンスカイ事件（Case C-467/98） ………………………………………………… 278
欧州委員会対ギリシャ事件（Case C-68/88） ………………………………………… 144
欧州委員会対ドイツ事件（Case C-61/94） …………………………………………… 208
欧州委員会対フランス事件（Case C-304/02） ………………………………………… 40
欧州委員会対ベルギー事件（Case 102/79） …………………………………………… 180
欧州委員会対理事会事件（Case C-176/03） …………………………………………… 40
船舶源汚染刑罰事件（Case C-440/05） ………………………………………………… 301
たばこ広告に関する指令の取消訴訟の事件（Case C-376/98） ……………………… 39
バナナ事件（Case C-280/93） …………………………………………………… 111, 201
ファン・ヘント・エン・ロース事件（Case 26/92） ………………………………… 171
フランコビッチ事件（Joined cases C-6/90 and C-9/90） …………………………… 171
ポルトガル対理事会事件（Case C-149/96） …………………………………………… 202
マーストリヒト条約判決（BVerfGE 89, 155） ……………………………… 248, 384, 402
リスボン条約判決（BVerfGE 123, 267） ……………………………………………… 402
AETR 事件（Case 22/70） …………………………………………………… 34, 223, 276
Amsterdam Bulb 事件（Case 50/76） ………………………………………………… 143
Arcaro 事件（Case C-168/95） ………………………………………………………… 188
Banahenini 事件（Case C-113/97） …………………………………………………… 201
Becker 事件（Case 8/81） ……………………………………………………………… 180
Colson 事件（Case 14/83） ……………………………………………………………… 182
Commission v. France 事件（Case 7/71） …………………………………………… 383
Constanzo 事件（Case 103/889） ……………………………………………………… 181
Costa v. E.N.E.L. 事件（Case 6/64） ……………………………………… 171, 313, 373, 383
Demirel 事件（Case 12/86） ……………………………………………………… 199, 204
Dori 事件（Case C-91/92） ……………………………………………………………… 190
Dorsch 事件（Case C-54/96） ………………………………………………………… 192
E と F 事件（Case C-550/09） ………………………………………………………… 306
ECOWAS（西アフリカ諸国経済共同体）（Case C-91/05） ………………………… 301
El Corte Inglés 事件（Case C-192/94） ……………………………………………… 192
El-Yassini 事件（Case C-416/96） …………………………………………………… 201
Foster 事件（Case C-188/89） ………………………………………………………… 181
Francovich 事件（Joined cases C-6/90 and C-9/90） ……………………………… 189
Grad 事件（Case 9/70） ………………………………………………………………… 179
Grimaldi 事件（Case C-322/88） ……………………………………………………… 197
Habermann 事件（Case C-421/92） …………………………………………………… 185
Haegeman 事件（Case 181/73） ……………………………………………………… 198
Hallouzi-Choho 事件（Case C-126/95） ……………………………………………… 201
Hermès 事件（Case C-53/96） ………………………………………………………… 208
Honeywell 事件（BVerfGE 2 BvR 2661/06） ……………………………………… 52, 196
International Fruit Company 事件（Joined cases 21 to 24/72） …………………… 199

事件名索引

Kadi（Joined cases C-402/05P and C-415/05P） ·· *303*
Kolpinghuis 事件（Case 80/86） ·· *187*
Köbler 事件（Case C-376/98） ··· *39*
Kramer 事件（Case C-83/94） ·· *14, 34, 224*
Kücükdeveci 事件（Case C-555/07） ·· *195*
Kupferberg 事件（Case 104/81） ·· *200, 203*
Mangold 事件（Case C-144/04） ··· *40, 193*
Mangold II 事件（Case C-555/07） ·· *195*
Marleasing 事件（Case C-106/89） ·· *183*
Marshall 事件（Case 152/84） ··· *181*
Miret 事件（Case C-334/92） ·· *184, 190*
NTN Corporation and Koyo Seiko 事件（Joined cases T-163/94 and T-165/94） ····· *205*
Nunes 事件（Case C-186/98） ··· *144*
Parfums Christian Dior 事件（Joined cases C-300/98 and C-392/98） ················· *209*
Peter Leifer 事件（Case C-83/94） ··· *14*
Poulsen 事件（Case C-286/90） ·· *205*
Sevince 事件（Case C-192/89） ··· *201*
Simmenthal II 事件（Case 106/77） ··· *384*
Schieving-Nijstad vof 事件（Case C-89/99） ·· *210*
Schlüter 事件（Case 9/73） ··· *200*
Sevince 事件（Case C-192/89） ··· *199*
Solange II 判決（BVerfGE 73, 339） ·· *46, 47*
SPI and SAMI 事件（Joined, cases 267/81, 268/81 and 269/81） ·························· *204*
Van Gend & Loos 事件（Case 26/62） ··· *313, 403*
Yousfi 事件（Case C-58/93） ··· *201*
Yvonne van Duyn 事件（Case 41/749） ·· *180*

事項索引

◆あ 行◆

アイデンティティコントロール（Identität-Kontrolle）……………………… 50
アキ・コミュノテール（acquis communautaire）……………………………… 43
effet utile（実効性確保のための）解釈
…………………………………… 34, 43, 171
EU 運営条約 352 条に関する宣言 ……… 23
EU 環境法 …………………………………… 139
EU 基本権憲章に関する宣言 …………… 10
EU 自体の権限（Verbandkompetenz）…… 28
EU の法人格に関する宣言 ……………… 10
EU 法における国際法の位置づけ ……… 198
EU 法の完全な効果 ……………………… 171
移行手続（passerelles）……………… 22, 44
一般的権限 ………………………………… 129
ウィーン条約法条約 ……………………… 374
AETR 定式 ………………………………… 224
FAO ………………………………………… 241
欧州憲法条約 ………………………………… 5
欧州審議会 ………………………………… 145
欧州人民の絶えず一層緊密化する連合の基礎 …………………………………… 374
欧州法親和原則（Prinzip der Europarechtsfreundlichkeit）…………………… 44
欧州連合市民 ……………………………… 403
オプト・アウト ……………… 255, 271, 400
オプト・イン ……………………………… 282
オープンスカイ協定 …………………… 228

◆か 行◆

外国直接投資 ……………………………… 19
解消規定 …………………………………… 406
改正手続 …………………………………… 20
拡　　大 …………………………………… 309
家族法 ……………………………………… 260
加入議定書 ………………………………… 311
GATS ……………………………………… 227
GATT ……………………………………… 217
簡易条約改正手続 ………………………… 44
環境統合原則 ……………………… 117, 160

環境犯罪 …………………………………… 146
勧告の法的効果（legal effect）………… 197
間接効果 …………………………………… 182
完全な調和 ………………………… 226, 277
簡略改正手続 ……………………………… 22
機関間の争い（水平的権限配分の問題）… 137
機能的（な）権限（functional competence）
…………………………………………… 62, 72
――及び抵触条項 ……………………… 72
強行規範 …………………………………… 315
競合的権限 ………………………………… 92
共通外交安全保障政策に関する宣言 …… 10
共同体（化）……………………… 255, 314, 321
共同体既得事項（acquis communautaire）
…………… 21, 247, 300, 302, 310, 331, 340, 404
共有権限 …………………………………… 217
――のカタログ ………………………… 89
共有権限の行使に関する議定書 ………… 16
緊急停止条項 ……………………………… 174
刑事法を通じた環境保護 ……………… 161
刑罰権限 …………………………… 142, 159, 169
刑罰の種類・程度 ………………… 156, 159, 173
権限拡大 …………………………………… 23
権限カタログ ……………………………… 41, 68
権限カテゴリー ………………………… 70, 82
権限権限（Kompetenzkompetenz）
………………………………………… 27, 37, 102
権限再移譲 ………………………………… 22
権限に関する三原則 …………………… 80
権限の境界づけに関する宣言 ………… 8, 16
権限の強度（カテゴリー）……………… 31
権限の再移譲 ……………………………… 21
権限の縮小 ………………………… 22, 24
権限の制限列挙 …………………………… 101
権限付与の原則 …………………………… 9
――に対するコントロール …………… 49
――の骨抜き ……………………… 75, 129
――の役割 …………………………………… 45
権限踰越コントロール（ultra-vires-Kontrolle）…………………………… 49
憲法裁判所的機関 ……………………… 138
効果性の原則 ……………………………… 157

415

事項索引

効果的で，比例的でかつ抑止的な（刑）罰 …………………………………… 148, 149
構成国側の EU に対する作為不作為義務 … 238
構成国間の連帯義務 ……………………… 238
構成国対 EU 機関 →垂直的権限配分
構成国と EU 機関間の協力義務 ………… 242
後退禁止原則 ……………………… 318, 321
国際的な代表を務めること ……………… 244
国際法の援用 ……………………………… 205
国際法の尊重解釈 ………………………… 212
国際法の直接効果 ………………………… 199
国際法の統一適用（uniform application）… 203
国内法に対する優位 ……………………… 315
国家概念の拡大 ……………………… 181, 182
国家結合（Staatenverbund）… 37, 49, 50, 385
国家責任 …………………………………… 192
国家への損害賠償請求 …………………… 192
個別的権限 ………………………………… 142
　――と横断条項 ………………………… 116
個別的な権限 ……………………………… 29
個別分野に関わる権限 …………………… 62
混合条約 …………………………………… 222
コンベンション（convention）… 56, 265, 387
コンベンション・メソッド ……………… 21

◆ さ 行 ◆

裁判管轄権 ………………………………… 204
裁判所意見 1/76 定式 …………………… 225
支援，調整または補足的措置のための権限
　のカタログ …………………………… 93
シェンゲン協定 ……………………… 327, 364
事情の根本的変化 ………………………… 374
私人間の効果 ……………………………… 182
社会政策に関する EU 運営条約 156 条に
　関する宣言 …………………………… 10
自由，安全及び司法の領域 …… 255, 265, 269
重心理論 ……………………………… 118, 302
柔軟性条項 ……………………… 22, 74, 94
常設の制度的協力 ………………………… 352
条約の主人（Herren der Verträge）…… 8, 21, 48, 75, 373, 380, 385, 403
　――と権限付与の原則 ………………… 48
諸機関の権限（Organkompetenz）……… 28
指令のいわゆる「消極的」効果 ………… 196
指令の前効果 ……………………………… 196
深 化 ……………………………………… 309

sui generis な権限 ………………………… 18
垂直的権限配分 …………………………… 137
水平的直接効果 ……………………… 182, 192
ストックホルム条約 ……………………… 242
制限解釈 …………………………………… 217
　――の代償 …………………………… 248
制限列挙 …………………………………… 30
誠実協力・連帯の義務 ……………… 238, 299
専占効果（pre-emption, Sperrwirkung）
　……………………… 15, 17, 19, 92, 232, 274, 276, 279, 293, 314, 362
先行統合 …………………………………… 313
先行統合既得事項 ………………………… 359
第三次法 …………………………………… 103

◆ た 行 ◆

多段階統合 …………………………… 327, 400
脱　退 ……………………………………… 354
WTO 協定 ………………………………… 217
単一欧州議定書 …………………………… 99
段階的統合 ………………………………… 309
タンペーレ欧州（首脳）理事会 …… 141, 267
忠実義務 …………………………………… 238
超国家的性質 ……………………………… 319
直接効果 ……………………………… 201, 315
適合解釈 …………………………………… 177
　――の義務づけ ……………………… 182
適合解釈義務の発生時期 ………………… 192
適合解釈適用の制約 ……………………… 187
ドイツ基本法 ……………………………… 12
ドイツの州 ………………………………… 36
ドイツモデル ……………………………… 57
統一的解釈・適用 ………………………… 212
TRIPs 協定 ……………………………… 227

◆ な 行 ◆

二重の法的根拠 …………………………… 106
ニース条約 ………………………………… 55
2006 年の改革 …………………………… 58

◆ は 行 ◆

排他的権限 ………………………………… 218
　――のカタログ ……………………… 85
ハーグプログラム ………………………… 267
判例及び判例により確立された基本原則
　（Judicial acquis）…………………… 312

416

事項索引

ひそかな権限拡大（un élargissement furtif des compétences de l'Union） ……… *10*
比例性原則 ……………………………… *12*
ファイラ欧州理事会 …………………… *332*
複数の法的根拠 ………………………… *107*
付随的な（incidental）効果 …………… *119*
付属的権限 ……………………………… *169*
部分的権限 ……………………………… *219*
並行性原則 ……………………………… *225*
並行（的）権限 …………………… *17, 92*
法的根拠選択基準 ……………………… *105*
法の支配 ………………………………… *306*
補完性・比例性原則の適用に関する議定書
　 ………………………………… *11, 12*
補完性原則 ……………………………… *11*

◆ま　行◆

マーストリヒト条約 …………………… *49*
三重のツール …………………………… *192*
密接な協力 ……………………………… *241*
民主主義の赤字 ………………………… *46*

民主主義の原則 ………………………… *46*
無期限 …………………………………… *374*
黙示的権限 ………… *34, 167, 168, 217, 223, 279*

◆や　行◆

優位に関する宣言 ……………………… *15*
ヨーロッパ・アラカルト ……………… *337*

◆ら　行◆

ラーケン欧州首脳理事会 ……………… *387*
ラーケン宣言 …………………………… *55*
リスボン条約判決 ……………………… *174*
立法機関の権限授権 …………………… *45*
ルガノ条約 ……………………………… *233*
ルクセンブルクの妥協 ………………… *102*
連合既得事項 …………………………… *359*
連合と構成国が国際的な代表を務める際に
　おける統一性の原則 ………………… *246*
連合法の国内法に対する優位 ………… *82*
連邦国家 …………………………… *49, 50*
連邦的基礎（on federation basis） …… *97*

417

〈著者紹介〉

中西　優美子（なかにし　ゆみこ）

1969年1月　大阪に生まれる。
1991年3月　大阪外国語大学（現大阪大学）外国語学部ドイツ語科卒。
1991年4月　一橋大学大学院法学研究科入学（法学修士号取得）。
1993年9月〜1998年8月　ドイツミュンスター大学留学（法学博士号取得）。
2000年3月　一橋大学大学院博士後期課程退学。
2000年4月　専修大学法学部講師，准教授，教授を経て，
2012年4月　一橋大学大学院法学研究科教授（担当EU法），現在に至る。

〈主要論文・著書〉

Die Entwicklung der Außenkompetenzen der Europäischen Gemeinschaft, (Peter Lang, 1998)
『EU法（法学叢書）』（新世社，2012年）
「EU機構改革の見通し」『海外事情』vol. 48, Number 11（2000年）
「欧州憲法条約草案におけるEU基本権憲章」『海外事情』51巻10号（2003年）
「EC法の履行確保手段としてのEC条約228条2項」『国際関係の多元的研究──東泰介教授退官記念論文集』（大阪外国語大学，2004年）
「EC条約176条に基づく国家のより厳格な環境保護措置──EC条約95条による国家の保護措置との比較を中心に」『専修法学論集』97号（2006年）
「ドイツ連邦制度改革とEU法──環境分野の権限に関するドイツ基本法改正を中心に」『専修法学論集』100号（2007年）
「EUにおけるCSRと人権」松本恒雄＝杉浦保友編『EUスタディーズ4　企業の社会的責任』（勁草書房，2007年）
「EUにおける環境統合原則」庄司克宏編『EU環境法』（慶應義塾大学出版会，2009年）
「EU環境法の実効性確保手段としてのEU環境損害責任指令」永野秀雄＝岡松暁子編『環境と法』（三和書房，2010年）
「EU債務危機と法制度的対応」『時の法令』1903号（2012年）
「EU対外政策における政治原則の発展──EU諸条約の諸改正をてがかりに」安江則子編『EUとグローバル・ガバナンス──国際秩序形成におけるヨーロッパ的価値』（法律文化社，2013年）

学術選書
114
EU法

✿ ✿ ✿

———————————————————
EU権限の法構造
———————————————————
2013(平成25)年10月31日　第1版第1刷発行

著　者　中西優美子
発行者　今井　貴　渡辺左近
発行所　株式会社　信山社
〒113-0033　東京都文京区本郷6-2-9-102
Tel 03-3818-1019　Fax 03-3818-0344
info@shinzansha.co.jp

笠間才木支店　〒309-1600　茨城県笠間市才木515-3
笠間来栖支店　〒309-1625　茨城県笠間市来栖2345-1
Tel 0296-71-0215　Fax 0296-72-5410
出版契約2013-6714-3-01010　Printed in Japan

Ⓒ中西優美子, 2013　印刷・製本／亜細亜印刷・渋谷文泉閣
ISBN978-4-7972-6714-3 C3332. P 440/329. 640 a014 EU法・国際法
6714-0101：012-050-015《禁無断複写》

JCOPY 〈㈳出版者著作権管理機構委託出版物〉

本書の無断複写は著作権法上での例外を除き禁じられています。複写される場合は，そのつど事前に，㈳出版者著作権管理機構（電話03-3513-6969, FAX 03-3513-6979, e-mail : info@jcopy.or.jp）の許諾を得て下さい。また，本書を代行業者等の第三者に依頼してスキャニング等の行為によりデジタル化することは，個人の家庭内利用であっても，一切認められておりません。

◆ 講座 憲法の規範力 ◆
〔全5巻〕

ドイツ憲法判例研究会 編

第1巻　規範力の観念と条件〔2013.8刊〕
　　　編集代表　古野豊秋・三宅雄彦

第2巻　憲法の規範力と憲法裁判〔2013.8刊〕
　　　編集代表　戸波江二・畑尻　剛

第3巻　憲法の規範力と市民法〔続刊〕
　　　編集代表　小山　剛

第4巻　憲法の規範力とメディア法〔続刊〕
　　　編集代表　鈴木秀美

第5巻　憲法の規範力と行政〔続刊〕
　　　編集代表　嶋崎健太郎

信山社

編集代表　芹田健太郎・戸波江二・棟居快行・薬師寺公夫・坂元茂樹

講座　国際人権法 3　国際人権法学会20周年記念
◆国際人権法の国内的実施
講座　国際人権法 4　国際人権法学会20周年記念
◆国際人権法の国際的実施

◆現代ドイツの外交と政治
　　森井裕一　著
◆核軍縮入門
　　黒澤　満　著

◆ブリッジブック日本の外交
　　井上寿一　著
◆ブリッジブック憲法
　　横田耕一・高見勝利　編
◆ブリッジブック国際法［第2版］
　　植木俊哉　編
◆ブリッジブック国際人権法
　　芹田健太郎・薬師寺公夫・坂元茂樹　著

信山社

◆ヨーロッパ人権裁判所の判例
戸波江二・北村泰三・建石真公子・小畑郁・江島晶子 編集代表
・ボーダーレスな人権保障の理論と実際。解説判例 80 件に加え、概説・資料も充実。来たるべき国際人権法学の最先端。

◆ドイツの憲法判例〔第 2 版〕
ドイツ憲法判例研究会 編 栗城壽夫・戸波江二・根森健 編集代表
・ドイツ憲法判例研究会による、1990 年頃までのドイツ憲法判例の研究成果 94 件を収録。ドイツの主要憲法判例の分析・解説、現代ドイツ公法学者系譜図などの参考資料を付し、ドイツ憲法を概観する。

◆ドイツの憲法判例 II〔第 2 版〕
ドイツ憲法判例研究会 編 栗城壽夫・戸波江二・石村修 編集代表
・1985 〜 1995 年の 75 にのぼるドイツ憲法重要判例の解説。好評を博した『ドイツの最新憲法判例』を加筆補正し、新規判例も多数追加。

◆ドイツの憲法判例 III
ドイツ憲法判例研究会 編 栗城壽夫・戸波江二・嶋崎健太郎 編集代表
・1996 〜 2005 年の重要判例 86 判例を取り上げ、ドイツ憲法解釈と憲法実務を学ぶ。新たに、基本用語集、連邦憲法裁判所関係文献、1 〜 3 通巻目次を掲載。

◆フランスの憲法判例
フランス憲法判例研究会 編 辻村みよ子 編集代表
・フランス憲法院（1958 〜 2001 年）の重要判例 67 件を、体系的に整理・配列して理論的に解説。フランス憲法研究の基本文献として最適な一冊。

◆フランスの憲法判例 II〈2013 年最新刊〉
フランス憲法判例研究会 編 辻村みよ子 編集代表
・2000 年以降の DC 判決、近年の QPC 判決など、75 件を越える重要判決を解説。統合欧州での、フランスの人権保障、統治機構の最新の動向を捉えた貴重な一冊。

信山社

プラクティスシリーズ
好評書、待望の最新版
◆**プラクティス国際法講義**【第2版】
　　柳原正治・森川幸一・兼原敦子 編

『国際法講義』と同じ執筆陣による、待望の続刊・演習書。
◆**《演習》プラクティス国際法**
　　柳原正治・森川幸一・兼原敦子 編
　執筆：柳原正治・森川幸一・兼原敦子・江藤淳一・児矢野マリ・
　　　　申惠丰・髙田映・深町朋子・間宮勇・宮野洋一

◆**憲法学の可能性**
　　棟居快行 著
◆**憲法と国際規律**
　　齊藤正彰 著
◆**国際法論集**
　　村瀬信也 著
◆**実践国際法**
　　小松一郎 著
◆**国際人権法**
　　国際基準のダイナミズムと国内法との協調
　　申惠丰 著
◆**民事訴訟法**【第4版】
　　梅本吉彦 著

信山社

中村民雄・山元一 編
ヨーロッパ「憲法」の形成と各国憲法の変化
中村民雄・小畑郁・菅原真・江原勝行・齊藤正彰・小森田秋夫・林知更・山元一

植木俊哉 編
グローバル化時代の国際法
田中清久・坂本一也・滝澤紗矢子・佐俣紀仁・堀見裕樹・小町谷井平・猪瀬貴道・植木俊哉

森井裕一 編
地域統合とグローバル秩序
——ヨーロッパと日本・アジア——
植田隆子・中村民雄・東野篤子・大隈宏・渡邊頼純・森井裕一・木部尚志・菊池努

森井裕一 編
国際関係の中の拡大ＥＵ
森井裕一・中村民雄・廣田功・鈴木一人・植田隆子・戸澤英典・上原良子・木畑洋一・羽場久美子・小森田秋夫・大島美穂

八谷まち子 編
ＥＵ拡大のフロンティア
——トルコとの対話——
八谷まち子・関東・森井裕一

吉川元・中村覚 編
中東の予防外交
中村覚・吉川元・齋藤嘉臣・泉淳・細井長・立山良司・木村修三・中西久枝・末近浩太・澤江史子・北澤義之・森伸生・小林正英・伊勢崎賢治・高橋和夫

信山社